U0907762

法官与法治

2015年第一辑（总第一辑）

白泉民 主编

法律适用 司法讲坛

司法调查 法学论坛

精品案例…… 司法改革

山东人民出版社

国家一级出版社 全国百佳图书出版单位

图书在版编目（CIP）数据

法官与法治/白泉民主编. -- 济南：山东人民出版社，2015.9

ISBN 978-7-209-09194-7

Ⅰ.①法… Ⅱ.①白… Ⅲ.①司法-研究-中国 Ⅳ.①D926

中国版本图书馆CIP数据核字(2015)第242701号

法官与法治

白泉民　主编

主管部门　山东出版传媒股份有限公司
出版发行　山东人民出版社
社　　址　济南市胜利大街39号
邮　　编　250001
电　　话　总编室（0531）82098914
　　　　　市场部（0531）82098027
网　　址　http://www.sd-book.com.cn
印　　装　青岛国彩印刷有限公司
经　　销　新华书店

规　　格　16开（169mm×239mm）
印　　张　22
字　　数　370千字
版　　次　2015年9月第1版
印　　次　2015年9月第1次
ISBN 978-7-209-09194-7
定　　价　42.00元

前　言 | PREFACE

法治是当下中国最强音。随着依法治国方略的深入实施，尤其是司法改革的不断推进，法治的观念越来越深入人心。人民法官——中国法治进程中的中坚力量，在当下中国法治进程的洪流中，地位越来越突出，作用越来越明显，责任越来越重大，在他们身上寄托了公民对法治进步和法律文明的冀盼和期待。建设一支正规化、专业化、职业化的法官队伍，努力提升其职业素养和专业水平，既是建设法治国家的重要基础和保障，也是人民法院实现公正司法的历史性、战略性目标。与此同时，法治建设的进步、司法改革的深化、以审判为中心的诉讼制度改革、人民群众的多元司法需求等无不对法官的职业素养和专业水平提出了更高的要求。

“法律的生命不在于逻辑，而在于经验。”随着越来越多的矛盾纠纷进入司法领域，法官的司法实践在面临更大考验与挑战的同时，也愈加精彩纷呈——正是他们的积极探索与无悔追求，诠释了公正司法的真谛，推动了法律体系的完善与法治的进步，建构了日趋专业化、职业化的法官队伍。法官在长期的审判实践中凝练形成的各种司法经验、司法感悟、司法技能、司法文化等，则是人民司法事业的宝贵财富。为加强法官之间以及法官与其他法律人之间的交流，我们搭建了一个新的学习交流平台——《法官与法治》丛书。

《法官与法治》是司法实务和法学前沿理论类综合出版物，由山东法官培训学院主办，山东人民出版社出版发行。该书立足我国司法实践，面向广大法官、检察官、律师和法律院校、科研机构的专家学者，突出法学理论与司法实践紧密结合的特点，着重对新型、疑难、特殊法律问题进行研究，全面展示应用法学研究的最新学术成果和广大司法工作者的经验、风采与情感。

该书主要设置“司法讲坛”“法学论坛”“法律适用”“司法调查”“精品案例”“裁判文书”“司法技能”“学术交流”“司法改革”“法官情怀”“法院文化”“司法随笔”等栏目，以期为广大法官和其他法律人提供传播知识、交流经验、展现成果的平台，期待您的参与、期待您的法治强音。

编 者

2015年8月

目　录 | CONTENTS

前　言　/ 1

司法讲坛　/ 1

关于加强裁判文书说理几个方面的问题　白泉民　/ 2

司法改革　/ 19

当代中国司法研究思考　高其才　/ 20

关于构建司法惩戒制度的若干思考　肖金明　/ 25

以法治思维和法治方式确定涉法涉诉信访的权力边界和运行逻辑　刘炳君　/ 37

浅析司法改革背景下的错案追究责任　杨如冰　郝　帅　/ 50

解析与建构：司法权威的缺失与理想——对中国司法现状的一种解读　钟垂林　/ 60

论法官职业权位的保障机制　朱　峰　牟　华　徐文晶　/ 78

重塑司法改革之路　托马斯·格文治勋爵　编译：杨　奕　曲国建　/ 85

法学论坛　/ 91

取消有限责任公司可行性及理论依据之质疑　王　玮　/ 92

中国古代惩治邪教相关法律制度及其特点　王　立　朱建伟　/ 101

基本法的权利规范与普通法的人权理念——论香港特区居民权利保障的普通法特质　姚国建　/ 113

司法与生态文明建设之关系论　王梓臣　/ 125

论行政执法中未成年人权利的保护

——一宗确认行政行为违法案件引发的思考　戴　璐　/ 133

法律适用　/ 141

矿业权法律属性与纠纷裁判原则　王旭光　孙　超　/ 142

反腐败刑事案件中推定规则的适用问题　李　明　/ 156

新《行政诉讼法》中变更判决适用问题研究　山　莹　/ 166

从效率、公正和既判力角度论民事再审改判的标准　曹林灿　/ 177

关于企业破产重整案件审理中几个问题的思考与应对

——以淄博钜创纺织品有限公司重整案为视角　赵玉忠　张德忠　/ 184

征收决定做出前确定评估机构程序是否违法

——从最高人民法院十大案例说起　尹鹏亮　/ 194

家事审判中未成年人权益保护的司法困境与制度构建　梁　伟　/ 199

拔除司法毒瘤：论民事伪证的现状与规制

——基于一种实证的立场　王　群　/ 213

论行政强制执行比例原则　崔文俊　/ 223

民事诉讼证明标准适用问题研究　贾慧芳　吕曰东　/ 230

精品案例　/ 235

如何认定国家出资企业中工作人员的主体身份

——王海洋非国家工作人员受贿、挪用资金案　张威力　李洪川　/ 236

行政许可监督不作为案件的司法审查

——齐来发诉山东省交通运输厅道路运输局案　钱　昕　/ 242

司法调查　/ 253

谁动了我的“两金”

——新刑诉法司法解释第 155 条的适用考察及反思建议　田　源　/ 254

关于农村集体建设用地使用权流转法律适用问题的调研报告

日照市中级人民法院课题组　/ 269

数字司法 / 297

浅议信息技术与司法体制改革 李瑞富 / 298

“互联网＋”与我国法官培训模式的创新 常淑静 / 304

构建开放、动态、透明、便民的信息化平台 推进法院信息化建设转型升级
——转型升级形势下的法院信息化建设 李润海 / 314

法院文化 / 327

法苑博大 书画融之
——一位法官的书画情怀 吴道富 / 328

从来源与出路揣度法律信仰 李 文 / 334

司法讲坛

关于加强裁判文书说理几个方面的问题

白泉民[①]

党的十八届三中全会提出："增强法律文书说理性，推动公开法院生效裁判文书。"十八届四中全会进一步强调，"加强法律文书释法说理，建立生效法律文书统一上网和公开查询制度"，把裁判文书说理提到了新的高度。裁判文书是司法的"最终产品"，其中说理部分是裁判文书的灵魂。裁判文书说理工作做得好不好，直接关系到"让人民群众在每一个司法案件中感受到公平正义"这一目标能否实现。

近年来，我在办理人民来信、接待群众来访中发现，反映裁判文书不说理的问题比较普遍：当事人提供的证据不采信，也不知道为什么不采信，输了官司也不知道输在哪里。上级法院审查裁判文书也不知道判决的理由是什么。

比如有这么一起案件：2014年8月，我收到一封人民来信。来信人甲反映："2008年自己因资金紧张向乙借款1300余万元，由于没有及时还款，被起诉到法院，在法院主持下双方达成调解协议。2011年还款2700余万元。但是乙要求再还3060万，法院执行部门仍然予以强制执行、超标的查封甲某的不动产，于是甲某请求省法院对自己的主张予以关注和支持。"看了这封来信后，我就把信件批转给了执行部门。执行部门经过审查认为，甲与乙系自愿达成调解协议，执行机构只负责执行生效文书确定的法律义务，不能审查文书的事实内容。于是我又让有关部门了解该案事实，看是否存在来信反映的"违法调解""高利贷"等问题。但是该部门经过审查，发现这份调解书只有协议内容，没有案件事实，无从了解是否存在违法调解和高利贷问题。我看了这份调解书后，感到有不少疑问：到底甲乙之间如何产生的债权债务？借款只有1300万，为什

① 白泉民，山东省高级人民法院党组书记、院长。

么已经偿还了 2700 万元，还要再还 3000 多万？像这类情形，如果当事人拿着不写事实的调解书上访申诉，上级法院就无从了解“来龙去脉”，也难以“分清是非”、有针对性地做息诉罢访工作。

还有一起借款案件。甲到法院诉称：乙因做生意向自己借钱。考虑是朋友关系，就借给他 3 万元，签订了协议。后来因为自己需要购房，于是要求乙还款，但乙总是推脱、不予答复。请求法院判令被告乙偿还 3 万元借款及利息。被告乙没有答辩，也未出庭。法院对该案作出缺席判决，在判决书审理查明部分写道：“原告甲与被告乙签订借款协议，协议约定：‘乙向甲借款人民币 3 万元，用于个人生意，每月支付利息 1000 元；甲若提出收回此款，需提前一周通知。’对以上事实，有借款协议及当事人陈述为证。”判决书“本院认为”部分接着写道：甲乙双方所签订的借款协议成立。甲主张将借款 3 万元给付乙，但未提供相应证据予以证实，无法认定双方签订的协议已实际履行。甲要求乙偿还借款证据不足，本院不予支持。据此判决：驳回原告诉讼请求。这份裁判文书说理让人感觉如同“过山车”。如果只看审理查明的内容，借款关系成立，而且事实十分清楚，但裁判结果却是偿还借款证据不足，驳回诉讼请求。仅就这起案件裁判文书的说理而言，输了官司不知输在哪里。

通过类似几起案件，我感觉裁判文书说理问题应当引起高度重视。2014 年下半年，我安排省法院审管办抽取部分裁判文书进行了评查分析，同时让研究室做了些调研，搜集了一些素材。本文从四个方面谈谈自己的认识和体会。

第一个问题

为什么要加强裁判文书说理

之所以要加强裁判文书说理，我认为至少有四个方面原因：

一、从历史渊源看，裁判说理是法官的基本职责

“法官”这个称谓是个舶来品，在我国古代，司法的鼻祖皋陶的官职是“理”。《礼记》中讲道：“理，治狱官也。”夏朝称为大理。古代之所以将掌管司法的官员称作“理”，将最高司法机构称作大理寺、大理院，都是认为“理”有推断事实、推敲法条的意思。

清末和民国时期，法官被称为“推事”。1906 年，清政府为了效仿西方，

颁布官制改革清单，将大理院负责审判事务的人员称为“推官”，但考虑到审判人员不是“官”，第二年又将“推官”改称为“推事”。台湾地区在1989年《法院组织法》修改以前，一直将法官称为“推事”。“推”字的本义就有推究、推断或推敲的意思。“推事”一词，既有推断事实、推究事理的用意，又包含有推敲法条的因素。

我国古代行政、司法权力合一，因此推理、断事也被当做官员必须具备的基本能力。比如，唐宋时期选拔官员的标准有“身、言、书、判”四项，“判”就是要求官员熟悉法律、明辨是非。从这些历史看，推敲事理和判断是非是对司法官员的基本要求。

二、从法治进程看，裁判说理是司法文明的重要标志

司法权是一种判断权，要让当事人和公众信服，必须把裁判过程、事实认定、判决理由、依据的法律等讲清楚、说明白，这既是司法裁判的应有之义，也是司法文明的重要体现。从人类社会发展看，司法裁判经历了一个从“不说理到逐步说理，再到重视说理”的发展过程。在神明裁判时代，要遵循上天、上帝的意志，没有说理的必要。比如在古希腊，被告需要把写有誓言的纸团扔进水里，如果浮起来，就说明神不需要被告承担责任；日耳曼人让被告把手放在热铁上停留一段时间，然后把手包裹起来，加上封印。如果三天后没有烧伤的痕迹，就宣告无罪。在封建专制时代，由于“君要臣死、臣不得不死”，“官说民错、民不认错就是错”，裁判文书对说理也不够重视。随着社会进步和公民权利意识的觉醒，特别是近现代以来，在反抗封建专制和特权的过程中，人们主张司法不仅要给出结论，还要阐释理由，于是逐步揭去司法的神秘面纱，裁判说理也越来越受到重视。美国联邦法院法官中心的《法官写作手册》写道：“司法判决的任务是向整个社会解释，说明该判决是根据原则作出的好的判决，并说服整个社会，使公众满意。”英美法系国家实行判例，要求裁判文书充分说理，在实行成文法的德国、荷兰等国家，裁判文书说理也被规定为一项宪法原则。

当前，加强裁判文书说理，已经成为衡量司法公正的重要标准，也是实现司法公正的重要保障。只有加强裁判说理，让社会公众了解事实认定、法律适用和裁判结果之间的联系，明白为什么胜诉、为什么败诉，司法公正才能让群众看得见、感受得到。如果裁判文书对证据采信、法律适用的理由不予体现，法官心证的过程不予公开，不仅会增加错判的机率，而且会让群众产生“暗箱操作”的怀疑。在说理的情况下，法官的裁判依据不仅要拿到台面上接受公众评判，而且有利于上级法院进行监督，从而压缩司法腐败的空间。另一方面，加强说理也给法官架设了“保护伞”，是法官面对“裁判不公”指责时最有力的自卫武器。

三、从司法功能看，裁判说理是定分止争的重要方法

司法的基本功能是辨明是非、化解矛盾、定分止争。群众到法院打官司，主要是认为法院是一个说理、讲理的地方，可以使自己的合法权益得到保护。

最高人民法院原院长谢觉哉在 1961 年 7 月发表过一次重要讲话，题目就叫《讲道理》。谢老这次讲话的背景是：1957 年后司法战线“左倾”思想泛滥，法院干部审案不调查、判案不讲理的不良作风普遍存在，导致办案质量下降、错案增多。为此，谢老在做了大量调查研究的基础上发表了这篇讲话。在讲话中，他指出：“到法院来打官司，不论刑事案件还是民事案件，原、被告都各有各的道理。他们要求自己国家的法院作出判断。法院是评论道理和决定道理的权威地方。”他接着说：“审判员应该都是讲道理讲得很好的。但是不讲道理或不会讲道理的事还是不少，不仅是判得不对的讲不出道理，就是判得对的，在判决书上也不写或写不清道理。上诉驳回的案子，只是写‘上诉无理、维持原判’八个大字。为什么无理呢？不说，有的根本就没有调查，自然就没有什么可说。”谢老严肃地指出：“这是很不好的作风，我们要大兴讲道理之风。”谢老接着又阐述了学会讲道理的三部曲，也是法院办好案件的三个步骤：第一，要听道理；第二，要想道理；第三，要讲道理。其中“讲道理”就是写明道理，不仅要说服原告、被告，还要说服社会上的人。案子判得对，就是有道理。讲不出来，是因为没有练习，练多了，就能讲出来。还有一些案子，判得根本就没有道理，那自然是讲不出来。

谢老这些话，我认为对现在的审判工作仍然具有重要指导意义。实践中，有的法官认为，“当事人最看重的是判决结果，只要把案子办好就行，裁判文书写得好不好没关系”，这种认识非常错误，只是单纯从胜诉当事人的角度看，而且从实践中看，胜诉当事人对裁判不满的现象也常有发生。只有把道理讲透彻、说明白，才能让当事人感受到法院对其诉求是认真对待的，他们才从内心里接受裁判，司法的“定分止争”功能才得到发挥，“案结事了”目标才得以实现。

四、从改革方向看，裁判说理是司法公开的大势所趋

深化司法公开，是推进司法改革的重要内容。作为全国司法公开试点省份，2014年以来，全省法院大力推进三大平台建设，各项公开进程加快，取得明显成效。截至2015年2月底，全省法院已经公开裁判文书50.3万份。但我们也发现，一些裁判文书虽然公开了，但制作水平并不高，特别是对于当事人关心的裁判理由、证据采信、结论形成过程公开不够，离实质公开还有一定差距。周强院长在十二届全国人大第三次会议上最高人民法院报告中指出，通过上网公布裁判文书，发挥司法裁判的教育、示范、引导、评价功能，大力弘扬社会主义核心价值观。我们应当按照周强院长的要求，加大裁判文书的说理力度，发挥裁判文书的四大功能作用。

裁判理由公开，是司法公开的核心内容。加强裁判文书说理，就是让法官把审理案件时的思维过程在裁判文书中表达出来、公布于众，让正义以看得见的方式实现。在当前形势下，加强裁判文书说理不仅必要，而且可行。随着法院队伍的正规化、专业化、职业化，法官的司法技能和理论素养不断提高，这为加强裁判文书说理提供了人才保障和智力支持；随着以审判为中心的诉讼模式逐步形成，当事人有证举在法庭、有理讲在法庭、是非曲直辨明在法庭，只要法官开好庭，加强裁判文书说理并不会增加多少工作量，而且有利于提高法官的职业素养和驾驭庭审的水平。

总之，说理是法官不能回避的责任，也是裁判文书的生命力所在。全省各级法院和广大法官一定要高度重视裁判文书说理工作，切实增强裁判文书说理意识，自觉把裁判文书说理当做基本技能来培养，从而不断提升公正司法水平。

▶第二个问题◀

当前裁判文书说理中存在的主要问题

前面谈了加强裁判文书说理的重要性和必要性，那么当前裁判文书说理到底做得如何？2014年，省法院对1200余份裁判文书进行了评查，发现主要有以下四个方面问题：

一、事实论证不充分

案件事实是裁判的前提和基础，让证据“说话”，是法官查明案件事实的“基本功”，也是让当事人信服的依据。

当前，裁判文书在事实认定方面存在的问题，突出表现是对举证、质证、认证过程缺乏深入分析，导致证据和事实脱节。有的对证据分析“千孔一面”，刑事案件在认定事实后写道：“上述事实，有检察机关提交，并经法庭质证、认证的下列证据予以证明”；民商事案件则是“以上事实有合同、证人证言、鉴定意见等在卷为凭，本院予以采信”。有的裁判文书对证据记“流水账”，证据种类、名称列了一大堆，但各项证据效力如何，相互之间有什么联系，证明了什么事实，缺乏分析论证。有的证据由法院依职权调查，但为什么依职权调查，形成了哪些证据材料，是否经过当事人质证，则不加说明。有的证据认定比较机械，导致理由部分缺乏事实依据的支撑。比如，有一起买卖合同纠纷：原告提供了与被告的多份通话录音，证明双方业务往来情况。法院判决采用了录音证据，并认定债务尚未清偿的事实，但在文书中并未对录音内容写明，对于被告质证意见也是一带而过。姑且不论案件裁判对错，在看该文书时，会让人产生“录音内容是什么”“为什么能够证明债务未清偿”等疑惑，被告也据此提出了上诉。

调解书与判决书具有同等效力，理应制作格式规范，内容要素齐全。但实践中，调解书不写事实的问题比较突出，有些调解书在列明当事人身份、案由后，直接写调解协议。2014 年，省法院对某基层法院随机抽取了 50 份民商事案件调解书，发现其中 46 份没有事实认定内容。调解书不写事实，违背了最高法院一般文书样式要求，同时容易给虚假诉讼、违法调解以“可乘之机”。这里有一份民间借贷案件调解书，没写明事实，直接写协议内容。从协议内容看，被告用某处 6.4 平方米的房屋抵顶欠款 3 万元。姑且不说房屋大小、价格值得怀疑，被告什么时间借款？有没有欠条？有没有此处房产？事实证明，这是一起虚假诉讼。实践中还有一些人为了逃避法律责任，通过虚假诉讼转移资产，应当警惕！人民法院决不能为逃避法律责任的人，披上合法的外衣。

有的法官认为，如果调解书写明事实，就失去模糊空间，当事人之间难以达成调解协议，而且写明事实影响审判效率。这种理解是错误的。首先，根据民诉法第 93 条规定：“人民法院审理民事案件，根据当事人自愿的原则，在事实清楚的基础上，分清是非，进行调解。”也就是说，调解协议的内容必须符合法律的规定。如果不了解案件事实进行调解，就是“和稀泥”，这样的调解效果并不好。我们提倡对民事纠纷多做调解工作，但不提倡强制调解，更不能无原则地调解。其次，调解书要写明的是基本事实。比如人身损害赔偿案件，往往双方都有过错。在这种情况下，法院完全可以写明当事人伤情、误工损失等基本事实，然后写明协议内容。这种处理事实认定的方法，当事人是可以接受的，并不影响做调解工作。第三，写明事实并不影响效率。相反，如果因为调解书不写事实，导致申诉上访，案结事不了，反而加大了工作量。

另据了解，司法确认不写事实的现象也比较普遍，法院根据当事人提交的人民调解协议，直接以“裁定书”形式予以确认，盖上法院大印，赋予强制效力。在这种情况下，如果是虚假纠纷怎么防止？对此一定要研究防范措施，不能给逃避法律责任的人留下可乘之机。

二、法律推理不到位

目前，我国社会主义法律体系已经形成，各类法律门类齐全，为我们适用法律创造了有利条件，由于我国现阶段没有民法典，也对准确适用法律提出了更高要求。特别是随着新型疑难复杂案件的增多，如何准确选择法律、合理解释法律、正确适用法律，对每一位法官都是现实考验。

当前，有些裁判文书说理内容公式化，只引用法条，不针对当事人诉讼请求阐明适用法律的道理。比如维持原判的经常写“原审认定事实清楚、适用法律正确、审判程序合法”；发回重审的裁定经常写“原审认定基本事实不清”，或者“法律程序错误”，至于什么地方不清、什么地方错误，裁定书并未写明，不仅当事人蒙在鼓里，而且有的连下级法院的同志都搞不清，社会公众更无从得知；有的文书含糊其辞，一句“没有事实和法律依据，某某请求不予支持”就了事；有的说理不全面，只讲为什么适用这一法律，不回答为什么不能适用当事人提出的法律条文。比如，这里有份民事判决书，案件的基本事实是：甲成立了一家农科所，系独资企业，专门生产地膜。乙购买地膜使用后，农作物大量减产。为此，乙起诉了该农科所和甲及妻子丙。关于甲的妻子丙是否应承担连带责任？一审法院在说理中写道：“《个人独资企业法》第 18 条规定，个人独资企业投资人在申请企业设立登记时，明确以家庭财产作为个人出资的，应当以家庭共有财产对企业承担无限责任。除非明确以家庭共有财产作为个人出资，否则，只能以个人财产对独资企业的债务承担连带责任。然而依据《婚姻法解释（二）》规定，婚姻关系存续期间，一方以个人财产投资取得的收益应属于夫妻共同所有财产。既然夫妻关系存续期间独资企业收益归夫妻共有，那么所负债务也应共同偿还。据此判决丙承担连带责任。”在这份文书中，此前写明了《个人独资企业法》的规定，但在下文的说理中，对为什么不适用《个人独资企业法》的规定，没做解释。也就是说，根据个人对司法解释的理解直接推翻了法律规定。姑且不论认识对错，仅就法律推理而言，逻辑上有些混乱，当事人一方难以服判。

还有的裁判文书说理用语不规范。裁判文书是代表国家制作的具有强制执行力的法律文书，可以说是法官的门面，代表着法院的形象，必须严谨、细致、规范。但实践中，有的裁判文书在文字、语法、逻辑等方面存在低级错误，措辞不严，语法错误，错字漏字，不仅影响了说理的效果，也让司法形象打了折扣。另外，从裁判文书评查的情况看，裁判文书制作粗糙的问题不容忽视。有的存在写错案号、写错当事人信息、点错小数点、写错合议庭组成人员、写错文书落款时间等问题；有的把当事人的身份证号、民族、姓名甚至性别写错，还有的把保全对象写错，把被告人的刑期写错，使当事人和公众对法官的责任心、工作态度和水平产生质疑，损害了司法公信力。比如有一起离婚案件，女方当事人的名字在一、二审判决书中不一致，男方当事人的出生年月被打错；在查明事实部分甚至有一句“男方破坏他人军婚”，无中生有！当事人为此多年申诉上访。发生这些低级错误，都是不应该的！

三、语言表达不平实

裁判文书制作需要使用一定的法言法语，但裁判文书的主要受众是当事人，首先要让当事人看明白，这就需要把法律道理用平实的语言解释清楚，尤其是让败诉当事人尽量接受裁判结果。同时裁判文书也是公共产品，面向社会公众等普通群众，需要增强可读性，尽量让缺少法律知识的当事人和社会公众凭普通的文化知识、道德情感就可以看得懂、辨得明。前几年《易中天品三国》之所以受到欢迎，就是因为他运用传统文化底蕴，归纳内容言简意赅，语言表达通俗直白，比看文言文《三国志》要容易多了。

实践中，有的法官认为裁判文书属于公文，注重裁判文书的专业性、权威性和严肃性，忽视大众性和朴素性等特征。特别是有的民商事裁判文书大量使用法律术语和法学理论，语言晦涩难懂，超出当事人和普通公众理解认知的限度。有的裁判文书让当事人看得一头雾水，对裁判结果的来由看不明白，增加了与法官沟通的障碍。有的当事人之所以上诉或上访，他们的理由就是看不明白裁判文书，认为裁判说理与裁判结果之间没有必然联系，搞不懂为什么这样裁判，而不是那样裁判。比如在解释物权变动的规定时，有的大量引用教科书上的学理概念，或者大陆法系、英美法系的一些概念，不仅当事人十分费解，有的概念法律人也难以明白，导致“裁判说理反被理困”。作为法官，必须注意裁判文书公共性，充分考虑公众尤其是当事人的接受程度。还有的裁判文书详略不当，本来案件事实清楚、权利义务关系明确，但裁判文书却长篇累牍、拖沓冗长，增加了工作量；有的案件比较复杂，但裁判文书却回避矛盾和争议焦点，讲些套话、空话，缺乏必要的说理和释明，寥寥数语得出裁判结论，让人不明就里。

四、文书说理工作机制不完善

有位学者说过，“不说理是法官最大的敌人”。裁判文书不说理或说理不好，不仅影响当事人对裁判结果的认同，也会影响当事人对法官的信任，影响司法公信力。导致问题的原因是多方面的，既有法官个人因素，也有工作制度机制等方面原因。

从法官个人方面看，有的法官不愿说理，主观上缺乏说理的自觉性，认为怎么判是法官的事，当事人只有听候判决的份；有的认为当事人关注的是结果，说不说理并不重要。有的不会说理，法律素养及知识储备不足，只能对照文书样式或其他文本“比葫芦画瓢”。再就是文书制作方面的培训仍然缺乏，一些初任法官制作文书主要靠老同志手把手教。还有的不敢说理，害怕因为说理不当而担责，怕“言多必失”，怕说理不好“丢丑”，对说理有所顾忌。特别是在案多人少和裁判文书上网公开的形势下，有的法官存有“多一事不如少一事”的心理。

从工作机制方面看，司法责任制不够明确，特别是受司法行政化的影响，案件汇报、裁判文书审批、内部请示等制度仍然存在，司法责任难以真正落到实处。在裁判文书层层审核把关的情形下，导致一些法官产生依赖心理，认为自己的说理院庭长不一定认可，尤其当法官本人意见与合议庭或审委会不一致时，缺乏说理的积极性。下一步，随着新一轮司法改革的深入推进和司法责任制的落实，裁判文书审签制度将进行改革，大量的裁判文书将由主审法官审签。法官独任审理案件时，对案件全程、全权负责，裁判文书将不再提交院长、庭长审签。因此，广大法官都应加强这方面的锻炼，不能有等靠和依赖心理。

第三个问题

裁判文书如何说理

司法裁判的过程，是一个从感性认识到理性认识不断升华的过程，是对裁判结果的论证进行层层展示的过程。针对裁判文书说理中存在的问题，我认为，在加强裁判文书说理中，必须突出“辨法析理、以理服人”这一重点，做到入法入情入理，法理情有机统一，让当事人心悦诚服地接受裁判。

一、裁判文书说理的基本原则

（一）针对性。要着重针对当事人的诉讼请求说理。当事人诉讼请求是启动司法程序的必要条件，裁判说理必须针对诉求进行，做到有的放矢，对诉讼请求究竟支持还是驳回作出说明，否则就可能判非所请、判超诉请、遗漏诉请。实践中，有的法官根据个人认识随意取舍当事人的诉讼请求，有的甚至回避当事人的请求，不能真实、全面反映当事人的本意，当事人难以全面了解败诉理由，因而对法官产生怀疑，认为法官有意偏袒对方。要认真回应当事人的抗辩理由。裁判说理应当遵循平等、中立原则，特别是针对当事人的抗辩事由，应当平等对待，作出回应。省法院在薄熙来案二审裁定书中，用7300余字，近一半的篇幅，针对薄熙来提出的11条上诉意见、律师提出的4条辩护意见，逐一进行分析、论证、判断，受到了国内外舆论和学界高度评价。

（二）逻辑性。裁判文书说理要遵循科学逻辑顺序，事实、证据、理由和结论之间要具有内在的逻辑层次。裁判文书说理一般要按照三段论的公式，有一个大前提，然后确定案件的事实，最后得出裁判的结论。法官必须通过展示逻辑推理来证明裁判结论的正当性。第一，事实要建立在客观证据基础之上，不能主观臆断。在戏曲《十五贯》中，县官判决苏戍娟“杀父取财”，理由是：“看她艳若桃李，岂能无人勾引？年正青春，怎会冷若冰霜？她与奸夫情投意合，自然生比翼双飞之意，父亲阻拦，因之杀父而盗其财，此乃人之常情。”这种凭空想象、主观臆断，恰恰违背了伦理常情，怎能不制造冤案？第二，逻辑的起点应当是法律法规，以及符合法律规定的合同、乡规民约、市民公约等等，不能脱离法律和规则。第三，说理的过程要符合逻辑。特别是同一案件，理由与结论必须保持一致，对类似案件的处理也应相似，不能“同案不同判”。实践中，不同法院、同一法院的不同审判部门，有时对相同法律关系的案件定性不一致，需要进行规范。第四，逻辑推断要有正当性，这是对逻辑推理的修正和补充，确保经过推理得出的裁判结论是正当的。如果裁判结论明显失当，那一定是逻辑上出了问题。

（三）充分性。一是注重说理的广度。说理要全面，不仅对证据分析要说理，对法律适用也要说理；不仅“本院认为”部分要说理，“经审理查明”部分也要说理；不仅对案件的定性要说理，对责任的分配也要说理。特别是在刑事案件中，不仅要重视定罪说理，还要重视量刑说理。我国刑法规定的刑罚都有量刑幅度，那么在这个幅度之内，为什么选择这种刑罚而不是另外一种刑罚，为什么判10年而不是判7年，这些问题也是当事人和社会公众极为关注的问题。对此，必须要在说理部分加以分析论证。比如盗窃犯是一种数额犯，就要充分考虑盗窃数额、次数、原因、对象、追赃以及是否累犯等情况，综合分析，得出结论。二是注重说理的深度。对于裁判结论的论述，尤其是大前提和小前提之间的关联性，应当说明白、说透彻，不能仅满足于表面、“差不多”。比如公诉机关指控被告人构成盗窃罪，辩护人认为构成侵占罪，那就需要分析被告人实施犯罪行为时涉案财物处于何种状态，而不能泛泛地说被告人的行为符合哪种犯罪的构成要件。三是注重说理的力度。法院职能定位存在差异，不同审级法院审理案件不同，裁判文书说理的侧重点也要有所不同。一审法院的裁判文书说理主要是事实认定的说理，二审法院的裁判文书说理偏重法律适用的说理，同时还要对改变原审裁判文书结论进行说理。

在这里特别强调一点：庭审查明的事实是制作裁判文书最重要的依据，法官只有具有良好的庭审驾驭能力，才能把双方观点搞清楚，把争议焦点查清楚，把理由说充分。一个重视开庭、善于开庭的法官，往往是善于说理的法官，而一个不重视开庭，甚至认为开庭是走过场的法官，往往也不善于说理。因此，必须更加注重发挥庭审的功能作用。

二、裁判文书说理的内容

主要包括四个方面内容：

（一）讲好事理。事理就是事情的来龙去脉，是裁判认定的根据。讲好事理，可以让人看了裁判文书后，感到案件事实客观、真实，确信法院认定的法律真实就是客观真实。事实得到确定后，法律适用往往顺理成章。

讲好事理，首先要确定证明对象。其次要全面展示举证、质证、认证过程，善于归纳各方争议焦点并围绕争议焦点展开说理，确保言之有理、言之有据。再次，要排除非法证据。前些年一些重大冤错案件之所以发生，主要是没有遵循法定程序，对非法证据没有理直气壮地予以排除。当然，对非法证据的排除，必须严格依照法定条件认定。薄熙来案二审期间，薄熙来及其辩护人提出，其供认犯罪的自书材料和亲笔供词系在办案人员的压力下形成，应作为非法证据予以排除。二审判决对此作了如下表述，“根据刑事诉讼法及相关司法解释的规定，使用肉刑或者变相肉刑，或者采用其他使被告人在肉体上或者精神上遭受剧烈疼痛或者痛苦的方法，迫使被告人违背意愿作出的供述，属于以刑讯逼供等非法方法取得的证据，应当作为非法证据予以排除。在案证据表明，上诉人薄熙来本人也承认本案不存在上述刑讯逼供等非法取证的情形，薄熙来供认犯罪的自书材料和亲笔供词，均是其自主作出的，不符合非法证据排除的条件。同时，薄熙来供认犯罪的自书材料和亲笔供词的内容与证明其犯罪事实的证人证言及相关书证、物证能够相互印证，足以确认其书写内容的真实性。”故未采纳辩护意见。最后，证据之间应当形成推理链条。要合理运用因果联系、辩证逻辑，根据不同类型案件的证明标准，作出对法律事实的推理认定。比如有起案件：原告甲通过中间人乙将 6 万元现金交给丙进行理财，乙写了收条。后来由于投资失败，甲以民间借贷纠纷起诉乙。一审认定收条有效，判决乙还款，乙不服提起上诉。二审认为，根据案外人丙的银行交易记录、投资理财协议以及所作证言、双方的陈述等证据，可以形成完整的证据链条，证明案件不是民间借贷，而是投资理财纠纷，于是撤销原判，驳回了甲的诉讼请求。

（二）论好法理。法理是裁判所依据的法律规范及其理由，阐述法理的关键是将案件事实与法律规范有效衔接。首先，要找到应该适用的法律规范。一般情况下，法律规范本身就是理，法官只要让人确信正确适用了法律规范，就达到了说理的要求。其次，要对法律规范的不同情形作出解释。同一法律规范有时规定了不同情形，或者不同的责任承担方式、不同的处罚方法，如果选择某种情形或处罚方法，就应当说明理由。第三，必须把法条、法理与权利义务关系、是非责任认定结合起来，克服机械引用法条的做法，增强法律条文与法

律推理的契合度，把是非曲直讲清楚，把责任认定说明白。比如有这样一起案件，甲在公司食堂用餐后独自回宿舍，途中发生交通事故死亡，甲的妻子乙申请工伤认定。人社局认为，甲下班后与同事去食堂吃饭，饭后其他同事直接返回宿舍，甲仍在食堂逗留，之后独自回宿舍途中发生交通事故，其伤害不是在下班的合理时间内发生，不属于工伤。乙于是向法院起诉人社局。法院认为，对《工伤保险条例》中“上下班途中”的认定，应当从有利于工伤事故受害者的立场出发，作出全面、客观、符合立法本意的理解。对“上下班途中”的判断，只要劳动者从家中出发的目的是为了上班，而没有干其他私事，途中的时间就是合理时间；同样，劳动者离开单位后径直回家，没有办理个人非日常必需的私事而存在耽搁、停留的情况，那么他从单位回到家中所需要的时间，就是合理的时间。本案中，虽然甲的就餐时间超过了其他工人的时间，导致回宿舍的时间晚于其他工人，违背了公司的有关管理规定，但甲离开食堂后，就径直回公司宿舍，事故地点处在必经之路上，应当认定为“合理时间之内”，法院遂判决支持了乙的请求。这份文书说理，就做到了法条、法理与权利义务关系有机结合。第四，讲法理还要注意通俗易懂，增强司法的亲和力。“谢老”说过：断案应根据条文，作判词应很通俗地说明道理……务要判词出来，人人拍手。

（三）说好情理。情理写得好可以增强裁判文书的感染力，增进当事人的认同感。这里有一篇唐代的判词，不仅言辞优美，而且说理严密，情理交融。主要内容是这样：甲、乙同乘一条船，船被风浪打翻，两人抓住一只船桨求生。但船桨只能供一人漂浮在水面，由于乙身体较弱，甲将其推入水中，自己扶桨游到岸边。后来乙的妻子丙到官府告发甲故意谋害。法官在判词中写道，甲乙两人共同抓住一只船桨，边游边夺桨，都是为了求生。但两人一弱一强，互不相让，最后导致一生一死的结果。乙溺死的原因是落水，落水是船翻所致，船翻是天灾造成的，乙溺水死亡不是因为甲推其落水。乙的妻子丙有情有义，告发甲情有可原，不适用反坐之法，甲也是无辜的。通篇情理交融，说理透彻。

说好情理，首先要充分考虑社会主流价值和诚实信用、公序良俗原则，合理吸收社会道德情理、生活常理等因素。比如，北京市东城区法院一份赡养案件裁判文书中，援引儒家经典《孝经》，并强调除遵守法律外，孝顺等公序良俗也应作为社会的价值标准得到遵守和倡导，在刚性的说理中融入道德引导，取得了良好的社会效果。其次要注意适当区分案件类型和受众。裁判文书的受众总是存在差别的，从一定意义上说，“向谁说理”决定了“怎样说理”。比如对赡养、抚养等案件，讲情理时要侧重传统美德、尊老爱幼等道理，对债务、合同案件要侧重"讲信义、守信誉"等道理。第三要力求打动人心，争取最佳效果。美国联邦法院在一份判决书中有段关于婚姻的总结："婚姻就是两人永远待在一起，无论未来好坏，这是一种神圣的亲密。婚姻是生命的方式而不是目的，是生活的和谐而不是政治信仰，是双方的忠诚而没有商业或者社会的算计。它有着高贵的目的。"这段话读来，让人倍感亲切、真诚，使人更加珍惜婚姻，尤其是对婚姻纠纷的当事人更有教育意义。

（四）把好文理。文理是裁判文书说理的工具，虽然不是说理内容，但直接关系说理的成效。在讲好事理、法理、情理的同时，必须注意文辞条理、讲究技巧，注意在"咬文嚼字"的反复推敲中，锤炼语言，完善句法，权衡逻辑，做到准确、通顺、恰当，既方便当事人理解，又避免产生歧义。

第四个问题

裁判文书说理要处理好三个关系

前面我们探讨了裁判文书为什么要说理、说理中存在哪些问题、如何加强说理等内容，在实践中还要注意把握好三个方面的关系：

一、正确把握繁与简的关系

实践中，有的反映案多人少、审判任务繁重，如果再加强裁判文书说理，会进一步加重负担。对这一问题，一方面要结合新一轮司法改革，进一步优化人力资源配置，由法官助理、书记员分担好信息录入、文书校对、卷宗归档、文书上网等事务性工作，使法官把主要精力放在坐堂问案、裁判是非曲直上；另一方面，要做好案件审理和裁判文书制作的繁简分流工作。我们加强裁判文书说理，并非裁判文书写得越长越好，而是要注意区分案件类型、审判方式、诉讼程序和不同审级进行必要的繁简分流，该繁则繁、当简则简，做到简案简写、繁案精写，繁简有度、详略得当。

从案件类型看，要根据案件难易程度、事实是否清楚、权利义务关系是否明确、当事人矛盾冲突大小等进行繁简分流。对于当事人争议较大、法律关系复杂、社会关注度高以及审判委员会讨论决定的案件，必须加大裁判文书说理分量。对于案件事实争议较大的，要相应地加强证据分析和事实说理；对于适用法律争议较大的，要相应地加大法律推理、法律释明力度，详细阐明裁判理由；对于宣告无罪或被告人拒不认罪的，必须围绕控辩双方的主张、争议证据等展开深入说理，详细阐明认定无罪或有罪的事实及理由。对于案件事实清楚、权利义务关系明确、当事人争议不大的一审民商事案件，事实清楚、证据确实充分、被告人认罪的一审轻微刑事案件，可以使用简化的裁判文书，通过填充要素、简化格式，提高裁判效率。要重视律师辩护代理意见，对于律师依法提出的辩护代理意见未予采纳的，应当在裁判文书中说明理由。

从案件审级看，要区分各级法院和一审、二审、再审程序差异进行繁简分流。省法院、中级法院要侧重于确立规则、强化指导，对于办理的一审、二审和再审案件，必须相应地加强裁判文书说理，多出精品文书，为下级法院作标杆。对同一案件而言，一审裁判文书要围绕争议焦点阐述认证过程和法律推理，二审、再审裁判文书则要侧重上诉、申诉理由进行说理，尤其对于需要改变原审判决或发回重审的案件，必须充分说明支持或不支持的理由。最近，最高人民法院出台了关于在民事审判监督程序中《严格依法适用指令再审和发回重审若干问题的规定》，明确要求上级法院指令再审、发回重审的，应当在裁定书中阐明指令再审或者发回重审的具体理由。也就是说，不能再简单以事实不清、程序违法等笼统的理由指令再审或发回重审。

二、正确把握法理与情理的关系

我们通常讲“法不容情”，但又讲“法理情相统一”，这是否矛盾？如何理解法理与情理的关系？“法不容情”指的是，必须严格司法，不得徇私枉法、徇情枉法。“法理情相统一”强调的是，司法既要遵循法律，又要兼顾公理和常情，正所谓“公道自在人心”“百姓心中有杆秤”。在裁判文书制作中，关于法理与情理的把握需要注意三点：

第一，法律推理的结果应当蕴含于情理之中。法律来源于生活，同时也是道德的底线。因此，一个公正的判决，必然也符合公理常情；一个不公正的判决，必然违背公理常情。如果一个案件的处理结果，明显违背社会公德、违背善良风俗、违背公认的公平正义标准，那么这个裁判肯定是有问题的。

第二，情理分析的内容必须符合法律精神。讲情理的首要任务是把法律规则中蕴含的情理阐释出来，为法律推理作辅助论证，起到巩固和强化法律论证的效果，决不能以情理为由突破法律规定。当法律规定不周全、不明确时，法官应当根据法律条文内涵或立法目的，理解、分析、判断、讲清其中的道理；当法律规定有漏洞时，法官应善于从公序良俗、人情事理、公平正义价值取向等方面分析说理。

第三，要善于寻找法律原则和社会认同之间的平衡点，实现法律效果、社会效果的有机统一。一份好的裁判文书，往往寓“理”于“法”之中，将法理与情理融为一体，以法服人，以情感人，做到法德并举，传递社会正能量，弘扬正确价值观。比如，2010 年北京发生一起“男孩坠楼索赔案”，原告是女婿，被告是岳父。这起案件因岳父照看外孙时，外孙不幸坠楼而发生。裁判文书写道：被告照看孩子是基于特定的血缘关系，而非获得经济上的利益；事发当时孩子未依通常习惯上幼儿园，与被告无关；孩子的法定监护人认可孩子所处环境的安全性；被告在确认孩子睡着后去客厅休息符合常理，据此认定案件是一起“极为不幸的意外事件”，指出“人的生命是不能用金钱衡量的，无论何种方式，都不可能弥补本案原、被告双方失去亲人的创伤，更无法挽回此次不幸事件所造成的后果。因此，本裁判仅为相关当事人行为上的法律价值判断，而非对逝去生命价值的评判。怨恨只能产生痛苦和伤害，虽然法律化解不了怨恨，但希望法律上的裁判能够成为这次不幸事件的终点”。希望当事人“化解怨恨，忘却伤痛，让明天好好地继续下去”。将道理说到了当事人和社会公众的心坎里，这份裁判文书被媒体誉为当年最有人情味的判决书。

三、正确把握规范化与个性化的关系

裁判文书本质上属于公文，应当具有统一的文书样式和规范标准，遵循法律推理的基本原则和“三段论”。最高人民法院自 1992 年起，先后出台了人民法院诉讼文书样式、刑事诉讼文书样式、一审行政判决样式等文书样式，供制作裁判文书时参照。现在大家制作文书时，参照的也主要是这些文书样式。

强调裁判文书制作规范，不是要排斥个性因素。裁判文书说理与诉讼文书样式，是内容与形式的关系，案件类型的复杂性、多样化决定了裁判文书说理模式应当是多元的。在坚持裁判文书规范化的同时，不能否定“个性化”，应当在遵循裁判文书基本样式、逻辑推理原则等基础上，鼓励法官发挥主观能动性，充分展示裁判文书的自身价值。特别是裁判权是一种判断权，实践中难免遇到模棱两可的案件，或者遇到一些争议较大、案情复杂的案件，不同法官可能会有不同的认识，而裁判文书则是展示法官如何思维、如何判断的载体。在

这种情况下，更要鼓励法官充分阐明理由，便于当事人和社会公众了解法官的心证过程，从而相信法院的判决是公正的。

当然，强调裁判文书说理的个性化只是手段而不是目的，不能为了展示个性而个性，更不能背离法律规定“玩个性”。大家还要善于总结归纳，对相同类型案件或不同类型案件的说理进行分析，从中找出共性、找出规律。同时，各地法院要深入挖掘内部已有资源，将类型化案件的文书定期汇编成册，作为法官参考样本；也可以到中国裁判文书网进行检索，将某些类型案件说理的典范整理出来，作为法官说理的参照。

一份好的裁判文书，就是浓缩了的审理案件全过程的生动教材，也是法官的学识、水平、责任与良知的展示。加强裁判文书说理，是对裁判文书制作的基本要求，也是实现诉讼目的、彰显司法公正、提升司法公信的必然要求。全省各级法院要把裁判文书说理摆到更加重要的位置，加大教育培训力度，完善激励机制，并将文书说理作为考核法官业绩的重要依据，充分调动法官对裁判文书说理的积极性。全省广大法官要切实增强裁判文书说理意识，不断提高说理能力，增强法律知识、法律思维、法律修辞的训练，努力制作更多、更好的精品裁判文书，让人民群众在每一个司法案件中感受到公平正义。

（责任编辑：王春田）

司法改革

当代中国司法研究思考

高其才[①]

一

司法通常是指国家司法机关根据法定职权和法定程序，具体应用法律处理案件的专门活动；是运用法解决个案纠纷，将法适用于具体案件的过程。司法历来是以解决社会冲突为己任的，它与社会冲突相伴相随。司法是实现国家目的的间接活动。司法既是使书本上的法落实转化为具体的行动中的法律的过程；同时也是一个对法律进行宣示，使民众形成具体的法认知的过程。

司法是实施法律的一种方式，是一种判断性的活动，对于实现法律目的、发挥法律作用、保障法律权威、维持社会秩序具有重要意义。从总体上看，司法具有解决纠纷的直接功能，人权保障、调整社会关系、解释和补充法律、形成公共政策、秩序维持、文化支持等间接功能。司法所担负的功能除了将社会纠纷消解在法程序之中外，还负有适用法、发展法的社会职能，对公民权利的保障具有重要意义。司法是当代中国法治建设中的核心环节，法治的关键在于法律的实施和实现，司法使法有了真正的意义。

全面推进依法治国，为实现建设中国特色社会主义法治体系、建设社会主义法治国家的总目标，中国特色社会主义司法制度是高效的法治实施体系的有机组成部分。中国特色社会主义司法制度是一个科学系统，不仅包括一系列独具中国特色的司法规范、司法组织、司法机构、司法程序、司法机制、司法制度和司法人力资源体系，而且包括独具中国特色的司法理念、司法理论、司法政策、司法文化、司法保障等丰富内容。中国特色社会主义司法制度已经建成。突出表现在司法制度机制逐步健全，司法组织体系逐步完善，机构设置和人员

---

① 高其才，清华大学法学院教授、博士生导师。

配备逐步合理，司法功能不断拓展，司法程序不断完善，司法行为不断规范，司法条件不断改善，队伍素质不断提高，司法改革深入推进，等等。中国特色社会主义司法制度主要由司法规范体系、司法组织体系、司法制度体系、司法人员管理体系等四个方面构成。

随着中国法治建设的深入和法学的发展，我认为，当代中国的法学研究面临转向，由面向立法的法学转为面向司法的法学，法律实施、法律适用、法律效力、法律实效等日益成为法学研究的重点。中国法学不仅要关注“有法可依”问题，更要探讨“有法必依”问题，研究如何使“纸面上的法”成为“行动中的法”，真正在社会生活中发挥法律的作用。司法的地位由此凸显出来。法学研究应当适应这一变化，探讨这一变化。

二

本着这样的思路，我对当代中国司法产生了浓厚的兴趣，并进行了较长时间的关注和思考。[①] 在探讨当代中国司法过程中，我主要有这样一些基本认识：

第一，通过微观认识宏观。微观研究强调对个体和小群体的考察，关注个体的自由和活力，人们总是处在创造、改变他们的生活世界的过程中。微观研究固然存在结论的普适性、理论一般性等问题，但是微观研究范围较小、对象明确，具有较强的应用性、灵活性和单一性，微观研究有助于摆脱既有的规范信念。个体是整体的一部分，通过具体的个案样本分析中国司法的一般规律、发现中国司法的整体状况，探讨中国司法的结构，能够避免宏大研究的抽象、空泛，具有直观性、丰富性和说服力。

第二，通过实证把握制度。当代中国司法研究可以采用规范研究、历史研究、比较研究、哲理研究等方法，但是采用实证研究方法更有其特殊意义。要了解中国社会的司法的状况，仅仅局限于法律条文远远不够，不能仅仅停留于制度、规范的静态研究阶段，必须掌握第一手资料，进一步对其在社会生活中的存在形式与状况，即事实问题、实效性问题作动态的考察、实证的分析。规

① 高其才主编的《中国司法研究》2009年由法律出版社出版第一辑，现已出版《基层司法——社会转型时期的三十二个人民法庭实证研究》（高其才、黄宇宁、赵彩凤著）、《乡土司法——社会变迁中的杨村人民法庭实证分析》（高其才、周伟平、姜振业著）、《政治司法——1949—1961年的华县人民法院》（高其才、左炬、黄宇宁著）、《伦理司法——中国古代司法的观念与制度》（罗昶著）、《多元司法——中国社会的纠纷解决方式及其变革》（高其才著）。

范的价值判断应该以实证分析为基础，实证为理论创新和制度变革提供契机，通过实证研究解释司法制度、认识中国司法发展中的问题，从而推进当代中国的司法改革和完善。

第三，通过历史观照现实。一切现实活动都是历史，从本质上来说，历史与现实是息息相关的。历史是过去的现实，现实是未来的历史。人类从事每个时段的司法实践，无不需要以已经具备的历史条件作基础，无不需要借鉴有关的历史经验。当代中国司法是历史的产物，也是历史的一部分。研究中国司法形成和转变的历史，就在于其与现实有着复杂的关联，可以为现实提供资鉴。通过历史能够更清晰的观照当代中国司法的现实。同时，在古今关联中继承中国优秀司法传统，汲取精神营养，总结出某些规律性的认识。

第四，通过社会理解司法。认识司法不能离开中国社会，司法是社会的产物，社会发展决定中国司法的性质和特点，社会结构、社会环境制约中国司法的功能和作用，同时司法机关需要及时回应社会关切。因此，应当探寻司法中的中国社会、中国文化特质，通过社会认识司法。同时，也要通过中国司法理解中国社会、认识中国社会。司法解决社会纠纷、恢复社会秩序、实现社会正义，司法在当代中国社会控制中具有越来越重要的地位。

三

根据我的调查和研究的经验、体会，我认为当代中国司法研究需要注意以下几方面：

第一，大司法。当代中国司法研究需要视野开阔，对国家、社会的各种解决社会冲突的方式进行了探讨，以发现不同形式的“司法”。“神判”“人判”“社会审判”“国家审判”全景式地展示了中国司法，民间性解纷机制与以国家暴力强制为后盾的官方行为同在研究范围之内，体现了我们尊重事实、尊重生活和开放、包容的学术姿态。

第二，真司法。当代中国司法研究需要追求真司法。当代中国司法研究应当描述了人民法庭、基层人民法院的真实运作状况，分析了影响当代中国司法的关系等社会因素，旨在寻求中国司法的实际面目、探究中国司法的“活水之源”、揭示当代中国司法的内在联系。当代中国司法研究是我们求真问题、寻真现象、思真答案过程的体现，求真务实是我们的学术追求。

第三，中国司法。当代中国司法研究应当主题明确，集中讨论当代中国司法。在我看来，“乡土司法”“基层司法”“政治司法”“伦理司法”“多元司法”反映了中国司法的特质，揭示了中国司法的多样性和复杂性。我们致力于中国司法与中国社会关系的探讨，为当代中国司法的发展和完善进行基础性的建构，表现了我们对生于斯、长于斯的这块土地、这个社会的一种学术责任和情怀。我认为需要探索和建立符合中国实际、具有中国特色、体现社会发展规律的司法理论，为依法治国、公正司法提供理论指导和学理支撑。

我认为当代中国司法是中国社会政治、经济、文化发展的产物，有其自身的内在规律和基本价值，具有明显的中国特点。基层司法为中国司法的典型形态，代表了中国司法的具体实貌，体现了中国司法的基本特征，反映了中国司法的主要内涵。由于中国社会变迁的阶段和特点所限，当代中国司法生长于乡村社会并扩展至城市社区，总体上具有乡土司法的特质。当代中国司法为中国古代司法的延续和发展，仍然受到伦理观念、伦理思想的深刻影响，承继了中国古代伦理司法的核心理念。当代中国司法反映出浓厚的政治色彩，全面表现了政治司法的功能和特性。

四

我国的司法制度总体上与社会主义初级阶段的基本国情相适应，符合人民民主专政的国体和人民代表大会制度的政体。同时，随着改革开放的不断深入特别是社会主义市场经济的发展、依法治国基本方略的全面落实和民众司法需求的日益增长，中国司法制度迫切需要改革、完善和发展。同时，随着社会主义市场经济的发展、社会矛盾的增多、人民群众民主法制意识的增强，越来越多的社会矛盾和社会问题以案件形式进入司法渠道，司法工作任务日益繁重艰巨。一方面，解决司法工作发展不足的问题，需要向高素质要战斗力、向信息化要战斗力、向深化司法体制改革要战斗力。另一方面，提高司法公信力，需要从健全司法体制和工作机制上下工夫，确保司法公正、公开、公信。

因此，2014年10月23日中国共产党第十八届中央委员会第四次全体会议通过的《中共中央关于全面推进依法治国若干重大问题的决定》提出实现公正司法；要求保证公正司法、提高司法公信力；强调必须完善司法管理体制和司法权力运行机制，规范司法行为，加强对司法活动的监督，努力让人民群众在每一个司法案件中感受到公平正义。《中共中央关于全面推进依法治国若干重大问题的决定》明确指出完善确保依法独立公正行使审判权和检察权的制度、优化司法职权配置、推进严格司法、保障人民群众参与司法、加强人权司法保障、加强对司法活动的监督。

在这样的背景下，我认为当代中国司法研究需要具有改革意识、发展观念，从问题出发、从实际出发探讨当代中国的司法改革，以进一步完善当代中国司法制度，更全面的实现司法公正。

五

在当代中国司法调查和研究中，我们秉持尊重和理解的立场，将纠纷解决、司法审判视为中国人生活方式的组成部分，追求认识社会控制和社会秩序的内在规律，重视民众和法官的自我创造，避免以有限的知识评判具体的当代中国司法制度和实际的中国司法运作，防止学术研究中的过于自信现象，提醒自己知识分子的使命和局限性。

我希望我们的调查和研究能够促进知识增量，当代中国司法研究能够增进对中国社会司法、审判的了解和理解。在我看来，学术的发展以知识增量为基础，一项研究如果在知识上没有提供新的内容就属重复劳动，就缺乏学术意义和创新价值。学术研究应当解决一定的问题，做出一定的贡献，成为以后相关研究的基础和前提。

当然，我的努力是初步的，我对当代中国司法的探讨并不系统，认识也可能是片面的，需要进行进一步的更为宏观和深入的思考。不过，从另外角度考虑，或许有局限才真正有价值。

（责任编辑：殷志文）

关于构建司法惩戒制度的若干思考

肖金明[①]

在千头万绪的司法改革中，司法员额制与法官检察官遴选、司法责任制与法官检察官惩戒，还有法官检察官遴选和惩戒委员会制度建设等引人注目。比较而言，关于员额制和法官检察官遴选问题讨论较多、争议很大，而有关责任制与法官检察官惩戒问题的争论明显不足，应当引起更多的关注。构建完善的司法惩戒制度，是党的十八届四中全会部署的一项重大措施，是当前司法改革的重要内容之一。在上海、吉林等地试点的司法改革中，法官检察官遴选和惩戒制度引起各方面注意和各地方跟进，一些未进入第一批试点行列的省份也早就展开相关调研和制度设计，形成了各地各不相同的模式和做法。构建完善的司法惩戒制度，必须贯彻十八届四中全会精神，根据四中全会决定的总体部署，按照建设严密的法治监督体系、司法责任问究体制机制、法治专门工作队伍建设等基本要求，遵循司法改革的基本走向，将其纳入政法改革总体规划中，坚持党的领导和党委政法委的主导作用；坚持人民代表大会制度，尤其要发挥人大常委会和专门委员会的主导作用；在现有法官、检察官惩治制度基础上推进整合与创新，形成科学合理的司法惩治制度体系[②]；遵循惩戒制度一般原理和司法基本规律，恪守司法惩戒逻辑；建立统一司法惩戒委员会，明确其职能权责、组织体系、运作程序等；明确规定合理的司法惩戒事由，确定司法惩戒的范围和限度；区分法官、检察官惩戒措施与一般公务员惩戒措施，确立恰当的司法惩戒措施；围绕着正当程序要求建立完善的司法惩戒程序，确保法官、检

---

① 肖金明，山东大学教授、博士生导师。

② 本文使用的“司法惩戒”是一个特定概念，与司法惩治概念不同，对法官、检察官违纪违法及至犯罪行为的责任追究制度形成一个体系，在司法惩治制度体系中，司法惩戒是一个不可或缺的部分。

察官在司法惩戒中不受冤枉；由地方人大出台司法惩戒委员会条例以保证司法惩戒制度的正当性和权威性，推进司法惩戒法治化；等等。概言之，构建完善的司法惩戒制度，必须以民主科学法治的态度推进政法理论和实践创新，实事求是地面向司法实际需求，在司法惩治制度建设方面逐步形成与纪律检查、人大监督、反贪反渎等协调并行的司法惩戒制度、组织体系与运作机制。

一、构建司法惩戒制度，必须立足于政治大局和政法全局，坚持党委政法委的领导

构建完善的司法惩戒制度，是司法改革、政法改革的重要环节。[①]党的十八届四中全会决定提出将党的领导贯穿于全面推进依法治国整个过程的始终，这就需要强调党对政法工作实施全面领导，充分发挥党委政法委对政法改革、司法改革的领导作用，包括加强对法官检察官遴选惩戒制度建设的领导。毫无疑问，这是司法体制改革、司法制度创新的一个政治前提，是必须遵循的一项基本原则，它关系着司法改革和制度创新的方向，也保证着司法改革和制度发展的全局性。政法改革的实际成果、司法改革形成的局面必须实现三个有利于，一是从制度上保证法院、检察院依法独立公正行使司法职权，形成有利于在司法个案中实现公平正义的体制机制；二是在制度上改善党的领导与司法机关依法独立公正行使司法职权的关系，有利于党委政法委发挥职能作用和实现党对政法工作的全面领导；三是完善政法体制尤其是提升司法能力，有利于全面推进国家治理体系和治理能力现代化。

司法惩治制度改革和法官检察官惩戒制度构建，是严密的法治监督体系建设的重要举措，是整个司法改革、政法改革规划中的重要内容，必须坚持党的领导，保证党委政法委在司法惩戒制度建设中的主导作用。创新和发展司法惩戒制度，应当着眼于形成有利于党委政法委领导政法工作的机制和方式，着力于形成党领导法治工作队伍建设的新的抓手。比如，构建司法惩戒制度，应当有利于将以往党委政法委对司法办案的直接监督转化为对司法人员尤其是法

① 司法改革是一个更为常用的概念，它包括司法体制改革和司法制度创新等内容，是政治改革的重要组成部分。与司法改革相比较，政法改革是一个内涵更丰富也更具政治性的概念，它处于司法改革与政治改革之间，司法改革成为政法改革的核心环节。与司法改革高度关联的政法委员会制度改革，无法为司法改革完全涵盖，它是政法改革的一个部分，是当前政法改革的重大课题。

官、检察官的监督，促进法官检察官惩戒工作；再比如，坚持党的领导是克服司法部门化的重要保证，在现行的政法体制中，法院、检察院在司法惩戒方面都能够有所作为，但也要防止司法部门主义对法官、检察官惩戒工作的影响，防止"大事化小、小事化了""家丑不可外扬"等司法惩戒部门化现象和司法惩戒中的腐败现象。这就需要既支持法院、检察院推进本系统法官、检察官惩治制度的进一步完善，又要将分散着的各自为政的状态转化为法官、检察官既分别又协调的统一司法惩治制度，这当然需要党委政法委的领导，需要党委政法委加快对司法惩戒制度建设的推进，在包括司法惩戒制度建设在内的司法制度创新中坚持政治大局、政法全局，形成科学合理、民主法治的司法格局。

二、构建司法惩戒制度，必须坚持以人大制度为基础，发挥人大常委会和专门委员会的作用

构建完善的司法惩戒制度，应当将其置于司法制度尤其是司法惩治制度体系中，保持与相关制度的协调，使其受制于其他重要司法制度甚至国家重大制度。当前，司法改革的重大难题就是如何在人大制度基础上创新司法体制机制。无论法官检察官遴选制度还是惩戒制度，都必须与人民代表大会制度协调起来，充分释放人民代表大会制度对司法改革和制度创新的政治效力。[①]一方面，应当将目前的司法改革纳入宪法政治轨道，在人大制度框架中和人大制度与时俱进的趋势中，推进司法体制改革和司法制度的完善，包括构建完善法官检察官遴选和惩戒制度等；另一方面，应当充分发挥人大常委会和相关专门委员会在构建司法惩戒制度过程中的主导作用。地方司法改革试点工作既是地方党委的工作，也是地方人的工作，既需要地方党委政法委推进，也需要地方人大内司委参与其中。不仅如此，还要形成有利于人大常委会和内务司法委员会在法官检察官惩戒中发挥作用的体制机制。

党的十八届四中全会要求推进立法体制改革，充分发挥人大专门委员会在立法中的作用，形成人大主导的立法体制，以消除行政本位主义和部门本位主义。按照这样的思路，有关司法制度的建设也应当超越政法部门，逐步形成由人大主导司法制度改革的局面，尤其应当充分发挥人大内务司法委员会的作用。法官、检察官需要人大及其常委会任免，与司法惩戒制度密切相关的对法

① 参见肖金明：《人民代表大会制度的政治效应》，载《法学论坛》2014年第3期。

官、检察官免职、罢免决定权属于人大及其常委会；人大内务司法委员会是人大负责司法事务的机构，包括参与甚至主导司法方面的立法工作、监督司法各部门的工作、参与重大司法决策等。中央政法委最初牵头司法体制改革统一规划时，全国人大内司委就参与其中，但遗憾的是这种工作机制并不稳定，在地方层面实际上并没有真正出现。当前的司法改革，包括构建法官检察官遴选和惩戒制度，为实验党委政法委牵手人大内司委这样的工作机制提供了机会，这就需要将党委政法委与人大内司委在司法惩戒体制机制中的地位和作用协调统一起来。这样的机制无疑既可以防止以党代政、以党代法现象，保证党委政法委领导的规范化，将党对司法工作的领导纳入法治轨道，又有利于保证司法惩戒制度和体制的正当性和权威性。

三、构建司法惩戒制度，应当推进现有司法惩治制度的整合与创新，完善司法惩治制度体系

构建完善的司法惩戒制度，不是要取代对法官、检察官其他形式的惩治措施，所以要绝对防止对原有制度和体制的一概否定，准确把握它在法官、检察官惩治制度体系中的定位。一方面，应当将司法惩戒制度与人大人事任免、监督罢免制度衔接起来，通过创新法官、检察官惩戒制度和体制激活人大监督罢免制度；另一方面，应当将司法惩戒制度与法院、检察院现行的纪检监察体制协调起来，尊重党的纪律的适用空间。① 另外，还需要将对法官检察官的司法惩戒与对法官检察官的刑事指控和制裁区分开来，将刑事程序与惩戒程序对接起来，尤其要避免以司法惩戒代替刑事措施。②

司法惩戒制度是法官、检察官不轨行为、不良行为惩治制度的重要组成部

---

① 法官检察官与公务员分开管理，其中就应当包括对职业犯规和其他不轨行为惩戒的区别。建立法官检察官惩戒制度后，行政监察是否还适用于法官检察官，也许是一个值得讨论的问题，它在一定意义上决定着司法惩戒的功能定位和制度构建。从目前关于司法惩戒的制度设计来看，司法惩戒并不会完全取代行政监察。当然，从理论上讲，建立法官检察官不再适用行政监察的司法惩戒制度也不是没有可能。党的纪律惩戒仍然适用于党员法官检察官，应当协调好党的纪律检查与司法惩戒的关系。另外，应当重视民主党派自身的纪律制度建设，民主党派内部纪律惩戒与司法惩戒的协调也是一个不可忽视的问题。

② 1915 年的民国《司法官惩戒法》规定，如果司法官涉足的同一事件或者司法官的同一行为牵扯到刑事问题，涉及刑事诉讼的，则刑事诉讼程序优先适用。诉讼宣告无罪或驳回免诉的，仍得实施司法惩戒程序。

分，构建司法惩戒制度是法官、检察官惩治制度体系化的重要举措。构建完善的司法惩戒制度，必须强调法治思维和法治方式在制度构建中的意义，一方面坚持依法推进制度构建，另一方面坚持明确的制度定位。这就需要将司法惩戒制度建设与立法、修法结合起来，尤其要注意与法院组织法、检察院组织法、法官法、检察官法的修改工作结合起来。除了立法、修法外，还应当加强司法制度规范建设，修改和完善《法官行为规范》《关于严格执行（中华人民共和国法官法）有关惩戒制度的若干规定》《人民法院审判人员违法审判责任追究办法（试行）》《人民法院审判纪律处分办法（试行）》《人民法院执行工作纪律处分办法（试行）》《人民法院监察部门调查处理案件暂行办法》和《人民检察院监察工作条例》《中华人民共和国检察官职业道德基本准则（试行）》《检察官职业行为基本规范（试行）》，进一步加强司法惩戒制度与相关司法规范的协调统一，推进现有法官检察官惩治制度的整合与创新，逐步形成科学合理、有效管用的司法惩治制度体系。

四、构建司法惩戒制度，必须遵循惩戒制度的一般逻辑和司法惩戒的基本规律

构建完善的司法惩戒制度，必须遵循司法惩戒逻辑，恪守惩戒制度的一般原理和司法基本规律。概言之，就是要求将规范和控制惩戒权力与保障和维护被惩戒者程序性权利结合起来，推进问责制度、惩戒制度贯彻法治原理和法治原则。一方面，强调将司法惩戒权纳入法治轨道。全面深化司法改革，全面推进依法治国，核心要求之一就是要将权力关进制度的笼子里。不仅执行权、执法权要关进制度的笼子里，决策权、监督权也必须纳入法治轨道。毫无疑问，对司法进行监督的权力，对法官、检察官进行惩治的权力，必须关进制度的笼子里，以防范司法惩戒权力的滥用；另一方面，应当保护法官、检察官的特权，将法官、检察官的合法权益保护作为制度构建的基本考量，赋予法官、检察官程序性权利，以保证司法惩戒的公正性。

对任何人的惩处都必须是公正的，对任何官员的惩治亦是如此，司法惩戒制度也必须贯彻公正原则。西方国家、日韩国家等为避免法官、检察官被非法追究，赋予了法官、检察官充分的救济权利。韩国检察官惩戒法第 16 条、韩国法官惩戒法第十八条均规定了“最终意见陈述权”，给予惩戒嫌疑人、辩护人、特别辩护人陈述最终意见的机会。确保对法官、检察官惩戒的公正性是一

项通行的国际原则，联合国《关于司法独立的基本原则》、国际性的《司法独立世界宣言》和《司法独立最低标准》规定了无明文行为标准不受惩戒原则、秘密审理原则、听证原则、法官有上诉权或请求复审权原则，以维护司法惩戒程序正当化的底线要求。充分吸收域外和国际上通行的原则和规范，构建由独立机构、正当程序、合理事由和恰当措施、救济途径等组织起来的司法惩戒制度，以形成对法官检察官公正惩戒的基本保障。

五、构建司法惩戒制度，需要建立司法惩戒组织机构，明确其职能权责、组织构成、运作程序

构建完善的司法惩戒制度，必须设置专门的组织机构，专司法官检察官惩戒之职，其表现就是司法改革试点的地方已经和正在组建的司法惩戒委员会。组建司法惩戒组织应当首先确定司法惩戒组织的职能定位，以司法惩戒职能为基础，明确司法惩戒委员会的职权职责、组织构成和运作制度。这里涉及司法惩戒组织的惩戒职能与人大人事任免、监督罢免职能的协调，以及与法院、检察院现有纪检监察机构职能的划分。司法惩戒委员会不是唯一的法官、检察官惩治组织，它不可能在司法惩治方面做到面面俱到，它既无法替代人大及其常委会的政治监督职能，也不能取代纪律检查甚至纪检监察的作用，它应该处在一个中间地段，有一些轻微的违纪违规行为并不进入司法惩戒程序，有一些严重的司法惩治措施需要优先刑事程序或者后置人大程序，司法惩戒功能的特殊性决定了司法惩戒组织职能的限定性。

司法惩戒委员会的组织性质、法律地位等必须以人民代表大会制度为依托，它应当依法成立，其合法性由地方性法规提供，与其相关的组织、程序制度等应当由地方人民代表大会或其常委会出台司法惩戒委员会条例加以规定，由此可以建立司法惩戒委员会的法治基础。在实践中，司法惩戒委员会应当成为一个由党委政法委、人大内司委共同组建的特别机构，且必须履行人大常委会任命司法惩戒委员会成员的法律程序，以保证其超出法院、检察院等司法部门的立场，从而保障其依法独立行使司法惩戒职权，不受法院、检察院干涉，最终保障其公正地履行司法惩戒职能。这里需要特别重申党委政法委与人大内司委关系的重要性，尤其是党委政法委与人大内司委职能上的高度关联性和职能实现机制上的高度衔接与交叠性。客观看待和正确处理地方党的组织与地方国家政权的关系，将两者区分开来再适度结合起来，对当前司法改革试点工作

具有重要意义。各级地方党委与各级政权组织适度结合的部位在各级人大，地方党委要善于通过人民代表大会执掌政权，以促进民主科学依法执政。像党委书记兼任（应当由兼任发展为出任）人大常委会主任就在一定意义上体现了这种结合。适度扩展这种结合也许是改善党政关系的一个选项，比如，不妨由党委政法委常务副书记出任人大内司委主任，也许会为党对政法工作的领导提供更加有效的组织保障和制度保障。

六、构建司法惩戒制度，需要组建统一司法惩戒委员会，完善司法惩戒组织体系

构建完善的司法惩戒制度，必须重视司法惩戒组织建设。在当前的司法改革试点中，关于法官检察官惩戒制度的试点，关于遴选和惩戒委员会的组建，各地有不同的方案。有些地方建立了统一的法官检察官惩戒委员会，也有一些地方计划分别设立法官惩戒委员会和检察官惩戒委员会，分设两个委员会操作起来简单，但也有很多问题，比如，难以形成协调统一的对司法官员的问责和惩戒机制，也难以将司法惩戒委员会与目前的法院、检察院系统的监督问责机制加以区分，既难以去除司法惩戒中部门主义的影响，无法保证司法惩戒的权威性、有效性和公正性，也无法通过体制机制创新激活、释放原有制度的效力。

组建司法惩戒委员会应当注意以下几个问题：一是分设司法惩戒委员会和司法遴选委员会还是设立遴选与惩戒合为一体的委员会。司法遴选委员会与司法惩戒委员会职能不同，其组织形式也应当有所区别。比较而言，司法遴选委员会拥有建议权而没有决定权，法官、检察官的任命权在人大常委会。如果赋予遴选委员会以决定权，将使人大任命权流于形式。与司法遴选委员会不同，司法惩戒委员会应当拥有一定的决定权。[①] 这就意味着，法官检察官遴选委员会可以更强调“社会化”特征，而主要对法官和检察官不轨、不良行为实施惩戒的司法惩戒委员会必须强调它的法律性质和地位，必须强调人大对其成员履

① 2014 年 12 月，上海市法官、检察官遴选（惩戒）委员会成立，根据《上海市法官、检察官遴选（惩戒）委员会章程》，遴选（惩戒）委员会按照统一提出法官检察官遴选、惩戒意见，由上海市高级法院、上海市检察院党组按规定程序审批办理。继上海后，吉林省于 2015 年 5 月 18 日成立法官、检察官惩戒委员会，根据《吉林省法官、检察官惩戒委员会工作规则（试行）》，法官、检察官惩戒委员会是负责对法官、检察官涉嫌违反职业道德或职业纪律行为进行审议，并根据审议结果提出惩戒或保护建议的专门机构。司法惩戒制度没有赋予司法惩戒委员会应有决定权，也许会使该制度的实际效应大打折扣。

行任命手续，以保证司法惩戒委员会的正当性、合法性和权威性。这样看来，将两者区别开来分别设立也许比建立一个合而为一的委员会更合理；二是要强调司法惩戒委员会的构成，其成员要有专业性，也要有一定的代表性。比如，除一般强调的党委、人大、法检等方面的官方代表及来自学界、律师界的代表外，还应当包括一定数量的人大代表、政协委员、退职法官和检察官等；三是在地方设立一级还是两级司法惩戒委员会。地方试点可以有不同的做法，可以论证设立省市两级司法惩戒委员会，以便贯彻一般惩戒一决终决、严厉惩戒两决终决原则，为可能涉及法官、检察官重大利益的司法惩戒提供有效的救济途径；四是关于司法惩戒委员会办公室的设立问题。司法惩戒委员会办公室承担着相当重要的职能，那种在法院、检察院分设办公室的做法值得讨论，可以考虑将其设在人大内司委并接受党委政法委的领导,这也许是一个更合理的选择。

七、构建司法惩戒制度，应当基于法官检察官行为规范，合理确定司法惩戒事由

构建完善的司法惩戒制度，必须合理确定司法惩戒事由。对法官、检察官给予司法惩戒，一定是针对某些不良行为，比如，法官、检察官与案件当事人交往过密的行为，漠视司法过程中的利益冲突行为，司法过程中的掮客行为，职业上的怠慢行为，嫖娼、吸毒等个人腐化堕落行为，等等。类似行为不同程度地损害了法官、检察官形象和法院、检察院的司法公信力，需要从细微处着眼，充分发挥纪检监察尤其是纪律检查的作用将其消除在萌芽状态，情节轻微的违纪违规行为通常不会启动司法惩戒程序。司法惩戒事由应当是基于法官检察官行为规范，司法惩戒应当着重于比较严重的不符法官、检察官身份的行为和不合司法职业规范要求的行为。

司法惩戒委员会惩戒的行为大致可以归类为两个方面，即职业性行为和非职业性行为，或者称为司法内行为和司法外行为。民国初期的《司法官惩戒法》规定了依法执行惩戒的两类司法官行为，一是违背或废弛职务，二是有失官职上的威严或信用。前者通常被理解为司法内行为或者职业性行为，后者被理解为司法外行为或者非职业性行为。确定合理的司法惩戒事由，需要考虑两个方面的问题，一是惩戒事由不限于职务行为，必须将法官、检察官个人的社会化行为纳入惩戒范围，比如，嫖娼、赌博、酗酒、吸毒等严重不检点行为，甚至包括严重的个人诚信危机尤其是个人财政信用问题等。韩国法官惩戒法规定了

两类惩戒事由，即法官违反其职务上的义务或者怠于执行职务，法官的行为损害其品位或者降低法院的威信。韩国检察官惩戒法规定检察官违反其职务上的义务或者怠于执行职务，或者有损害作为检察官的体面或者威信的行为，应当受到惩戒，并且特别规定被惩戒的行为是否与职务相关则在所不问；二是像偶发的专业误判、不够水准的业务能力、低水平的工作效能等，不能成为司法惩戒的事由，这是司法工作特有规律决定的。司法实践中以“错案追究”“业绩考评”等为基础的司法惩治明显偏离了司法的一般原理。总之，司法惩戒事由不能缺漏，也不能泛化，应当侧重于对两类行为的惩戒，一是违反其职务上的义务或者怠于执行职务，情节比较严重的；二是行为损害法官、检察官品位或者降低法院、检察院的威信，产生不良社会影响的。

八、构建司法惩戒制度，应当强化法官检察官惩戒的特殊性，确立恰当的司法惩戒措施

构建完善的司法惩戒制度，必须保证司法惩戒措施的合理性。根据司法规律设定司法惩戒措施，要区分法官、检察官与一般公务员的差别。目前对法官、检察官的惩戒措施与对一般公务员的惩戒措施没有太大差别，比如，《法官法》第 34 条和《人民法院工作人员处分条例》第 6 条都规定了警告、记过、记大过、降级、撤职、开除等处分措施，这与公务员法的相关规定并无二致。司法人员与行政人员分类管理是基本趋势，也是当前司法改革中的重大制度选择。把法官、检察官与行政人员分开管理，必然要求不同的遴选制度和惩戒制度，不同的遴选标准和程序，不同的惩戒程序和措施。

设定司法惩戒措施要注意以下几个问题：一是要将政纪处分与“法纪”处分区别开来，并实现“法纪”处分与党纪处分协调一致。[①] 司法惩戒不宜适用记过、记大过这样的处分措施，这样的行政处分手段可以适用于一般公务员，一般公务员可以身背这样的处分继续工作，法官、检察官受到这样的处分则不宜继续履行职务。针对法官、检察官的纪律措施不应当包括记过、记大过等类似的处分措施。党纪适应于党员法官、检察官，但受到记过、记大过等党纪处分的法官、检察官，必须暂停其职务。这主要是因为司法官员的形象比一般公

① 这里的“法纪”不是一个严格意义上的法律术语，更不是“党纪政纪法纪”意义上与党纪、政纪相区分的国家法律制裁措施，而仅是一个与针对一般公务员的“政纪”相区别、专门针对法官和检察官等司法人员的纪律措施的概称。

务员要重要得多，凡受到比较严肃处分的法官、检察官不适宜继续行使职务；二是司法惩戒措施可以包括减薪、降薪等经济性的不利处分。在韩国，对检察官的惩戒处分包括解任、免职、停职、减薪和训斥，对于法官的惩戒处分包括停职、减薪和训斥，无论是对法官还是对检察官都设定了减薪的处分措施。民国时期的《司法官惩戒法》规定了司法官惩戒七种处分措施，即夺官、褫职、降官、停职、调职、减俸、诫饬。基于不同事由可以采用不同惩戒措施，对于敬业不足、怠慢或者疏忽职责的法官、检察官，给予经济性处分措施具有相当合理性；三是关于停职、解职等职务处分。应当设置暂停职务的惩戒措施，它具有惩罚性，也具有预防性，可以防止带有“硬伤”的司法官员继续职务行为可能带来司法形象、声誉损害甚至危机。关于是否设定撤职、开除等解职措施的问题，有人主张应当慎重适用撤职或开除等司法惩戒措施，因为根据西方国家的经验，司法人力资源相对缺乏，通常不应适用开除的惩戒措施。但实际上大多数国家都规定了对违纪违规法官、检察官的开除措施，比如，德国设置了包括斥责、罚款、降薪、调动职务、撤职等在内的惩戒措施，葡萄牙设置了5天至90天的没收工资并调任、停职20天至240天、强行退休、开除等司法处分。“法纪”中的开除类同于政纪中的开除公职，但它必须连接人大免职或者罢免这样的后置程序。设置但慎用开除措施是必需的，针对法官、检察官严重的违法违纪行为采取惩戒措施，可能会涉及法官、检察官的巨大利益，当然需要慎重为之，实行过罚相当原则，但不能以司法人才资源缺乏为由限定这些措施的适用。

九、构建司法惩戒制度，应当围绕着正当程序要求，建立完善的司法惩戒程序

构建完善的司法惩戒制度，除了惩戒委员会职能定位和权限制度外，司法惩戒程序制度是司法惩戒制度最关键的内容，它直接关系着司法惩戒的公正性、权威性和有效性。一方面，司法惩戒程序制度要贯彻程序法治的一般原则和要求，比如，正当程序原则、回避制度等；另一方面，要体现司法惩戒制度的特性，在一定意义上讲，司法惩戒的主要目的不是惩罚“犯事”的法官、检察官，而是保护公众对司法的信心，当然也包括促使法官、检察官形成更加强烈的适当司法行为的意识。当然，从广泛的意义上讲，司法惩戒制度还会产生保护法官、检察官不受不合理责难的效应。吉林省明确法官、检察官惩戒委员会负责

审议法官、检察官涉嫌违反职业道德或职业纪律行为并提出惩戒或保护建议，其立意之一就考虑了法官、检察官保护问题，毫无疑问，这是一项有意义的创新举措。

建立完善的司法惩戒程序制度应当注意如下几个方面，一是关于司法惩戒启动程序。哪些主体可以启动司法惩戒程序，法院和检察院的监察或人事机构、党委和人大相关部门等特定主体才能启动惩戒程序，还是包括案件当事人，甚至更广泛的个人和组织都可以启动惩戒程序，不同启动主体如何启动惩戒程序。二是关于司法惩戒调查程序。调查有谁具体实施，受调查者在调查期间是否继续任职，司法惩戒必需的相关调查涉及调查的权限、程序、方式、手段，等等，都需要加以明确和严格规制。三是关于司法惩戒审理决定程序。司法惩戒是否需要预审，司法惩戒决定过程是否应当公开、如何进行回避，能否举行听证、举证责任应否倒置、适用怎样的证据规则，以及司法惩戒委员会采取何种方式进行评议、惩戒决定是否公布于众，等等，上述程序问题需要一并考虑设计。四是关于司法惩戒救济程序。法官、检察官对惩戒决定不服可否申诉，以何种方式进行申诉或取得相应的救济，等等。五是关于司法惩戒执行程序。除执行方式、执行时限外，更重要的是如何实现司法惩戒决定与其他惩治方式的衔接问题。比如，司法惩戒委员会作出解职性决定，如何与人大免职、罢免程序相对接。

十、构建司法惩戒制度，应当由省级人大常委会出台司法惩戒委员会条例，推进司法惩戒法治化

构建完善的司法惩戒制度，应当充分依靠人民代表大会制度。人民代表大会制度是促进党的领导、人民当家作主、依法治国有机统一的根本政治制度。如前所述，释放人民代表大会制度的政治效应，将依法治国、司法改革纳入宪法政治轨道，在人大制度框架中和人大制度与时俱进的趋势中，全面推进依法治国、加快司法体制改革和司法制度的完善，包括完善法官检察官遴选和惩戒制度等。目前各地展开的司法改革试点工作由于地方人大缺位或者说不够到位，不少改革措施的正当性受到质疑。对这些质疑的有效回应就是要回归国家根本政治制度，通过人民代表大会制度推进改革，以增强司法改革的正当性、合法性、稳妥性。

设立司法惩戒委员会是一项重要的司法改革措施，必须做到立法先行，充

分发挥立法的规范和引领作用。以设立司法惩戒委员会、规范司法惩戒活动为目的，可以由省级人大常委会制定司法惩戒委员会条例，为构建统一的司法惩戒制度提供立法支持和保障。司法惩戒委员会条例应当在总则中规定制定条例的目的、条例的适用范围，以及司法惩戒必须遵循的原则。比如，以事实为根据、以法律为准绳原则；司法惩戒委员会依法独立履行惩戒职能，不受干涉的原则；司法惩戒活动不得干涉司法办案的原则；过罚相当、合理惩戒原则；等等。《条例》并不全面规定关于法官、检察官的惩戒制度，而是以规定司法惩戒委员会的性质地位、职能权责、组织体系、运作制度为主要内容。比如，规定在地方设立省市两级司法惩戒委员会，司法惩戒委员会由一部分人大代表、法官、检察官和一部分律师、法学专家以及一部分其他社会人士组成，司法惩戒委员会成员的任职资格及任免程序，司法惩戒委员会的惩戒裁量权的限定，等等。除了司法惩戒委员会职能权责、组织体系结构外，《条例》应当重点规定司法惩戒的基本制度，包括惩戒事由、惩戒措施、惩戒程序、惩戒救济等制度。

后　语

全面深化改革必须坚持民主路线、科学改革观和法治原则。任何领域的改革，包括司法改革，都必须做到民主、科学、依法。所谓科学改革，就是要强调改革符合客观规律，政法改革必须遵循政治规律、司法规律，司法改革总体设计、具体方案都必须符合政法逻辑；所谓依法改革，就是要处理好改革与法治的关系，努力做到重大改革必须于法有据，把改革决策权关进制度的笼子，坚持立法引领和规范司法改革试点工作，将司法改革决策活动纳入法治轨道；民主推进司法改革是什么意思？就是要突出人民在改革和法治中的主体地位，保障司法改革领域必要的公众参与，保证司法改革成果能够反映民意，司法改革成就使人民广泛受益；就是要强调强调人民代表大会制度对司法改革的规范和保障功能，突出人民代表大会及其常委会和专门委员会在司法改革中的地位和作用。除此之外，民主推进司法改革还必须强调顶层设计与基层参与相结合。具体而言，就是要求司法改革决策、试点方案设计多听取基层法院院长、检察院检察长的意见，充分了解和考虑基层司法的实际需要。这是一项被长期忽略的民主改革的内在要求，在当前的司法改革中尤其需要加以强调。

（责任编辑：徐文晶）

以法治思维和法治方式确定涉法涉诉信访的权力边界和运行逻辑

刘炳君

一、问题的提出

当代中国的信访制度，是基于中国特定的历史背景和独特的文化情结，自然而然地产生、发展和延续至今的一种社会文化现象，它具有强烈的公权政策工具和民众诉求渠道的价值。无论从设计初衷还是现实应对角度来看，中国的信访制度均以一种极具中国特色的政治参与形式和权利救济方式而长期存在于我们的政治社会生活之中。实践表明，信访制度本质上是政策治国的产物，但也要承认，民众的具体利益诉求构成信访制度设立的事实基础，而领导人或领导机关的批示则事实上成为信访制度生成和发展的政策依据，顶层信访工作规则乃是信访制度得以建立和发展的制度根据。同时，我们还应当有科学而理性的基本认知：在当时历史条件之下，信访制度确是民意表达和利益诉求的正式制度；诚然，信访制度的存在和发展也有其历史必然性。

然而，中国社会已不可逆转地进入了21世纪，特别是伴随着社会急剧转型和体制大幅转轨的现实，客观上带来诸多的矛盾与冲突，整个社会的公共治理体系和治理能力已经遭遇到了诸多方面的严峻挑战。客观地看，当下的信访工作事实上已不再是落实相关政策和解决历史遗留问题等事项，信访的范畴和内容也远远超越了传统的民主监督、公民政治参与和请求纠正基于历史上的种种原因所形成的政策性的问题，而是出现了大量的具有显著现代性的涉法涉诉事项。[①]也就是说，当下的信访事项主要集中在土地征用、房屋拆迁、劳动社保、环境保护、城市管理等涉法涉诉领域，这也构成了信访事项的主流。

---

① 参见钟一苇：《推进信访制度化意义重大》，载《光明日报》，2009年4月16日。

经验已经说明，中国当下的发展模式与信访的广度、烈度之间存在着内在联系。表现为：社会成员利益分配矛盾显性化，经济社会领域的马太效应日益凸显，各种社会利益主体客观上存在着合理与不合理的利己利益取向，许多强势的社会主体在利益博弈中，不适当地随意施用“丛林法则”行事，弱肉强食的社会达尔文主义现象渐成气候；某些地方政府又基于对发展速度的过分崇拜和经济规模的过于追求，主观上缺乏维护住社会公平正义价值底线的责任意识和担当愿望，客观上没有实施必要手段有效预防利益主体之间易发多发的矛盾与冲突,甚至有的公权力及其官员本身就直接深陷关联利益的操纵与纠葛之中。现实中,一些官员和企业家沆瀣一气不顾一切地利用机会和资源占有的不平等,获得巨额物质财富。可见，残酷无情的市场和权力的结合给人们带来了有关生活准则和生活内容的一系列实际问题。

事实还表明，利益格局深刻调整所引发的显性利益冲突，无疑是造成当代中国社会信访泛滥的根本原因。政府行政实践是造成信访事项集聚群发的内在原因；本应通过司法渠道依法解决的大量权益纷争涌入了以党政主导的信访渠道之中；信访制度至今仍是民意表达和利益诉求的正式制度。根据国家信访局统计，目前信访突出问题主要集中在房屋拆迁、土地征用、劳动社保、涉访涉诉等方面，这些问题占到了信访总量的 70% 以上。从 2013 年国家信访局组织的两批已交办信访事项集中督导看，71% 的上访是有道理的，14% 是有合理成分的，无理的仅占 15%[①] 可见，上访剧增不是由贫困因素所致而大多是由不公平所造成的。

一个时期以来，信访人群主要是城乡社会中的弱势群体以及城市化进程中的特定利益相对受损群体，信访的趋紧使我们看到了 GDP 增长的社会代价。信访部门被社会底层的利益诉求所包围，而想要解决中国转型过程中积累下的矛盾并不容易。事实上，信访的主体，正在从个体向群体转移，因为 100 人共同签署一封信，要比一个人写 100 封信性质更严重，这说明利益相关者已从单体转向群体。而且有时冲突的燃点甚低，一点矛盾纠纷都可能引发群体性共鸣。[②] 上述群体拥有的政治经济资源有限，经济收入和文化程度较低，但余暇时间相对充裕，对他们来说，上访耗费的是时间、精力和体力，然而，一旦有

① 钱昊平、贺佳雯 、陈词 ：《信访改革坚冰撬动非正常进京访不再通报排名》，载《 南方周末》，2013 年 12 月 12 日。

② 参见沈亮、任眯娜:《首家官方机构求解信访死结》，载《南方周末》，2011 年 3 月 25 日。

机会遇到爱民如子、乐于抑强扶弱的“青天大老爷”，则可能获得实实在在的经济利益，甚至会超出法律的预判。

之所以出现这种局面和态势，除了历史文化原因外，大致可归结为以下主要因素：

（一）政治因素使然

1. 现实中，本可以通过行政体制上的行政复议程序或者司法体制上的民事诉讼、刑事诉讼、行政诉讼程序解决的具体案件被当做一般信访事项用行政措施加以处理。很长一个时期以来，设立于各级党政序列之中的信访机构，其法治化的职责定位和义务使命并不明确，实际运行中，它们逐渐由传达社会民意信息的渠道转变为解决无所不包的争议纠纷的正式机构，有的信访机构甚至越权处理司法机关已经作出生效判决的案件，客观上自觉不自觉地将对司法处理不满意的相关诉讼当事人吸引到了信访队伍之中。这既损害了司法权威和审判独立，同时也变相鼓励了访民上访，其不愿看到也不可回避的结果之一就是上访、越级上访现象成为常态。无序的信访也严重加剧了信访工作机构自身的压力。重复上访、越级上访、集体上访增多的原因，与信访制度缺乏法治化的程序规制有着内在的逻辑关联。

2. 很长一个时期以来，事实上我们存在一个刚性地作用于党政机关及其领导成员的显性的和隐性的信访考核体系，这一体系也在某种程度上鼓励了越级信访。近年来，信访考核体系的刚性虽有所弱化和松动，但“法律效果、政治效果和社会效果”的综合考量与思维惯性依然存在，上级党委政府往往把群众越级上访的数量和烈度列入考核之中。实践中，上级机关对信访人的诉求是否合理合法一般不作实质性甄别，客观上为信访人留下了利益投机的空间，基层干部不得不满足部分群众的过分要求，以换取其息访的承诺。由此“访民文化”盛行，并最终陷信访工作于恶性循环之中。

（二）法治因素使然

1. 在我国，依法行政的政治风尚远未形成，敬畏法律和敬畏司法的法治生活习性远未养成，公权侵权事端屡屡再现，相反，群众的维权意识却在屡屡发生的被侵权实践中得以历练。访民维权行为的大量出现，与政府的行政不作为、乱作为、滥作为和慢作为密切相关。

2. 司法权威性不足、公信力亟待加强。实践证明，总体的法治环境决定着司法环境，二者之间呈正相关性；信访体制影响力的扩大与司法权威的增长具有某种负相关性；形形色色的特权人物客观上威胁着司法公信力，有的本身就是妨害司法公正的肇始者。

应当看到，司法公信力既具有主观性，也具有客观性。司法公正是司法公信力稳定生成的前提，司法公信力则是司法公正持续保有、稳定坚守的必然结果。司法公正，一般指向司法机关在履行职责过程中应当坚持和追求的程序公正和实体公正。在我国，达致司法公正是一个复杂的问题，它往往被要求兼顾法律效果、社会效果和政治效果三者的统一。司法公信力，于静态积累和动态发展之中，较为稳定地反映出司法权威性和公正性的总体水平和基本态势。

在我国，司法公信力主要来源于三个方面：一是社会公众对司法机关的敬畏度和对司法公正的认同度；二是国家其他公权力对司法机关的敬畏度和对司法公正的认同度；三是司法机关自身对司法公正的坚守度、实现度和自信度。不可否认，我国的基层人民法院长期以来持续承担着法院系统 80% 以上的审判任务，始终处在社会矛盾的最前沿，但司法环境不佳，终审裁判稳定性不强，社会公众对法院、法官缺乏工作认同和感情认同，司法权威无端受到质疑。加之现阶段我国司法体制自身缺陷，某些公权机关和势力者个人对司法干预过多过强，使得公正司法和独立审判举步维艰，民众往往不能寄希望于司法通过法律程序维护其权利，继而就必然会通过司法体系之外的信访途径表达诉求。

随着我国改革开放战略深入推进和依法治国战略的全面实施，我国的立法、行政、司法等重要的国家治理制度、治理体系和治理能力均得到了显著的变革、提升和进化。既往政治实践中，看似合理而有效的信访制度，在新形势下，显得越来越不适应、愈来愈不科学了。

二、关于我国信访制度的理性反思

实践表明，反思司法公信力问题，断不是某些案件裁判不公、效率不高、执行不力，司法不廉的问题，而是一项严肃的政治法治课题，更是一个关涉治理体系与治理能力的问题。

（一）信访体制和司法体制之间的绩效悖论

1. 以行政方式强化信访体制的权威与依照宪法和法律树立司法权威之间并不协调。“信访真的是一门学问，甚至说是一门很深的学问，但遗憾的是，这么多年来我们并没有把它当成一门学问来研究。”[①] 多年的实践中，我们的权力体系在自觉不自觉之间强化了信访部门的司法救济功能，这在本质上是符合短期政治目标和维稳需求的，但理性地看，这不符合法治规律和社会发展方向；访民对审判机关裁判结果不认同和生效判决执行不力的信访，又系涉法涉诉信访的主流。一个不容回避的制度性运行结果是：信访部门在一个时期内事实上已经演变为“超级法院”，具有了参与实质的司法或准司法的权力和能力。这种状况的恶果在于司法权威被进一步消解，法院本身也成为参与信访工作的一个部门，卷入数量庞大的涉诉信访中，中国的法治化进程因此被延宕。尤其是在行政体制支配下，信访责任制还实质性延伸到司法部门，以至于有的地方基层人民法院推行起了重点信访案件包办制，审判工作引发当事人信访的，要进行责任倒查和追究。这种责任追究机制构成了一个金字塔体系。一级压一级，信访责任制最终演变为上级对基层低信访指标甚至零信访指标的要求，于是基层变成了压力锅。于是乎，基层信访工作就出现了带有必然性的“排查、稳控、截访、打击、花钱买平安”的基本工作逻辑。[②] 几年前，最高人民法院副院长沈德咏曾对此感叹道：“群众对司法的不信任感正在泛化成普遍的社会心理，这是一种极其可怕的现象。”[③] 前最高人民法院副院长万鄂湘也认为，一定程度上，涉诉信访问题是法院工作的一面镜子。

2. 信访机构的积极作为和司法机关的独立司法之间存在悖论。各级信访工作部门对涉法涉诉类信访事项和信访案件，同样登记、受理和交办，因此，很多当事人的案件本也可以应当通过司法程序解决，或正在司法机关审理过程中同时又到各级信访部门信访，以达到对司法机关施加压力的目的，或已经司法程序审结，再度到各级信访部门信访，以达到推翻和废弃司法机关的生效判决之目的。现阶段的信访活动“由于不受任何事实证据、期限、步骤、方式等限制，在个别时间和案件中又能够一步到位解决问题，信访成为越来越多当事人的首选”[④]。这种现象的蔓延，客观上使得司法制度陷入两难境地：一方面，信访制度是作为国家的正式制度存在的，信访又是党和政府为人民

---

① 参见沈亮、任咪娜：《首家官方机构求解信访死结》，载《南方周末》，2011 年 3 月 25 日。

② 参见黄秀丽：《基层信访需吃“降压药”》，载《南方周末》，2011 年 5 月 13 日。

③ 沈德咏：《部分群众对司法不信任渐成普遍社会心理》，载《人民日报》，2009 年 8 月 19 日。

④ 马怀德：《领导少批示有利于减少信访》，载《广州日报》，2010 年 3 月 28 日。

群众化解矛盾、解决问题的制度性途径，民众的期望值很高，实践中信访渠道也确实解决了许多司法难于解决的实际问题，减轻了司法机关的压力；另一方面，信访渠道越有所“作为”、越高效，法律就越会受到某种冲击，程序规则就越会遭受损害，司法权威也就愈将弱化，继而引发更大规模的信访，同时法院终将成为缺乏公信力和终局权威的机构。这事实上也形成了信访制度和司法制度之间的绩效悖论。

3. 信访内容“访”“诉”不分的直接后果是干扰司法。长期以来，在我国信访工作运行中“访”“诉”不分，信访事项大多具有涉法涉诉属性。很多信访人明知省以上的国家机关一般不直接处理信访具体问题，大多是通过信访登记、通报、催办方式督促基层政府或基层司法机关解决问题，因而在进京访或越级访时，上访人并没有指望到北京、到省城能解决具体问题，而是期待通过京、省等高层机关向基层政府或基层司法机关施加某种压力或者通过某种渠道谋求取得相关的权威指令以干扰司法。不可否认，涉法涉诉信访的传统处置方式事实上对司法权威形成冲击。

（二）信访工作中的人治化和行政化倾向

前一个时期，在我国的社会治理过程中，狭隘的行政功利主义和形式主义的维稳思维曾一度盛行，信访事件处置中的“人治化”色彩和“行政化”手段几乎趋向常态化。

1. 信访考核与评价机制背离法治原则和法治发展方向。多年来，不少案件终而不结、结而又访，社会上弥漫着“信上不信下”“信访不信法”的非法治氛围，信访陷入“无限扩大、无限循环、无限责任”的不正常怪圈。由于国家信访局 2013 年 12 月以前曾对各地的重复进京非正常上访情况实行通报排名制度，以至于地方政府在处理信访事件时出现了大量的“销号”“拦卡堵截”等违法行为，有的地方官员甚至直接用专政手段对待信访群众。痛定思痛，出现这些问题的一个重要原因，就是考核办法不科学，工作导向出现了偏差，致使一些地方不是把主要精力放到解决问题上，而是放在拦卡堵截信访群众、到北京跑关系上。①

2. 狭隘的行政功利主义之风盛行。有的地方持“破财免灾”的心理，突破

① 钱昊平、贺佳雯 、陈词：《信访改革坚冰撬动非正常进京访不再通报排名》，载《 南方周末》，2013 年 12 月 12 日。

原则底线，花钱买平安，从而不恰当地提升了访民的利益预期，导致某些利益同类相关的访民陷入了“羊群效应”的无原则攀比与模仿，以至于某些相关政府徒增管理成本甚而不惜滥用财政职权。

3. 形式主义的维稳思维。曾几何时，维稳的经济成本和社会成本高企，维稳扩大化倾向显现，不仅维稳内涵在扩大，维稳手段也缺少必要制衡。[①]有的地方千方百计地在“稳控”访民或拦卡堵截访民上做文章用足功夫，个别地方甚至曾与某些不法的“黑保安”勾结，非法限制访民的人身自由。这种极其错误的非法行为，严重伤害了群众感情，侵犯了公民权利，惹得天怒人怨。究其原因，一方面，与有的干部作风不实和法治能力有关；另一方面，与不科学不合理的信访工作考核、通报制度有关。因此，必须在法治轨道上下决心予以坚决纠正。

综上，相当长的一个时期内，国家治理层往往将涉法涉诉信访工作与整个社会“维稳”语境相联系，基于历史和政策的惯性以及体制机制上的某些非法治化的固有弊端，使得涉法涉诉信访事实上已经严重困扰了人民法院正常的审判职能和应有的司法权威，无疑也成为严重影响涉案涉事法官工作绩效、社会评价乃至生活质量的大问题。正确处理信访工作中的法律权威和人治威权之间的关系，是全社会无法回避的基础性制度问题，将涉法涉诉信访工作全面纳入法制化轨道处理，已构成建设法治中国和权威司法的现实之需。

三、实行信访体制和司法体制的法治化再造

任何社会形态、任何社会制度、任何社会的不同发展阶段，都会不同程度地存在矛盾与冲突，国家除了需要不断加强应急制度建设之外，还需要不断完善常态下法治化的矛盾与冲突修正制度和补救措施。由此，在法治体系框架下，科学界分信访事项的类型，严格划分信访与司法各自的职能管辖范畴，完善信访和司法各自的体制机制，充分发挥信访和司法各自在化解社会矛盾与冲突的功能，才能逐步实现国家治理体系和治理能力的现代化。

可喜的是，《中共中央关于全面深化改革若干重大问题的决定》明确提出，建设公正高效权威的社会主义司法制度，确保人民法院依法独立公正行使审判权；改革信访工作制度，把涉法涉诉信访纳入法治轨道解决，建立涉法涉诉信

① 参见笑蜀：《维稳社会成本高企值得关切》，载《南方周末》，2010 年 6 月 4 日。

访依法终结制度。推行网上受理信访。这样的顶层决策，无疑为严格规范信访体制和司法体制在涉法涉诉信访工作中的关系，依法将涉法涉诉信访工作全面纳入法制化轨道提供了历史机遇。

（一）进一步明确涉法涉诉信访制度的改革方向

我国现行信访制度的改革，既要尊重民族历史文化，坚持求真务实、弘扬良法善治，又要沿着信访工作法治化的正确路径推进。全面“改革信访工作制度，把涉法涉诉信访纳入法治轨道解决，建立涉法涉诉信访依法终结制度”。这也是中央顶层决策的关要所在。信访制度的改革方向必须以法治为基本价值取向，应当保留其合理的部分而非全面废除信访制度，即坚持善治标准。一是畅通政治沟通渠道，保障人民群众依法提出建议、意见和申诉的权利；二是科学界定信访事项，引导群众以理性、合法、有序的方式反映意见和建议；三是科学规范信访权和司法权各自的管辖范围，全面实施依法治国，通过刚性的法治体系建构，信访的归信访，司法的归司法。健全独立的司法制度才是法治社会的基本要素，即法院才是争议和纠纷最后的仲裁者和裁决者，其他任何机构均不能代替司法机关处理纠纷。

我国现行信访法规是《国务院信访条例》，该条例于1995年制定，2005年修订。该法规的运行实践表明，必须在宪法和法律的框架下变革现行的信访体制机制。信访改革进程中的一个可行的选择是，经由科学论证和实验验证后，国家立法机关应当适时制定具有基本法律性质的信访法，以此来框定信访的性质、权力和范围，进一步明确信访的制度功能。

值得一提的是，自2013年12月起，国家信访局已经取消了对重复进京非正常上访的通报排名，改为“点对点”通报，信访部门将不再受理涉法涉诉信访，相互关系趋向正常化。

（二）进一步科学界分信访事项的标准与类型

从严格的科学意义上讲，包括信访行为和信访救济手段在内的任何诉求行为和救济手段，都会涉及实定法，但并非所有的涉法问题都是依法可诉的，因此，是否涉法不是科学划分信访事项类型的标准，是否依法可诉却可以较为科学、可操守地区分信访事项的类型，进而就有可能为科学而法治化界分我国现行信访体制和司法体制的分工提供标准化的决策工具和决策理论依据。故而，以实体法和程序法为视角，以依法可诉与不可诉为标准，盖可将繁纷复杂的涉法涉诉信访事项加以专门化区分，从而为科学合理地界分信访机构与司法机关之间的职责范围和职能管辖等重大问题奠定可资借鉴的理论基础和实务指针。

因此，本文力主将繁纷复杂的信访事项，依据现行有效的法律，具体分为三大类型：

1. 依法不可诉的信访事项——即信访人的信访事项，按照现行实体法和程序法规定，尚无法进入司法诉讼程序获得救济的事项。这类信访主要集中于公民的政治参与、社会监督领域和纯粹的政策运行的产物，多属于行使公民政治权利和特定政策运作波及的范畴，也就是说，此类信访事项依照当时有效的法律，一般不属于司法审查和司法救济范畴。对于此类不可诉的信访事项应当统一纳入信访轨道处理，以恢复和保持信访机构作为党和政府的转达民意、集聚民智、汇集民心、促进政治文明发展的决策咨询机构的主业定位和政治职能。

当然，这要以发展的眼光和动态的视角看待，随着时代的发展和社会的进步，特别是伴随着司法审查范围的扩大和司法救济手段的扩张，某些当时不属于“依法不可诉”的信访事项，完全有可能转化为“依法可诉”的事项。

2. 依法可诉的信访事项——即信访人的信访事项，依据现行实体法和程序法规范，完全可以且应当通过司法诉讼程序获得救济的事项。例如，温州市鹿城区南浦街道某村曾是有名的上访村，2009 年 1—7 月，因为集体资产处置和拆迁安置等问题，共有 10 批 256 人次进京上访，区政府和街道办时常遭到围攻，干群关系势同水火。后来，新任街道党工委书记跟同事一道入户与访民亲密接触，经深入了解获悉：村里有块地未经村民代表大会同意就签订了转让合同，这显然是不合法的。在分析上访诉求后，他们认定此事可以通过法律途径来解决，于是他们为村民聘请了法律顾问。本纠纷在法院的调解下，村集体最终获得 600 万经济补偿，500 户村民也都得到了适当的赔款。有了这次经验，村民对依法维权充满了信心。[①]

3. 依法涉诉的信访事项——即信访人的信访事项已经依法进入司法诉讼程序审理、但在尚未审理终结前，信访人基于对司法机关的公正性产生疑虑或者基于其他目的，另行到信访渠道寻求救济的相同事项。

对于上述可诉或涉诉的信访事项必须在尊重当事人诉讼权利的前提下，全面统一纳入司法轨道裁判和调处。无论从法学理论上还是从国家治理现代化要

① 全一凡（作者为温州南浦街道党工委书记）：《感谢上访户》，载《南方周末》，2011 年 4 月 2 日。

求上考察，抑或立足于法治思维和法治方式的战略战术考量，司法制度永远不是权宜之计，信访制度不能也不应当冲击或替代司法制度；信访机构决不能变相司法，信访机构不是法定的可诉或涉诉纠纷的处理机关，信访机构应当坚守不受理、不干预可诉涉诉和诉讼终结案件的行为底线。概言之，信访机构应当通过法治化的预设程序，将可诉、涉诉、诉讼终结的信访案件，全面引导至正常的审判程序或审判监督程序之中处理；国家层面则要为信访工作机构专门立规矩、定法则，建构起科学的信访案件传送机制，统一将可诉涉诉类信访案件纳入司法轨道。诚然，一个法治社会能够实现的正义主要也只能是法律上的正义，唯法律上的正义才是可预期的、靠得住的。司法不同于行政，本质上在于宪法上的规定性：法院依法独立行使审判权且为任何具有法律意义之纠纷的最终裁判者，具有终局权威。其他机关不得干预司法，不得让法官承担与司法无关的义务。经验证明：法治以外的方式不可能产生稳定而持久的社会普遍正义。

当然，司法机关自身也必须以自己公正司法的实际作为和高尚的职业伦理取信于民——充分体悟人民群众的切实感受，尊重司法规律，努力让人民群众在每一个司法案件中都感受到公平正义，在此基础之上，真实的司法权威和服众的司法公信力自然会得以不断提升。

4.“诉”“访”业已终结的重访事项——即信访人对已经司法程序审理终结且已生效之裁判结果不服而再度进入信访渠道寻求救济的相同事项；或者信访人对已经信访机构处理终结而再行到原信访机构或上级信访机构重新寻求救济的相同事项。①

对于此类重访事项，国家层面须健全信访终结制度依法消解“重访”“缠访”“涉诉访”。信访终结制度是解决“重访”“缠访”“涉诉访”问题的法治化手段，能否建立起公开透明、刚柔结合的信访终结程序规则必将成为关键所在，而“阳光信访”是前提。阳光信访要求信访过程体现公开、透明原则，在人们看得见的状态下，将信访公务行为向信访人和社会公开。经验表明，正义的实现必须在程序和形式上表现出公开性。建立“阳光信访”，应当通过创建信访网络平台，建立新闻发言人制度、设立专门负责接待公民查阅、咨询信息的公开机构等方式，全面提高政府的开放形象，同时，给媒体以宽松的执业环境并通过严格的程序让其有序介入，媒体要正确引导社会舆论，以案释法，

① 刘炳君：《涉法涉诉信访工作体制机制的法治化研究》，载《法学论坛》2011年第5期。

使公民明辨是非，使公权明了正误。有效且可操守的法治化方式是健全适应于信访工作特点的信访公开听证制度、公开答复制度、公开质证制度、公开终结决定制度。这既有利于促使信访工作人员依法、客观、公正、及时处理信访人的信访事项，也有利于化解民众和司法机关之间的不信任和冲突，更有利于通过公正公平的程序以辩法明理，促使当事人息诉罢访，切实促进社会的平安与和谐。

在此需要强调指出的是，科学划分信访事项的类型既是一个理论标准问题，也是一个实体和程序问题。规范信访职能和管辖分工是信访工作法治化的重要内容，是信访活动走向高效有序的重要保证，也是重塑司法权威，保障审判独立的基本前提。

总之，区分信访事项类型的目的和价值在于：第一，有利于科学界分我国信访体系和司法体系的职责范围和职能管辖，最终从制度上解决信访体系与司法体系的相互关系，明确谁该管什么、不该管什么，这关系到如何加强信访体系的业务制度建设和信访组织制度建设等重大问题。第二，有利于公正高效地规范“重访”或涉诉信访的法治化终结问题。第三，有利于维护司法裁判的权威性和终局性，有利于维护高效严明的信访工作秩序。

实践证明，随意信访接访与违法信访接访都会造成妨害司法的结果，进而降低法律的权威性、有效性、统一性，使得司法权威不断被削弱和国家行政成本的无效率扩大。

（三）涉法涉诉信访法治化的价值所在

中共十八届三中全会公报明确提出，建设法治中国，必须深化司法体制改革，加快建设公正、高效、权威的社会主义司法制度，维护人民权益。要维护宪法法律权威，确保人民法院依法、独立、公正行使审判权，健全司法权力运行机制，完善人权司法保障制度。

毋庸置疑，现代法治社会的基本特征之一，乃是法律的地位及其作用的不容动摇性。正如卢梭所言，一切法律之中最重要的法律，既不是刻在大理石上，也不是刻在铜表之上，而是铭刻在公民的内心里。法治的根基在于公民发自内心地对法律的拥护，法治的力量源自于公民出自内心真诚地对法律的信仰。普通的公民其对法律的信仰，很大程度上源于一个个公民通过对一个个司法个案的亲历体验所积累的信心，有了这样累积起来的信心，信仰自然会日益树立，反之，缺失了对司法的信心，公民对法律的信仰则无从谈起。[1]面对各种社会主体之间的各种利益之争，司法程序应该成为解决纠纷的最基本的形式，也是最后的形式。司法权是严格程序限制的权力，体现着法律的形式正义。“正是程序决定了法治与恣意的人治之间的基本差别。”[2]法律应该是一种超越工具主义意义的存在。法律的权威应当高于所有人的权威，法律应当成为所有社会成员的一种生活方式、行为方式与思维方式。

需强调指出的是，以往的信访工作中普遍存在着重实体正义而轻程序正义的问题，事实上已经影响了审判独立和程序安定，直接或间接损毁着司法权威。由此，针对我国社会发展和法治养成而言，信访工作法治化是历史的必然选择，也是法治发展和社会进步的必由之路。

（四）涉法涉诉信访法治化的根本目的和终极目标

依法界分司法职能的管辖范围和疏通权利救济的应然渠道，意在弘扬中国冉冉升起的法治旗帜，而无惧，无偏，无私，无欺，则构成司法精神之核心价值所在。

司法的过程不应政治化，这对于能否独立行使审判权至为重要。良好的司法是实现良法善治的重要基础，法庭须保持没有妥协余地的中立。法官司法活动不应过分考虑多种因素和利害关系，也不宜以妥协的方式来解决权利纷争。法官的本分是依法裁断，无惧无偏，定纷止争，法官不应偏离本分，更不应用政治手法和权宜办法来解决自己所面对的案件。法官需要以冷静的头脑、理性的分析来深入透彻地探讨一个个司法个案。法官作出裁判不单主观上要公正，客观上还要使之有目共睹。法官不偏不倚和达到至高专业水平。这都是司法者应当具备的条件和其不应改变的根本标志。现在如此，将来亦然。唯此，权威自立公信自成。[3]

最后，全面化解当代中国的信访难题是一个需要系统化应对的综合工程。本文基于篇幅所限和主题所虑，主要论证了现行信访体制和司法体制改革的必要性、必然性和可行性，主要是着眼于以法治思维和法治方式来确定涉法涉诉信访在信访体制和司法体制之间的权力边界和运行逻辑，目的在于依法界分和疏通应然性权利救济渠道和职能管辖范围。

---

① 王石川：《请呵护公众对法治的信仰》，载《人民日报》，2013 年 4 月 15 日。

② 季卫东：《法治秩序的建构》，中国政法大学出版社 1999 年版，第 3 页。

③ 李国能：《坐言起行，以保法治屹立不倒》，载《南方周末》，2010 年 1 月 21 日。

然而，要从根本上减少涉法涉诉信访的存量和增量，将其容忍在全社会可承受的范围内，纵向决策和横向执行层面上，还必须立足于国家的良法善治、社稷之长治久安和社会福祉的日益增长之大计再做出更全面、更持久的努力。下大力气有效减少“冲突源”和全面强化“化解器”或“减压阀”的体系化治理效能，即全面建设好服务型、谦抑型、责任型的法治政府，努力将社会建设列入更显著的位置，大力减少经济发展的社会代价；努力建构起覆盖城乡居民的公共法律服务体系，以此最大化惠及民生，集聚民心。这些问题均是关涉全局的基本选项，也必将构成法治中国、法治政府和法治社会建设体系中极为重要的不可或缺的组成部分。人人都应知道：正义之善，是一切其他社会之善的基础；社会公正是社会和谐稳定的基础。社会不公正，损伤的往往不只是直接受害者，而可能是每一个社会成员。

结 语

综上，信访制度是我国一项具有本土特色的制度设计，它承载着公民政治参与、民意表达以及维护社会稳定的重要功能。然而，任何制度只有遵循适度和应然的法则才会有生命力，否则，必将陷入无所不及与物极必反之境遇。欲从根本上化解信访工作困局，全社会需要立足于良法善治的目标追求，在法治的轨道之上，经由法治思维和法治方式，全面理顺信访体制与司法体制的本质区别和内在联系，科学处理信访机制和司法机制之间的法律逻辑关系，适时实施信访工作体制机制的法治化再造；同时，司法应全面坚守其自身的运行逻辑；政府更要在全面建设服务型、谦抑型、责任型的法治政府，努力减少经济发展的社会代价上下功夫；国家要努力建构起能最大化惠及民生、集聚民心的覆盖城乡居民的公共法律服务体系。诚如是，必成就根本化解信访困局和提高司法权威的长效之策，同时，司法体制和信访体制也必将通过各自的努力为逐步实现国家治理体系和治理能力现代化做出应有的巨大贡献。

（责任编辑：姜燕）

浅析司法改革背景下的错案追究责任

杨如冰 郝 帅[1]

一、错案追究责任制的确立及意义

（一）错案追究责任制的确立

错案追究责任制的产生是对我国审判方式改革的强有力的回应，它的建立折射出社会各界对公正司法、严格司法的殷切希望。探讨错案追究责任制的确立，应追溯其产生的历史背景。“文革”期间，社会动乱，错案频发，司法制度也遭到重创。1978年12月18日，十一届三中全会顺利召开，党中央提出“要遵循毛泽东同志倡导的实事求是、有错必纠的原则，努力解决历史遗留问题，同时要坚决地平反假案、纠正冤假错案”[2]。这是党中央对恢复司法制度，纠正错案的高度重视，足以可见错案追究责任制度的确立有着深刻的历史背景。在经过二十几年的理论准备和相关研讨后，各地法院开始构建错案追究责任制度。理论界普遍认为错案追究责任制的首创者为秦皇岛海港区人民法院。1990年1月1日，秦皇岛市海港区人民法院率先确立了人民法院错案追究责任制度。经过两年的时间，该制度在河北省法院系统得到广泛推行。最终在1993年的全国法院工作会议上，最高院对错案追究责任制予以肯定，并将其作为一项新举措，在全国各级法院予以推广。[3]为保障错案追究责任制顺利运行、于法有据，最高人民法院相继发布《人民法院审判人员违法审判追究办法（试行）》和《人

---

① 杨如冰，山东省德州市中级人民法院行政庭庭长。
郝帅，山东省德州市中级人民法院行政庭审判辅助人员。

② 参见中共中央书记处研究室综合组：《党的十一届三中全会以来的大事记（1978—1985）》，红旗出版社1987年版，第51页。

③ 参见张骅：《神圣天平——“错案追究制”出台前后》，载《民主与法制》1999年第15期。

民法院审判纪律处分办法（试行）》。两个办法的出台，标志着错案追究责任制度在我国正式确立。

随后，党的十五大报告对错案责任追究制度予以明确规定，“推进司法改革，从制度上保证司法机关依法独立公正地行使审判权和检察权，建立冤案、错案责任追究制度”①。十八届四中全会通过《中共中央关于全面推进依法治国若干重大问题的决定》，明确提出“实行办案质量终身负责制和错案责任倒查问责制，确保案件处理经得起法律和历史检验”。各地法院也出台一系列的内部规定对错案追究责任制予以完善，如河南省高级人民法院出台《错案责任终身追究办法（试行）》，宁夏回族自治区高级人民法院出台《宁夏回族自治区高级人民法院案件质量责任追究办法（试行）》，等等。

（二）错案追究责任制的现实意义

错案追究责任制的确立过程是一个动态的、连续的过程，从 20 世纪 80 年代我国就已经建立该制度，到全国各地法院围绕该制度的设立争议与完善规划的探讨，可以说，错案追究责任制从诞生之初就已经受到广泛关注。但是对于错案追究责任制的发展，理论界一直存在争议，甚至涉及存废与否的讨论。诚如一项制度的产生，并不总是一帆风顺，过程虽然曲折，也正是反映了制度得以适用的价值。在司法改革的当下，错案追究责任制度再次出现在大众面前，接受社会、接受时间、接受实践的考验，足以证明错案责任追究制度需要被适用。那么错案追究责任制度究竟对我国法治建设的发展有着怎样的意义？笔者认为可从以下两个方面得以体现。

1. 错案追究责任制度延续了我国规制“出入人罪”的历史传统

错案追究责任制度虽然在 20 世纪 90 年代得以确立，但是并不意味着该项制度是舶来品。早在古代，我们国家就已经有了一套追究错案的制度，即对“出入人罪”的规定。秦朝《云梦秦简》中最早对“出入人罪”予以规制，当时叫做治狱“不直”与“纵囚”。“罪当重而端轻之，当轻而端重之，是谓‘不直’。当论而端弗论，及易其狱，端令不致，论出之，是谓‘纵囚’。”②纵观历史，唐宋明清基本都承继了这一规定，如《唐律疏议》第 487 条规定“诸官司入人罪，若入全罪，以全罪论；从轻入重，以所剩论。刑名易者：从笞入杖、从徒入流，

① 《江泽民在中国共产党第十五次全国代表大会上的报告》，载 http：//cpc.people.com.cn/GB/64162/64168/64568/65445/4526289.html，2015 年 5 月 30 日访问。

② 张晋藩：《综论中国古代司法渎职问题》，载《现代法学》2012 年第 1 期。

亦以所剩论。从笞杖入徒流、从徒流入死罪，亦以全罪论。其出罪者，各如之。”[①]唐朝对司法官员的规定十分严苛。由此证明，错案追究责任制度的发展是对我国古代追究错案制度的延续。

2. 错案追究责任制度推动了司法改革的进一步发展

党的十八大提出要“加快社会主义法治建设”和“深化司法体制改革”，十八届四中全会审议通过《中共中央关于全面推进依法治国若干重大问题的决定》明确“办案质量终身负责制和错案责任倒查问责制”。在二十一次政治局集体学习中，习近平总书记指出，司法责任制是需要牢牢牵住司法改革的牛鼻子，这是实现“让审理者裁判，由裁判者负责”改革目标的必然要求。司法改革是法院不断完善自身机制的需要，更是反映了社会对公正司法的希望。这种必须改革的迫切性，引发出一个问题，为什么要司法改革？相较于具有悠久历史的西方司法体制，我国法院体制建立时间较短，总体来说能够适应社会发展。但随着社会发展，司法制度在运行中出现一些问题，如法院行政化、地方化，法官贪腐等。为解决这些问题，司法制度进行改革，并以完善司法责任，化解法院行政化、地方化为重点。错案追究责任制又是完善司法责任制的重中之重，因此错案追究责任制的发展对推进司法改革有着重要的意义。

二、错案追究责任制的实施困境

错案追究责任制的建立有着重要的意义，但是在实施过程中却广受争议，笔者拟从“两个办法”[②]和各地方法院出台的关于错案追究责任制度的规范性文件入手，找到错案追究责任制在实施过程中出现的问题。

（一）错案标准模糊、不统一

研究错案追究责任制度，必须直面一个课题，即“错案”的界定，这也是法学界争议最大的问题。正如王晨光教授提到的“‘错案’的命题中隐含着一个大前提，这个大前提为人不自觉地接受，即一个案件只能有唯一正确的判决，否则就是错误的判决”[③]。按照王晨光教授的观点，不同的法官对同一个案件

---

① 崔永东：《〈唐律疏议〉中的司法理念》，载 http：//rmfyb.chinacourt.org/paper/html/2011-11/11/content_35808.htm，2015 年 5 月 30 日访问。

② “两个办法”即最高人民法院发布的《人民法院审判人员违法审判追究办法（试行）》和《人民法院审判纪律处分办法（试行）》。

③ 王晨光：《法律运行中的不确定性与错案追究制的误区》，载《法学》1997 年第 3 期。

的判决有着不同的理解，甚于每一个人对同样一件事也有不一样的观点。如此，又怎么能确定一个案子只有一个绝对正确的判决。由于错案并不属于严格意义上的法律术语，并且"两个办法"也没有对错案予以明确规定，导致各地方法院对错案的理解五花八门，由此对错案的认定标准则是存在模糊，不统一，甚至冲突的情形。

最高院出台的《人民法院审判人员违法审判责任追究办法(试行)》第2条、第22条[①]虽没有对错案予以规定，但是对追究法官违法审判的责任情形予以说明，可概括为"主观过错""违背法律""严重后果"。同时又列举五种情形为例外条款，分别为"认识偏差""新证据""政策调整"。

《福建省各级人民法院错案责任追究制度（试行）》第2条规定[②]、《内蒙古自治区各级人民法院、人民检察院、公安机关错案责任追究条例》第2条规定[③]及河南省《错案责任终身追究办法（试行）》第3条规定[④]都在不同程度上对错案予以界定，只是标准各有不同。福建省高院对错案的规定，重点突出审判人员主观过错及造成的损害后果。内蒙古自治区人大常委会将错案认定为"事实错误""法律适用错误""程序违法"，河南省高院的规定在强调"损害后果""审判人员主观过错"之外，还重点突出"法律适用错误"的标准。由此可见，各地法院对错案标准的不同认定，导致了错案界定的标准模糊，不统一，以至于在适用过程中广受诟病。

---

① 《人民法院审判人员违法审判责任追究办法（试行）》第2条规定："人民法院审判人员在审判、执行工作中，故意违反与审判工作有关的法律、法规，或者因过失违反与审判工作有关的法律、法规造成严重后果的，应当承担违法审判责任。"第22条规定有下列情形之一的，审判人员不承担责任：（一）因对法律、法规理解和认识上的偏差而导致裁判错误的；（二）因对案件事实和证据认识上的偏差而导致裁判错误的；（三）因出现新的证据而改变裁判的；（四）因国家法律的修订或者政策调整而改变裁判的（五）其他不应当承担责任的情形。

② 《福建省各级人民法院错案责任追究制度（试行）》第2条规定："错案是指由于审判人员在办案中故意或过失地实施违法行为，导致发生法律效力的判决、裁定、调解和执行案件错误，造成严重后果或恶劣影响，使当事人合法权益受到损害，依法应予以纠正的案件。"

③《内蒙古自治区各级人民法院、人民检察院、公安机关错案责任追究条例》第2条规定："本条例所称的错案，是指本省各级人民法院、人民检察院、公安机关及其办案人员办理的案件，认定事实、适用法律法规错误或者违反法定程序而造成裁判、裁决、决定、处理错误的案件。"

④ 《错案责任终身追究办法（试行）》第3条规定："本办法所称的错案一般是指人民法院工作人员在办案过程中故意违反与审判执行工作有关的法律法规致使裁判、执行结果错误，或者因重大过失违反与审判执行工作有关的法律法规致使裁判、执行结果错误，造成严重后果的案件。"

（二）错案追究程序不规范，违背“裁判者不得自断其案”原则

《人民法院审判人员违法审判责任追究办法（试行）》第27条、第29条规定了错案追究程序的启动机关为法院的内部机构。河南省《错案责任终身追究办法（试行）》第14条规定了错案的启动机构为审判管理办公室，确认机构则为审判委员会。仅仅通过上述两个规定，可以看出错案追究程序是由法院内部启动，究竟是谁启动，规定不同，但对于错案的认定程序上，各地法院现实做法是由审判委员会来认定，且错案的来源是来自二审改判、发回重审的案件。足以可见，我国并没有一套确定的错案追究程序，正是因为不确定性，导致我国错案追究程序呈现一种调查和审理同为法院内部机构处理，即“调审不分离”的局面。这种由法院内部组织牵头启动，审判委员会确定错案的追究程序不禁使人迷惑，审判委员会具有疑难案件的裁判权，同时兼具错案的认定权，这难道不与“裁判者不得自断其案的自然正义原则”冲突？

（三）法官积极性受挫，职业风险增加

错案追究责任制的运行中有一重要的核心主体，即法官。错案追究虽然追究的是错案，但是作出错案的主体是法官，并且错案追究责任制的确立旨在加强法官的办案责任，保障司法公正。当下各地方法院在追究错案时，法官面临办案责任大、处分大的双重压力。责任大是指当下的司法改革已将办案责任终身制予以确定，这就意味着法官不会因为调离、退休等原因而免责，足以可见终身制的确立加重了法官的裁判负担。处分大是指法官办错案会受到相应的处分，如扣除奖金、受到批评、暂停办案、警告、记过等。这严重挫伤法官办案的积极性，甚至影响到法官的职业升迁，增加了法官的职业风险。

一方面是要求法官独立审判，以法律为依据公正审理案件，另一方面是办案终身制和错案追究责任制对法官的高标准、严要求。因此为避免承担处分，减少办案压力，部分法官在案件处理过程中，对于复杂案件，尤其是疑难案件通常情况下能推就推，并以各种理由不办理，以此减少办案数量。如果是必须要承办的案件，有的法官采取拖延的方法，有的法官将简易程序变为普通审理程序，有的法官则以调解代替审判。这种做法如果长期发展下去，将会影响审判工作的正常进行，降低司法效率。

三、完善错案追究责任制的几点建议

面对在实施过程中出现诸多问题的错案追究责任制，许多学者认为应该废

弃这一制度，用其他制度予以替代，对此笔者持有不同观点。通过前述的讨论，可以看出错案追究责任制度有着重要的现实意义，其继承了规制“出入人罪”的历史传统，推动了司法改革的进一步发展，对当下法治建设有着深远影响。因此笔者认为应坚持错案追究责任制度，及时弥补出现的各种问题，同时借鉴西方国家关于法官的惩戒制度，完善我国的错案追究责任制度。

（一）严格统一错案标准

完善错案追究责任制，首先应统一错案标准。错案并不是一个法律术语，但是在法律适用中却不可回避。我国审判工作坚持的准则一直是“以事实为根据，以法律为准绳”，有学者认为应将事实标准和法律标准作为错案的认定标准。但是这一标准能否经得起推敲，笔者持怀疑态度。原因有二，一是法律的不确定性，二是事实的不确定性。法律的不确定性是学界至今都在争论的问题，王晨光教授指出“其实任何的法律条文在不同程度上大都具有不确定性”。同时列举了四个方面的不确定性分别为语言的不确定性、法律内容在面对社会生活变化后的滞后性、法官对法律的不同理解及社会因素对法律解释的影响。法律如此的不确定又如何能作为认定错案的标准？事实的不确定性，是因为事实一旦发生就已经是过去式，没有任何的技术能够完整再现当时的事实，如刑事审判过程中，认定的事实即使再准确，也无法还原成最初的事实，因此以事实标准来认定错案，难度太大，操作性太小。

美国州法院系统对法官惩戒更多借鉴的是《法官纪律惩戒程序示范规则》，在该规范中法官接受惩戒的原因有：（1）违反司法行为准则或律师职业行为准则或其他相应职业道德准则的行为；（2）故意违反最高法院或委员会各庭在根据本规则进行的活动中作出的有效的命令，或故意不按要求出庭，或故意对惩戒机构的合法命令不作答辩。[①] 由此可见，美国州法院是以不当行为作为惩戒的基准。同时，美国州法院对不当行为进行了规整，细化分为五项准则，以此更准确的界定法官惩戒事由。[②]

因此明确法律标准和事实标准的不确定性，借鉴美国州法院对法官惩戒事由的规定。笔者认为错案，即审判人员在审判过程中，故意违法或在重大过失的情况下违法违纪，违反程序规定，致使裁判案件出现重大问题。具体的错案

① 蒋银华：《法官惩戒制度的司法评价——兼论我国法官惩戒制度的完善》，载《政治与法律》2015 年第 3 期。

② 于秀艳：《美国法官制度与法官组织标准》，人民法院出版社 2008 年版，第 265-286 页。

界定标准有四个方面。

一是主观过错。审判人员主观上具有故意和重大过失。笔者认为对审判人员主观层面的认定是必须而且重要的，法官作为案件的裁判者，只有保持公正、中立，才能依法作出判决。而一旦存在故意和重大过失，裁判结果也将失去公正性。

二是客观行为。即审判人员存在违法违纪行为。美国州法院将法官的不当行为以五项准则为参考依据，我国法官法第 32 条列举了法官不应有的十三项违法违纪行为，完整规范了法官的客观行为。对此，笔者认为应以我国法官法第 32 条为蓝本将客观行为作为认定错案的标准之一。①

三是程序方面。即审判人员在整个诉讼程序中违背正当程序原则。前述对错案的认定中，大都以裁判对当事人的损害后果作为认定错案的依据，这与我国“重实体、轻程序”的历史传统有很大关系，然而现代法治社会的发展，应注重程序。正如周永坤教授指出“判断法官行为正当与否的标准是什么？是程序”②。程序相对于实体，有着自身无可比拟的价值。严格遵循程序，更有利于诉讼双方当事人直观的了解诉讼过程并增加对裁判结果的认同；严格遵循程序，也为审判人员增加裁判信心，减少心理负担。因此审判人员在整个诉讼过程的每一个环节，都应按照法律规定，尊重正当程序要求。

四是排除事由。即审判人员出现认识偏差。即使严格的依法办案也会出现认识偏差，这种偏差既有可能是审判人员对法律的认识偏差也有可能是对事实认定的偏差。排除事由的规定，应以《人民法院审判人员违法审判追究办法（试行）》第 22 条为基准。③

---

① 《中华人民共和国法官法》第 32 条规定法官不得有下列行为：“（一）散布有损国家声誉的言论，参加非法组织，参加旨在反对国家的集会、游行、示威等活动，参加罢工；（二）贪污受贿；（三）徇私枉法；（四）刑讯逼供；（五）隐瞒证据或者伪造证据；（六）泄露国家秘密或者审判工作秘密；（七）滥用职权，侵犯自然人、法人或者其他组织的合法权益；（八）玩忽职守，造成错案或者给当事人造成严重损失；（九）拖延办案，贻误工作；（十）利用职权为自己或者他人谋取私利；（十一）从事营利性的经营活动；（十二）私自会见当事人及其代理人，接受当事人及其代理人的请客送礼；（十三）其他违法乱纪的行为。”

② 周永坤：《错案追究制与法治国家建设——一个法社会学的思考》，载《法学》1997 年第 9 期。

③ 《人民法院审判人员违法审判追究办法》（试行）第 22 条规定有下列情形之一的，审判人员不承担责任：（一）因对法律、法规理解和认识上的偏差而导致裁判错误的；（二）因对案件事实和证据认识上的偏差而导致裁判错误的；（三）因出现新的证据而改变裁判的；（四）因国家法律的修订或者政策调整而改变裁判的；（五）其他不应当承担责任的情形。

（二）建立法官惩戒委员会，规范追究程序，实现“调审分离”

1. 建立法官惩戒委员会

我国错案追究程序呈现出一种“调审不分离”的局面，一般先由法院内部机构（各地法院对哪一机构负责的规定不同，笔者就不在此一一阐明）发现错案线索，再启动追究程序。确认有错案嫌疑，本院院长提交审判委员会对是否属于错案进行确认。这种追究程序违背了“裁判者不能自断其案”的原则。如何解决这一问题，学者们提出不同观点，其中周永坤教授认为可建立全国统一的法官惩戒委员会，将分散的错案追究组织统一转向法官惩戒委员会。对此，笔者持肯定意见。建立法官惩戒委员会，一方面避免“调审不分离”的局面发生，另一方面又保障遵循“裁判者不得自断其案”的法理原则。

但在现实条件下，全国设立统一的法官惩戒委员会存在实践难题，在此次司法改革过程中，可将法官惩戒委员会设立在最高院和各省高级法院两级法院，其组成人员可从各地方法院资深、公正的法官中进行选拔，最终由最高院统一认定。省高院的法官惩戒委员会负责基层、中院的错案认定，最高院的法官惩戒委员会则负责省院、最高院的错案认定及因错案被追责的法官不服高院惩戒委员会的认定而提出复议或申诉的情况。法官惩戒委员会在确认错案时应坚持四项标准，正是笔者前述提到的主观过错、客观行为、正当程序和排除事由，统一错案的认定。

2. 严格规范错案追究程序

建立法官惩戒委员会，在错案追究程序上，真正实现“调审分离”。整个追究程序具体如下：

发现程序。案件的发现可采用民众举报和法院内部机构—审判管理部门主动发现问题两种形式，实行“不告不理”原则。民众举报，更加有利于错案的发现；法院内部机构主动发现，则利于提高法院公信力。

调查程序。对民众举报的案件或是由法院内部机构主动发现的涉嫌错案，由法院监察机构予以调查。监察部门之所以可以成为调查主体，一是其本身被法律赋有调查法官违法、违纪的调查权；二是作为法院内部机构，了解法院的相关情况，在调查过程中更加便利。监察部门对涉嫌错案的案件作详细调查，搜集相关材料，以进入下一个初审环节。

初审程序。在调查程序之后是审判委员会对调查部门发现的具有错案嫌疑的案件进行初步审理，审判委员会作为初步审理部门源于各地法院的现实做法，

即由审判委员会确认错案。审判委员会具有高度专业性，因此对有嫌疑的案件进行初步确认更能保障案件的公正性。

确认程序。审判委员会作出初审后，法官惩戒委员会对案件进行最终审理和确认。在对疑似错案的案件进行审理过程中，法官惩戒委员会应严格按照错案的四项标准，即主观过错、客观行为、正当程序和排除事由，兼顾实体正义和程序正义，确认案件是否为错案。在确定案件为错案后，则按照相关规定对承办人员进行追责。

（三）实行法官分类管理，增加法官职业保障

错案追究责任制，审查的是错案，追究的则是法官。现行的错案追究责任制虽然对法官予以了一定的保护，但是相较于严格的责任之下，法官职业保障还是有所欠缺的。基于此，提升办案法官积极性、增加法官职业保障成为完善错案追究责任制的重点工作。新一轮司法改革提出要“推进法院人员分类管理制度改革，将法院人员分为法官、审判辅助人员和司法行政人员，实行分类管理”，加强法官整体队伍建设。这一制度的提出解决了当下法官队伍中出现的人员流失、办案积极性不高等问题。因此应积极推进分类管理，细化具体的法官职业保障措施。

实行法官分类管理，将法官与审判辅助人员、司法行政人员区分开来，以此推进司法职业化，顺应司法规律、推进法官专业化建设，从而保障一线办案法官的数量，减少法官的流失，使优秀法官能够真正充实在办案一线。

细化法官的职业保障，具体措施可分为两个方面：一是身份保障。加强对法官的身份保障，提升法官的办案积极性，让法官在办案时可以真正做到独立、公正，免受外界环境的干扰和压力。于此笔者认为应明确规定法官一经任用除有明确规定事由及法定程序（如法官存在违法违纪行为）不得免职和调离。二是财产保障。对法官进行财产保障，实现财产的垂直管理，有助于维护法官的独立。针对法官这一特殊的职业要求，应增加法官的工资待遇。深圳中院依法按照法官等级设立 68 个薪金等级，法官实行与薪级挂钩的住房保障、医疗保健等福利制度及退休待遇政策。[①] 深圳市中院这一做法真正实现法官薪酬的独立，为法官薪金制度改革起到了极大的借鉴作用。

① 《司法体制改革　法官跳出普通公务员序列》，载 http：//www.jing55.com/toutiao/20140616/2130.html，2015 年 6 月 13 日访问。

结　语

综上所述，错案追究责任制在发展过程中，固然有许多不尽如人意的地方，但是追溯历史，把握司法改革的当下，笔者认为错案追究责任制度还是有其适用的重要价值。并且一项制度的运行不会是一帆风顺的，怎能对其出现问题在还没有解决的情况下就予以放弃？于此笔者剖析错案追究责任制在运行过程中出现的问题，试图从建立法官惩戒委员会，统一错案认定标准，严格规范程序和加强法官职业保障的角度提出解决建议，对错案追究责任制予以完善。

（责任编辑：牟华）

解析与建构：司法权威的缺失与理想
——对中国司法现状的一种解读

钟垂林[①]

一、问题的提出：如何解读中国司法现状

以下有几个关于我国司法的案例：

案例 1 2003 年 5 月 27 日，河南法官李慧娟在一起民事案件中判决《河南省农作物种子管理条例》的某项条文和《中华人民共和国种子法》相冲突，因此“自然无效”。该案判决引起了河南省人民代表大会的强烈不满，要求撤销李慧娟的法官职务，洛阳中院随即免去了李慧娟助理审判员的职务并撤销其审判长之职。但在学术界的强烈反对下，2004 年李慧娟恢复了工作。

案例 2 2005 年 9 月 2 日，云南省昭通市昭阳区人民法院执行局 5 名干警在执行一起故意伤害案的民事赔偿时，遭遇严重暴力抗法，被执行人及家属用木棒、铁铲、锄头等殴打法院执行干警，致使执行人员被打昏、打伤。

案例 3 2010 年 6 月 1 日，湖南省永州市零陵区法院发生一起枪击案件，凶手李军因离婚案不服法院判决持枪冲进法院向正在办公的法官和工作人员射击，造成 3 死 3 伤。当时，竟有在网上发帖将李军捧为英雄。

这些触目惊心的案例让我们产生了思考：我们应该怎么解读中国司法的现状？澳大利亚的法官马丁曾经说过：“在一个秩序良好的社会中，司法部门应得到人民的信任和支持。从资格意义上出发，公信力的丧失就意味着司法权的丧失。”中国共产党第十七次代表大会也指出我国司法改革的努力方向和未来

---

① 钟垂林，海南省高级人民法院法官。

目标——建设公正高效权威的社会主义司法制度，保证审判机关、检察机关独立公正地行使审判权、检察权，由此可见，司法权威对于国家的重要意义。残酷的现实和美好的理想之间的差距使得我们不得不对司法权威理论进行一个系统的论述。

二、司法权威的含义——以制度、技术和观念为角度

对于什么是司法权威，学界也给出了多种意见，比较有代表性的有两种：一种认为“所谓司法权威，就是法律内在说服力和外在强制力得到公民的普遍的支持和服从”；另一种则认为“司法权威是指司法机关应当具有的威信和公信力[①]”。笔者认为所谓的司法权威是指，建立在法律说理性基础上的司法机关的强制行为和决定得到其他机关、团体和个人普遍认同和自愿服从的一种理想状态。

从这个概念中，我们可以发现司法权威包含的三个方面的含义：

（一）司法权威的制度含义

司法权威的制度含义，即司法机关的司法权由国家授予，司法机关的行为由国家法律来规范，司法机关的决定以国家强制力保证实施，任何组织和个人都要遵从。司法权威的制度含义所体现的是人们对司法的办事程序和准则的遵守，程序和准则是人们自己设计的，这种设计是为了控制相互之间的行为，以一种统一化和清晰化的既定规则来引导行为的延续发展。司法的权威本质象征着作为制度的司法的运行程序和准则的规范化和统一化，以及实现司法决定的强制性。

（二）司法权威的技术[②]含义

司法权威以法律说理性为技术基础。司法机关的行为和决定与一般的机关、团体和个人的行为和决定不同的是，司法机关以法律为说理的依据，运用对法律的逻辑论述让司法的受众对象理解作出司法行为和决定的理由和逻辑。司法机关运用法律处理案件的能力是一种独特的技术，不以法律说理性为基础的司法行为或者决定都是不符合司法权威的技术含义的。

（三）司法权威的观念含义

司法权威的观念含义，即司法在公民观念中的认同感，当事人认为司法机

① 王利明：《司法改革研究》，法律出版社 2001 年版，第 136 页。

② 维基百科：将技术视为包含了社会、政治、历史及经济因素等一起作用而造成改变社会的组成元素，不论有形或无形。

关的判决是公正、合理的，并在此基础上形成的对法律的信任和服从裁判的心理状态。

司法权威三个方面的含义缺一不可，外在的强制力是司法权威的保障，逻辑说理的技术是司法权威的手段，内在的服从与信任则是司法权威的目的。司法权威的制度含义是司法机关强制力的合法性来源，司法机关行为的规范性和公开性是制度稳定性的必然，没有国家制度预先设定，司法机关的活动就失去了稳定性、规范性和可延续性的根基；司法权威的技术含义是司法机关有别于一般的行政机关和团体的重要方面，是司法机关行为和决定得到认可的逻辑基础；司法权威的观念含义是司法权威区别于极权主义的根本保障，没有公民的普遍认同和自愿服从，司法权威就会变成极权主义的制度暴政和群体掠夺。

三、解析中国司法权威的缺失——以制度、技术和观念为维度

我国的司法权威存在很多问题，影响我国司法权威的因素也有很多，面面俱到的分析固然比较系统，但是会因“面”而忽略了“点”。以前面对司法权威的含义的分析为基础，笔者认为从“制度——技术——观念”三个维度更能透析我国司法现状众多复杂问题中的主要问题。制度因素涉及政治体制上的结构问题，是从司法系统内外的权力结构因素来评析我国的司法权威；技术因素则与司法机关的行为能力有关，体现的是司法权威主体的选择技巧和说理能力的主观能动性；观念因素是从司法权威受众对象的感受方面对司法权威进行的评析。

（一）制度层面的解析

司法制度是一个国家政治体制中的一个相对独立的部分，是一个在权力结构上相对独立的制度。并非每个国家的司法都能够达到合理的制度化程度，因此，有必要对司法的制度化进行衡量。美国政治学家亨廷顿认为，可以用四个指标来衡量政治制度的水平：适应性、复杂性、自主性和内聚力。[①]其中的“自主性”指标正是我国司法制度的软肋。所谓“政治制度的自主性指的是政治组织和程序在与社会势力的利益集团关系中的独立性和中立性，即它是否具有独立于社会势力之上的自身的利益和价值”[②]。相对于其他的机关来说，我国的

① 燕继荣：《政治学十五讲》，北京大学出版社 2006 年版，第 207 页。
② 燕继荣：《政治学十五讲》，北京大学出版社 2006 年版，第 208 页。

司法机关具有自己相对独立的利益和价值，可是却缺乏将该利益和价值实现的制度保障，在司法机关将自身的利益和价值实现的过程中往往遇到来自于体制上的结构性障碍。

可以将制度环境分为宏观上的国家政治体制环境和微观上的司法体制环境，从这两个方面来理解制度如何影响我国的司法权威。

1. 宏观上的政治体制环境

我国的司法机关在其自身垂直的权力体系内没有组织机构的话语权，没有职务任命的决定权，更没有维持其日常运作的财政生存权。组织机构的话语权掌握在同级人大手中，职务任命的决定权掌握在各级党委的手中①，财政生存权则掌握在同级政府手中。不管是同级人大、各级党委还是同级政府都有其个性化的思维方式和目标定位，这种个性化的思维方式和目标定位有可能受到个人和地方观念的左右。这种具有时间和空间局限性的个性化思维方式和目标定位与司法机关的普遍化价值是有冲突的，当两者之间发生冲突时，司法机关以及司法职务人员为了在权力体系内生存不得不扭曲司法的价值观，将司法机关的普遍化价值也个性化，失去司法所应具有的中立性。立法、行政和司法之间本身应该是双向的反结构，彼此形成权力之间的制衡，可是我国的司法无违宪审查权，司法受到立法和行政的双重单向度的制约，权力制约体制处于失衡状态，这也是司法在很多困境中不得不委曲求全的一个原因。

在我国宏观的国家政治体制环境上存在着两对冲突，这两对矛盾影响着我国司法权威的实现：一对是权力体系内的生存权与价值理想的冲突，另一对是个性化利益与普遍化价值的冲突。个性化利益与普遍化价值的冲突是权力体系内生存权与价值理想冲突的根本，正是因为个性化利益与普遍化价值的冲突才导致了牺牲价值理想以获得权力体系内的生存权的无奈现实。“很多法官都承认，地方党政领导打电话、批条子、干涉案件的情况普遍比较普遍，有的地方还十分严重，但从未听说过有一个院长、庭长或法官顶不住压力，‘愤’而辞职不干的，大多数人为了保住自己的‘位子’而不得不做出让步、妥协，只有极少数由于‘不听话’‘不识时务’而最终被撤职或免职。”②“名义上的‘国家法院’

① 比如河北省卢龙县人民法院的院长贾庭润的事例，贾庭润恪守自己的良知而被同级的领导免去院长职务，赶出法院，被贬为县司法局的一般干部，受到留党察看两年的处分，工资由原来的620元将为350元。

② 谭世贵：《中国司法原理》，高等教育出版社2004年版，第130页。

也就自然异化，从而在一定程度上衰变为地方党委、地方政府的一个部门。”[①] 在这样宏观的政治体制中，司法权威受到个性化利益的左右往往异化为司法威权主义或者司法极权主义。

2. 微观上的司法体制环境

我国的司法机关无论是对审判事务还是行政事务都进行科层制的管理，科层制管理的一个特点是下级的权力来自上级的授权，上级对下级有绝对的领导权和指挥权。审判事务的科层制管理导致审判具体案件的审判组织独任庭和合议庭的权力虚位，审理具体案件的法官受到科层制的上级法院、本院审判委员会、院长和庭长的限制，最终导致审理权和判决权的分离。处于科层制领导层的上级法院、本院审判委员会、院长和庭长变成了判决权的隐形结构和大脑中枢，审理具体案件法官在科层制的审判管理体制中无法发挥一个法官应该有的作用。

显然，在我国微观的司法体制环境中，存在着影响我国司法权威的三组冲突：第一组是审理与判决的冲突，第二组是集体与法官个人的冲突，第三组审判人员之间的平等化与等级化的冲突。首先，审理与判决的冲突导致的是司法极权主义，处理具体案件的法官在职务的准入结构和处理具体案件的授权结构中都要受到上级领导的牵制，决定权一级一级地往上层凝聚，层级越高享有的决定权越大，最终形成司法系统内审判事务上的集权式的极权主义。“由于作出判决的法官是凭据审理案件的法官的汇报作出判决的，因而只要汇报稍存在偏私，判决就会失去公正。”[②] 贺卫方认为：法官本身就是一个反等级的制度。我国司法的集权式极权主义与法官制度的反等级性质形成了鲜明的紧张对立。我国的司法不公与这种司法集权主义存在很大的关系。其次，集体与法官的个人冲突造成了责任虚无主义，集体讨论权、建议权和决定权的统一是一股强大的权力压力，法官个人审理案件的感同身受经历和自决能力在集体的作用中被埋没。司法效率和集体决策的反复无常存在着本质上的冲突，我国司法效率的低下也可以从中得到合理的解释。最后，审判人员之间的平等化与等级化的冲突表现在司法活动的过程中。按照司法执业之间的内在规律，司法人员要独立地思维，他们之间在审判上的关系应该是平等的，没有审判业务上的领导关系

① 谭世贵：《中国司法原理》，高等教育出版社 2004 年版，第 130 页。

② 谭世贵：《中国司法原理》，高等教育出版社 2004 年版，第 32 页。

和隶属关系。现实中却并非如此，在职务设置与司法活动的运行中违反司法活动和司法职业的内在规律，按照上下等级结构来构造司法人员之间的关系，结果造成审判人员在处理案件过程中受到上级结构的过多干涉。

新制度经济学家诺思认为，制度的主要作用是通过内部和外部两种强制力来约束人的行为，建立一个人们相互作用的稳定的结构，防止交易中的机会主义行为，以减少交易后果的不确定性。我国司法遭受宏观和微观的体制上的结构障碍破坏了司法程序中的主体相互作用的稳定结构，司法机构内外的各方利用这种体制障碍力求保住或者谋取利益，从而形成了恶性的司法机会主义，破坏了司法行为的结果的可预测性和稳定性。贺卫方教授说权威往往是建立在不变的基础上，司法体制的结构性障碍给机会主义者操作司法活动留下了制度空间，我国的司法权威以及法官和检察官的事业共同体功能往往在司法机会主义者的“事在人为”的信条和操作下付诸东流。

（二）技术层面的解析

司法技术与自然科学领域的科学技术的不同就体现在其社会科学的价值上，它代表的是处理人与人之间的关系的一种技能。如果把制度因素划归为影响我国司法权威客观结构因素的话，那么，技术因素则可定位为影响我国司法权威的技能因素，而这种技能为司法机关及其工作人员所享有。

对于法律职业共同体的性质的认识，我国学者主要有以下几种结论：利益共同体、价值共同体、事业共同体、解释共同体、技能共同体等。笔者以技能共同体为立脚点，以司法共同体与法律之间的关系为基础，类型化出三种司法技术：适用法律的技术、解释法律的技术、创造法律的技术。三种技术并非能够完全的独立化，在具体案件的处理中三种技术往往结合在一起使用，比如：解释法律的结果必然是适用解释法律的结论、创造法律也必然要解释和适用所创造的法律。为了论述方便，笔者才以类型化的方式将三者分开。以下从三种技术的角度分析和评价我国的司法权威：

1.适用法律的技术角度

法官和检察官作为“司法技能共同体”的成员掌握着共同的技术系统知识，这些技能系统知识有法律理论知识、法律语言、思维方式、推理方式以及辨析技术、业务特性等。“权威往往建立在不变的基础上”要求司法人员知识和技能的同质化的作用就是要形成司法的稳定性，培养具有相同职业思维的司法人员，同类的案件应该得到大致相同的处理结果。我国的司法人员素质虽然随着

司法考试制度和公务员考试制度的建立而有所提升，但是司法人员职业化的程度并不高，同类案件的处理结果往往相差很大，稳定的司法很难实现。我国的法律形式是一个成文法体例[①]，判例在中国没有法律效力，这样就会造成同样的法律事实在不同的案件中形成不同的理解，而司法人员也会有意无意地通过解释将原本相似度很高的法律事实区别化，以期获得他们期许的结论。缺乏判例约束的法律事实侵袭了司法的稳定性。缺失稳定性的司法会在人们心中产生负面的影响，更多的人宁愿相信是“人情”和“关系”左右了司法，而不相信司法的逻辑推理。成文法无视法律事实的延长效力使得我国的司法无法享受法官守成状态下所生产的经验进化主义[②]成果。

2. 解释法律的技术角度

“自动售货机”式的法官是影响我国司法权威的重要因素。我国司法系统内解释法律主要是通过司法解释的形式进行，这种宏观上的司法解释和立法解释在技术上、民众认同上、社会影响力上并没有什么区别，区别的不过是立法主体的不同。在我看来，司法系统内解释法律应该落实得更具体，具体到个体法官在具体裁判案件时对法律的理解。法官缺乏解释法律的权力表现出以下几个影响司法权威的害处：（1）使人们无法理解判决的论证过程。我国的审判结论的做出在形式在严格遵守三段论，以简单的大前提和小前提掩盖了法律理解当中的一些重要的困惑，造成了即使我们认为结论正确，可是对于得出结论的论证过程却无从知晓。（2）催生逃避责任的法官。这和我们要求把法官当作纯粹意义上的法律机器有很大关系，制度上机械地将法律适用和法律解释隔开，法官为了逃避责任，也不得不屈从于制度而采取“朦胧主义”的方法来处理案件。更严重的只能通过“请示”将责任化解在权力等级的沟通过程中，以期在“误判”中被权力上级所理解。这样造成的结果是法官不敢思考和突破原有理解框架的限制，法官原本应该将其现实主义的作为放在具体案件的理解和

---

① 我国有些地方已经进行了判例改革的试点，2002 年 8 月 16 日，对郑州市中原区法院试行“先例判决”制度。“先例判决”是指，经过某种程序被确认的先例生效判决对本院今后处理同类案件具有一定的拘束力，其他合议庭或独任审判人员在处理同一类型、案情基本相同的案件时，应当遵循先例作出大体一致的判决。

② 谢晖教授认为，从判例规则对法律职业的影响来看，判例规则导致法官的守成形象。但守成形象并不意味着法官不坚持进化的原则，在英美世界恰恰是法官而不是立法者、议会推动了社会的进化，从这个意义上讲，法官坚持这种守成形象所导致的是一种特定的进化理念，即经验进化主义。

解决中，结果却将现实主义的方法用在逃避责任的思量中。

有人担心给予法官解释法律的权力会导致法官的专横，其实不然，法官无法解释法律更容易导致法官做出无理的判决，而在法官可以解释法律的情况下，法官只有通过严格的解释才能获得周延的逻辑，只有周延的逻辑才能得出让人信服的审判。正像“活法”理论家艾利希所说的：“运用‘由判决的方法’去发现法律并把它们适用于当前的案件。这样做不会导致法官专横，而只会加强法官的责任。”

令人感到欣慰的是，这些年我国在对具体案件的解释上已经有了一些很大的进步，比如在许霆案件的二审中，广州市中级人民法院仍认定被告人许霆犯盗窃罪，但将一审的无期徒刑改为判处有期徒刑 5 年，并处罚金 2 万元。广州中院刑二庭庭长、法学博士甘正培案件判决后对社会正义较大的一些问题进行了公开的释法答疑[①]，这种公开的释法对于建立司法权威有很大的作用。

3. 创设法律的技术角度[②]

司法人员除了运用法律的能力外，还有解释和创设法律的能力。卡多佐说：“司法过程的最高境界并不是发现法律，而是创造法律。”虽然立法上要求法官必须严格适用法律，但是法律必定存在黑洞，法律滞后性导致的司法无法可依情况经常出现，法律也必然存在冲突，法官在合理的范围之内解释法律冲突成为了其解决案件的必要条件。柏拉图也看到了立法的一般性描述与司法的特殊性事实之间的矛盾，柏氏就曾说过：“法律始终是一种一般性的陈述，但也存在着为一般性的陈述所不能包括的情形……法律所考虑的是多数案件，亦即典型的和一般的情形，但法律对特殊的情况却无法加以说明；在独特的案件中法律常常不能做到公正。”在法律黑洞和法律冲突的情况之下，自由裁量权是法官解决司法疑难案件的权力，法官会重新解释法律来获得审判的依据，法官重新解释法律其实就是创设法律，前面列举过的“二奶继承案”就是一个

① 甘正培表示，重审判决之所以对许霆在法定刑以下量刑，主要基于两点：一是许霆的盗窃犯意和取款行为是在自动柜员机出现异常的情况下发生的，与有预谋、有准备的盗窃犯罪相比，主观恶性相对较小；二是许霆是利用自动柜员机出现异常，使用本人银行卡指令超出余额取款的方法窃取款项，与采取破坏性手段盗取钱财相比，犯罪情节相对较轻。

② 这里不需要区别法官是创设法律还是发现法律，因为两者的效果都是要获得对法律适用的一个新的依据，用创设法律更能体现司法造法和立法造法的区别。法官创设法律并不意味着法官能够像立法机关一样制定和颁布法律，它仅仅意味着，法官在案件审判中，根据案件的实际情况，创造出适用于审判的法律规则。

例子。法官创造的社会作用就是界定合法的社会关系，将有损公平正义的社会关系确定为不受法律保护的社会关系。司法创造法律是以解释法律为前提的，解释法律和创造法律都体现了“司法共同体”共同的价值追求，比如：追求公平正义、追求法治等等。

其实，不管是适用法律的能力、解释法律的能力还是创造法律的能力，都属于技术范畴。通过技术因素理解我国的司法制度，是想强调形成“司法共同体”的固定的思维逻辑机构和行为模式的重要性。“司法共同体”固定的思维逻辑结构和行为模式是实现司法功能的主观动态能力，只有这种主观的动态能力达到一定的水平才能承担运营司法制度的重任，才能形成众望所归的司法权威。

（三）观念层面的解析

不论是在司法机关内部，还是司法机关外部，一些矛盾的思想观念严重地制约了司法权威的实现，如果这些观念无法改变，存在于人的思维中的一些偏见将使得司法无从获得权威。即使一个客观上已经达到权威状态的司法如果无法在人的意识里面驻扎，那么司法权威的观念意义就无法实现，司法权威的制度意义因为得不到观念的支持也会变得毫无价值。笔者认为，以下几对观念矛盾影响了我国司法权威的实现：

1. 法律真实与客观真实之间的矛盾

由于受传统文化的影响，也由于人们对绝对正义的无限追求和向往，在诉讼中，人们表现出了对客观真实的追求。客观真实的法律观通过无视司法的中立性、侵袭司法的终极性来挑战司法权威，通过不择手段的实现实质正义来危害司法权威。我们应该理解西方那句名言“真相的发现虽是审判的一个重要目的，但决非唯一目的”。

2. 司法被动性与司法主动性之间的矛盾

在我国的司法领域内，存在着许多违反司法被动性原理的现象。在我国的民事诉讼中，存在着在法院主动上门揽案，主动提供法律服务，在地方党政机关的要求下主动为当地经济保驾护航等现象；在有的刑事诉讼中，存在着“提前介入”等现象。这些现象严重违背了司法的被动性原理，导致了法官的先入为主和当事人诉讼权利的不平等。“从性质来说，司法权本身不是主动的。要想使它行动，就得推动它。”[①] 传统的计划经济思维是影响我国司法被动性原理的原因之一。由于受到传统的计划经济的影响，我国的司法机关偶尔也承担着重要的政治和经济任务，为了完成这些任务法官不得不强调其在审判中的职权作用和主动性，通过影响诉讼程序的启动和进程来达成目的，这样就违反了司法的被动性原理，容易产生法官的专横和权力滥用。

3. 司法职业化与司法大众化之间的矛盾

司法职业化与司法的大众化是司法改革的两难之一。司法职业化是指:“法官以行使国家审判权为专门职业，并具备独特的职业意识、职业技能、职业道德和职业地位。”[②] 关于司法大众化的概念，目前没有一个统一的认识，但是笔者认为应该谨慎使用这个概念，如果用不好则会误导我国的司法改革，使司法倒退到落后状态。目前，司法职业化与司法大众化之间的一个矛盾之一是：司法是否应该让人民满意？这个矛盾涉及人民对司法的认同问题。司法应该获得人民的认同和让人民满意，但是司法让人民满意的标准是什么？在我看来，司法让人民满意的标准是依法司法。在法官没有法律解释权的情况下，如果司法严格适用法律审判案件仍得到不到人民的满意，那说明立法没有大众化和民主化，而不是司法没有民主化和大众化。因此，人民是否满意司法应该以司法依法行为为依据,而不能以其他的标准过分地要求司法承担其不能承担的角色，更不能简单地用司法是否体现民意来评价司法的价值和作用。以依法司法以外的其他任何标准来评价司法的认同度都是对司法内在规律的不尊重，都会损害我国的司法权威。

（四）小结

从以上的论述中，我们可以对我国司法机关以及司法人员的权威缺失进行一个总结：在政治上，法官由于客观的制度原因满足不了公众对法官具有的制约行政权力的需要；在技术上，法官教育水平的不高、司法审判能力的偏弱、解释法律和解释社会状况能力的欠缺，又主观上削弱了法官的权威高度；在道德上，法官以权谋私、徇私枉法和生活中道德的泛大众化和低下又抹黑了法律代言人的身份；与观念上，司法的本质性特征和内在规律性得不到应有的理解和尊重，这种不理解和不尊重又阻碍司法发挥其应有的功能和价值。

---

① ［法］阿历克西·德·托克维尔：《论美国的民主》上卷，董果良译，商务印书馆 1991 年版，第 110–111 页。

② 最高法院《关于加强法官队伍职业化建设的若干意见》第 6 条。

四、建构我国司法权威的理想模式——法理型司法权威

马克思·韦伯认为合法的三种权威类型是：法理型权威、传统型权威、魅力型权威。与三种权威相对应，合法的司法权威可以包括三种类型：法理型司法权威、传统型司法权威、魅力型司法权威[①]。

任何的社会不可能只存在一种形式的权威，几种类型的权威总是以复合的方式出现并且影响着社会。现实中，我们应该有一个主流的目标性选择，将一种具有高度合理性的权威树立成主流。

从法治和理性的角度来说，法理型司法权威在内涵上比其他两种权威具有更大的价值。法理型权威无疑比其他两个权威具有法治的内涵，因为它在内涵上尽量减少主观臆断式的人治色彩，让人们形成对司法的稳定性信任。而传统型权威和魅力型权威蕴含着太多的个人独断色彩，容易导致人治和专制。法理型权威要求，每个行为的过程和结果都必须以明示的文字来论证，形成一种论证的过程要求和说理性的沟通方式。

（一）法理型司法权威的特征

法理型权威具有如下几个特征：第一，法理型司法权威的制度特征：法理型司法权威建立在合理的制度之上，包括宏观上的政治体制和微观的司法体制；第二，法理型司法权威的技术特征：法理型司法权威以对司法行为的合法律性论证为技术条件，形成司法机关对司法结论的说明以及人们对司法行为的理解；第三，法理型司法权威的观念特征。法理型司法权威以民众对司法的服从为观念依托，要求民众理解司法的内在规律。

（二）建构法理型司法权威的具体措施

不管是从制度上还是从技术上来说，我国的司法权威欠缺的就是一种法律的合理性基础，也就是法理基础。从制度上来说，我国的司法权威形不成制度上的合理性；从技术上来说，我国的司法权威又形不成一个说理的方法和能力；从观念上来说，我国的司法权威形不成服从法律的统治的形式主义观念。笔者认为，我国司法权威的目标模式应该是建立在制度、技术和观念基础之上的具有高度认同感的法理型的司法权威。因此，实现法理型司法权威可以从制度改

---

① ［德］马克思·韦伯：《论经济与社会中的法律》，张乃根译，中国大百科全书出版社 1998 年版，第 50–51 页。

革、技术改革和观念改革三个方面着手：

1. 制度改革——形成法治的制度架构

（1）政治体制改革——形成宪政的制度结构

在宏观的政治体制结构上，要保持一个具有法理的政治体制结构，坚持实现司法的普遍化价值，将司法机关以及司法职务在权力系统内的生存权从地方权力系统中解放出来，获得一个具有独立性的法理结构。“任何统治都企图唤起并维持对它的‘合法性’的信仰”①，司法也应该唤起和维持对它的“合法性信仰”，而这种“合法性信仰”首先应该建立在合理的政治体制结构上。只有这样才能形成法治，正如塞尔兹尼克曾说的：“法治诞生于法律机构取得足够独立的权威以对政府权力的行使进行规范约束的时候。”② 要实现宪政上的权力制衡，人民法院的违宪审查制度必须建立。司法机关在其系统内应该有完全的人事权和财政权，司法系统的垂直管理和财政的中央支持成为了将司法机关在权力系统内的生存权放在本系统内的必然，只有如此才能获得独立的法律地位。这种垂直管理具体来说是这样的：“最高法院党委成员由中央选任管理，高级法院党委成员由最高法院党委主管；终极法院和几层法院党委成员由高级法院党委主管。改革目前法院和检察院经费由地方财政解决的思路，特别是要改革对法院和检察院实行的‘收支两条线、超收奖励、罚款分成’经费来源和供给体制，建立独立的司法预算制度，实行国家单列财政拨款。”③

（2）司法体制改革——形成符合司法内在规律的法官和检察官制度

在微观的司法体制上，应该实现法官的人格化。有的学者用“法官独立”来憧憬对法官制度的改革，笔者认为，用法官独立并不能准确地表述我国对法官制度改革的期待。对“法官独立”的追求明显带有对于主体的法官的自觉性的唤醒和支持，中国人民大学的郭湛教授认为主体的“自觉意识”④ 和“自我意识”⑤ 只是主体自觉性的初级阶段，主体自觉性的更高层次应该是“理性自

---

① ［德］马克思·韦伯：《论经济与社会中的法律》，张乃根译，中国大百科全书出版社 1998 年版，第 239 页。

② ［美］菲利普·塞尔兹尼克：《转变中的法律与社会》，张志铭译，中国政法大学出版社 1994 年版，第 49 页。

③ 周天勇、王长江、王安岭：《攻坚：十七大后政治体制改革研究报告》，新疆生产建设兵团出版社 2007 年版，第 36 页。

④ 郭湛：《主体性哲学》，云南人民出版社 2002 年版，第 44 页。

⑤ 郭湛：《主体性哲学》，云南人民出版社 2002 年版，第 44 页。

觉”[①]“实践理性”[②]和“理性实践”[③]。所以，法官独立只能描述法官对外的“自我意识”和形式上的独立尊严，不能涵盖作为一个国家的一个大机构的主持者所具有对内的理性自觉和追求“法律和法理”的目标认同。

因此，笔者认为用“法官人格化”更能满足我们对法官制度改革的期待和憧憬。“人格化”代表着一种完整的主体性，不仅能对外自发地展示自己的行为，型塑一个尊严和意志独立的自由体，与其他的国家机构、社会团体、及个人形成平行的尊严个体，而且对内能自觉地使自己的行为合法化和合理化，在法律共同体内形成“基于法律和法理基础之上”[④]相互承认和共同欣赏。“重塑法官的独立司法人格，培养具有独立司法人格的同质法官群体，是我国司法改革成功的关键，也是最终达到我国法治社会目标的关键。”[⑤]法官的人格化对我国的司法体制改革提出两点要求：首先，法官的人格化要求法官必须从审判委员会中解放出来，审判委员会的决定权应该收归法官，建议权可以保留。其次，将法官的管理从传统的行政管理体制中脱离出来。法院的领导和法官之间除了存在司法行政事务的领导关系之外，不存在业务上的领导关系，将审理权和判决权统一由法官行使，避免“审者不判，判者不审”的怪现象。法官和检察官的管理体制必须从行政管理思维中挣脱出来，建构现代法官和检察官管理体制。《攻坚：十七大后政治体制改革研究报告》提出了改革我国现行的法官和检察官准入制度和选任制度的基本思路：一是明确规定担任法官和检察官必须首先具备高等院校法律职业本科的条件；二是完善全国统一的司法考试制度，只有通过司法统一考试的才能被任命为法官和检察官；三是建立一元化的严格司法训练制度；四是建立合理的法官和检察官业务晋升机制。[⑥]这四点值得借鉴，再加上一点：确定法官与司法系统内部门领导之间的独立关系。

---

① 郭湛：《主体性哲学》，云南人民出版社 2002 年版，第 44 页。

② 郭湛：《主体性哲学》，云南人民出版社 2002 年版，第 44 页。

③ 郭湛：《主体性哲学》，云南人民出版社 2002 年版，第 44 页。

④ 这里的“法律”是指国家的制定法，“法理”是指法律理论和法律论证，“法律”和“法理”并非相同，有时候可能更显冲突，把“法律”和“法理”相提并论是出于对“法律进化”的考虑，当，法律明显落后时，法理更能适合理性的司法审判。又或者法律无明文规定时，法理的裁判依据尤显重要。所以，法律和法理都是法律共同体相互承认和共同欣赏的逻辑前提。

⑤ 谭世贵、舒海：《试论法官的独立司法人格》，《海南大学学报》（人文社会科学版）2003 第 4 期。

⑥ 周天勇、王长江、王安岭：《攻坚：十七大后政治体制改革研究报告》，新疆生产建设兵团出版社 2007 年版，第 35 页。

总而言之，政治体制改革的目标就是“建构符合司法内在规律的法官和检察官管理制度”①，实现法官独立行使审判权，检察院独立行使检察权。当然，同级人大、各级党委、同级政府的监督权同等的存在，赋予其弹劾的权力，党的领导权也不能改变，但是不能对具体的案件进行指导。

2. 技术变革——形成理性的技术变革

（1）裁判文书改革——形成论证司法行为的文本

承载司法裁判技术的是法院的裁判文书，裁判文书并非单单针对当事人，裁判文书具有重要的普法教育作用。法院应该重视裁判文书的作用，把我国结论型的裁判文书改革成论证型的裁判文书。只有论证型的裁判文书才能了解法官如何理解法律，才能了解法官做出裁判的依据是什么，才能形成对法官职业能力的信任。没有充分论证的裁判文书就像是一个“凭借暴力威逼他人、以命令方式而非劝说的方式来对待他人”的一个命令。

笔者认为，改革裁判文书应该从以下几个方面入手：

第一，裁判文书的性质是一种合理性和合法性的论证文件。裁判文书的结论虽然具有法律约束力，但是裁判文书不能单纯地理解为“命令”，裁判文书应该是对司法行为的合理性说服文件。裁判文书的说服力就在于公开法官做出判决的依据和过程，形成人们对司法理性的理解和对司法行为的监督的考据。要改革裁判文书只罗列证据而没有论证的“朦胧主义”方式，对判决所依据的证据事实和法律给出令人信服的论证。对于没有采纳的观点、事实和证据，裁判文书应该给予充分的解释和说明。

第二，裁判文书的受众对象是全体人民。裁判文书的受众对象不应该只是与案件有关的当事人，裁判文书的受众对象应该是全体人民，除了具有国家机密和隐私的裁判文书外，每个公民都有权利了解裁判文书的内容。如果法院都无法将说理性的裁判文书公布，人们就会认为连法官自己都对其作出的结论没有自信，那么司法审判的权威就会被消解。

第三，加强判后释法活动。裁判文书要突破论证式的改革必须给予法官有对法律的解释权。对法官进行定期的解释法律的培训，在技术上形成司法共同体的思维模式和价值追求。这些年我国进行了很多有意义的释法改革，2006年，河南省法院系统全面实施“判前释法”“判后答疑”两项制度，旨在将说理性

① 王利明：《司法改革研究》，法律出版社 2001 年版，第 34 页。

的方式制度化。

（2）判例制度的建设——形成司法行为的稳定性延续

由于受大陆法系的影响，近代以后我国没有判例法的历史传统。最高院虽然在法院公报中颁布了一些指导性的案例，但是这些案例只有指导作用而没有法律效力。

建立判例制度对建构法理型的司法权威具有重要意义。首先，判例制度有助于审判的稳定性和统一性。通过遵循先例的原则使相同的或大体相同的事实情况，获得相同的或大体相同的判决，维持法院审判的稳定性和统一性。其次，有助于实现司法公正，防止司法腐败。相同的情况应得出相同的裁决的判例制度压缩了司法腐败的技术空间。最后，有助于提高司法效率。判例制度的规则性引导作用减少了法官审理时间，加强了当事人对司法的信任，降低通过不断翻案和重审对司法终极性的削弱机会。

笔者认为，可以从以下几个方面建构我国的判例制度：

第一，判例的发布。由最高人民法院统一发布各级法院审判的具有代表性的案例，授予其他各级人民法院有建议发布案例权。第二，判例的效力级别。基于我国的成文法传统以及目前阶段法官的能力的考虑，笔者认为判例在法律渊源中的效力等级是：判例的效力低于制定法，不得与宪法、法律、法规想违背，法官在审理案件的过程中，只有在缺少制定法依据的情况下，才可以遵循先例的方式进行裁判。第三，判例审核程序。为了体现判例的统一性和判例形成的民主性，笔者赞同王利民教授的看法：“最高人民法院内部要成立专门的挑选和审核判例的委员会，该委员会主要由业务能力很强的法官参与，必要时也可吸收某些专家学者甚至律师加人，通过该委员会的认真挑选和审核，从而确保判例的质量。同时对各级法院向最高人民法院报送案例的程序作出具体的规定。”①

3. 观念更新——形成尊重司法内在规律的观念

对于观念的改革，笔者认为可以从民间和官方两个角度来塑造。对于民间的观念来说，形成尊重程序正义的司法理念对于我国司法权威具有重要的意义；而对于官方来说，形成司法职业化的改革思路对于实现我国的司法功能以及实现我国的法治化道路具有重要的意义。

---

① 王利民：《民法疑难案例研究》，中国法制出版社 2002 年版，第 5 页。

（1）程序正义理念的确立——形成尊重司法内在规律的民间观念

程序正义要求法院在案件的处理过程中不仅要裁判得正确、公平，而且还应当使人感受到裁判过程的公平性和合理性。程序正义是司法的最本质特征，尊重程序正义就是尊重司法的内在规律。司法本身就是一种程序设置，一方面通过严格的程序流程设置实现当事人之间有规则的沟通和对抗，调动各方的积极性，使得各方的观点得到全面的展示和论证；另一方面通过角色的分派，“程序的参加者在角色就位之后，各司其职互相之间既配合又牵制，恣意的余地自然受到压缩”[①]。尊重程序正义不仅代表了实现绝对正义的有限性，让人们接受客观真实的不可复制性，而且代表了解决纠纷的可能性，因为职业法官的职业能力和程序的交涉性给予了解决纠纷所必须的条件：中立的裁判者，自由辩论权利和不受外外界干涉的制度结构。如果人们不认可司法的程序正义本质，司法的功能就无法发挥，司法公正就会认为是不可能实现的价值目标，司法独立就会受到“请客送礼”的人情世故的左右，司法效率就会在程序的不断重复中流失，司法的终极性就会受到追求锲而不舍的实质正义的排挤，司法的被动性就会被认为是一种无能的体现，司法的裁决无法得到普遍的服从和接受。在不尊重司法程序正义的本质的情况下，司法无法发挥其所应有的地位功能，司法权威如何实现？

在民间树立程序正义理念是一个长期过程，需要加强对程序正义的研究、宣传和教育，使人们充分认识到：任何权益的实现和维护都必须遵守正当的程序，做到在社会生活中尊重程序、遵守程序。

（2）司法职业化改革——形成尊重司法内在规律的官方思维

司法改革是我国长期坚持的一个方向之一，对于司法改革应该坚持职业化道路还是大众化道路，学者进行了很多争论。但是笔者认为，司法职业化道路仍然是我国司法改革的重要目标之一。相对于司法大众化来说，司法职业化改革是重要目标，司法大众化是次要目标。有人会认为，西方国家现在已经偏向大众化改革，我国不应该落后于西方国家。这种看法忽视了我国司法司法制度所处的现实状态，将西方国家存在的司法问题当成是我国司法存在的问题，忽视了我国司法存在的问题，而用西方国家解决西方司法问题的方法来解决我国司法中存在的问题。这是一种牛头不对马嘴的情况。我国和西方国家的情况不

① 季卫东：《法律程序的意义》，中国法制出版社 2004 年版，第 25–26 页。

同，西方国家是在已经完成了司法职业化道路以后，通过司法大众化的方法来解决司法职业化存在的弊端。我国目前存在的主要是司法职业化程度不高的问题，我们要解决司法职业化不高的问题应该用司法职业化的方法来解决，而不是用司法大众化的方法来解决。

在我国司法的职业化程度不高的情况下，笔者认为，在司法职业化与司法大众化之间出现矛盾时，应该偏向性地选择司法职业化，以司法职业化作为官方司法改革的指导思维。原因有以下几个：首先，因为司法程序以及司法技术的运作必须依靠一批具有职业化的人才。这些人才要有自己执业内统一的执业意识、执业技能、执业道德和职业地位。这些职业化的人才具备法律知识和技术，能够承担起用法律进行推理，进而得出令人信服的论证结果。如果司法主要由非职业化的人员来运作，司法将会变得很混乱。其次，司法职业化是形成良性司法文化的必备条件。司法职业化不仅可以形成系统的法学知识，而且可以在其内部形成职业伦理，以高尚的执业伦理遏制司法腐败，维护法律职业的社会地位和声誉。我国古代由于司法依附于行政，无法形成职业化的法官阶层，“法官非职业化，因而形成不了法律家集团，继续成为行政官和道德家，也形不成法官文化，法律职业功能得不到应有的发挥，反而成为政府的附庸，司法机关的独立地位无法确立”。[①]再次，司法职业化有助于司法活动的稳定性延续。法律在现代社会已经越来越多地体现为一种专门的技术知识，这种职业化的法律知识使得法律的职业化程度越来越高。诚如北京大学朱苏力教授所言：“一旦形成一种专门的技术知识，法律和法律活动就会较少直接受社会生活的波动而激烈变化，而受法律团体内的话语实践的制约；即使有变化，法律现有的知识传统和实践传承也会使法律和法律活动保持相当大的连续性。换一个角度看，法律的运行会显示出相当程度的稳定性和自主性。这种稳定性和自主性会使法律日益显得中立，显得是一种社会公正、正义的象征，而不代表某个人、社会集团、社会阶层、甚至某一特定时刻社会大多数人的直接愿望。这样的法律自身、其所体现出来的原则和价值，就容易获得一种神圣感，似乎成了一种客观化、实体化的存在。司法官员似乎只是在对这种抽象的法律条文、原则和价值服务。”司法职业化的稳定性优点是司法大众化无法提供的，司法如果主要是由非职业人员来领导和运作，由于没有执业思维的引导，司法会出现因人而异

① 孙笑侠：《程序的法理》，商务印书馆2005年版，第10页。

的不稳定性。这种不稳定性是司法的一个致命要素，没有稳定性特质的司法是缺乏正当性的，同时也是令人恐惧的。

当然，司法职业化不完全排斥司法大众化，司法职业化弊端需要司法大众化来修正，比如：陪审制度可以弥补司法官僚化的不足，人民陪审员制度可以弥补制度内监督的不足。但是对于目前阶段的我国来说，笔者认为，应该以司法职业化为主，以司法大众化为辅。

五、结语——为司法权威而奋斗

司法是人类社会制度文明的象征。在任何一个文明里面，如果司法没有一个至上的权威，那么这个文明是虚弱的，也是必将被替代的；在一个社会里面，如果司法得不到应有的尊重和认同，那么这个社会是不稳定的，也是极其危险的；在一个国家里面，如果法官失去应有的高度职业荣誉感和被崇敬感，那么法律将形同虚设，法治也不可能成为现实，其他的职业也必将得不到人们的尊重。建构一个具有法理型权威的司法，让我们的文明能够延续，社会能够稳定，法律能够发挥应有的作用。

（责任编辑：姜燕）

论法官职业权位的保障机制

朱 峰 牟 华 徐文晶[①]

党的十八大掀起了新一轮司法改革的浪潮。当前司法改革的规划和实践正在紧锣密鼓中不断推进。本轮司法改革的总体目标是确保审判独立、实现司法公正、提升司法公信力[②]，中心任务是着力解决影响司法公正和制约司法能力的深层次问题。从宏观上讲，这些“深层次问题”一方面是指司法管理体制问题，另一方面是指司法权力运行机制问题。长期以来，我国司法管理体制尤其是人事管理体制囿于地方化和行政化的管理模式，致使司法权力运行偏离司法规律，最终造成现有司法供给能力一方面不能满足人民群众对司法公正的需要，另一方面也无法适应我国推进国家治理体系和治理能力现代化的要求。因此，构建符合司法职业特点和规律的职业法官队伍是确保审判独立、实现司法公正、提升司法公信力的重要支撑。

---

① 朱峰，山东法官培训学院教师，法学博士。
牟华，山东法官培训学院副教授。
徐文晶，山东法官培训学院副教授。

② 党的十八大报告和十八届三中全会《中共中央关于全面深化改革若干重大问题的决定》都重申了人民法院独立审判的宪法原则。2012 年 12 月，习近平总书记在首都各界纪念现行宪法公布施行 30 周年大会上指出，要依法公正对待人民群众的诉求，努力让人民群众在每一个司法案件中都能感受到公平正义。他在其后的一些重要会议上的讲话，如在 2013 年 1 月全国政法工作电视电话会议上和 2013 年 2 月中共中央政治局就全面推进依法治国所举行的第四次集体学习中，都体现出党中央对加强司法公正的高度重视。审判独立和司法公正这两大目标相辅相成，审判独立的终极目标是司法公正，司法公正的重要保障是审判独立。我国的司法改革具有双重目标，这意味着我们的审判独立不是为独立而独立，而是为公正而独立。独立本身不是价值，而只是手段。同时，提升司法公信力也被中央和最高人民法院确立为当前和今后一个时期法院队伍建设的基本方向。

一、法官职业权位的现状考察

法官职业权位，即法官的职业权力和职业地位。最高人民法院“2002 年职业化建设意见”就曾指出，“要从制度上确保法官依法履行职权，维护司法公正。第一，保障法官的职业权力。法官应当依法独立公正行使审判权，坚决排除行政机关、社会团体和个人的干预，坚决排除地方和部门保护主义的干扰。同时，也要杜绝法院内部的行政干预，落实合议庭、独任法官对案件作出裁决的权力。第二，保障法官的职业地位。法官一经任用，除正常工作变动外，非因法定事由，非经法定程序，不得被免职、降职、辞退或者处分。各级人民法院特别是上级人民法院要坚决支持法官严格依法办事，支持他们依法履行职责”。总体而言，目前我国法官的权位给付无法有力保障其依法独立公正行使审判权。

（一）法院和法官的权位给付在国家权力体制中的配置偏低

司法机关在国家政治架构中的地位，它与其他国家权力机关之间的权限划分，以及司法职权的内部配置与运行模式都直接影响法官的职业权位状况，并进而影响法官的具体审判活动与结果。尽管确保审判独立是我国的一项宪法原则，但这项原则仅指法院独立，而不是法官独立。目前的现实状况是，首先无论是法院还是法官的权位给付在国家权力体制中的配置都偏低，这就造成地方党政机关以俯视的姿态监督审判并干预审判。具体表现在：政法委牵头下的公检法联合办案机制，以及人大监督机制和检察监督机制，在实践过程中都不同程度地存在以监督之名从外部干预法院审判权行使的情况。地方政府往往把法院看成自己的一个职能部门，一方面要求法院积极分担地方政府承担的各项任务，如招商引资，文明创建，行风评比等；另一方面要求法院在审理关系到地方发展和稳定案件时，如地方招商引资企业或地方政府作为当事人的案件以及地方重大项目落地过程中发生的一些案件，能为地方政府保驾护航。

（二）法官的权位给付在法院内部体制中偏低

司法职权配置与运行模式的行政化造成法官的权位给付在法院内部体制中偏低，法官要俯首于上级意见。在调研中，法官们普遍反映由于法院内部存在案件审批制度，所以案件审理的亲历者并非最后裁判者。各业务庭的庭长成为法院内部负责上传下达的实权派。影响法官依法独立审判案件的主要干扰源还是来自于法院系统内部，特别是直接领导的指示。近日，广东省法院某法官将辞职帖子发到互联网上，引起了广大法官的共鸣。他指出，自己办了 20 多年的案子，现在却越来越不会办了，压力与日俱增，直接的压力来自案件数和各种硬性任务，间接的压力来自对案件的各种干扰，收入与付出严重失衡。

（三）法官的权位给付得不到必要的司法资源保障

司法职权配置与运行模式的行政化还直接造成法官的权位给付得不到必要的司法资源保障。具体表现在：在纵向上，上下级法院之间的司法资源配置比例明显失衡，存在两个正反“金字塔”现象。全国80%的法院是基层法院，80%的法官是基层法官，80%案件在基层法院。因此可以说基层法院的法治生态决定并影响着我国法院的整体走向。但是在司法资源的配置上高层级法院却普遍优于低层级法院。并且，基层法院处于“上头一根针，下头千条线”的差序格局中，各种考评、数据、报送都需要基层法院花人力精力去做。这同时造成目前为数不少的基层法院普遍存在机构臃肿、职能庞杂、衔接流程不畅等问题。为了与高层级法院职能部门保持对口衔接，基层法院往往要设专岗专人，各岗位忙闲也不均，造成法院司法资源配置存在双重问题，即部分司法资源的过度利用和部分司法资源的浪费。在横向上，在同一法院内部司法资源配置与行政级别直接挂钩。不同级别的法官和工作人员甚至在基本办公用品的配置上也有差别。如在某法院，科级及其以下人员只能领圆珠笔和铅笔，而领不到签字笔，尽管这些人是本院的办案主力，并且明文规定圆珠笔的书写字迹不允许归档。

（四）法官的权位给付得不到社会尊重

法官任职保障不健全造成法官的权位给付得不到社会尊重。法官任职保障即英美法系国家坚持的“法官不可更换制”，法官一经任用便不得随意更换，不得被免职、转职或调换工作，只有依照法定条件，才能予以弹劾、撤职、调离或令其提前退休。但是目前我国法官的职业压力很大，一方面是来自于科层体制下上级领导指示的压力，另一方面是来自于社会舆论的压力。尤其是来自于上访和暴力抗法的压力。法官的审判过程和结果得不到当事人及民众的认同，当事人往往诉诸诉讼外途径，或通过制造“围观效应”，或通过上访给法官施加各种压力。加之某些媒体不当介入案件，“媒体审判”致使一些案件形成一边倒的社会舆论和真真假假的舆情民意，影响和干扰了法官对案件的审理和民众对法律的认知。全国法院每年都会发生恶性暴力抗法事件，但只有个别事件的当事人受到处理，大多数事件最后都不了了之，这严重损害了司法权威。

二、构建法官岗位职级制度，完善法官单独序列保障体系

要想打破法院和法官权位给付偏低的恶性循环，核心是在外部构建确保人民法院依法独立公正行使审判权的制度保障；在内部健全司法权力运行机制，优化司法职权配置。其中，构建法官职业权位保障机制是进一步推进法院工作的必要激励机制和有力支撑。在本轮司法改革中，法官人事制度改革的目标是实现法官“单独序列、单独管理、单独保障”。在借鉴高校教师职称制度的基础上，笔者建议建立法官职称等级制度，取消法官等级与行政级别挂钩，而以专业等级衡量和评价法官的专业水平与专业德行等。具体建议为：

（一）完善现有法官等级制度，建立法官职称等级制度

构建一套符合法官职业特点，层级简约、规则明确、相对独立的法官职级结构，完善法官职称等级定期晋升机制，确保一线办案法官通过正常的法官职称晋升机制也可以晋升到较高的等级。确保法官主要集中在审判一线，吸引高素质的人才流向审判一线。这是完善法官等级制度的目标。

参照山东省人社厅关于事业单位岗位设置及专业技术人员工资等级标准等有关文件，建议以2—12级的专业技术职称设置标准作为参照系，将目前三级法院的法官等级与2—12级的专业技术标准相对应，以略高于专业技术等级的标准，把1—4级高级法官对应于3—6级高级职称，7—9级专业技术等级对应1—3级法官等级职称，4—5级法官对应专业技术职称的10—11级设为法官初级职称（见表1）。[①]法官职称等级之高级、中级、初级岗位之间的结构比例，可以参考国家关于专业技术职称的控制目标，结合审判职业需求和法官队伍结构等因素进行调整，确立不同级法院法官的职称等级比例。通过数据资料的测算分析和三级法院的职业特点，建议对现有法官队伍较适宜的等级结构比例可以设定为[②]：省高院法官职称等级的高、中级比例为65%∶35%；中级法院法官职称等级的高、中级比例为50%∶50%；基层法院法官职称等级的高、中、初级比例为40%∶45%∶15%。按照这一比例，假设法官按照现有法官数量的65%（约占全部在编人员的39%）的比例选任（山东省2013年法官等级调整后的分布情况见表2）。那么调整后，全省法官在减员4000余人的

① 对于省级以下三级法院的法官职称等级，选取这九级较有代表性和操作性；不含院长等级，其选拔条件、等级可单独制定。

② 假设员额制步入正轨，都是法官办案，不存在“影子法官、挂牌法官”。

同时，现有高级法官要压缩 15%，1—3 级法官要压缩近 50%，由此可见实现法官员额制任务之艰巨。

表 1　　　　法官原有职级与拟设置职称等级对比表 ①

<table>
<tr><th>行政职级</th><th>法官等级</th><th>法官人数</th><th colspan="2">拟设置对应的专业技术岗位等级</th><th>晋升渠道</th></tr>
<tr><td rowspan="2">副部（6—10）</td><td rowspan="2">二级大法官（6—10）</td><td rowspan="2">1</td><td rowspan="2">二级</td><td rowspan="10">高级职称
65%（高院）
50%（中院）
35%（基层）
（3565）</td><td rowspan="6">择优选升</td></tr>
<tr></tr>
<tr><td rowspan="3">厅级（8—13）</td><td rowspan="2">一级高级法官（8—13）</td><td rowspan="2">3</td><td rowspan="2">三级</td></tr>
<tr></tr>
<tr><td rowspan="2">二级高级法官（9—14）</td><td rowspan="2">31</td><td rowspan="2">四级</td></tr>
<tr><td rowspan="2">副厅（10—15）</td></tr>
<tr><td rowspan="2">三级高级法官（11—17）</td><td rowspan="2">508</td><td rowspan="2">五级</td><td rowspan="14">按期晋升</td></tr>
<tr><td rowspan="2">正处（12—18）</td></tr>
<tr><td rowspan="2">四级高级法官（13—19）</td><td rowspan="2">3022</td><td rowspan="2">六级</td></tr>
<tr><td rowspan="2">副处（14—20）</td></tr>
<tr><td rowspan="2">一级法官（15—21）</td><td rowspan="2">5416</td><td rowspan="2">七级</td><td rowspan="6">中级职称
35%（高院）
50%（中院）
50%（基层）
（7682）</td></tr>
<tr><td rowspan="2">正科（16—22）</td></tr>
<tr><td rowspan="2">二级法官（16—23）</td><td rowspan="2">1168</td><td rowspan="2">八级</td></tr>
<tr><td rowspan="3">副科（17—24）</td></tr>
<tr><td rowspan="2">三级法官（17—24）</td><td rowspan="2">1098</td><td rowspan="2">九级</td></tr>
<tr></tr>
<tr><td rowspan="4">科员（18—26）</td><td rowspan="2">四级法官（18—24）</td><td rowspan="2">703</td><td rowspan="2">十级</td><td rowspan="4">初级
15%（基层）
（806）</td></tr>
<tr></tr>
<tr><td rowspan="2">五级法官（18—25）</td><td rowspan="2">103</td><td rowspan="2">十一级</td></tr>
<tr></tr>
<tr><td rowspan="2">办事员（19—27）</td><td rowspan="2">未定（助理）</td><td rowspan="2">1551</td><td rowspan="2">十二级</td><td rowspan="2"></td><td rowspan="2">初任法官招考</td></tr>
<tr></tr>
<tr><td>合计</td><td colspan="5">1551 ＋ 12053</td></tr>
</table>

① 资料来源于 2013 年法院报表 12、报表 16–1；表中括号内数字为行政职务等级下对应的工资等级，共 27 级。

表 2　　法官原有职级分布与拟实行员额法官职称等级分布对比

	调整前			合计	调整后（现任法官中的65%）			合计
	1—4 级高级法官	1—3 级法官	4—5 级法官	/	高级职称	中级职称	初级职称	减员 4218
高级法院	108	171	29	308	130（65%）	70（35%）	/	200
中级法院	973	1179	188	2340	760（50%）	761（50%）	/	1521
基层法院	2483	6332	589	9404	2140（35%）	3056（50%）	917（15%）	6113
合计	3564	7682	806	12052	3030	3887	917	7834

法官职称等级制度的建立，首先，应取消地区、城市等级的行政级别差异影响，不再突出法院的行政级别。至于地区行政级别及经济发展差异导致的收入差异通过法官工资中的地区补贴系数来调节，而不再体现为法官等级设置上的差异。其次，三级法院的法官职称等级结构有比例差距，但都能晋级到高级职称。基层法院可在一线办案审判岗位增加一定数额的高级职称法官，含四级高级法官和三级高级法官；中级法院可在一线办案审判岗位增加一定比例的高级职称法官数额，含四级高级法官、三级高级法官和二级高级法官；省一级高级人民法院可在一线办案审判岗位增加一定比例的高级职称法官，含四级高级法官、三级高级法官、二级高级法官和一级高级法官。高级职称的比例可根据法院实际编制，与相关部门协商和调整。再次，制定不同等级的任职条件和晋升程序，根据工作年限和工作业绩，初级至三级高级法官在法院内部通过正常的法官职称晋升机制即可以晋升；对于二级高级以上职称的法官晋升，则由省级法官遴选委员会进行初步审查后，提请最高人民法院院长报送中央遴选委员会评定。

（二）建立与法官专业职级挂钩的薪酬制度和福利制度。

可以参考借鉴公务员和技术职称两个工资系列，建立合理有据，责权利相适应，与经济发展相协调的分配机制，逐步提高法官的收入水平。现阶段，以采取“岗位职级工资收入＋岗位津贴”为宜。条件成熟后，逐步推行法官单独职务序列薪酬。世界上许多国家的法官在退休后可以领到优厚的退休金，保证生活无忧。例如，巴西规定法官退休后，享受退休时的原薪。美国规定联邦法院法官年满 65 岁，任法官 15 年；或者年满 70 岁，任法官 10 年，可以全薪退休[①]。在实行“岗位职级工资收入＋岗位津贴”的在职薪酬基础上，逐步探索建立法官退休职业保障金制度，构建完整的法官职业福利保障体系。借鉴国外及中国台湾地区法官退休金（退养金）制度，考虑我国大陆法官队伍的现状，实行法官退休职业保障金（占工资的一定比例，如 20%）制度，激励法官把法官职业作为一个终生的追求，避免功利性，提高法官职业的尊荣感，有利于法官队伍的建设及素质的提高。法官退休职业保障金，是在实任法官达到一定年限退休时，没有违法违纪的，给予一次性的生活保障金。可以规定必须是实任法官满 10 年以上才能给予职业保障金，在全国设立一个退休保障金基数，年限越长，基数越大。然后，根据各时期的物价指数和各地区经济发展状况制定地区补贴系数，在法官退休时给予一次性发放。确定 10 年的法官退休职业保障金基数，实任法官 10 年以上 15 年未满者，法官退休职业保障金＝法官退休职业保障金基数 × 地区财政补贴系数 × 物价指数；15 年以上未满 20 年者增加 50%；20 年不满 25 年者增加 100%；25 年以上者增加 150%。

（三）完善法官退休制度。

根据中央文件的相关精神，为了适应司法职业的特点，确保司法人员具有丰富的实践经验和社会阅历，可探索延迟法官退休年龄。考虑到目前我国法官队伍的知识结构和年龄结构等因素，笔者建议法官延迟退休制度在未来 10 年之内不适宜普遍推行，可替代性地推行优秀法官退休返聘制度。因此，应当建立延迟退休审批制度，制定严格的延迟退休适用条件，确保延迟退休的法官应当是长期在审判一线办案，并多年考核业绩优秀的法官。三级高级及其以下职级法官的延迟退休申请应当由省级法官遴选委员会审批确认，二级高级及其以上职级法官的延迟退休申请应当由中央法官遴选委员会审批确认。

（责任编辑：范岱岳）

① 钱峰：《法官职业保障与独立审判》，载《法律适用》2005 年第 1 期。

重塑司法改革之路

托马斯·格文治勋爵
编　译：杨　奕　曲国建[①]

一、“纽伦堡审判”开启法治理念

时间追溯到1945年12月4日，《正义》杂志的创始人、奠基人之一哈特利·肖克罗斯爵士，在担任大不列颠及北爱尔兰首席检察官时，曾在纽伦堡介绍盟军胜利时说：“有些人可能认为，这些残暴的战争罪犯无须审判，应当立即‘处死’；他们的战争阴谋破产了，这些人的罪恶不应当被赦免，对他们的审判无须经过周密和细致的调查，要让他们血债血偿，他们必须为战争行为付出代价。而英国政府的观点认为，只有通过公正的审判，才有利于在国际和国内提升法治水平，才会让未来一代相信真理总是站在多数人一边，才会让世界意识到侵略战争不仅是一种危险行为更是一种犯罪行径。”从这段简短的摘录中我们能获取许多要点，我想特别集中在其中一点，即英国政府的观点是：所采取的行为方式要使法治既能在国内又能在国际上得到强化。正如阿特金勋爵所指出的，即使是在战争期间也不能将法律废弃；肖克罗斯爵士则强调在战争结束后，我们更不能容忍法律无用论。

从某种意义上讲，纽伦堡审判是对我们信用的检测：即我们是否相信法治，我们能否在法治的基础上开始重建我们的国家和国际社会。如果在纽伦堡审判中蔑视法治，便等于告诉世人在此之后我们将采取同样的态度。对于英国政府和哈特利爵士来说只有一个答案，即无论是在战争时期还是在和平年代，我们都应当生活在法治社会。在法治社会中，所谓的“胜利者的司法”是没有容身

① 托马斯·格文治勋爵，英格兰和威尔士最高法院首席法官。
杨奕，最高人民法院中国应用法学研究所，法学博士。
曲国建，山东法官培训学院教师。

之处的，必须坚定地坚持法治原则。

在1957年，考虑到哈特利爵士对司法所作出的贡献，他便当之无愧地成为了法律协会的第一任主席。他指出，协会的工作目标是要推动司法公正，并通过加强法律研究和说理论证来使政府和其他政策制定者相信法律的功能。

纽伦堡审判已经是60年前的事情了，世界在这期间发生了许多重要的变化，其中新近发生的最重大的变化可能就是国家职能以及政府开支的改变。但是，始终保持不变的是我们要确保所建立的国家和国际社会始终坚持信守法治的承诺。我们需要思考如何重塑我们的司法系统才能使之更好地维持法治，以及通过怎样的方式才能够在现有条件下以适当的成本正确而公正地司法，而这种成本是国家能够给付、当事人能够负担的。

二、推动司法改革的力量

当前以及可预见的一段时期内，我们的国家将经历一段通货紧缩时期，政党都认为预算赤字必须减少，并且没有迹象表明国家给付的资金会回到当年充足的时代。因此，政府开支的减少仍会持续下去。令人不安的是，司法系统与国家开支的其他领域相比，并未在紧缩政策中获得特殊保护。此前，我们也经历过司法开支的减少，但当前这一时期却非常不同。削减的幅度是2010年实际支出的1/3，而不仅仅是过去几年2%或3%的幅度。与此同时，可以预期这种开支的削减将是永久性的而不仅仅发生在通货紧缩时期。有人会说，开支如此大幅度降低，必然导致司法系统被破坏。但是，这种情况是不可发生的。如果司法系统受到破坏，我们将会失去更多的法院、行政裁判所、律师和法官，我们将会失去在世界舞台上履行自由、民主职责的成功机会，也将失去对法治的捍卫。

我们当前的任务是以国家和当事人能够负担的成本来维持司法的公平、正义，进而确保能够坚守法治。如果不能以更加高效率、低成本的方式来实现宪法所赋予的司法职能，那么只能从根本上研究该如何来重构司法系统。当然，任何真正伟大而彻底的改革都会遇到需要解决的新问题。当前，还有一些新情况、新问题等待我们去探索。

首先，重塑司法正义是否需要花费很长时间？19世纪最伟大的改革是创建了高等法院和上诉法院，这是50年几乎不间断的改革过程形成的终极产品。在这一改革中，司法系统的各个方面都有所触及：法律职业经历了传统律师制度的消亡并通过事务律师、咨询律师和代理人间的融合，创建了现代律师职业；当法院的民事诉讼第一次对律师敞开大门的时候，垄断得以被打破；普通法和衡平法法院被赋予相同的权力，以此来降低诉讼成本和诉讼延迟，并避免同一诉讼请求在不同的法院获得不同的裁判结果；普通诉讼法院、王座法院和大法官法庭成为当时英格兰和威尔士新的最高法院，并被同时写入历史。

其次，财务需求是否是推动司法改革的决定因素？今天我们的改革面临着通货紧缩形势，法院陈旧的基础设施，特别是法院的信息技术，与现代司法体制的实际需求相比落后了很长一段时间。过去10年里，由于计算机、互联网等信息技术的迅猛发展，大量司法工作需要与之适应。信息技术的发展变化应当反映到司法程序改革之中，比如可以通过电话会议进行网上预审，这些变化同样对司法实践产生了巨大影响，包括法律职业和司法体制。尽管通货紧缩的形势削弱了司法系统捍卫正义的能力，但是推动改革的力量并不仅仅局限于财务问题。

那么，我们应当如何进行今天的司法改革呢？首先，在思想上必须有根本认识。过去我们总是有不可避免且不必要的保守主义错误倾向，正如我所提及的，19世纪70年代最伟大的改革经历了50年的探索。只有经过最初失败的探索，那些零散的改革措施才能转化成真正彻底的改革。

三、学术机构在司法改革中的地位和作用

接下来，我们要探讨学术机构在推进司法改革中的地位和作用问题。需要强调的是，学术机构可以从法律领域之内或者法律领域之外的更广泛和多元的渠道来汲取丰富的国际和国内经验。这得益于“异化受精”的做法，同时也进行了适当的实证研究。作为一个独立的机构，学术机构能够提出并评价观点和建议。这些观点和建议能够激发讨论，并且比那些完全或主要工作在司法系统中的人们考虑得更加长远，例如，在金融环境发生根本变化的背景下，法治的彰显需要借助公平和公正的表现形式，因此司法改革的模式选择要从根本上重新审视司法的程序。因此，我尤其支持宾汉法治研究中心提出的“有关行政法院的研究报告”中提到的工作，新经济基金会以及司法改革中心和刑事司法联合会提出的“关于处理轻微刑事犯罪的最好方式”的报告。我也非常支持政策过渡研究所最近关于“简易裁判程序的新视角”的报告。

尽管如此，当提到我特别支持某一工作或赞同某一报告时，并不必然同意其中提到的每一句话、每一个词。我提倡的是这样一种创新性和创造性的思维。有些所提到的内容可能涉及政治决策，对于这样的问题法官是不适宜发表观点的；有些则是关于司法与行政工作之间关系的决策；而有些则是司法工作需要独立思考的。应当说，这些创新性的想法能够被思考和提出，在财政紧缩时期对于司法彰显公平正义具有重要贡献。

那么，法律协会在推动司法改革进程中的特殊职能是什么？法律协会有两个特殊的优势。

首先，当法律协会创立之时，章程的序言就规定，必须有一个公平的能够代表三方政党的管理委员会，管理委员会的主席和两个副主席分别来自三个政党。不同的政党对司法有关问题可能存在不同的意见，当我们需要重塑司法制度来确保公平正义时，我们要尽可能地以协商的方式达成共识，这将有助于实现改革的成功。许多改革的完成正是通过政治协商实现的，因此借助于管理委员会的平台，可以更好地对司法改革相关问题进行协商。

其次，法律协会的成员来自法律专业的不同领域，其成员范围广泛。司法改革可以充分利用法律协会所有成员的专长，不仅仅是有经验的专家学者，还包括年轻有为的青年法学人才。

目前，对于如何在财政紧缩时期彰显司法公正已经收到一些提案。我希望第一批方案能够着眼于那些有助于司法系统有效发展的、有实用性和创新性的建议。这促使我想到有必要成立一个由来自不同领域专家组成的研究中心，这一学术机构专门研究司法制度，他们无需考虑对传统制度的扼杀，只需大胆做出有建设性的改革方案。我希望整个法律职业共同体都能全力以赴，共同为司法改革做出巨大贡献。

四、引入庭审询问程序

政府财政紧缩导致在民事案件和家事案件上法律援助支出的减少，加之较高的律师代理费等因素，使得公民亲自诉讼案件显著增加。为此，在一方或双方当事人都无诉讼代理人的民事案件中，法律协会建议引入更多的庭审询问程序。

自 1870 年司法改革以来，特别是在 20 世纪 50 年代，埃弗利谢德委员会就曾经建议引入更多的庭审询问程序。尽管在二战之后，人们认为这种建议似乎没有实现的可能性，但埃弗利谢德委员会并没有放弃他们的工作，也没有理会社会公众对于改革审理程序的庸俗观点和相关质疑。委员会认为，改革庭审程序绝不是简单地把律师和法官拼凑起来。作为一种全方位的庭审改革，必须能够告知普通公民法律的边界所在，并能够在诉权与审判权之间保持平衡。回顾2014年的司法工作，我们对改革持开放态度，例如，吸收对庭审询问程序的改革建议；对无律师代理的案件，努力在双方当事人之间平等分配司法资源等。

有人认为，庭审询问程序没有什么价值，如同许多审前程序一样，缺乏交互性特征。事实上，庭审询问程序十分重要。通过庭审询问程序，法官可以对当事人提交的证据给予更多关注。有人认为，对于英美法系的当事人抗辩程序而言，庭审询问程序是一种外来的、相异的程序，这一程序在抗辩制度下无法与抗辩程序相互匹配及融合，因此，有一系列的问题需要认真考虑、审慎对待，例如，应当考虑如何落实庭审询问程序；如何保证在各类案件之间均衡分配法院的审判时间和资源；询问程序在有效节约审判时间的基础上，可能带来何种负面后果；有无必要增加法官数量或增加初级法官职数；询问程序对于法院的结构和法官管理会产生什么样的影响；询问程序诉讼成本的高低等问题。当然，这些问题都是复合性的，要将这些问题放置在更宽泛的背景中去考虑，例如，在诉讼程序中，法院采用现代化信息技术的范围，绝不仅限于案例管理和程序法方面。上述问题的解决，都是息息相关的，我们不可能孤立地看待任何庭审改革方案。

当然，我们还有许多的议题值得继续探讨：在普通民众能够负担得起并且政府的财政能够支持的限度内，如何确保司法审判的公开、公平、公正？正如哈特利·肖克罗斯爵士所言："我们掌控着这个法治时代，不论现在还是将来。"我们应当心存这种法治观念——正义是我们真正的主人，不仅法官和律师是正义的仆人，生活在法治社会下的每一个人都是正义的仆人。为了确保正义的真正实现，我们要持续思考如何重塑司法体系。我们每一个人都有义务提供详尽、周到和实用的改革建议，并规范自己的言行。我相信，只要每个人都能为此尽心尽责，法治社会一定会越来越好！

（本文是英格兰和威尔士最高法院首席法官托马斯·格文治勋爵于2014年3月3日在英国律师协会的演讲。）

（责任编辑：姜燕）

法学论坛

取消有限责任公司可行性及理论依据之质疑

王　玮[①]

根据《公司法》的规定，有限责任公司是指股东以其认缴的出资额为限对公司承担责任，公司以其享有财产权的全部独立的财产对公司的债务承担责任的企业法人。[②]有限责任公司自其产生以来，相对于无限公司、两合公司和股份有限公司而言，其存在的数量始终处于领先地位，为中小企业经营者最为欢迎的经营组织形式。但是，自从日本于2005年修改《公司法典》废除传统大陆法系的有限责任公司制度以来,引起台湾和中国大陆有关有限责任公司存废的理论争议。

针对有限责任公司制度的取消与保留问题，我国理论界有不同的观点。有的学者提出，有限责任公司制度应当取消，而以非上市的股份有限公司制度取代之，将公司类型划分为非上市股份有限公司与上市股份有限公司，非上市股份有限公司可以划分为小型股份有限公司与大型股份有限公司。其理由为：一是有限责任公司制度赖以存在的条件已经消失；二是有限责任公司与非上市公司相比没有本质区别，主要表现在概念上、设立条件方面、信息披露方面、股权转让方面和公司章程的自由与灵活方面；三是有限责任公司完全可以纳入非上市股份有限公司制度当中。有的学者认为，统合股份有限公司与有限责任公司具有合理性，其理由为：一是我国股份有限公司与有限责任公司在资金规模、股东人数、股份转让的自由性等方面的区别，在事实上并非绝对；二是灵活机动地变革公司类型及设计公司制度的需求；三是公司制度之间的不平衡问题；四是以规模划分公司类型的合理性。[③]有的学者提出，以有限责任公司吸收封

---

① 王玮，山东省淄博市中级人民法院党组书记。

② 《中华人民共和国公司法》第3条规定。

③ 刘小勇：《论股份有限公司与有限责任公司的统合——日本及其他外国法关于公司类型的变革及启示》，载《当代法学》2012年第2期。

闭式股份有限公司的立法思路，并指出公司法律形态结构改革的路径与方法为：有限责任公司与发起设立股份有限公司制度的一体化，将发起设立的股份有限公司制度并入有限责任公司制度。[①] 主张保留有限责任公司制度的学者认为：有限责任公司具有自身的独立性和适应性，在公司形态问题上，理论和立法应该坚持公司形态的多样性和开放性，尊重个人的自由选择权，有限公司的发展方向是在内部进行自由化和现代化的改造，以促进投资和贸易，而不是在外部形态上对有限责任公司进行不合时宜的怀疑、否定乃至废除。[②]

笔者认为，以有限责任公司吸收封闭式股份有限公司的观点，虽然对两类公司在资合标准、资本划分等额股份的区别上，同取消论者有相同之处，但实际结论上持该观点者是不主张取消有限责任公司的；统合股份有限公司与有限责任公司论者，虽然其没有鲜明地提出是将有限责任公司统合到股份有限公司或者是将股份有限公司部分制度统合到有限责任公司，但是，通过其对日本2005年取消有限责任公司立法的肯定态度来看，持该观点者应当归于取消有限责任公司论者。所以，本文重点针对取消有限责任公司制度是否具有可行性和该观点的理论依据是否充分进行质疑，提出并论证保留有限责任公司制度的观点。

一、有限责任公司制度设立的目的说明其仍然具有存在的条件

取消论者的一项重要理由是有限责任公司已经失去存在的条件，其认为：2005年我国《公司法》修改取消了设立股份有限公司要求批准的规定，原则上也实行准则主义，大大地降低了最低注册资本的要求，并允许注册资本可以分次分批交足，从而使股份有限公司的设立变得比较容易，只要不是上市公司则其与有限责任公司一样成为比较封闭的公司。因此，随着我国《公司法》的修改完成，有限责任公司存在的条件也随之消失。

要对有限责任公司制度是否具有存在条件的问题进行探究，就必须首先分析该项制度设立的目的是什么，该项目的在现实中是否还具有适用价值。从历史背景来看，有限责任公司是立法者为满足中小企业的现实需要在股份有限公司制度上改造而成的，但是其有着不同于股份有限公司制度的重要内容，这

① 王保树：《公司法律形态结构改革的走向》，载《中国法学》2012年第1期。

② 孙沛成：《有限责任存废论》，载《福建师范大学学报》（哲学社会科学版）2011年第6期。

一点决定了其已不属于股份有限公司同一种类型。有限责任公司制度是德国于1892年首创的。其创立的大背景是自1884年之后德国的《商法通则》修正案对已经存在的股份有限公司适用更加严格的管制，导致中小企业难以采用这种公司形式，同时，中小企业又有承担有限责任的愿望，而无限公司和两合公司却不能满足他们的需要。因此，德国立法者根据小型股份有限公司制度特点，吸收了无限公司和两合公司的许多重要特征，设立了有限责任公司。所以，有限责任公司实质上是介于股份有限公司和无限公司与两合公司之间的一种新型公司形态。① 有限责任公司的该项设立目的，从该项制度被规定之时便得以实现，直到目前仍然在德国发挥积极的作用。正如德国的学者指出的，德国的实践证明有“有限责任公司是最适合中小型企业的一种法律形式。这与立法者的初衷是一致的”②。有限责任公司的这种适用性正是其存在的合理条件。这一点不仅为该项制度的首创国家德国，而且已经为包括中国在内的世界绝大多数国家公司法的实践所证实。

对于中国而言，虽然市场经济已经有了长足的发展，但是，仍然还是在市场经济的初级阶段，投资者不仅需要规范的大型股份有限公司发挥作用，还有大量的中小投资者需要灵活便捷的投资经营形式，这也就是有限责任公司发挥积极作用的条件。虽然我国《公司法》修改降低了股份有限公司的设立条件，但依然比有限责任公司的设立条件要严格许多，有限责任公司便捷灵活的设立条件有利于中小投资者的特点还是明显存在，并不是像取消论者所说的那样有限责任公司失去了其存在的条件。

二、有限责任公司与股份有限公司的本质区别说明其仍然具有存在的必要性

统合论的作者认为“有限责任公司只是股份有限公司的特别形式而已，两者在本质上同属一种公司类型”③。取消论者的观点则认为“有限责任公司与

---

① 参见［德］托马斯·莱塞尔、吕迪格·法伊尔：《德国资合公司法》（第二版），高旭译，法律出版社2005年版，第8、25、27页。

② 参见［德］托马斯·莱塞尔、吕迪格·法伊尔：《德国资合公司法》（第二版），高旭译，法律出版社2005年版，第8、25、27页。

③ 刘小勇：《论股份有限公司与有限责任公司的统合——日本及其他外国法关于公司类型的变革及启示》，载《当代法学》2012年第2期。

股份有限公司在概念、设立条件、信息披露、股权转让和公司章程的自由与灵活几方面没有本质的区别”。两者从不同的角度表述了有限责任公司与股份有限公司性质的一致性。那么，有限责任公司与股份有限公司在性质上是否还存在根本性的区别，则是有限责任公司制度是否具有存在的必要性的重要因素。

笔者认为从本质区别来看，有限责任公司与股份有限公司在股权转让、募集资本、规范强制与自由性以及公司治理结构等方面的区别是客观存在的。

首先，有限责任公司在股权转让上有一定的限制，体现了无限公司和两合公司的人合性特征；而股份有限公司股权的转让采取的是自由流动的原则。我国《公司法》规定，有限责任公司的股东如果向本公司股东以外的人转让股权的，应当经过本公司其他股东过半数同意才能够转让；其他股东不同意转让的，不同意转让的股东必须购买该转让的股权；如果不同意转让的股东不购买该股权的，则视为其同意转让；经过本公司股东同意转让的股权，其他股东在同等条件下具有优先购买权。[①] 这表明有限责任公司股权的转让是受到内部股东一定程度的限制，体现其具有人合特点。对于股份有限公司股份的转让我国《公司法》则规定，股东有权依法转让其所持有的股份；转让记名股票的，由股东采用背书方式或者法律和行政法规规定的方式进行；转让无记名股票的，由股东交付股票与受让人后即发生转让的法律效力。[②] 这体现了股份有限公司股份转让的自由性。

其次，有限责任公司不能进行股票的发行和公开招股，其仅仅具有产业资本的含义与属性；而股份有限公司则可以公开发行股票，同时具备产业资本和金融资本的含义与属性。保留论者认为，这可以说是有限责任公司与股份有限公司的最本质的区别。[③] 我国《公司法》规定，有限责任公司由股东出资设立，全体股东首次出资额不得低于其在公司登记机关认缴的出资额的20%，也不得低于法定的最低限额，其余部分的出资应当自公司成立之日起两年内交足。[④] 这说明有限责任公司的资本来自于股东的出资，属于产业资本的范畴。对于股份有限公司的发起人向社会公开募集股份，我国《公司法》规定应当由依法设

① 《中华人民共和国公司法》第72条规定。

② 《中华人民共和国公司法》第138条、第140条和第141条规定。

③ 孙沛成：《有限公司存废论》，载《福建师范大学学报》（哲学社会科学版）2011年第6期。

④ 《中华人民共和国公司法》第24条和第26条规定。

立的证券公司承销并与之签订承销协议，同时也要同银行签订代收股款协议。[①]从金融管理的角度分析，有限责任公司股东认缴公司出资的，其出资仅具有产业资本的特性，而股份有限公司通过证券公司发行股票和由银行代收股款，则兼备产业资本和金融资本的双重特性。

第三，法律对于有限责任公司的强制性规范少一些，而任意性规范更多一些；对于股份有限公司的强制性规范更多一些，而任意性规范则少一些。从上面的论述可以看出，股份有限公司具有产业资本和金融资本的双重特性，这决定了其经营管理情况既涉及股东、特定债权人的利益，同时也涉及社会公众与国家金融市场的秩序，所以，有关法律要为其规定更多的必须遵守的强制性规范，以确保多方利益的共赢。相对而言，有限责任公司的产业资本特性，其利益相关者主要局限在股东和债权人之间，为了其利益的最大化，相关法律可以给予其更多的自由度。

第四，股东的股权与公司经营权合一或者程度较小的分离状态，是有限责任公司对于公司治理结构的主要设计目标；而股东的股权与公司经营权的分离则是股份有限公司治理结构的主要设计目标。[②]有限责任公司设立的公司治理结构目标，是股东的所有权与公司经营权通常合二为一的模式，或者是两者的较小程度的分离状况。前者股东通常也是公司董事，集合股东最终的决定权利与董事经营权利于一身，而后者则属于股东与董事分设，但是股东通过公司章程较多地限制董事的经营权，使自己较多地参与了公司的经营。股份有限公司治理的核心，是在公司股权的所有权与公司的经营权相分离，两者利益不一致的情况下，如何实现既能够使股权所有者不干预经营权的正常有效行使，又能够确保经营者以股权所有者和公司利益为最大化的目标。由于股份有限公司的规模通常为大型或者特大型公司，所以，要有效地实现这一目标，必须采取投资者关注投资及效益与经营专业者关注公司的科学经营，在这一共同利益体下的分权分治的运行模式。

---

① 《中华人民共和国公司法》第 88 条、第 89 条规定。

② 孙沛成：《有限公司存废论》，载《福建师范大学学报》（哲学社会科学版）2011 年第 6 期。

三、世界许多国家和地区有关有限责任公司的立法实践证明，有限责任公司具有存在的现实基础

统合论的观点认为，日本将有限责任公司与股份有限公司统合为一种公司类型，并根据公司的公开性、规模等标准对公司进行了更加精细的分类，这种模式代表了一种先进的方向和理念。同时，德、法、意等主要大陆法系国家的有限责任公司与股份有限公司规模上存在重合，原有的公司类型两分法无法满足以规模的不同而适用不同规则的要求，所以，这些国家均根据公司规模的不同制定了不同的规则。[③] 其对这一些情况的论证，说明其观点的实质是认为日本取消有限责任公司的做法是先进的，而大陆法系国家保留有限责任公司的不合理性，日本的做法也是我国应当借鉴的。

对此问题笔者认为，日本废除有限责任公司的立法改革、台湾有关有限责任公司存废争议未改的实践和理论以及欧洲大陆法系等国公司法的发展趋势也说明取消有限责任公司制度的观点有待进一步论证。

首先，日本废除有限责任公司，不能够得出我国废除有限责任公司具有可行性。日本国会于2005年通过《公司法典》将从德国引入已久的有限责任公司废除，采取股份有限公司一体化的立法模式，但同时又引进了美国的有限责任公司企业形式，并将该企业形式命名为合同公司。可是这并不能说明日本就是废除了有限责任公司制度，因为日本《公司法典》中规定的合同公司与其原来引进的德国式的有限责任公司有许多的相似之处。诸如，公司股东的有限责任、股东出资全额缴纳主义的法定资本制、限制股权转让制和全体股东原则上的业务执行权等方面，都类似于具有强烈人合性的有限责任公司。所以，有的学者认为，日本将有限责任公司并入股份有限公司，又将股份有限公司分为股份转让受限制和股份转让不受限制的两类公司，而前者实质上基本沿用有限责任公司的规定。这种改变只是形式上消灭了“有限责任公司”，而实质上仍然保留了有限责任公司所表现的封闭性，模糊了股份有限公司与有限责任公司之间的差异，忽视了有限责任公司存在的必然性。[④] 对于日本的立法实践“它到

③ 刘小勇：《论股份有限公司与有限责任公司的统合——日本及其他外国法关于公司类型的变革及启示》，载《当代法学》2012年第2期。

④ 王保树：《公司法律形态结构改革的走向》，载《中国法学》2012年第1期。

底是好或是坏？暂时还得不出结论来”[①]。因此日本取消有限责任公司的做法对于我国目前没有参照的必然性。

其次，台湾有关有限责任公司存废的争论结果以及欧州大陆法系等国的立法实践证明保留和完善有限责任公司制度仍然是一种多数立法趋势。台湾分别于1980年修改公司法和2002年学术界与实务部门研讨过程中，发生两次有关有限责任公司保留或者取消的争论。主张取消的观点认为，有限责任公司在制度设计方面不够周全，对于债权人和少数股东权利保护与救济方面不够理想，问题弊端较多，容易导致诉讼。主张保留的观点认为，有限责任公司具有成员一体、意见统一之优势，有利于小规模经营，台湾当时的258000余家注册公司中有140000家为有限责任公司的事实可以证明这一点；有限责任公司的弊端可以严格依法管理予以防范。最终只是对有限责任公司进行大幅度的修改，而没有取消该项制度。法国、意大利、中国大陆和台湾等绝大多数国家和地区对于有限责任公司制度采取了维持其继续存在的模式，同时，针对该项制度国家管制过严的缺陷，将修正的重点放在放松国家的管制，赋予公司和股东更多的自由与自治的权利，以促进该项制度能够在经济生活中发挥更积极的作用。德国在保留、改善有限责任公司制度并放松对有限责任公司的管制的同时，在原有的有限责任公司形态基础上建立了有限责任企业主公司这种新形式的有限责任公司，巩固、丰富和发展了有限责任公司的形态。[②]

四、保留有限责任公司和股份有限公司的同时存在，有利于投资者自由选择合适的经营形式

商主体法定原则是商法学理论中各个原则的首要原则，该原则的内容为公司、合伙等各类商主体的类型、内容等均由法律予以明确规定，禁止违背法律要求的商主体存在。根据该项原则，公民或者法人从事商事活动所需要的公司组织形式应当是法律明确规定的，公民或者法人不允许任意设立法定公司组织形式之外的其他形式，也不允许改变法定公司组织形式，否则，公司的商事主体资格得不到国家的认可。

---

① 中日民商法研究会第九届（2010年）大会会议记录，载《中日民商法研究》（第十卷），法律出版社2011年版，第387页。

② 孙沛成:《有限公司存废论》，载《福建师范大学学报（哲学社会科学版）》2011年第6期。

商主体法定原则体现了国家对于公司组织形式种类选择权的垄断，这对于市场交易的促进和市场交易安全的保障具有积极的价值，但其内在的缺陷也应当引起我们的高度关注。这种缺陷就是如果国家立法对于商事主体类型制度规定的过于单一，则必然会对商事自由和经济的发展造成阻碍。公民的自由是宪法赋予的权利，表现在经济活动中就是商事活动的自由或者营业自由。而商事活动自由或者营业自由则要求公民有权利自由选择一定的经营组织形式，虽然商主体法定原则的存在使得公民的自由选择权利受到一定的限制，但是这种限制应当有一定的限度,不能够过多干涉或者压制公民对于经营形式的自由选择;否则，既不利于公民经营自由权利的行使，也不利于促进市场经济的发展。比较合适的限度是保留商主体法定原则的基础上，规定更多的公司组织形式，至于采纳何种组织形式的问题则交由最关心、最了解何种形式最适合自己的经营者去选择。对此，有的学者提出：“商主体的法定化不能画地为牢，将商主体限定在一个狭小的范围内，禁锢社会对商主体新类型的探索和创新。商主体法定化应当在保障交易效率和安全的基础上，鼓励新的、更先进的商主体类型的发展，丰富商主体的组织形态。”①

基于此，我国的有限责任公司制度恰恰是与股份有限公司、合伙等经营形式并存的一种经营组织形式，它与其他各种形式之间既有一定的联系，又有一些本质的区别，而这些区别则是国家提供给投资经营者根据自己的需要来进行自由选择的类型。保留多种公司组织形式的存在，就是更好地保障经营者的自由营业，就会有力地鼓励经济发展。所以，我们应当设计出更多的公司类型供投资者自由选择，以期待更好地促进经济发展效率的强力增长。

此外，主张取消有限责任公司的作者提出的将有限责任公司完全纳入股份有限公司的方案，有取消有限责任公司名称而保留有限责任公司制度内容的实际效果，使人感到只是为了统一公司类型名称而没有更多考虑不同公司类型制度的不同功效的倾向。

综上所述，笔者认为在我国取消有限责任公司制度的可行性和理论依据不充足，该项制度仍然具有其存在的合理性，应当在我国公司法律体系中予以继续保留。当然，取消论的观点在论证过程中指出有限责任公司制度的一些不足之处，也是有一定道理的，可以帮助我们更好地修改完善公司法的相关规定，

① 郑在义：《我国商主体的法定化》，载《国家检察官学院学报》2006 年第 3 期。

特别是对于有限责任公司制度要进一步放松对其的管制，赋予公司和股东更多的自治权利，使有限责任公司制度克服缺陷与不足并趋于更加完善，能更好地服务于市场经营者的需要。

（责任编辑：贡绍海）

中国古代惩治邪教相关法律制度及其特点

王 立 朱建伟[①]

在中国历史上，邪教及其形态出现很早。目前文献中可以看到的与反邪教立法相关的最早规定应当是在《礼记·王制》中的记载。而“邪教”一词的出现，则可以追溯到初唐。我国古代邪教的发展源流主要有道教结社、佛教结社、摩尼教结社、基督教结社和杂糅各种民间信仰的结社等五大类。[②]但五个源头并不绝对隔离，而是前后相继，互相影响的。而在汉代末年太平道、五斗米道之前，从先秦至两汉时期，巫蛊谶纬“邪说”也具有邪教性质。

一、中国古代与邪教有关的罪名

邪教对社会发展，尤其是社会政治统治带有严重的危害性。所以，反对邪教、打击邪教与邪教或者泛邪教现象的发展是同步进行的。中国古代反邪教的历史可谓源远流长。从历朝历代的典章古籍中，都可以找到反邪教的影子。

在中国古代，与巫术、邪教相关的罪名有多种，从《礼记》到各朝各代正史的“刑法志”，从《唐律疏议》到《大明律》《大清律例》，都有中国历代对于巫术、邪教惩处的记载。

（一）先秦时期

先秦时期是邪教发展的初期，邪教类犯罪主要集中在个人的行为上，但也开始危及到政治统治。

1. 析言破律，乱名改作，执左道以乱政。乱名改作，谓变易官与物之名，

① 王立，国家法官学院教授。

朱建伟，国家法官学院助理研究员。

② 刘平：《关于中国邪教史研究的几个问题》，载《社会问题研究丛书》编辑委员会：《宗教、教派与邪教：国际研讨会论文集》，广西人民出版社 2004 年版，第 199-200 页。

更造法度。左道，若巫蛊及俗禁。[①]

2. 作淫声，异服，奇技，奇器以疑众。[②]

3. 行伪而坚，言伪而辩，学非而博，顺非而泽以疑众。[③]

4. 假于鬼神，时日，卜筮以疑众。[④]

5. 妖言罪（造妖书妖言罪）。与诽谤罪并列。在秦朝即有此罪名。[⑤]

（二）汉唐时期

两汉至隋唐时期是邪教的发展期，邪教类犯罪开始引起统治阶层的普遍关切和重视。

6. 巫蛊、祝诅。在汉朝成为大逆不道罪中的一种，处罚十分严重。即使是汉武帝的太子被以“巫蛊”“诬陷，也不能幸免。”[⑥]

7. 造作图谶。图谶，又称“纬书”“图纬”，与儒家经典著作的“经书”相对。制作图谶在汉代十分流行，内容大多是古代帝王和圣人的符瑞故事、神话故事或预言，以表明“天人感应”，是统治者取得统治权的一种舆论宣传方式。

8. 左道罪。这一罪名包含巫蛊罪、造作图谶罪等罪名，但比汉代巫蛊罪、造作图谶罪的适用范围更广，凡违背经术意蕴，假托神怪，以迷信、天象及图谶蛊惑人心，批评时政，甚至诅咒皇帝等，都属于左道，依律皆可处以死刑。[⑦]

9. 媚道。应为巫蛊罪的特殊形式，行为人主要为女性。媚道是一种致爱巫术，就是希望利用超自然的神秘力量来获取爱情。媚道不仅杂取各种求偶术，而且主要是“蛊诅他人，求己亲媚”。[⑧]

10. 敢蛊人及教令。据沈家本考证，此罪来源于《周礼·秋官·庶氏》注：“《贼律》云，敢蛊人及教令者弃市。”庶氏系周朝的治蛊之官。后该罪演变为唐律中的造畜蛊毒。[⑨]

---

① 《十三经注疏·礼记正义卷十三·王制》，中华书局影印1980年版，第1344–1345页。

② 《十三经注疏·礼记正义卷十三·王制》，中华书局影印1980年版，第1344–1345页。
《十三经注疏·礼记正义卷十三·王制》，中华书局影印1980年版，第1344–1345页。

③ 《十三经注疏·礼记正义卷十三·王制》，中华书局影印1980年版，第1344–1345页。

④ 《十三经注疏·礼记正义卷十三·王制》，中华书局影印1980年版，第1344–1345页。

⑤ 《史记·秦始皇本纪》，中华书局1959年版，第259页。

⑥ 《汉书·蒯伍江息夫传第十五》，中华书局1962年版，第2178–2179页。

⑦ 《中国法制通史卷二》，法律出版社1999年版，第488页。

⑧ 贾丽英、武广洁:《论汉代的致爱巫术–媚道》，载《历史教学》（高校版）2007年第7期。

⑨ 沈家本：《历代刑法考》（三），中华书局1985年版，第1462页。

11. 不道罪：此罪包含两个罪名：一是造畜蛊毒，一是造厌魅、符书，具体的处罚在《唐律疏议 · 贼盗》中规定，但将此类犯罪归为十恶之一的不道，为常赦所不愿。

（三）宋元明清时期

两宋至清末，是邪教发展的成熟期。邪教类犯罪一般都会危及封建统治，所以受到统治阶层的严厉打击。

12. 吃菜事魔罪。这是宋朝特有的罪名。宋高宗绍兴十一年（1141年）又颁布吃菜事魔条法（后也被称为绍兴敕），正式确立了吃菜事魔的罪名，成为宋代富有特色的法律。①

13. 夜聚晓散传习妖教罪。这也是宋朝才出现的罪名，元朝相沿。②

14. 伪造经文罪。唐宋二朝即有类似规定，但在元朝有了更为详细的规定。“（凡）伪造经文犯上惑众，为首者斩，为从者，以轻重论刑”，“凡理迎赛祈祷，惑众乱民者，禁止”，又有“诸阴阳家伪造图谶，释老私撰经文、凡以邪教说左道诬民惑众者，禁止；违者重罪之”。③

15. 禁止师巫邪术。《大明律 · 礼律 · 祭祀》规定：凡师巫假降邪神、书符咒水、扶鸾祷圣，自号端公、太保、师婆及妄称弥勒佛、白莲社、明尊教、白云宗等会，一应左道异端之术，或隐藏图像、烧香集众、夜聚晓散、佯修善事、煽惑人民，为首者绞，为从者各杖一百、流三千里。④

16. 邪教。清代将邪教犯罪明文纳入法律规定之内，《破邪详辩》作为官员办理邪教案件的“工作手册”，于卷首收录了清代与邪教有关的禁邪类条文。现收录《大清律例》禁邪类如下：亵渎神明、禁止师巫邪术、谋反大逆、谋叛、造妖书妖言。⑤

二、中国古代法律制度对邪教的惩处

（一）中国古代对邪教及其相关犯罪严惩不贷

由于邪教的影响广泛，对政权的稳固十分具有威胁力，因此，中国古代对

① 贾文龙：《宋代‘妖罪’源流考》，载《河北学刊》2002 年第 3 期。

② 《宋史 · 刑法一》，中华书局 1986 年版，第 4981–4982 页。

③ 《元史 · 刑法四》，中华书局 1976 年版，第 2684 页。

④ ［清］薛允升撰：《唐明律合编》，法律出版社 1999 年版，第 175 页。

⑤ 不应重律，是指《大清律例 · 刑律 · 杂犯》“不应为”律关于“事理重者，杖八十”的规定。

邪教及其相关犯罪的惩治十分严酷，基本上都是处以极刑——死刑。现将历代相关法律规定一一列举：

从《礼记·王制》开始，即规定：析言破律，乱名改作，执左道以乱政，杀。作淫声、异服、奇技、奇器以疑众，杀。行伪而坚，言伪而辩，学非而博，顺非而泽，以疑众，杀。假于鬼神、时日、卜筮以疑众，杀。此四诛者，不以听。凡执禁以齐众，不赦过。①

《唐律疏议·贼盗》第262条规定：诸造畜蛊毒谓造合成蛊，堪以害人者。及教令者，绞；造畜者同居家口虽不知情，若里正坊正、村正亦同。知而不纠者，皆流三千里。第264条规定：诸有所憎恶，而造厌魅及造符书祝诅，欲以杀人者，各以谋杀论减二等；于期亲尊长及外祖父母、夫、夫之祖父母、父母，各不减。第268条规定：诸造袄书及袄言者，绞。②

《宋刑统·贼盗律》中的“造畜蛊毒毒药药人厌魅呪诅”规定：诸造畜蛊毒，谓造合成蛊，堪以害人者。及教令者，绞。造畜者，同居家口虽不知情，若里正坊正村正亦同。知而不糺者，皆流三千里。造畜者，虽会赦，并同居家口及教令人，亦流三千里。八十以上、十岁以下及笃疾，无家口同流者，放免。即以蛊毒毒同居者，被毒之人父母、妻妾、子孙不知造蛊情者，不坐。③“造袄书袄言”条则规定：诸造袄书及袄言者绞，造谓自造休咎及鬼神之言，妄说吉凶，涉于不顺者。传用以惑众者，亦如之，传谓传言，用谓用书。其不满众者流三千里，言理无害者杖一百。即私有袄书，虽不行用，徒二年，言理无害者杖六十。④

《大明律·礼律》中设“禁止师巫邪术”专条，惩治邪教：“凡师巫假降邪神，书符咒水，扶鸾祷圣，自号端公、太保、师婆，及妄称弥勒佛、白莲社、明尊教、白云宗等会，一应左道乱正之术，或隐藏图像、烧香集众、夜聚晓散，佯修善事，煽惑人民。为首者绞，为从者各杖一百流三千里。若军民装扮神像，鸣锣击鼓，迎神赛会者，杖一百，罪坐为首之人。里长知而不首者，各笞四十。其民间春秋义社不在禁限。”⑤

---

① 《十三经注疏·礼记正义卷十三·王制》，中华书局影印1980年版，第1344–1345页。

② 《唐律疏议·贼盗》，中华书局1985年版，第410–413页。

③ 《宋刑统》，中华书局1984年版，第281–283页。

④ 《宋刑统》，中华书局1984年版，第289页。

⑤ ［清］薛允升撰：《唐明律合编》，法律出版社1999年版，第175页。

嘉庆十八年（1813 年），刑部议奏“传习白阳等教分别治罪条例”一折，正式将白阳教、白莲教、八卦教等民间教派定为“邪教”，并在《大清律例·刑律·贼盗》之“谋反、大逆、谋叛”等罪中，加入关于“倡立邪教传徒惑众滋事之家属缘坐”之条款。

（二）中国古代惩治邪教的法律规定中，不仅对邪教的表现形式进行了明确的说明，并根据犯罪人所起的作用，做出了详细的处罚规定

唐律中将邪教的表现形式列举为造畜蛊毒、厌魅，并列为“十恶”重罪的第五个罪名“不道”。在《唐律疏议》中就对不道的表现形式进了明确的解释：“五曰不道。谓杀一家非死罪三人，支解人，造畜蛊毒、厌魅。”【疏】议曰：安忍残贼，背违正道，故曰“不道”。【疏】议曰：谓一家之中，三人被杀，俱无死罪者。若三人之内，有一人合死及於数家各杀二人，唯合死刑，不入十恶。或杀一家三人，本条罪不至死，亦不入十恶。支解人者，谓杀人而支解，亦据本罪合死者。【疏】议曰：“谓造合成蛊；虽非造合，乃传畜，堪以害人者：皆是。即未成者，不入十恶。厌魅者，其事多端，不可具述，皆谓邪俗阴行不轨，欲令前人疾苦及死者。”[①] 随后，唐律又将造畜蛊毒、厌魅的行为在“贼盗”律中进行了详细的规定和说明。

《唐律疏议·贼盗律》对“厌魅”行为及犯罪人在犯罪中所起的作用的处罚做了如下规定：诸有所憎恶，而造厌魅及造符书祝诅，欲以杀人者，各以谋杀论减二等；于期亲尊长及外祖父母、夫、夫之祖父母、父母，各不减。【疏】议曰：有所憎嫌前人而造厌魅，厌事多方，〔六〕罕能详悉，或图画形象，或刻作人身，刺心钉眼，系手缚足，如此厌胜，〔七〕事非一绪；魅者，或假托鬼神，或妄行左道之类；或祝或诅，欲以杀人者：各以谋杀论减二等。若于期亲尊长及外祖父母、夫、夫之祖父母、父母，各不减，依上条皆合斩罪。以故致死者，各依本杀法。欲以疾苦人者，又减二等。子孙于祖父母、父母，部曲、奴婢于主者，各不减。【疏】议曰：“以故致死者”，谓以厌魅、符书祝诅之故，但因一事致死者，不依减二等，各从本杀法。〔八〕“欲以疾苦人者”，谓厌魅、符书祝诅，不欲令死，唯欲前人疾病苦痛者，又减二等。称“又减”者，谓大功以下亲及凡人，非外祖父母。谋杀得减二等者，谓从谋杀上总减四等。注云“子孙于祖父母、父母，部曲、奴婢于主者，各不减”，即是期亲尊

① 《唐律疏议·名例》，中华书局 1985 年版，第 18–19 页。

长、外祖父母、夫、夫之祖父母、父母，〔九〕唯减二等；其祖父母、父母以下，虽复欲令疾苦，亦同谋杀之法，皆斩，不同减例。

《唐律疏议·贼盗律》对“造祆书及祆言”行为及犯罪人在犯罪中所起的作用的处罚做了如下规定：诸造祆书及祆言者，绞。造，谓自造休咎及鬼神之言，妄说吉凶，涉于不顺者。【疏】议曰：“造祆书及祆言者”，谓构成怪力之书，诈为鬼神之语。“休”，谓妄说他人及己身有休征。“咎”，谓妄言国家有咎恶。观天画地，诡说灾祥，妄陈吉凶，并涉于不顺者，绞。传用以惑众者，亦如之；传，谓传言。用，谓用书。其不满众者，流三千里。言理无害者，杖一百。即私有祆书，虽不行用，徒二年；言理无害者，杖六十。【疏】议曰：“传用以惑众者”，谓非自造，传用祆言、祆书，以惑三人以上，亦得绞罪。注云：“传，谓传言。用，谓用书。”“其不满众者”，谓被传惑者不满三人。若是同居，不入众人之限；此外一人以上，虽不满众，合流三千里。其“言理无害者”，谓祆书、祆言，虽说变异，无损于时，谓若预言水旱之类，合杖一百。“即私有祆书”，谓前人旧作，衷私相传，非己所制，虽不行用，仍徒二年。其祆书言理无害于时者，杖六十。①

（三）封建社会后期，邪教被正式列为“罪名”，受到最严厉的打击

清代基本上原文承袭了明代的相关制度。为加强统治，清政权相继颁布多项法令治理邪教。《大清律·礼律·祭祀》沿袭《大明律》的规定，“禁止师巫邪教术”条规定，“凡师巫，假降邪神、书符咒水、扶鸾祷圣，自号端公太保师婆及妄称弥勒佛、白莲社……会，一应左道异端之术，或隐藏图像……里长知而不首者笞四十”。比明朝的镇压更为严厉，甚至还要牵连里长坐罪。同时加重案发地区治安官吏的刑事责任，以严刑督促官吏，案发即奏和及时破案，否则，严加论处。清朝最高统治者一直重视治理邪教。顺治帝在十三年谕令对邪教“加等治罪”。康雍乾三代，统治者对待邪教的态度逐渐严苛。乾隆皇帝强调指出：“邪教煽惑愚民，最为世道人心之害，不可不严切根查。”嘉庆朝对教民的处理更注意区别对待，分化瓦解，同时，赋予了官吏一定的自主处置权。随着中国封建社会开始向半殖民地半封建社会的急剧转变，清政府在对教民的处理上更加严刑峻法。

顺治三年（1646年）修律，曾增加三条小注。康熙十九年（1680年）呈报，

① 《唐律疏议》，中华书局1985年版，第416–417页。

并于三十七年会议颁行并增补的条例，正式引入“邪教”的概念，从此邪教也成为的一项罪名。其具体内容如下：邪教惑众，照律治罪外，如该地方官不行严禁，在京，五城御史；在外，督抚，徇庇不行纠参，一并交与该部议处。旁人出首者，于各犯名下并追银二十两充赏。如系应捕之人拿获者，着银十两充赏。①

对于西方的基督教、天主教等，清政府本也以“邪教”视之，在嘉庆十六年（1811年）批准刑部奏准定例：西洋人有在内地传习天主教，私自刊刻经卷，倡立讲会，蛊惑多人，及旗民人等向西洋人转为传习，并私立名号，煽惑及众，确有实据，为首者，拟绞立决。其传习煽惑而人数不多，亦无名号者，拟绞监候。仅止听从入教，不知悛改者，改发回城给大小伯力及力能管束之回子为奴。此条例与上条并于道光十八年（1838年）改定，但到同治九年（1870年）则删除了此条例，同治十年又重新定例：凡奉天主教之人，其会同礼拜诵经等事，概听其便，皆免查禁。所有从前或刻或写奉禁天主教各明文，概行删除。“凡造谶纬，妖书妖言及传用惑众者，皆斩。若私有妖书隐藏不送官者，杖一百，流三年”。②

顺治年间，各地“邪教”活动蜂起，愈演愈烈，且带有反清色彩，实为民族矛盾激烈的结果。面对一股股不可遏止的民间教派反抗的浪潮，顺治十三年十一月，皇帝下旨严禁“邪教”：“……乃有左道惑众，如无为、白莲、闻香等教名色，起会结党，夜聚晓散。小者贪图财利，恣为奸淫，大者招纳亡命，希谋不轨。无知小民，被其引诱，迷罔颠狂，至死不悟。历考往代覆辙昭然，深可痛恨。向来屡行禁饬，不意余风未敛，堕其邪术者，实繁有徒。京师辇毂重地，借口进香，张帜鸣锣，男女杂糅，喧填街巷，公然肆行无忌。若不立法严禁，必为治道大蠹。虽倡首奸民，罪皆自取，而愚蒙陷网，罹辟不无可悯。尔部大揭榜示，今后再有踵行邪教，仍前聚会，烧香敛钱号佛等事，在京着五城御史及地方官，在外着督抚按道有司等官，设法缉拿，穷究奸状，于定律外，加等治罪。”③

（四）通过清代治理邪教的政书，探视当时统治者对邪教惩治的严厉态度

清代乾隆中后期到嘉庆、道光年间，白莲教活动十分猖獗。道光时期的县

① 《大清律例·礼律》，法律出版社1999年版，第278页。

② 《大清律例·刑律》，法律出版社1999年版，第368页。

③ 王先谦：《东华录》；王锡祺：《辟邪录》，小方壶斋民国3年铅印本，第1页。

令黄育楩针对其主政鉅鹿、沧州等地查禁邪教的经验，写成《破邪详辩》三卷（后又续三卷）。《破邪详辩》在卷首录有康熙“圣谕”、道光“上谕”，并整理收录了零散在清代法律制度中的禁邪类条文。[①] 这些条文内容，在今天出版的《大清律例》等清代法律典籍中没有对应，是研究清代邪教治理的重要资料，起到了与其他典籍资料相互补充的作用。现予以引录。[②]

凡不逞之徒，歃血订盟，转相结连土豪市棍，衙役兵丁，彼倡此应，为害良民，据邻佑乡保首告，地方官如不准理，又不缉拏，惟图掩饰，或至蜂起为盗，抄掠横行，将地方文武各官革职，从重治罪。其平日失察，首告之后，不自隐讳即能擒获之地方官，免其议处。至乡保邻佑知情，不行首告者，亦从重治罪。如旁人缺知首告者，该地方官酌量给赏。倘借端妄告者，仍照诬告律治罪。不法匪徒，潜谋纠结，复兴天地会名目，抢劫拒捕者，首犯与曾经纠人及情愿入伙，希图抢劫之犯，俱拟斩立决。其并未转纠党羽，或听诱被胁素非良善者，俱拟绞立决。如平日并无为匪，仅止一时随同入会者，俱发遣新疆，酌拨种地当差。

三、中国古代惩治邪教法律制度的特点

（一）对于邪教案件的处理，时宽时严，对“邪教”的认定标准不统一，并且区分首从犯，宽待普通信徒。总体上讲，邪教治理是与其危害程度相适应的

统治者根据政权统治的需要，采取了不同的法律。严厉时，把所有教派，包括正统“宗教”统统认定为“邪教”一律禁止信奉。宽松时，放宽宗教政策，允许民众信奉正统宗教，更有甚者，放宽规定，允许所有教派不分正邪以合法身份公开传播。元朝宗教政策较为宽松，对前朝的异端教派采取宽容政策，可以正式宗教地位合法传教，各个半明半暗的宗教或异端教派，有了较大规模的发展，例如糠禅、白云宗、白莲宗、明教等，以佛教名义公开传播，并且专设僧录司统管宗教活动，直属宣政院管辖。而到了明朝，朱元璋采取严刑酷法治理国家，公开立法禁止包括明教在内的各种异端信仰，明令禁止各民间教派的活动。唐朝作为一个分水岭，唐朝以前，对邪教的制裁往往扩大化，无论头目

---

① 1982年，中华书局《清史资料》第3辑曾整理出版《破邪详辩》，但出版时并未收录禁邪类条文。

② 全书四部分陆续写刻于道光十四年（1834年）、十九年（1839年）和二十一年（1841年），为北京琉璃厂五云堂书坊刻本。原书现藏国家图书馆古籍部。

还是普通信众，一律严惩。唐朝以后，则“只惩首从，不问信众”。在我国古代史上，佛教曾数次被宣布为“邪教”而被惩禁，历史上最有名的“三武一宗灭佛”，手段最极端的是北魏太武帝，诏令“沙门无长少皆坑之”；规模最大的是唐武宗，强迫近30万僧尼还俗，拆毁近5000所寺院，史称“会昌法难”。这一状况在宋朝出现转变，元朝政策更为宽松，查处白莲教时，对普通白莲教徒“还隶民籍”而不做惩处。至明清时期，对普通信徒几乎不予追究。清政府在从重惩办“邪教”首恶同时，也曾实行宽大胁从、自首免罪、立功给奖的政策。清最高统治者多次下旨，“惩治首犯，散其党羽”。嘉庆时期鉴于乾隆末年各地官吏借“查拿邪教为名，四处搜求，任听胥吏多方勒索，不论习教不习教，只论给钱不给钱，以致含恨之人与习教者表里勾结”酿成豫、楚、川、陕、甘五省白莲教大起义的教训，提出区别对待。持斋诵经、安分守法而未与“逆谋”的一般白莲教徒和“谋逆匪党”，凡是“现习白莲教者，安静守法即是良民，地方官毋庸查拿；若聚众煽惑，即非素习白莲教之人，必当按律惩治”[①]。这成为嘉庆时期“不问教不教，只问匪不匪”的邪教治理政策的肇始。但这种较为宽松的政策导致邪教大量发展，不仅在京畿、直鲁豫三省拥有大量教徒，甚至深入到禁中，威胁到皇帝的安全。所以，关于邪教的政策，也可以说是类似双螺旋状递进，时而宽松一点，时而严厉一点，但总的趋势是愈加严厉、愈加残酷的。[②]

（二）对邪教的惩治在历朝历代都是十分严酷的，一直是历朝历代打击的对象

秦以“妖书妖言罪”将400多儒生坑埋于咸阳。汉朝时曾废除了这一罪名，到唐朝时，细化该罪名，改为造妖书妖言罪、传用妖言妖书罪、私有妖书妖言罪，分别处绞刑、流刑和徒刑、杖刑。汉时“贺良等执左道，乱朝政，皆伏诛”。惩治更加严厉。唐时针对“造畜蛊毒罪”，对本人处绞刑并连坐乡里，“一律流三千里”。宋元时，针对伪造经文等邪教惯用的伎俩，特别规定“伪造经文罪”，“诸僧道伪造经文，犯上惑众，为首者斩，为从者各以轻重刑论”，“诸阴阳家伪造谶，释老私撰经文，凡以邪说左道诬民惑众者，禁之，违者重罪之”。明代对邪教的处置愈加严厉，至清代，对邪教的惩处更加走向极端，清中期以

① 《大清仁宗睿皇帝圣训》卷九十八，《靖奸宄》。

② 本节参考了马俊：《我国古代反邪教立法及对当前立法的借鉴意义》，凯风网2014年12月12日。特此感谢。

后比照谋反大逆定罪处刑，动辄“斩绞徒留、凌迟株连”。即使偶遇皇恩，稍得宽宥，也会被发往“新疆云贵两广极边烟瘴地方充军”，并“遇赦不赦”，“永远枷号”。这比清宫戏里所谓的“流放宁古塔，给披甲人为奴”等处罚，要严酷得多。

（三）对邪教的惩治与其社会危害性相适应

随着封建社会社会矛盾不断深化，邪教治理的法律手段也不断系统化和严厉化。邪教发展是逐渐演进的，并且随着封建阶级统治压迫的不断激化，邪教活动也愈加激进，其发生的频率和程度也愈加极端。正是由于邪教活动的日益猖獗，统治阶层在运用法律手段时也更加的系统化和严厉化。早期作为巫术等巫蛊谶纬邪说进行打击，到后来逐渐被视为邪教犯罪活动予以严格禁止。宋元两朝无不受到邪教类农民起义的严重危害，到明代时，社会矛盾不断激化，邪教活动对封建统治的危害如芒在背，统治阶层于是更加严厉的制裁邪教犯罪。《大明律》专门设置“禁止师巫邪术”，严禁“弥勒佛、白莲社、明尊教、白云宗等会”进行邪教活动，对于有类似邪教活动的隐藏图相、烧香聚众，夜聚晓散，佯修善事，煽惑人民等行为，也都极刑惩处，不留后患。清代对于邪教犯罪的惩处，就更为系统和严厉。清代在入关之前利用邪教与朱明对抗，甫一入关，即颁布“邪教”禁约：“凡老少男妇，有为善友惑世诬民者，永行禁止。如不遵禁约，必杀无赦。”《清律》中，《礼律》《刑律》都涉及惩治邪教律条。尤其是从清中期开始，惩治邪教的力度空前加大。乾隆十三年在福建老官斋教反清暴动事件之后，将“倡立邪教，传徒惑众滋事”等列入比照谋反大逆及谋叛定罪条款。作为“十恶”重罪，不分首从，皆凌迟处死，诛九族。由于社会矛盾不断激化，对于邪教犯罪的极端惩处，并不能起到杜绝邪教的目的，反倒是更加激化了社会矛盾，乾隆后期到嘉庆、道光的半个多世纪里，各种邪教类案件频发，极大地削弱了清朝的统治，尤其是嘉庆元年的白莲教大起义，绵延近十年，成为清帝国盛极而衰的转折。

（四）对于如何认定邪教犯罪，多采用行为列举的方式，对于具体的邪教名称不作确定性的规范

以立法比较严密的明清为例。《大明律·礼律·祭祀》关于“禁止师巫邪术”：凡师巫假降邪神、书符咒水、扶鸾祷圣，自号端公、太保、师婆及妄称弥勒佛、白莲社、明尊教、白云宗等会，一应左道异端之术，或隐藏图像、烧香集众、夜聚晓散、佯修善事、煽惑人民，为首者绞，为从者各杖一百、流三千里。清

朝该罪与明朝相同，但对行为方式表述更加具体："来京妄称谙晓扶鸾祷圣、书符咒水，煽惑人民；烧炼丹药出入内外官家，或擅入皇城夤缘作弊、希求进用；烧香集徒、夜聚晓散；习天文之人妄言祸福，煽惑人民；私相传习各种避刑邪术；端公、道士作为异端法术医人致死"等等，对于邪教类犯罪，凡此种种，一一列举，涵盖详备，难有漏缺。而且还在造妖书妖言等其他共计六类犯罪中列举了邪教犯罪的诸多行为方式，比如"造妖书妖言罪"，就分为："造谶纬妖书妖言，及传用惑众""妄布妖言，书写张贴，煽惑人心""因事造言，捏造歌曲沿街唱和，及以鄙俚亵嫚之词，刊刻传播"等多种行为方式。可以说，采用列举方式为主，其他多种方式为辅是中国古代治理邪教类犯罪的有效方式，便于在基层社会治理中采用，具有一定的现实意义。

（五）统治者逐步重视保甲制度在邪教治理中的作用

保甲制度是中国封建王朝时代长期延续的一种社会统制手段，它的最本质特征是以"户"（家庭）为社会组织的基本单位，而不同于西方的以个人为单位。保甲制度可以追溯到春秋齐国的什伍制，后经商鞅变法、王安石变法不断完善，发挥了很大的社会治理功能。但保甲制度需要社会治理各环节严密配合，至清中期，保甲制度废弛，这也是邪教泛滥的外部原因之一。

把保甲与镇压"邪教"联系在一起至少可以上溯到元朝，至元二十八年（1291年）年颁布的"至元新格"里明确规定，作为基层的社长，负有监督之责。明朝特别在《大明律》中制定"禁止师巫邪术"专条，而且详细规定了对失察里长的处罚，"里长知而不首者各笞四十"[①]。清代同样沿袭采用保甲防范"邪教"，乾隆帝下谕"清查保甲，原系弥盗诘奸良法，地方官果能实力奉行，何至于有邪教传播纠众滋扰之事？"遂下令把属员升迁与利用保甲防范"邪教"的效果直接挂钩。[②]嘉庆帝也强调保甲一法，"稽查奸宄，肃清盗源，实为整顿地方良法"[③]。关于邪教的治理，道光时期的黄育楩认为："严禁邪教，莫善于保甲。"由于黄氏历任宛平、三河、武清、清河、宝坻、广平、邢台、鉅鹿县知县，有丰富的基层社会治理经验，其对保甲做了严格的设计，严厉杜绝徇私舞弊等情形。要求保甲册籍"不经吏役之手，以防需索"。官吏则能够"随按稽查，分别责处，而保甲自无错漏之虞矣"。"保甲既清，则凡有设施，而

① 《大明律》卷十一，《礼律·祭祀》。

② 《乾隆朝上谕档》第七册，第713–714页。

③ 《大清仁宗睿皇帝圣训》卷九十八《靖奸宄》。

效即应焉。州县为亲民之官，诚不能外保甲而别言亲民也。”黄氏甚至认为保甲制度有井田遗风，倍加推崇：“世之谈政治者，动曰封建井田，然井田势难再复，而保甲尚属易行。保甲清而井田之遗意，亦署寓焉。”对于查禁邪教，保甲完全可以应对。“固不仅为禁邪计，而禁邪之要道，备于斯矣。”然而，保甲制度在设计上看似天衣无缝，但在实施过程中，需要依赖各级官吏，特别是附属于官吏的胥役、乡保的全力配合。然而，在清代的社会治理体系中，承担保甲制度责任最重的底层役吏，其基本待遇没有保障，所以地方官吏趁机徇私舞弊，底层役吏则勒索成性，致使保甲之法难以长久坚持。

（六）统治者将邪教治理与官员奖惩将关联

地方官吏是查禁教门的执行者，为了督促和约束上至督抚下到州县官吏切实履行查禁之责，清朝定有失察“邪教”的处分条例。康熙五年制定了官员失察“邪教”的具体处分条例，随着教门案件的日渐增多，至乾隆二十七年这一条例更加完善，如对失察“邪教”以致酿成叛逆不法事件的，“将平日漫无察觉之该地方官革职，该管上司降二级调用，督抚降一级留任”[①]。而对于治理邪教有功的官吏，则进行特别奖赏，有助于激励其查拿邪教类犯罪的积极性。但在邪教治理中，相比于奖赏，对失察官吏的问责，则尤为严厉。因此，也导致有的官员为了自保，隐匿邪教案情，导致清廷不能及时有效处置，酿成更大祸患。一件邪教案，小则上报督抚，大则奏请皇帝，稍有处置不当，就会葬送他们的政治前途，尤其在皇帝查拿教案紧迫时，甚至会因此丧命，所以对于邪教案件，隐匿不报也成为其被迫的一种选择。针对地方官的隐匿行为，嘉庆帝“旨令吏兵二部将文武各员失察处分另行酌议，宽其既往失察之咎，严其将来违匿之罪”。这样一来，如果在案发前主动破案，或者案发后认真查拿，则可以将功赎罪，并且“设因此消弭大患，并可加以恩奖”[②]，一定程度上打消了地方官吏隐匿教案的思想负担，对于防范和惩治邪教活动大有裨益。

（责任编辑：贡绍海）

① 《钦定吏部则例》卷四十五《杂犯》，据道光二十三年刊本影印，成文出版社印。

② 《那文毅公（彦成）初任直隶总督奏议》卷三十四，第3694–3795页。

基本法的权利规范与普通法的人权理念

——论香港特区居民权利保障的普通法特质

姚国建[①]

香港基本法是我国的宪法性法律，而在香港更被视为“小宪法”。按现代宪法学基本理论，宪法的根本使命是保障公民的权利。香港基本法同样承载着保障香港居民权利的使命。按照基本法的规定，香港回归后普通法传统保持不变，因而基本法的权利规范主要在普通法环境中实施。普通法不仅是一套规则体系的概括，更是一种完善的法治理念，其理念中的一个重要方面是人权保障。[②]因而，基本法中权利规范的实施必然受到普通法人权保障理念的影响。一方面，与中国宪法上的公民权利保障机制不明不同的是，香港法院在司法实践中形成了司法审查制度，即法院根据基本法审查特区立法和政府行为是否侵犯居民基本权利，这本身即是普通法中的人权保障机制；另一方面，法院在进行司法审查时，借鉴普通法的人权理念，广泛使用普通法中的权利规范解释方法来解读基本法中的权利规范。因而，分析普通法的人权理念是如何介入到法院对基本法权利规范的解读当是理解特区居民权利保障的关键。本文从将特区成立前后香港人权保障的重要事件，即《人权法案》和《基本法》的制定及实施为切入点，分析普通法人权理念是如何借助于这两个成文法律文件影响香港居民权利保障的。

一、从《权利法案》到《基本法》：新宪制对普通法的吸纳与融合

1997年随着香港回归，基本法在特区开始实施，成为特区的宪制性法律，特区的宪政体制发生根本变化，由以前的不成文宪法体制演变为成文宪法体制。

---

① 姚国建，中国政法大学法学院教授。

② 姚国建：《论普通法对香港基本法实施的影响——以陆港两地法律解释方法的差异性为视角》，载《政法论坛》2011年第4期。

伴随着香港宪政体制的变迁，特区居民的权利保障制度发生了重大变化。另一方面，基本法所确立的宪制并非完全切断与过去香港人权保障传统的联系；相反，基本法仍然保留和确认了普通法中人权保障的核心要素，从而使这些要素获得了新的合法性来源。这些要素反过来影响到了法院对基本法中权利规范条款的解读。所以，新宪制秩序下的特区居民权利保障“变”与“不变”并存，传承和发展相列。

（一）从“人”的权利到“居民”基本权利：人权保障新宪制体制的确立

普通法下人权保障所针对的“人”是抽象和一般意义上的，与国籍或地域无关；《公民权利和政治权利国际公约》作为国际条约所关注的对象也是超国家意义上的“人”。作为落实国际人权法案和普通法中人权成文化的地方立法，《人权法案》中各项权利的主体亦是“人”。[①]但基本法作为我国中央立法机关为特定地区制定的法律，其权利规范显然是为此地的居民专门而设，因而基本法对权利主体的界定是“居民”，从而在香港实现由“人”的权利向“居民”的权利演变。权利主体身份的变迁是1997年7月1日基本法实施的结果，也是香港宪政体制变迁的标志。

基本法为特区居民权利保障提供了新的宪政体制。基本法成为香港居民主张权利的主要依据[②]，也是法院判断相关立法或政府行为是否有效的主要依据。所以，基本法的实施使得特区的人权保障不单以《人权法案》为基础，更直接建基于基本法[③]。

由于基本法并非国家的宪法，因而在界定权利主体方面不能如同我国宪法一样适用“公民”概念，而采用了“居民”概念。另外，香港并非一个孤立的城市，其特殊性在于：一方面，作为中国的一部分，无论是在回归前还是在回归后，香港都与内地存在着大规模的人口流动；另一方面，香港作为国际化的大都市，与其他国家亦存在着较大数量的人口流动。这样，香港的居民必然呈现多样性。这就需要根据居民的实际情况作出类型化区分并在此基础上针对不同群体设置不同的权利规范。基本法的基本分类是永久性居民与非永久性居民。

① 具体可参见《公民权利和政治权利国际公约》以及《人权法案》的表述。

② Yash Ghai, *Hong Kong's New Constitutional Order: The Resumption of Chinese Sovereignty and the Basic Law*, Hong Kong University Press, p367.

③ 陈弘毅：《“一国两制”的法治实践》，载全国人大常委会基本法委员会办公室编：《纪念香港基本法实施十周年文集》，中国民主法制出版社2007年版，第101页。

永久性居民与非永久性居民的区别就在于前者具有居留权，后者没有。另外，只有永久性居民才能享有选举权与被选举权。

虽然在文本上永久性居民与非永久性居民的区别主要在于前者有居留权，但由于这一权利对人的重要性，香港本身的发达程度以及特区政府给永久性居民提供的良好福利使得“永久性居民”身份对于内地以及不发达国家的人而言具有极强的吸引力。因而，基本法第24条2款详细规定了永久性居民的各类型。但在司法实践中，几乎每一种类型都在诉讼中引起了争议。

（二）权利体系的丰富

在权利的内容体系上，《人权法案》仅限于平等权、政治权利以及各种免于不当刑事处罚的权利。还需值得注意的是，英国政府当时在决定将条约延伸适用于香港时，作了大量的保留，尤其是民选政治的保留，使得权利和自由的一大基础即民主缺失，这使得条约在香港的效力受到严重影响，以至于联合国人权委员会都对英国这一立场的合法性提出质疑。① 在基本法框架下，特区居民的权利不仅包括这些《人权法案》中所列举的这些，还包括经济、社会及文化权利；基本法第39条不仅强调《公民权利和政治权利国际公约》在香港继续有效，也强调《经济、社会和文化权利国际公约》以及国际劳工公约在香港的继续有效。香港是在普通法域下少数几个承认经济、社会和文化权利宪法地位的地区之一。② 对于那些未能体现在《人权法案》但包含于基本法中的权利，特区法院也同样给予了积极的司法保障。2002年在Bahadur v. Director of Immigration一案③ 中，终审法院对于未能在《人权法案》中显示的非永久性居民的出入境自由也给予了积极的司法保障。

（三）权利保障中的“不变”：基本法中的普通法色彩

特区成立后，虽然基本法取代了《人权法案》成为特区居民权利保障的主导性法律，但并非完全重构了香港居民的人权保障体系。一方面，在权利内容上，基本法中权利规范的表达方式更接近于中国宪法，但其内容仍然是香港此前的普通法人权保障实践。另一方面，如前所述，普通法中人权保障的核心机

① Yash Ghai, *Hong Kong's New Constitutional Order: The Resumption of Chinese Sovereignty and the Basic Law*, Hong Kong University Press, p367.

② Andrew Byrnes, *Jumpstarting the Hong Kong Bill of Rights in Its Second Decade? The Relevance of International and Comparative Jurisprudence*.

③ （2002）5HKCFAR 480.

制司法审查制度在基本法下得到了延续，虽然基本法对此并未明确规定且一直充满争议。同时基本法作为宪制性法律还明确保留了普通法中人权保障体制的核心要素，并且在此基础上还有所增加。这些要素包括：

第一，有利于权利保障的政治及社会架构。包括高度自治、市场经济、权力分立等内容。

第二，普通法体制。基本法规定，原有法律中的普通法除与基本法相抵触外予以保留。事实上，全国人大常委会在对原有法律进行审查时并未涉及普通法。同时，基本法还规定，原有的司法体制除新设终审法院之外得以保留。

第三，独立的司法权和司法终审权，法官享有基本法的解释权。基本法一方面规定全国人大常委会解释基本法，另一方面也授权特区法院在审理案件时对基本法进行解释。

第四，权利体系中的普通法因素。《人权法案》的主体得到保留。全国人大常委会只是宣布《人权法案》中有关涉及“凌驾条款”的规定不予采用，其他第二部分关于具体人权的规定仍得以保留。这就使香港居民获得了在基本法之外的第二个权利渊源，而且在此基础上形成的判例亦得以保留下来。这些判例中所体制的权利内涵以及所采用的权利解读方式都在解读基本法的权利规范中发挥了重要作用。下文对此有详细的论述。

第五，法官队伍得以延续，且可从其他普通法地区聘请。

第六，参考其他普通法地区判例。

以上六个方面在客观上保证了普通法的人权保障传统得以延续，在某些方面甚至得到了强化，也决定了基本法中的权利规范会得到普通法意义上的解读。

（四）权利解读的范围

基本法第 3 章详细规定了公民的基本权利。与一个国家宪法规定公民基本权利的类型相似，基本法对居民基本权利的规定具有概括性和原则性。这些权利的具体内涵、受保障的程度以及与国家权力及公共秩序之间的具体边界在基本法文本当中并没有明确的界定，它必须以立法或行政的方法予以明确，以司法的方式予以检验其界限的合理性。基本法实施 15 年来，法院对其中的大部分权利都进行了解读，厘清了其中的界限。但同时，围绕法院的审查，争议一起未曾停止。

可以看出，15 年来特区法院的司法审查几乎涵盖了基本法所保障的所有居民基本权利。通过司法审查，特区法院厘清了各项基本权利的内涵与保障边界，它既为公民提供了行为的边界，也为政府立法提供了指引。在此过程中，普通法的精神得到了完全的贯彻。

二、司法审查的形成：普通法人权保障体制的确立

（一）法院应否行使审查权的争议

司法审查是普通法域下保障人权的基本方式，它由法院在具体案件的审判中审查相关立法的合宪性，从而防范立法权对公民权利的侵害。在香港回归之前，香港法院是否有司法审查权一直是一个有争议的问题。香港学者认为，在理论上，与英国的不成文宪法体制并不相同，香港拥有《英文制诰》这一宪法性法律，因而在理论上是存在司法审查制度的，只是由于《英王制诰》并没有设定对香港立法局立法的限制，因而事实上不存在审查实践。但这一情况在1991年后发生了根本改变。1991年《英皇制诰》第7条的修订和《人权法案》通过后，香港法院获得了制定法的依据，开始行使司法审查权。

《人权法案》不仅废除了与它相抵触的先前法例，而且被间接地引进《英皇制诰》，成为了香港法院审查1991年6月8日以后通过的新条例的法理标准。这是因为为了配合《香港人权法案条例》的实施，《英皇制诰》第7条作出了修订，在1991年6月8日起生效。根据这项修订，香港立法机关不得在此日期后，制定任何限制人权的法律，如果有关限制与适用于香港的《公民权利和政治权利国际公约》的规定有所抵触的话（而此《公约》所规定的人权保障标准与《人权法案》所采纳的是完全一样的）。因此，香港法院便可以根据《公约》和《人权法案》内的人权。所以，香港学者普遍认为自1991年始到1997年香港回归这段时间法院一直在行使司法审查权。[①]

香港回归后，基本法取代《英王制诰》成为特区的宪制性法律。根据香港基本法第11条，香港特区实行的一切制度均以基本法为准；特区立法会制定的一切法律均不得同基本法相抵触。但是，基本法并未明确规定应由何种机制审查特区立法是否符合基本法（基本法只是规定全国人大常委会有权将侵犯中央权力或有违中央与特区关系条款的特区立法发回）。尤其是，基本法在第三章规定了香港居民的各项基本权利和自由，但依何种方式保障公民的这些权利

---

① 陈弘毅：《公法与国际人权法的互动：香港特别行政区的个案》，载《中外法学》2011年第1期。

免受公权力的侵害，基本法并未没有明确的界定。回归后，特区法院在特区成立后的第一个宪制性案件——马维昆案中就面临临时立法会这一机构的设立是否违反基本法的问题。特区法院虽然否认自己具有审查全国人大组建临时立法会的决定是否符合基本法的权力，但亦强调自己有权审查全国人大是否存在组建临时立法会这一事实。这已经是在部分地行使司法审查权了。而在 1999 年的吴嘉玲案中终审法院更宣布其有权审查全国人大及其常委会的立法或决定是否有违基本法。这一权力在内地学者被称为“违基审查权”。

也正是终审法院的这一判决将特区法院的司法审查推上了风口浪尖。内地学者展开了对特区法院这一宣示的猛烈抨击。但香港社会似乎并未受到太大影响。虽然终审法院应特区政府的询问作了一个澄清，但澄清的内容也仅限于其是否有权审查全国人大常委会的决定,而并未放弃在特区范围内的司法审查权。其后的 10 多年里，特区法院不再就中央立法是否符合基本法进行审查，但一直在行使对特区立法的审查权。在特区社会内部，无论是特区政府，还是香港社会，均没有对法院的这一权力提出质疑。

但其后的 10 多年时间内，在特区法院究竟是否享有审查权的问题上，内地有学者一直质疑特区法院的这一权力，典型代表是董立坤教授。[①] 也有学者主张，在学界对特区法院究竟有无违基审查权的问题众说纷纭的 10 多年时间内，特区法院一直在行使这一权力，这已是一个客观事实，特区政府也对此持默许的态度；而特区社会，尤其是法律界，则持普遍赞成的立场；面对这一现实，重要的不是去争论法院是否应当具有违基审查权，而是探讨特区法院为什么会积极行使违基审查权并得到广泛的认同，而这同样离不开特区的普通法传统。[②]

（二）从“纠纷裁决者”到“人权保障者”：司法审查体制下的法院角色

虽然在特区内部对于法院有无审查权并无太大的争议，但对于法院审查的范围和方式却引起了较大的争议，法院也面临着一些过度卷入政治争议的指责中。早在香港回归之初，就有香港学者意识到，如何在新的宪政体制下寻找到自己准确的定位对于法院是一个挑战：“在 97 年过渡后，香港法院在香港法制以至政制中的功能将有增无减……1997 年后的香港法院将有宽阔的空间发展香港的法律……但法院面临的挑战是如何采取一种中庸之道，一方面勇于坚

① 董立坤、张淑钿：《香港特别行政区法院违反基本法审查权》，载《法学研究》2010 年第 3 期。

② 李树忠、姚国建：《香港特别行政区的违宪审查权》，载《法学研究》2012 年第 2 期。

持独立司法行使其法定的管辖权，藉此维护法治和人权；另一方面，不采取过高的姿态，以避免法院角色的政治化。”[①] 可以看出，在学者看来，法院的角度应更多地定位于人权保障，而非政治纠纷的裁决，否则将有可能使自己染上过多的政治化色彩，不利于维护自身独立、公正的司法形象。

但是，特区成立后的一段时间内，法院却过分地陷入到了立法与行政机关的杯葛之中。香港回归初期，当地政治的一个突出问题是立法与行政的关系一直处于紧张之中。按基本法的规定，特区实行的是行政长官制，即行政主导体制。但立法会的部分议员在政党政治的影响下挟民意以自居，对行政长官的施政设置诸多障碍，而行政长官由于缺失政党背景，在立法会中无法形成固定的多数支持，无法有效应对立法会的牵制，从而引发了立法与行政机关的长期对峙。在对峙的过程中，有些议员确实在利用法院的违基审查权去对付行政机关。议员通过向法院提起诉讼的方式，利用司法审查去阻碍行政机关施政。如“公务员减薪案”“公屋租金诉讼案”“出售公司设施的领汇上市案”“补选行政长官任期案”等都因法院的介入而导致行政机关施政不畅。有学者指责这些情况实际是法院的司法审查在破坏特区的行政主导体制。[②]

特区法院的司法审查之所以成为众多政治利益诉求者实现自身政治利益手段一方面是因为在普通法下有“政治问题司法化”的传统，香港亦不例外；另一方面也与特区民主体制尚不完善有关。香港在回归之前就存在一个“幼稚的民主与发达的法治相映成趣”的奇特景象，英国殖民者基于对自身利益的维护和对本地民主的忌惮，不愿发展当地的民主制度，但为维护居民对自身殖民的信心，将本土发达的法治移植过来，以补强其自身统治的正当性。[③] 香港回归以后，中央政府确定了“循序渐进”的发展原则，因而在特区成立之初，民主体制仍不完善，这样就使得一些本应通过民主程序化解的纠纷进入到了司法程序，而特区的法院在初期似乎也乐意承担裁决政治纠纷的功能。

但是，经过初期的震荡，学术界和实务界都在反思这一现象。有香港学者认为，法院过于积极地介入政治纷争，凸显了过分的“司法积极主义”，使法

① Albert H. Y. Chen, *Constitutional Adjudication in Post-1997 Hong Kong*, (2006) 15 Pacific Rim Law and Policy Journal 627–682.

② 王宜：《司法复核成反对派争拗利器》，载《紫荆》2006 年第 10 期。

③ Yash Ghai, *The Intersection of Chinese Law and the Common Law in the Hong Kong Special Administration Region: Question of Technique or Politics*? 37 Hong Kong L. J. 363.

院演变成为了“政治纠纷的裁决者”，不符合法院自身的宪政角色，因而提出要强调法院的司法谦抑主义。[①] 在实务界，立法会议员利用法院的违基审查来对行政机关施加掣肘达到自己目的的企图已引起了司法机关的警觉。前任终审法院首席法官李国能在2006年法律年开启典礼上，发表了被视为“弦外之音”的致辞，指出，法庭并非担任“决策者”的职能，不能就任何政治、经济及社会问题提供万应良方，必须由政府及立法机关透过政治过程解决。[②]2011 年 1 月 10 日香港终审法院新任首席法官马道立在 2011 法律年度开启典礼致辞中再次表示：法庭服务市民，并不是替他们解决政治、社会或经济问题。[③] 这表明，特区法院已开始意识到法院有必要在介入极具争议的政治性议题方面须更为谨慎，而把更多的关注点放在人权保障方面。这也符合普通法国家法院角色的普遍定位，也更符合香港居民对法院功能的普遍期待。

当然，“权利保障者”这一角色仍是一个极具解释空间的定位。正如后文所要涉及的，基本法虽然保留甚至强化了普通法下人权保障中的核心要素，但亦引入了中国法因素；同时亦需要面对回归后香港不断变化和发展的社会、经济和政治情势。因此，法院需要妥善处理居民权利保障与国家安全、公共秩序等方面的关系，在二者之间寻求恰当的平衡。但在实践中，法院在某些案件如居港权系列案中，抽象化地理解权利，忽略权利保障背后复杂情势，造成权利保障与中央权威以及特区整体利益之间的紧张冲突。

三、文义解释或目的解释：普通法人权规范解释方法的运用

（一）权利规范的解释方法

最能体现回归前人权保障传统对基本法权利规范实施影响的是特区法院沿用回归前的目的解释方法。

香港法院关注权利解释方法在 1991 年《人权法案》生效前就开始了，这一阶段一个重要的案件是 1991 年的 Attorney General v. Chiu Tai-cheong（律政司诉邱达昌一案）。上诉法院在该案中援引了一系列英国枢密院的判例。这些判例确认法院应以宽松的目的性的方法解释宪法中的权利规范。在这些判例

① 王书成：《司法谦抑主义》，载《政治与法律》2012 年第 1 期。

② 王宜：《司法复核成反对派争拗利器》，载《紫荆》2006 年第 10 期。

③ 参见 http：//sc.isd.gov.hk/gb/www.info.gov.hk/gia/general/201101/10/P201101100200.htm，2012 年 2 月 11 日访问。

中，尤其是 Attorney General of the Gambia v. Jobe（〔1984〕AC 689）最为重要，香港回归后，特区法院多次在案件中援引这一判例，强调权利保障的重要性。在该案中，英国枢密院引用了宪法解释中的合宪性推定规则（presumption of constitutionality），通过将某些保障人权的内容纳入法律中从而对法律作出符合宪法的规定。这一传统延续到 1991 年后。1991 年香港上诉法院在 R v.Sin Yau-Ming（〔1992〕1HKCLR 127）中对人权法的解释作了权威性的论述。法院指出，在解释人权法案时，应采取一个“全新的法理立场”，可参考范围广泛的国际法和比较法的资料。在判决中，法院还援引了英国枢密院在 Minister of Home Affairs v. Fisher 一案，在该案中，英国枢密院强调，在解释宪法时，要注意到有关宪法性文件的性质和背景，采用较宽松的解释方法，尽量保障宪法所规定的权利和自由。

上述这些采用宽松目的解释方法形成了相关的判例，直接影响到回归后特区法院对基本法权利规范的解读。在回归后的第一个基本法案件中陈马维昆案中，虽然陈兆恺为首的多数闹意见反对运用普通法解释基本法，但 Mortimer 法官仍主张可运用 Jobe 和 Fisher 案中所运用的宽松目的解释方法来解释基本法。他指出：“近年来发展的普通法解释方法有足够的宽度和灵活性，可用以目的论地解释这份类似宪法的文件的清晰的文字。”在后来的张丽华和陈锦雅两案中，高等法院上诉庭的陈兆恺和 Mortimer 两位法官都引用了 Fisher 和 Jobe 两案，强调应对基本法中权利和自由条文给予“宽松及目的论的解释”，“即使我们未能发现有关条文背后的目的，我们仍须给予有关文字的清晰含义一种宽松的解释”。当然，高等法院的这些论述尚不能表明宽松的目的解释成为整个特区法院的司法立场，那么，终审法院在吴嘉玲案中对此的论述就具有足够的权威性

1997 在马维昆案[①]中，高等法院首席法官陈兆恺就指出：“在我看来，基本法的目的十分明确，即保持我们的法律及其制度不变（与基本法相抵触的除外）。这些法律制度反映了我们社会的组织结构……除抵触基本法的规定外，原有法律及其制度必须得以延续。现行的制度在 1997 年 7 月 1 日当天就已是存在的了。这些一定是基本法的目的。”他强调了立法目的在基本法解释中的

① HKSAR v. Ma Wai Kwan［1997］HKLJD 761.

重要性，但并未将目的解释方法与普通法联系起来。在吴嘉玲案[①]中，终审法院指出，决定基本法解释方法有两个基础，一个是基本法的性质与地位，另一个是特区的普通法体制，而这就要求特区法院要运用普通法方法解释基本法。终审法院认为："《基本法》是为贯彻独一无二的'一国两制'原则而制定的宪法性文件，具有不可轻易修改的地位。……解释《基本法》这样的宪法时，法院均会采用考虑立法目的这种取向。"可以看出，虽然法院强调要运用普通法方法解释基本法，但并未运用传统的文义方法，而是强调应以实现基本法目的的方式来解释，即采用了目的解释方法。原因在于："宪法只陈述一般原则及表明目的，而不会流于讲究细节和界定词义，故必然有不详尽及含糊不清之处。在解决这些疑难时，法院必须根据宪法本身及宪法以外的其他有关资料确定宪法所宣示的原则及目的，并把这些原则和目的加以贯彻落实。"

那么，如何去发现和确定基本法的目的呢？终审法院指出："法院必须避免采用只从字面上的意义，或从技术层面，或狭义的角度，或以生搬硬套的处理方式诠释文意。法院必须考虑文本的背景。"为此，法院可以借助于其他资料。"在确定文件的真实含义时，法院必须考虑文件的目的和有关条款，同时也须按文件的背景来考虑文本的字句，而文件的背景对解释宪法性文件尤为重要。"由于制定基本法是为了落实《中英联合声明》和"一国两制"方针政策，所以，"在确定《基本法》某项条款含义时，法院可考虑该条款的性质，或《基本法》的其他条款，或参照包括《联合声明》在内的其他有关外来资料"。这表明终审法院认为发现条款目的的途径有两个：（1）结构主义方法，既借助于整个文本的结构及上下文之间的关系来把握条款的立法目的；（2）借助于外来资料的方法，即通过分析记载立法过程的文件以及其他体现立法目的的背景性文件来分析条款规范的目的。

在后续的一些案件中，终审法院继续采用目的解释方法，如张丽华案和黎施雅案。但实质上，在这些案件中，法院是不加区分地强调对基本法应进行目的解释。而到庄丰源案[②]中，终审法院对解释方法作出了区分，在涉及居民权利案件时，继续采用目的解释，而在其他内容的解释上，则转向了文义解释。

目的解释在总体上是一种宽松的、有利于保障居民权利的解释。终审法院

---

① Ng Ka Ling v. Director of Immigration［1999］1 HKLJD 315.

② Director of Immigration v. Chong Fung Yuen（FACV 26/2000）.

在梁国雄诉特别行政区案[①]中解释了为什么对居民权利条款应采目的和宽松的解释："和平集会是一项基本的宪法权利。对基本权利的解释必须秉持宽松的目的解释。相应的，对任何限制公民基本权利的法案都必须坚持严格解释。也就是，政府必须承担证明限制正当性的责任。任何一个法治社会中，法院必须在保障基本权利方面保持足够的警惕，而对任何施加于权利之上的限制予以严格的审查。"

（二）原则的择取

1. 平等保护立法采取了美国的双重标准原则

双重标准理论是美国联邦法院判断差别待遇立法是否构成歧视的基本标准。香港法院亦采用了。证明因此终审法院在律政司诉丘旭龙一案中首先指出法律面前一律平等的保障并不是不可避免地要求严格的平等。法律上不同的对待也可以有合理的理由予以证成。在涉及基于种族、性别或性倾向为理由的区别对待时，法庭将对其进行严格审查以确定区别对待是否能够证成。Stock VP 指出："责任的衡量将取决于差异的理由：在理由是由于个人诸如基于种族、性别、宗教或者坚持的政治观点侵犯某人尊重的概念的理由时，法院的审查应该特别地敏感，因为一旦接受，这样的理由将是少见的。另一方面，当理由不是基于考虑侵犯个人尊严的意见而是基于考虑到普遍公共利益时，根据立法机关或者其他决定做出者的裁量范围是更大的。"明显地，这是在借鉴美国的双重标准理论。但法院并未充分论证为什么要采用区分理论。

2. 比例原则的适用

与中国宪法以第 51 条为公民权利限制提供一个总体性原则不同的是，基本法并没有规定对公民权利限制的总体原则，所以从文本的角度不能界定各项基本权利条款的保护范围。司法实践中通过法官在个案中确定具体的规则。而对公民权利限制立法的审查则采取了德国的比例原则。

比例原则是一个从大陆法法系引入到普通法系的概念，但各普通法地区对待这一原则的立法并不相同，如在早期，这一原则在英国法院就遭遇了抵制，但在澳大利亚，比例原则从一开始受到了，被用于测试议会立法的合宪性和授权立法有效性的。到 20 世纪 90 年代后期，这一原则在英国也逐渐得到运用。后来，比例原则在人权法领域的适用在大多数的司法管辖区内被接受，以用来

① Leung Kwok Hung v. HKSAR（2005）8 HKCFAR 229.

保护人权和基本自由免受立法和行政对其的侵害。①

1991 年《人权法案》生效后，香港就已经开始适用比例原则了。在 1991 年的 MING 案中，香港法院引用了加拿大最高法院在 1995 年的明报案②是回归前适用比例原则的代表性案例。在政府组织的土地拍卖中，廉政公署得到举报称地产商串通压低地价。廉政公署发现明报两个记者参加了拍卖全过程，向其了解情况，并告知其根据《反贪污条例》不得透露谈话内容，否则构成刑事犯罪。但记者调查事件告诉了总编，第二天明报曝出廉政公署正在调查地产拍卖是否存在违法现象。廉政公署认为记者违法，交律政司提起公诉。被告以言论自由抗辩。本质的实质问题是《反贪污条例》第 20 条是否构成对言论自由的限制，这个限制是否合理。案件最终上诉到英国枢密院。枢密院认为，《人权条例》中大部分权利都是相对的权利，可以加以限制，但限制本身要受到反限制，即限制要符合一定的比例。

特区成立后，梁国雄案是一个由终审法院适用比例原则和法律确定性概念的显著的例子。公共秩序条例要求示威游行的组织者在游行之前通知警察，授权警察可以维护公共秩序等为理由禁止示威游行。这三个被告由于组织了一个没有被授权允许的游行，而被控告并且被判有罪。终审法院指出，应适用比例原则判断公共秩序条例是否符合基本法，并详细分析了适用比例原则的原因。根据比例原则：（1）限制集会权利的法律必须合理地与一个或多个合法目的相关，其目的在香港是合宪地的；（2）处于争议中用以损害和平集会权利的手段必须仅仅是对于实现法律目的是必要的。

另一个适用比例原则的代表性案件是“国旗案”。本案中，被告认为《国旗条例》和《区旗条例》关于毁损国旗的行为构成犯罪违反了基本法上的表达自由，时任首席大法官李国能撰写的判词指出：“在考虑该限制是否有充分理据支持之前，首先必须研究该限制的范围，因为在考虑是否有理可据这个问题时，必须了解须要充分理据支持的到底是什么，特别是须要充分理据支持的究竟是一个广泛的限制，这是一个有限度的限制。”

（责任编辑：殷志文）

---

① Sir Anthony Mason, *The Place of Comparative Law in Developing the Jurisprudence on the Rule of Law and Human Rights in Hong Kong*, 37 Hong Kong L. J. 299..

② Ming Pao Newspapers Ltd. v. Attorney-General［1996］AC 907.

司法与生态文明建设之关系论

王梓臣[①]

2012 年 11 月 8 日，党的十八大报告从中央决策高度论述了生态文明建设的宏伟战略，提出“把生态文明建设放在突出地位，融入经济建设、政治建设、文化建设、社会建设各方面和全过程”，并将生态文明建设写入党章。2013 年 5 月 14 日，国务院新闻办发表《2012 年中国人权事业的进展》，首次将“生态文明建设中的人权保障”单独作为一部分进行阐述；2014 年 5 月 26 日，发表《2013 年中国人权事业的进展》，又首次将“环境权利”单列，环境权利已经成为人权事业的主要内容之一。我国开始跨入建设生态文明的新时代，司法作为中国特色社会主义事业的建设者和保障者，与生态文明建设之间有着千丝万缕的联系。

第一节　司法为生态文明建设提供法律保障

一、生态文明建设要求司法发挥职能作用

（一）生态文明建设的概念提出

随着人类社会的发展，特别是工业化生产和科学技术的不断发展，环境污染、生态破坏、资源短缺和与之相适应的管理模式落后，引发了世界性的生态危机。基于对工业文明所带来的严重环境资源问题的反思，我国理论界提出了生态文明观。20 世纪 80 年代末，学者刘思华提出了“现代文明”是“物质文明、精神文明、生态文明的内在统一”的观点。此后，学者刘宗超通过《生态文明

① 王梓臣，山东省东营市中级人民法院民事审判第一庭副庭长。

观与中国的可持续发展》等著作对生态文明进行了系列论述，首次对“生态文明”作出深入研究。在国家治理层面上，党的十七大正式提出了建设生态文明的新概念，十八大报告对生态文明作出系统要求。生态文明是人类经济、政治、文化和社会建设中人与环境关系的物态文明、体制文明、认知文明和心态文明的总和。体现了自生、共生、竞生、再生的生态控制论思想和以人为本、全面、协调、可持续发展的环境保护方略。[①]

（二）生态文明建设需要司法保障

当前，我国生态环境遭受破坏的情况已经比较严重，滥砍滥伐、非法捕猎、非法开采、非法排污等破坏生态环境的违法犯罪行为层出不穷，一些企业置社会公共利益于不顾而肆意排污，严重影响了整个自然界的生态环境和人民群众的日常生活，一些生态环境保护、管理和执法机关不履行或怠于履行法定职责，对生态环境违法犯罪行为惩处力度不够。因此，积极履行保护生态环境的审判职责，为生态文明建设提供司法保障，成为司法工作面临的重大任务。人民法院要充分发挥国家赋予的审判职能作用，通过刑事、民事、行政案件的审判和执行，依法打击破坏生态建设的各种违法犯罪活动、保护公民的合法权益，依法监督和支持生态环境保护有关部门履行环境保护职责。通过裁判的导向作用，引导人们自觉遵守生态环境保护法律法规，自觉热爱和保护我们赖以生存的生态环境，在全社会倡导良好的生态环保观念。

（三）司法保障作用处于核心地位

司法是社会公平正义的最后一道防线。在现代社会，居中裁决的法院成为人们定分止争的重要场所，司法裁决成为引导人们解决纠纷的主导性标准。在生态文明建设中，必然涉及不同利益群体间的各种不同的生态诉求，涉及环境侵权行为人与环境污染受害人（或自然资源破坏的受损人）间的矛盾，不同的环境侵权行为人间的纠纷，环境污染受害人间的纠纷以及环保行政主管者与社会公众间的不同诉求等等，如何平衡与协调各类不同利益以及如何建立正当化的利益表述机制，皆有赖于司法机制的建立与健全。司法可以通过裁判为环境行政执法提供参照标准，进而发挥对环境行政执法部门等公权力的监督制约和依法支持作用。在生态环境保护责任追究和环境损害赔偿制度建设方面，司法可以行使比行政手段更为严厉和多样的手段，惩处破坏生态建设的各种违法犯

① 王如松：《“美丽中国”新转折》，载《人民论坛》2012 年 11 期（下）。

罪活动，调处各类损害生态环境的各种纠纷和矛盾。①

二、司法保护生态环境的环境权利基础

（一）环境权是一种新型的权利

环境权作为一项权利提出的时间比较晚、内容还在不断发展变化之中，理论上呈现出“百家争鸣”的现象。20 世纪六七十年代，西方发达国家环境问题日益严重，因此创造性地提出环境权的概念，后来，在一些国际性宣言，如《东京宣言》《人类环境宣言》及《里约宣言》中有所体现。环境权的权利形态不断发展变化：我国学者于 20 世纪 80 年代初将其定位为法律权利；90 年代，定位为人权、应然权利和基本权利；21 世纪初，又有学者认为其本质上是习惯权利，甚至质疑公民环境权；近几年又向司法操作层面进一步深化，出现诸如环境权是社会权、环境权是物权等各类理论观点。在很多问题的认识并未统一、立法也没有相关规定的情况之下，人民法院的实践探索和创新，为理论成长提供了丰富的土壤。

（二）环境权是一种综合性权利

环境权包含公权和私权两重属性。作为公权，环境权指的是政府保护和管理环境的权力，是政府履行环保公共职能的载体和工具，是行政权在环境保护领域中的体现。从私权的角度看，环境权可以理解为人权在环境保护领域里的表达和体现，是对有关环境的各种人权的一种学理的而非法律的表达。环境权是复合性的权利而不是单一的权利。环境权是不同性质的权利遵循一定的标准和规则建立起来的和谐统一的权利体系，是一个包括公民环境权、集体环境权、国家环境权和人类环境权，以公民环境权为重心的“权利束”。从环境保护角度看，环境权可以分为生态性权利和经济性权利：前者是指环境法律关系的主体享有一定质量水平的环境并于其中生活繁衍的权利；后者是指环境法律关系的主体对环境资源开发利用的权利。

（三）环境权利司法救济的现状

我国现代法律制度的基本框架始终是以个人为核心搭建起来的，自然环境在很大程度上被忽视了，自然环境的权利归属呈虚化状态。尽管目前正在由人类中心主义转向非人类中心主义，理论界关于“环境权应入宪进法”的呼声也

① 郑少华：《生态文明建设的司法机制论》，载《法学论坛》2013 年第 2 期。

很高，但是，立法部门并没有明确将环境权写入法律，即使是新修订的环保法也没有相关内容，更没有因此修改宪法。我们认为，一方面，尽管立法部门保持审慎的态度和做法，但也已经为司法实践扫除了部分障碍。例如，新修订的民诉法第55条、环保法第58条对公益诉讼的规定表明，我国在公益诉讼方面迈出了宝贵的一步；另一方面，也正是因为立法阙如，因此摆在司法实践面前的探索道路显得更加开阔，而且富有改革的重要意义，或者说，现状给人民法院提供了一个通过实践反哺立法、推动环境权发展、参与生态文明建设的机遇和挑战。

第二节　生态文明建设对司法提出改革要求

一、生态文明要求司法理念更新

（一）生态环境修复或恢复理念

理念是行动的先导，有什么样的理念，就会有什么样的行动。生态文明建设成为党和国家今后的重点工作，司法必须紧紧围绕生态文明建设大局，提高对建设生态文明重要性和必要性的认识，在审判工作中不断更新司法理论，调整工作重心，主动地融入到生态文明建设中去。司法实践中，各地法院生态环境案件特别是环境公益诉讼案件的审判工作，已经突破或者说一定程度上改变了传统的民事诉讼目的，坚持“生态环境修复或恢复而不仅仅在于赔偿和惩罚”的裁判理念，已经成为许多法院处理生态环境纠纷的共识。当污染破坏行为造成环境公共利益损害，原告请求污染者承担环境修复或者环境恢复责任的，法院予以支持。法院对审理生态环境的法庭不考核，不以办案多少论业绩，不以赔偿多少钱为业绩，而是强调修复。

（二）解决具体环境问题的理念

深刻认识到服务和保障生态文明建设是当前司法肩负的重大政治、法律和社会责任，要为生态文明建设提供强有力的司法保护和优质的法律服务。目前，生态环境司法保护的立法和相关理论准备都尚不充足，司法应把保障和服务的工作重点放在解决生态文明建设中的具体问题上。对于生态环境案件，创新复植补种等生态修复模式，尝试采取发出补植令、监管令等。毁林案件被告人只要愿意与林权所有人签订协议，于当年植树季节或下一年的植树季节，在林业行政主管部门专业人员的指导下，按规划对被毁林地或在林业部门指定的重点生态区域等地进行补种，法院在量刑时可作为悔罪情节予以考虑，依法从宽处罚。为确保林木成活率，促成生态恢复，被告人还可以缴纳生态恢复补偿金的方式委托行政主管部门恢复生态。

（三）坚持司法能动主义的理念

由于受传统自由权和社会权二分法的影响，环境权一度被视为抽象性权利而不具有可诉性。随着人权理论和实践的发展，大约从 20 世纪 90 年代开始，环境权的可司法性逐渐得到许多国家的承认。无论是环境权司法救济的直接救济模式，还是间接救济模式，对于公民环境权的保护都起到了非常积极的作用。当某类社会冲突大量涌现时，作为社会正义的最后一道防线，司法必须与时俱进给出相应的司法救济。具体到环境权的救济，在立法未能很好地积极履行其职责时，法院应当通过案件的审理对法律作出解释，积极介入人权保障和公共事务中去，对环境权进行具体的保护。① 健全与完善我国环境司法机制，将促进环保运动走向理性化与法制化，使法院成为不同环境利益的裁决者与不同生态诉求的平衡者。②

二、生态文明要求司法机制创新

（一）审判工作模式的创新

从科学技术角度看，生态环境案件的科学技术性较强，决定了环境司法人员必须具备一定的环境科学知识。从法律专业性看，庞杂的环境立法体系存在矛盾和冲突，却又缺少明确的司法裁判标准和依据。为了应对这些难题，需要案件的集中审理，同时，集中审理也便于挑选和培养适合此类审判的司法人员。因此，凡是涉及环境污染、保护和治理的刑事、民商事和行政等三类案件的审理，均集中由一个审判庭负责，每一起环保案件，从立案到审判，再到执行，也均由该庭负责处理，基于资源和环境的重合性和不可割性特点，将资源类和环境类纠纷统一归入环保审判。三审合一、立审执结合、共同保护的模式，能够提高审判的专业化水平，实现审判与执行的无缝隙衔接，缩短案件的审执周期，提高办案质量和效率，在最短的时间内控制了污染行为的继续，确保司法公正高效。

---

① 吴卫星：《环境权可司法性的法理与实证》，载《法律科学》2007 年第 6 期。

② 郑少华：《生态文明建设的司法机制论》，载《法学论坛》2013 年第 2 期。

（二）司法手段措施的创新

生态环境案件具有新颖性、多样性、易变性，司法应在法律许可的限度内，充分行使自由裁量权，采取灵活多样的应对措施和手段。建立“禁止令”制度，允许公益诉讼主体在起诉时申请人民法院先予执行，由法院颁发禁止令，在案件开庭审理和判决之前先予禁止其排污行为，防止环境污染者利用程序权利拖延时间，扩大污染程度。建立执行案件回访制度，防止一些被执行人认为案件已经执行结束，法院不再予以关注，抱着侥幸心理，再次偷排乱放，继续污染环境。建立环保专家证言制度，面向社会聘请环保、林业、农业、土地等方面的专家，成立环保审判专家咨询委员会，力求最大程度地缩短办案周期，降低诉讼成本。积极开展司法建议和环保法律意见书工作，针对在各类环保案件审理过程中发现的问题，结合审判工作认真分析，及时向有关管理部门提出司法建议，帮助其完善制度、规范执法、依法行政。

（三）案件地域管辖的创新

对生态环境案件的管辖不以行政区划为界，而是跨越行政区划界限，以某一自然环境的区分划定法院管辖案件的范围。自然环境具有连续性、整体性和不可分割性，实践中经常发生跨行政区域的污染事件，水污染和空气污染还具有流动性的特点。例如，黄河三角洲作为一个冲积平原，其土壤为沙质和泥质，没有明显的岩质构造分界，整体性比较明显，特别是黄河三角洲湿地更具有整体性特点，有必要对生态环境案件实行跨区司法，根据环境的自然区分，划定法院管辖的范围，将涉及黄河三角洲范围内的环保纠纷案件指定由一个法院管辖，实现对生态环境的整体保护。如果相邻地位的生态环境案件并不多，可以由共同的上级法院制定某一个地区的法院审理其他法院辖区的生态环境案件，这样有利于统一环境保护类案件的裁判标准，统一司法尺度，使大部分环境保护类案件实行异地审理，更有利于案件的公正处理。

第三节　生态文明建设为司法提供发展动力

一、生态文明对司法的物质基础作用

（一）生态文明提供物质基础

生态文明建设为司法机关及其工作人员提供良好的办公、生活和学习环

境。生态文明在物质层面首先表现为良好的生态环境，富足的物质生活。生态文明是人类文明的一种高级形式，它要保护的环境，不是抽象的、与人无关甚至对立的环境，而是与人民生活息息相关、作为人类生存、发展的基础的环境，是马克思所说的人化的、打上了人的烙印的自然。生态文明离不开发展，人只有富裕了，满足了基本需求，才会有爱心，才会更加文明地对待自然。要实现生态文明，也只能依靠发展，依靠经济增长、精神丰富、制度完善，最终使得人类生活更加幸福，司法事业发展的物质基础更加厚实。

（二）生态文明提升工作效能

建设生态文明，节能减排，低碳办公，高效办事，打造精简节约的良好工作风气，做到绿色办公、绿色审判和绿色生活。开短会、讲短话，直指主题，减少套话，会场简单布置，避免浪费一滴水、一度电，精简简报文件、对于可发可不发的文件一律不发，可用电子文档办理的文件，一律使用电子文档处理，逐步实现办公无纸化，低碳化，做到绝不浪费一张纸一滴墨。立案、行政、刑事、民事、商事、执行等各业务庭室不断强化时间观念，科学合理安排工作，提高了办案效率和服务水平，纠正了办事拖拉、推诿扯皮等不良现象。绿色生活，如养成少用一次性用品，上班拼车、步行、骑自行车或乘公交车上班，减少上网时间，减少服饰品购买件数等低碳的工作和生活习惯，参与丰富多彩的文体活动，加强体育锻炼，保持健康的身体，塑造积极、乐观、健康、向上的阳光心态。

二、生态文明对司法的思想文化支持

（一）生态文明提供方法论

生态文明理念改变了传统的司法理念，是指导司法认知的方法论。要尊重经济规律。经济活动本身也有其自身规律，不顾经济规律，不顾现实条件，一味发挥积极主动性去追求过高的目标，也不可能收到良好效果。要尊重社会历史规律。文明的发展不可能飞跃，社会主义必须在物质极大丰富，生产力限制提高的基础上才能实现向高级阶段的过度，生态文明必须在相当程度的工业化基础上才能实现。要遵循法治规律。法治的运行有其自身规律，在不同的时期、不同情况下，社会主要矛盾和核心任务不同，司法的重点、方向和特点也应有所不同。生态文明的社会是一个多元、丰富、文化多样的社会。承认不同群体利益并存的正当性，承认每一个群体都有表达和追逐自己利益的正当权利，是现代法治的一个普遍要求。

（二）生态文明发展正义观

生态文明观的提出，意味着由人类中心主义的伦理观向非人类中心主义的生态伦理观的转变，体现了一种新的正义观念，即生态正义。生态正义要求，在生态环境法律、法规、政策的制定、执行、遵守和监督等方面，地球上所有的人，不论其性别、年龄、种族、民族、国籍、收入和教育程度，应得到公平对待并卓有成效地参与。人类是自然生态系统中的一员，应当用自然生态规律来规范人类自身的行为，不能只将人类利益作为一切行为的中心，在自然生态系统中，除了人类以外，还有更多的系统成员，它们相互作用，共同构成了各物种赖以生存的生态系统。生态系统中每一构成部分的利益之间也是相互关联的，某一部分的利益受到侵害，最终都会影响到整个生态的利益。

（责任编辑：姜燕）

论行政执法中未成年人权利的保护

——一宗确认行政行为违法案件引发的思考

戴　璐[①]

一、案件与问题

（一）基本案情

广州市城市管理综合执法局海珠分局在巡查整治时，发现李某携带不满两周岁的女儿潘某占道摆卖番石榴。城管工作人员在劝导李某改正违法摆卖行为中与李某发生肢体冲突，致大量群众围观。后，广州市公安局海珠区分局赶到现场，发现现场人员聚集较多，遂对李某口头传唤，但遭到李某强烈拒绝。再后，该局对李某实施强制传唤，对其绑上约束带。李某丈夫到场阻止，民警将李某夫妇及潘某一并带回派出所并将三人一起安置在羁押场所22小时30分钟。李某及其女儿潘某以区公安分局违法限制其人身自由为由，向法院提起诉讼。

（二）裁判概况

一审法院经审理认为，潘某系无民事行为能力人，在广州无其他亲属照顾，办案民警将潘某带回派出所只是基于照顾的因素，而非传唤。最终，法院判决驳回潘某的诉讼请求。

一审判决后，原告不服，向广州中级人民法院提起了上诉。广州中院认为，民警将潘某带回派出所后，将其与李某一起安置在羁押场所长达22小时30分，给潘某的精神造成了一定损害，依法应予赔偿。结合本案的实际情况，酌定公安局赔偿潘某精神损害抚慰金5000元。

（三）相关问题

本案，二审法院判决确认将未成年人潘某安置在羁押场所行为违法，但对

---

① 戴璐，广东省广州市海珠区人民法院助理审判员。

行政机关应如何安置却未作出指引。另外，执法机关在潘某面前对其父母采用绑拘束带等强制措施是否做到了执法强制性与人性化的均衡、有无切实保障未成年人的合法权利等问题也暴露出来，值得我们进一步思考。

二、分析与反思

（一）行政执法中未成年人权利保护的现状

目前，我国已将对未成年人权利的保护纳入法制化的轨道，初步建立了未成年人权利的法律保护体系。相关法律制度主要有：

1.《中华人民共和国未成年人保护法》（以下简称《未成年人保护法》）

该法主要从家庭、学校、社会以及司法四个方面规定了对儿童的特殊保护，同时规定了侵犯未成年人的合法权益所应承担的法律责任。该法第 50 条还规定“公安机关、人民检察院、人民法院以及司法行政部门，应当依法履行职责，在司法活动中保护未成年人的合法权益”，明确了司法活动中对未成年人合法权益负保护责任的主体。

2.《中华人民共和国行政强制法》（以下简称《行政强制法》）

法律在总则第 1 条即开宗明义地规定，该法的制定是“为了规范行政强制的设定和实施，保障和监督行政机关依法履行职责，维护公共利益和社会秩序，保护公民、法人和其他组织的合法权益”。这里确立了行政强制应促进的一个基本关系平衡的原则，即行政强制的设定和实施维护公共利益和社会秩序、保护公民、法人和其他组织的合法权益（即保护社会公众利益）与保障作为被强制对象的行政相对人权益的平衡。

《行政强制法》第 5 条规定，“行政强制的设定和实施，应当适当，采用非强制手段可以达到行政管理目的的，不得设定和实施行政强制”。该条确立的原则属比例原则，是行政法中的重要原则。《行政强制法》对比例原则的规定，可以说是我国第一次在行政立法中明确地确立这一原则。比例原则的核心内容是“最小损害”，即为实现行政目的进行管理时，如有多种手段、多种方法、多种途径可供选择，行政机关应选择其中对相对人“最小损害”的手段、方法和途径。

（二）行政执法中未成年人权利保护之检讨

行政诉讼司法实践中类似上述案例的个案还有许多。它们引发了我们对行政执法中未成年人权利保护的制度性思考。通过对实在法层面和实际运作实践的考察，笔者认为，我国行政执法中对未成年人权利保护还存在许多不足。

1. 实在法层面之检讨

（1）法律的系统性不强，没有形成科学完备的未成年人权利保护的法律体系。目前，我国专门的未成年人保护法律数量少，规定也比较粗糙，且分散在不同层次的法律法规中。另外有关未成年人权益保护的规定重复的地方较多，缺乏有效的协调与衔接，致使法律规定在实践中不能得到全面的执行。

（2）法律的可操作性不强，行政执法中未成年人权利保护缺乏确定性与具体标准。由于立法指导思想和立法技术等原因，《未成年人保护法》《行政强制法》等专门法律的相关规定过于原则，缺乏可操作性。首先，保护未成年人基本权利的具体行政部门的规定过于模糊。如《未成年人保护法》第 49 条规定："未成年人的合法权益受到侵害的，被侵害人及其监护人或者其他组织和个人有权向有关部门投诉，有关部门应当依法及时处理。"在这一条文中，"有关部门"一语究竟是指哪些部门，没有被明确规定。其次，没有保护未成年人基本权利的专门机构。《未成年人保护法》第 7 条规定：中央和地方各级国家机关应当在各自的职责范围内做好未成年人的保护工作。在我国现行法律的规定中，保护未成年人基本权利的工作是由多个行政部门分别执行的。这样一来，不仅可能造成行政机关在保护未成年人基本权利时效率低下，而且也在一定程度上给各个行政机关带来不必要的工作强度和压力。

（3）未成年人权利保护的原则不完善。在我国，修订后的《未成年人保护法》中关于未成年人保护原则部分没有体现未成年人利益最大化原则。该法虽然规定了"国家根据未成年人身心发展特点给予特殊、优先保护"，但这一条还是没有完整展现出对未成年人的保护应秉持利益最大化原则的理念。未成年人利益最大化原则的要求不仅是在"保护"方面，更应体现在"发展"方面。①

2. 运作中问题的检视

（1）未成年人权利保护工作机构效能的有限。

从专门性的政府工作机构和准政府工作机构来看，目前，我国的相关工作机构主要有：国务院妇女儿童工作委员会、全国妇联儿童工作部、全国人大内务司法委员会妇女儿童专门小组、全国人大内务司法委员会青少年专门小组、共青团中央少年儿童部、中国少年先锋队全国工作委员会、中国关心下一代工

① 郭开元：《论未成年人权利的法律保护》，载《少年儿童研究》2010 年第 6 期。

作委员会以及中华全国青年联合会、全国少年儿童文化艺术委员会等等。[①]这些机构虽然数量众多，但是由于其各自的性质、功能的差异，它们在未成年人权利保护工作中所处的地位不同，职责、权限、工作方式的不同，很难在未成年人权利保护的领域中有效地整合各机构的职责与权限，从而影响了其整体效能的发挥。而在国际未成年人权利保护事业的实践中发挥了很大作用的非政府组织在我国却没有得到足够的重视。长期以来，我国比较重视政府工作机构与准政府工作机构在未成年人权利保护中的作用，而对非政府组织则存在或多或少的限制。因此，虽然我国参与未成年人保护的非政府组织有所发展，但是由于相关法制环境的不健全、此类组织与官方组织的互动不通畅等因素，它们难以充分发挥效能。

（2）忽略了未成年人独立的法律主体地位。

我国的未成年人保护的法律规定常常忽视未成年人的独立法律主体地位。这导致了法律在保护未成年人权利时更多的是从国家和家长的角度来考虑对他们保护的需要，而忽视了未成年人自身作为一个个体的人的需要。表现在重视未成年人的权利（生存权、发展权、健康权）的保护，而忽视对于他们自身至关重要的参与权和人格尊严权利的保护。如，《未成年人保护法》将培养国家事业的接班人而非单纯的保障未成年人的权利作为立法的宗旨。这种过于偏重国家理性即国家自身的存在和发展而忽视个体权利保障的理念使立法本身尚不能做到对未成年人利益的最大保护，更勿谈实践中的保护了。

未成年人权利保护体系不是以审判为中心的权利保障机制，不应将未成年人的犯罪问题作为未成年人权利保护的中心任务。未成年人福利的实现才是未成年人权利保护的重心。“儿童的违法行为与行为不端很可能代表了精神上、生理上对剥削和不公正现象的合法反抗。”[②]故彻底改善未成年人的生存环境，使他们有良好的发展机会才是治本之策。

（3）行政执法人员综合运用法律能力不足。

执法者在执法时适用什么法律文件，应当向当事人作出必要的解释。多数情况下需要进行的是口头解释。在告知当事人执法行为的法律根据同时，还应向其释明相应法律规定的含意和将之适用于相应行为的理由。但实践中确实存

① 李双元、李赞等：《儿童权利的国际法律保护》，人民法院出版社2004年版，第405页。

② 莫洪宪、康均心：《未成年人权益保护及救济理论与实务》，武汉大学出版社2001年版，第5页。

在以下现象：执法不讲文明、不讲程序；应当告知当事人的不告知；应当说明理由的不说明理由；在处罚类的执法中，不依法告知相对人的救济途径、听证权利，不按规范的方式送达处罚决定书等。另外，还有一些执法人员没有经过必要的岗前专业培训就上岗工作，在具体执法时甚至还不会调查取证、不会制作法律文书；更有一些执法人员把执法当成了单纯的惩罚手段，方式简单粗暴，使执法机关与当事人处于十分对立的地位。

（三）行政执法中加强对未成年人权利保护的必要

1. 执法人性化、尊重和保障人权是当代我国行政执法的客观标志

人权不是国家或宪法赋予的，而是人所固有的，是从人的本质或“共同属性”中引申出来的每个人都应拥有的权利。任何形式的执法行为都必须体现和保障人民的利益。这是人民授予政治权力和接受政治统治的先决条件，也是行政执法所应具有的客观表征。[①] 行政机关肩负的民主职能，就是要保护人民依据宪法和法律享有的各项权利和自由不受任何个人或组织的侵犯。这是实现依法治国的终极价值的最有力的支持。“人性化执法”矫正了过去行政执法过程中片面强调执法权的倾向，倡导人本价值观，给公民以柔性的关怀。这是我国行政执法理念的一次与时俱进，也是一种理性回归。

2. 行政执法中加强对未成年人权利的保护符合权利优位意识的客观要求

公民权利优位的执法理念是“国家尊重和保障人权”的宪法原则在行政执法实践中的体现,因此行政机关在执法中应始终把尊重和保障人权放在第一位，将喜怒无常的个人意志对行政执法活动的干预限定在最小的范围之内，从而最大可能地保障行政执法活动的恒常性与可预期性。这种理念要求一切执法安排和执法过程都必须有助于维护公民的自由和尊严、有助于人权的保障和完善、有助于人之潜能的发挥和自由全面地发展,以实现籍文明执法之途径关怀人权、保障人权、实现人权。

3. 加强行政执法中未成年人权利的法律保护有利于促进未成年人的健康发展

未成年人是身心发育尚未成熟的特殊群体。从生理的特征看，他们骨骼发育快、具有较大的可塑性、脑细胞工作的耐力较差等；而从心理的特征看，未成年人的感知比较表象化，他们往往好奇心较强，模仿性也较强，但自我控制

① 朱海波：《人权保障视野下的行政执法》，载《政法学刊》2008 年第 4 期。

能力较差，心理品质的可塑性较大。未成年人的上述特点决定了这一群体是相对弱势的群体。国家的法律、法规和政策对未成年人权利进行特殊保护和优先保护有利于促进他们的身心健康发展。

（四）行政执法中贯彻未成年人权利保护的进路

1. 确立未成年人作为独立的法律主体的理念，完善行政执法中的保护未成年人基本权利的法律规定

“以人为本”是建设和谐社会的基本要求。每个个体的全面自由发展是和谐社会的终极价值追求。这决定了新型的未成年人权利保护的法律理念必须包含未成年人作为独立法律主体的理念。因此，立法部门应修正偏重国家和家长的理念，从未成年人自身需求出发考虑如何保护他们的权利，在加强对未成年人生存权、健康权和发展权保护的同时重视未成年人的参与权与人格尊严权利。

完善宪政立法、界定基本人权的保护范畴是行政机关实施未成年人权利保护的前提和基础。除此之外，立法机构还应注意建立良好的行政执法规范，为有效、充分地保护未成年人的基本权利提供具有可操作性的法律依据。首先，对保护未成年人基本权利的执法主体应该进行明确规定。应对相应的法律条文规定作进一步细化，以便为处理具体的案件提供明确的法律依据。其次，我国有关未成年人法律保障体系有待继续完善，应根据不同的年龄群组具体划分有关权利保障的法律规定。因不同年龄群组的特点与能力不同，其发展的需要、权利能力亦有区别，故可根据不同群组的特征与能力限度建构适宜的未成年人法律保护体系与机制。如此，才能为所有未成年人的权利得到最大限度保障提供制度支持。

2. 整合未成年人权利保护工作机构，提高其效能

鉴于保护未成年人的中间系统还有待完善、协调机制还需要进一步健全，笔者认为，应对我国的未成年人保护委员会进行改革，使其成为专门的保护未成年人基本权利的独立法定职权机构。虽然公安机关、人民法院、民政部门以及教育部门等都具有一定的保护未成年人基本权利的职责，但是这种多部门共同负责的规定，很有可能会导致最终无人负责的局面。因此，建立一个具有法定性和权威性、具有法律的明确授权和执法能力的常设性的专门对未成年人基本权利进行保护的独立机构成为必要。笔者认为，应对未成年人保护委员会进行改革，使其成为这样一种具备上述特点的对未成年人基本权利进行保护的专门机构，以便于更好地保护未成年人的基本权利。

3. 推进政社合作，构建政府与社工机构的有限度合作关系，在行政执法过程中对未成年人进行妥善安置

在行政执法过程中对未成年人进行妥善安置的一个实例是：2009 年起，广州市党政领导在考察香港、新加坡经验的基础上陆续出台了推进社会服务管理改革创新的系列文件，正式拉开了广州市培育社会组织（尤其是民办社会工作机构）、推行政府向社工机构购买家庭综合服务、社区服务社会化、专业化的进程。[①] 家庭综合服务中心依靠政府向专业社会工作机构购买服务的形式，向所在街道辖区居民和家庭、社区提供社会工作专业服务，以化解社会矛盾、缓和压力和冲突，整合社会资源。笔者以为，我国可以考虑这一做法的普及，在行政执法过程中推进政社合作、由家庭综合服务中心对行政执法过程中的未成年人进行妥善安置。需加说明的是，在此过程中，党委应发挥组织领导作用，发动社会力量共同参与，推动未成年人社会服务管理项目发展。国家应逐步利用社会调查员、社会观护员、心理测评人员、社区矫正社会工作者、志愿者等未成年人审判的延伸工作力量逐步提高相关社会服务管理的专业化和规范化水平。

4. 执法人员应当树立良好的执法观念，严格行政执法程序

为切实保护未成年人的权利，在行政管理中，执法人员应树立起现代行政法治的新观念，树立法律至上、尊重人权、有限行政、行政民主、行政程序的观念，严格按照法定程序行使权力、履行职责。目前，对保障相对人权利有积极意义的行政程序方面的法律制度主要有：表明身份的制度、公开、告知和说明理由的制度；陈述、申辩程序；听证程序；调查程序；救济程序的告知制度。故行政机关在作出对行政管理相对人、利害关系人不利的行政决定之前，应当告知行政管理相对人、利害关系人，并给予其陈述和申辩的机会；在作出行政决定后，应当告知行政管理相对人享有依法申请行政复议或者提起行政诉讼的权利。涉及重大事项时，行政管理相对人、利害关系人依法要求听证的，行政机关还应组织听证。另外，若行政机关行使自由裁量权，应在行政决定中说明理由。

① 姚迈新：《政社关系视角下社会组织提供公共服务问题研究》，载《岭南学刊》2013 年第 3 期。

结 语

青少年是国家的未来，未成年人的合法权利具有优先的地位，但在执法过程中行政机关该如何保护未成年人的合法权利却往往被忽视。应进一步完善行政执法中的保护未成年人基本权利的法律规定，整合未成年人权利保护工作机构，推进政社合作，逐步提高未成年人社会服务管理的专业化和规范化水平。行政执法机关工作人员应强化优先保护未成年人的意识，确立未成年人作为独立的法律主体的理念，严格行政执法程序。总之，行政执法中未成年人权利的保护是一个系统工程，需要各环节、多方面的配合才能实现。

（责任编辑：钱昕）

法律适用

矿业权法律属性与纠纷裁判原则

王旭光　孙　超[①]

矿业权民事纠纷关系复杂、法律适用难度较大，需要在厘清矿业权的法律属性基础上，明确涉及矿业权民事纠纷案件的裁判原则。基于现行法律规定，矿业权是由私法规范与公法规范共同调整的权利，在权利主体、客体、内容及其取得、流转和行使等方面均具有特殊性。司法裁判应当尊重现行制度框架，突出矿业权的物权属性，充分贯彻生态理念，妥善协调司法权和行政权的关系；注重依法确认和保护矿业权，鼓励矿业权依法流转，维护市场秩序和交易安全，促进矿产资源合理开发利用，保护生态环境。

矿业权民事纠纷是当前人民法院审判工作面临的一类较为复杂的案件。基于我国现行矿业权出让、转让管理的高度行政化特点，学界与实务对矿业权的法律属性认识不一，由此对涉及矿业权的民事纠纷案件的裁判带来了诸多困惑。因此，厘清矿业权的法律属性，进而明确涉及矿业权民事纠纷案件的裁判原则，是统一裁判尺度、依法妥当审理案件的前提和基础。

一、矿业权的法律属性之辨析

矿业权系探矿权和采矿权的统称。根据《中华人民共和国矿产资源法实施细则》第6条的规定，探矿权是指在依法取得的勘查许可证规定的范围内，勘查矿产资源的权利；采矿权是指在依法取得的采矿许可证规定的范围内，开采矿产资源和获得所开采的矿产品的权利。因此，矿业权可界定为探采人依法在已登记的特定矿区或工作区内勘探、开采一定的矿产资源，取得矿产品，排除

---

① 王旭光，最高人民法院环境资源审判庭副庭长。
孙超，最高人民法院环境资源审判庭法官。

他人干涉的权利。[1]

关于矿业权的法律属性，可从解释论（现行法律制度框架内的实然状态）与立法论（符合市场经济价值取向的应然状态）两个视角进行分析。

（一）现行法律制度框架下矿业权的法律属性分析

《物权法》出台之前，理论界对矿业权法律属性的界定可谓众说纷纭，有债权说、准物权说、特许物权说、特殊物权说、他物权说、自物权说、自然资源使用权说、用益物权说等多种观点。这些观点，是从不同的角度入手分析了矿业权本质特征的不同方面，都有一定的法律依据。《物权法》在第三编"用益物权"第十章"一般规定"的第123条规定："依法取得的探矿权、采矿权、取水权和使用水域、滩涂从事养殖、捕捞的权利受法律保护。"明显是将矿业权定性为用益物权，即矿业权是从国家资源所有权派生出来的他物权，由矿业权人对属于国家所有的矿产资源，依法享有占有、使用和收益的权利。这种界定对于进一步明确矿业权的财产权属性，强化矿业权人合法利益的保护，建立产权明晰、高效有序的矿业权流转市场，均有重要意义。但根据现行法律规定，矿业权作为一类用益物权，与传统的用益物权相比，具有一定的特殊性，这种特殊性也影响到矿业权纠纷案件的法律适用。

1. 矿业权是由私法规范与公法规范共同调整的权利

矿业权是一种自然资源物权。自然资源物权，是指自然人、法人及有关社会组织经过行政特别许可而取得的可以从事某种国有或集体自然资源开发或作某种特定利用的权利，如取水权、采矿权、养殖权等。在立法理念上，此类自然资源物权与传统民事物权存在较大区别。传统民事物权，注重对物的直接支配性和绝对保护性，其价值取向在于维护私人对物的支配和利用的关系。自然资源的公共物品和生态属性决定了资源物权制度设计的最终目的不是为了实现某个私人或团体的利益，而是站在社会的立场上，增进社会公共利益与公众福利，实现资源的可持续利用和社会的可持续发展，这是传统物权类型不能涵盖的。因此，各国立法都采取了由私法规范与公法规范共同调整的方法。

我国在矿产资源领域，除物权法、合同法、侵权法等传统民事规范中有相关条文外，还专门制定矿产资源法及一系列行政法规、部门规章，对矿业权的许可、运作、监督、行政责任等作出诸多规定，使得矿业权成为私法与公法共

① 崔建远：《准物权研究》，法律出版社2003年版，第179页。

同规范的权利类型，体现出较为浓厚的国家干预的色彩。这是由于作为公共物品的矿产资源的开发利用，与经济可持续发展、矿山生产安全、生态环境保护等社会公共利益紧密相关，与矿产资源有关的权利体系不能单独由以私法自治为原则的民法进行规范和调整，而是应加强政府的干预和管制。这就要求法院在审理相关案件适用法律时，不能仅从民法中寻找裁判规则，还应结合特别法的规定作出裁判。只有这样，才能符合立法者的价值取向，增进社会公共利益。

2. 矿业权的权利构成具有复合性

权利构成的复合性体现在以下两个方面：

（1）矿业权附着较多的公法上资源保护义务。矿业权不仅包括一般物权的占有、使用、收益甚或处分等权能作为要素，而且为了体现矿产资源的公共品性和生态属性，还包括开发、保护、改善和管理的权能，在享有资源利益的同时，必须担负起保护生态环境的义务。与一般民事物权人承担私法义务相比，矿业权人承担的更多是公法上与自然资源保护有关的义务。反映在法律构成上，矿业权要与环境、资源法律规范相互衔接，并形成利用和保护自然资源的总体法律框架。其主要内容有：①矿业权人行使权利的行为有一个生态底线，即不得超出该项资源的自然承载能力。②矿业权人必须承担因行使权利损害环境和破坏生态的民事责任，包括私益损害赔偿责任和公益损害赔偿责任。

（2）矿业权本身也是多重权利的复合，或者说是具有多个层面的权利束。首先，矿业权是财产权、特许经营权以及实际开发权的结合体，前述关于矿业权法律性质的各种学说大都是强调了该结合体的某一个方面；其次，矿业权与矿区用地使用权、土地承包经营权、矿产品所有权以及相邻关系人的环境权利等又存在交叉和重合，并可能发生冲突，这就需要在梳理法律关系的基础上进一步界定权利归属和解决权利冲突。①

3. 矿业权的主体具有特殊性

传统民法坚持主体平等原则，但矿产资源事关国计民生，为提高矿产资源的开发利用效率，相关法律对矿业权的主体资质提出了特殊的要求。虽然《民法通则》第 81 条第二款规定全民所有制单位、集体所有制单位和公民个人均

---

① 参见崔建远：《再论土地上的权利群——以准物权为中心的比较分析》，载《21 世纪中国土地科学与经济社会发展——中国土地学会 2003 年学术年会论文集》。该文指出，矿业权与国有土地使用权、土地承包经营权、宅基地使用权之间，通常表现为物权之间的一般关系，或者是相邻关系，在个别情况下以先设立者具有优先的效力。

可以成为采矿权的主体，但《矿产资源法》作为特别法，在第 3 条第四款明确规定“从事矿产资源勘察和开采的，必须符合规定的资质条件”，国务院《矿产资源法实施细则》第 14 条明确规定，申请个体采矿应当具备下列条件：（一）有经过批准的、无争议的开采范围；（二）有与采矿规模相适应的资金、设备和技术人员；（三）有相应的矿产勘查资料和经批准的开采方案；（四）有必要的安全生产条件和环境保护措施。国务院《探矿权采矿权转让管理办法》第 7 条进一步规定，“探矿权或者采矿权转让的受让人，应当符合《矿产资源勘查区块登记管理办法》或者《矿产资源开采登记管理办法》规定的有关探矿权申请人或者采矿权申请人的条件”。而国务院《矿产资源开采登记管理办法》第 5 条规定，“采矿权申请人申请办理采矿许可证时，应当向登记管理机关提交下列资料：……（二）采矿权申请人资质条件的证明……（四）依法设立矿山企业的批准文件……”可见相关法律行政法规其实已将矿业权的主体限缩于矿山企业，个人不能成为矿业权的主体。国土资源部《矿业权出让转让管理暂行规定》第 19 条第二款更是明确规定，采矿权申请人应为企业法人，个体采矿的应依法设立个人独资企业。国土资源部在 2011 年发布的《关于进一步完善采矿权登记管理有关问题的通知》中进一步规定，申请采矿权应具有独立企业法人资格，企业注册资本应不少于经审定的矿产资源开发利用方案测算的矿山建设投资总额的 30%，这将矿业权的主体进一步限缩于具有独立法人资格的企业。可见，相关法规对矿业权主体的限制有日趋缩紧的趋势，这可能与近些年来矿产开发秩序混乱，矿难频发有关，行政管理机关希望通过对矿业权主体形式上的要求来实现治理目标。暂且不论这种限制是否合理，但已引发司法实践中对自然人或个人独资企业、合伙企业作为矿业权的受让人是否合法的讨论，进而导致这些主体签订的矿业权转让合同是否因违反强制性规定而无效等问题的发生。

4. 矿业权的客体具有特殊性

（1）矿业权的客体具有耗竭性。传统用益物权的共同特征是用益物权人只对标的物占有、使用和收益，本身并不会消耗标的物，且用益物权存续期限届满后，还应将标的物返还于所有权人。但矿业权却有所不同，其客体为矿区内的矿产资源，而矿产资源具有耗竭性和不可再生性，矿业权尤其是采矿权的行使就是在不断消耗矿产资源的过程中处分矿产资源，国家对矿产资源的所有权也随之消灭，这种权利的行使与旨在用益而不是消耗和处分财产的他物权存在较大区别。《矿业权出让转让管理暂行规定》第3条也因此规定矿业权人除享有占有、使用、收益权外，还享有一定的处分权。但我们认为，不能因此认为矿业权不属于用益物权而属于自物权。这里可将矿业权的行使划分为两个阶段，第一个阶段是矿业权人对特定矿区进行勘察和开采，此时矿业权的客体应为矿区内的地下土壤和其中所赋予的整体性的矿产资源，又称地下构成物，属于不动产，这个阶段矿业权人主要行使占有、使用和收益等传统用益物权的权能；第二个阶段是在开采行为完成后，采矿权本身的权利目的宣告完成，此时其客体是采矿权人获得的矿产品，应属于动产，权利内容也加入了处分的权能。严格来说，只有第一个阶段才属于典型的采矿权的内容，但我国现行法律法规明显是将两者（即矿业权和矿产品的所有权）合二为一，引发了理论和实践中的争议。比如矿业权纠纷案件的管辖是否适用不动产专属管辖的规定？我们认为，实践中还是应当区分矿业权纠纷和矿产品买卖、运输、仓储等纠纷的，前者属于不动产用益物权，适用于不动产法律法规的调整原则，因此相关纠纷尤其是矿业权物权纠纷应由矿区所在地或权利登记机关所在地人民法院管辖，[①]后者属于普通的合同纠纷，适用普通的管辖规则。

（2）矿业权的客体具有不确定性。作为矿业权客体重要组成部分的矿产资源，具有不确定性的特征，从探矿权到采矿权的逐渐过渡，也是其客体逐步特定化的过程。尤其是处在普查阶段的探矿权，某一工作区是否包含矿产资源以及包含多少数量的矿产资源，都是不确定的，这也是探矿权具有极高商业风险的根源所在。我们认为，并不能因此认为普查阶段的探矿权不属于用益物权，因为用益物权的根本特征是对他人所有的不动产进行利用和收益，而探矿权符合该特征，即在特定工作区内对国家所有的矿产资源进行勘查。目前物权客体的特定性也有逐步缓和化的趋势，比如浮动抵押，比较宽松的要求是物权成立时其客体并不需要具体特定，而只要在利用或者实现时能够特定化即可，而且概括性的财产也可以成为物权的客体。因此探矿权仍可界定为用益物权。

---

① 参见《贵州省高级人民法院关于涉煤矿采矿权民事纠纷案件的审理纪要》第4条。《最高人民法院关于适用〈中华人民共和国民事诉讼法〉的解释》第28条第一款规定："民事诉讼法第33条第一项规定的不动产纠纷是指因不动产的权利确认、分割、相邻关系等引起的物权纠纷"；第三款规定："不动产已登记的，以不动产登记簿记载的所在地为不动产所在地；不动产未登记的，以不动产实际所在地为不动产所在地。"

（3）矿业权的客体具有生态性。矿产资源同时具有商品属性和生态属性，其既是开采出来后进行生产和流转的物质财富，也是人类赖以生存的物质基础，而且在矿产资源勘查、开采过程中，必然伴随对周围生态环境的改变甚至破坏。如果任由市场进行调整，矿业权人基本不会主动将环境治理的成本予以内化，产生负外部性，导致市场失灵和社会分配不公。只有通过政府的严格管制，强制矿业权人承担修复和治理生态环境的责任，才能有效纠正市场的不足。这也是矿业权必须通过行政特许才能产生的重要原因。我国目前要求矿业权人在勘查、开采之前通过环境影响评价，制定矿山复垦计划、缴纳环境保证金等，都是政府积极管制的表现。法院审理矿业权纠纷案件时，应该重视政府管制的必要性和重要性，并积极通过司法建议等方式实现矿产资源经济价值和生态价值的统一。

5. 矿业权的取得、流转及行使等具有特殊性

由于矿产资源开发不仅涉及矿业权人个人的经济利益，更持续关乎矿产资源的合理利用、环境保护和公共安全，甚至国民经济的整体发展，这个领域也因此受到国家更多的管制和调控，导致矿业权在我国具有明显的公权色彩，这主要表现在矿业权的设立、转让、变更、延续等，均须通过行政许可的方式实现，矿业权的行使也要受到更多公法上的强制。有观点认为根据现行法律规定，矿业权是一个复杂的权利复合体：既是一种用益物权，也是一种基于行政许可而获得的权利；既体现为一种民事财产权，又体现为一种特许的经营权或行业准入资格。[①]也有观点认为矿业权只能是从矿产资源所有权派生出来的用益物权，并且经过公法许可成为民事主体所享有的一种私人权利，它既要体现矿业权人的利益，又要受到国家强制力的保障和规范，具有公权和私权双重属性，但本质上还是属于用益物权的范畴。[②]矿业权本身仍属于物权当中的用益物权，只是带有鲜明的行政色彩而已。[③]尽管不同学者对于矿业权受公法影响的程度还有不同的认识，但对现行制度框架内矿业权具有明显的公权色彩已达成共识。

（二）立法论视角下的矿业权法律属性

如上所述，现行法律制度框架内，矿业权是由以物权法为代表的私法和以

① 蒋文军：《矿业权行政管理实务》，法律出版社 2012 年版，第 25 页。

② 李显东主编：《矿业权法律实务问题及应对策略》，中国法制出版社 2012 年版，第 29 页。

③ 潘皞宇：《我国矿产资源产权权益分配制度研究》，法律出版社 2014 年版，第 149 页。

矿产资源法为代表的公法共同界定和规范，形成了双轨制的规范体系；矿业权本身也是财产权、特许经营权以及实际开发权等权利的结合体，矿产资源勘查、开采过程中所应履行的合理开发利用、保护生态环境、安全生产等义务全部被纳入到矿业权中，使其具有明显的公权色彩，上述矿业权主体、客体的特殊性以及设立、流转、行使、消灭的特殊性也均源于此。这种权利集合体造成了理论和实践中的许多困惑。在理论上，平等民事主体之间形成的用益物权法律关系何以能与以行政权为主导的行政许可法律关系结合？结合后的矿业权是否形成新的权利还只是两种权利的简单叠加？实践中矿业权的这种混合性质也导致其在设立、流转、消灭等方面受到诸多严格的限制，比如矿产资源法要求矿业权转让必须经过审批，这一方面违反了市场规律而导致矿产资源配置的效率损失，但另一方面只要矿产物权与行政许可授权捆绑成整体性矿业权而不能各自独立存在时，就必须严格限制，否则将给生态环境及生命健康等造成灾难，这就形成了无解的两难选择。[①] 再比如当矿业权人违法勘查、开采矿产资源且情节较为严重时，地质矿产主管部门可以直接吊销勘查许可证或开采许可证，而这意味着同时剥夺了矿业权人的财产权（用益物权），这既不符合比例原则，也致使矿业权人的财产利益没有其他途径予以保护和救济，并进一步导致矿业权的商品属性和融资功能被进一步削弱。这种将财产权和特许经营权混为一体的做法也是目前司法实践中诸多争议产生的根源所在，比如矿业权出让合同究竟属于民事合同还是行政合同？矿业权权属纠纷能否通过民事诉讼解决？违法转让以及未经审批的矿业权转让合同的效力如何认定？矿业权出租、承包、合作等合同效力如何认定？矿业权纠纷案件审理和执行过程中如何协调司法权和行政权的关系等等。

针对理论和实践中的混乱，有很多观点提出应该重构或者解构矿业权。比如前地质矿产部副部长张文驹先生对我国现行《矿产资源法》将行政许可与矿业权这一物权混为一体的涉及和做法提出了强烈批评，主张将作为矿业经营权的矿业市场准入资格同作为财产权的采矿权、探矿权予以严格区分，并且认为公共自然财产权不应通过行政许可的方式进行配置，勘查许可证、采矿许可证许可的是权利人实际勘查、开发的市场准入资格，而不能许可作为财产权的矿

① 参见康纪田：《矿业法论》，中国法制出版社 2011 年版，第 23 页。

产权。[1]有学者进而认为应摒弃矿业权这个概念，对作为纯粹财产权的探矿权、采矿权可合称为矿权或者矿产权；作为市场准入资格的行政许可权则称为开发权或特许权，即确认排他支配的矿产权（矿产使用权）与经行政许可而形成的针对特定矿产的矿山企业开发权。[2]同时变矿业权行政审批为权属登记以凸显其物权属性，将矿业权从完全依附于行政审批的状态下解放出来。[3]这种观点在《矿产资源法》修订过程中也得到重视和一定程度的采纳，2009 年 5 月拟定的《矿产资源法修改草稿（第九稿）》第 24 条规定："以申请在先方式取得勘查许可证的，在完成普查工作后，可以申请财产权登记。通过招标拍卖或协议方式取得勘查许可证、采矿许可证的，在取得许可证后三个月内申请财产权登记。探矿权人、采矿权人可以依据矿产资源储量变化申请财产权变更登记。"第 33 条规定："探矿权人、采矿权人被依法吊销勘查许可证、采矿许可证的，应当自勘查许可证或者采矿许可证被吊销之日起，停止勘查或者采矿活动。凡是依法进行财产权登记的，允许其在规定的期限内转让探矿权、采矿权。"

应该说，上述关于修改《矿产资源法》以将矿业权还原为单纯的物权，将行政许可特权或者说市场准入资格、特许经营权等从矿业权剥离出去的观点具有重要的现实意义。一方面，可以强化矿业权人财产权利的保护，防止其合法物权被行政权力随意剥夺，更重要的是能够使矿业权成为一种以自由流转为原则、以限制流转为例外的权利类型，而不再受行政审批的严格限制，进一步促进矿业权市场的形成和发展，充分发挥市场在矿产资源配置中的基础性作用，提高交易效率。另一方面，将矿业权予以解构不代表放弃或者弱化国家对矿产资源勘查、开发的管制，国家作为行政管理者，在矿产资源的勘查、开发过程中，基于对可持续发展、生态环境保护、安全生产等社会公共利益的整体考虑，仍要依法对于矿产资源的勘查、开采行为进行必要的行政管理，以实现公平价值。只不过其行政管理主要是通过单独对矿业市场准入资格进行行政许可并颁发许可证照的方式实现，而不再是将矿产权这种财产权与行政许可混为一体了。相应的，矿业权作为不动产的权利登记与行政许可结果的许可证照亦应区分开来，而不是像现在这样将两者结合为"许可证"。目前，我国在房地产开发领域，

① 参见张文驹：《矿业市场准入资格和矿权主体资格》，载《中国国土资源经济》2006 年第 10 期。

② 参见康纪田：《矿业法论》，中国法制出版社 2011 年版，第 40 页。

③ 参见李显东等：《〈矿产资源法〉修改关键问题研究报告》，未刊稿。

就是将建设用地使用权的取得和房地产开发的准入资格相区分，建设用地使用权作为典型的用益物权，原则上是可以自由设立和流转的，但要进行规划、开发、建设等活动，则应由具有法定资质条件的房地产企业进行，但这不妨碍审判实践中对建设用地使用权依据物权法和合同法的规定进行确权和保护，这也应该成为矿业权改造的一个方向。一个更为直观的例子是，机动车所有权可以随意转让，但机动车要想上路行驶，因为关系到道路交通安全，就必须通过牌照、行驶证以及驾驶证等予以限制，但不能因为没有这些许可证件就否认机动车所有权的存在和转让的可能性。当然，上述立法论的观点能否在《矿产资源法》修改中得到体现，以及体现到何种程度，目前尚不明确，但加强矿业权人合法财产权益的保护，注重公法规制与私法调整的关系平衡，应是大势所趋。

二、矿业权民事纠纷案件的裁判理念和审理原则

（一）矿业权民事纠纷案件的裁判理念

矿业权民事纠纷案件的裁判理念与矿业权的法律属性密切相关。如果上述矿业权解构的观点能够成立，困扰司法实践的一些难题便可迎刃而解，即矿业权作为纯粹的用益物权，其确认、保护、行使、流转等均适用物权法及合同法的相关规定处理即可。比如矿业权出让合同当然应定性为民事合同，相关纠纷通过民事诉讼解决；未经审批的矿业权转让合同也应认定为有效，但受让人未经审批不能实际进行勘查、开采活动；矿业权承包、出租、合作也都应认定为有效；执行时矿业权可作为一般的财产予以查封、扣押、拍卖等。当然，无论是审理具体案件还是制定司法解释，原则上都应从解释论而非立法论的视角出发，即仍应以现行的法律制度框架作为裁判依据，立法论上的观点仅可作为法律解释的参考，特别是在法律规定不明确的情况下，可指明价值判断或利益衡量的大致方向，并完成法律漏洞填补之功能。具体而言，应注意以下几点：

1. 尽量尊重现行制度框架。在物权法和矿产资源法双重规制的前提下，矿业权至少在目前的制度框架内仍是财产权和特许权的混合，在确权、出让、转让、承包、出租、抵押、执行等各方面均应适用特殊的规则，而不能置矿产资源法及其配套行政法规、部门规章的特别规定于不顾，即在适用法律尤其是找法时应通盘考虑，防止顾此失彼。

2. 重点突出矿业权的物权属性。由于受历史条件及立法技术的制约，矿产资源法中大量的法律条文属于公法性质，甚至用行政法规范取代了民法规范来

实现对矿业权市场的调整。很多规定也较为原则，甚至有些规定之间存在冲突，不足以应对复杂多变的矿业权市场，这就为司法实践中进行一些探索、突破和适度变通提供了条件。具体而言，个案审理中，应进一步突出矿业权的物权属性，将矿业权的财产属性和行政许可属性适当分离，强化矿业权的私法保护，尽量消除阻碍矿业权流转的不合理的因素，弱化公法规范及行政审批对矿业权流转合同的效力影响。比如在坚持矿业权转让合同未经审批不生效的前提下，规定报批义务及报批条款的独立性，并为不履行报批义务时引入违约责任预留空间，以维护正常诚信的矿业市场秩序。

3. 妥善协调司法权和行政权的关系。矿业权的双重属性也决定了司法裁判的边界和限度，应充分尊重行政权并尽量避免作出与行政权相冲突的裁判，如在矿业权确权纠纷中，如果直接确认实际投资人享有矿业权，而这又无法得到地质矿产主管部门的承认和审批时，将会使司法权和行政权同时陷入尴尬境地，因此需要妥善协调两者的关系，在案件审理和执行过程中可注意加强与地质矿产主管部门的信息沟通和建立联动机制，以保障生效裁判的权威性。

4. 充分贯彻生态理念。审理矿业权民事纠纷案件，要贯彻保护环境资源的理念。以上多次提及，矿产资源同时具有商品属性和生态属性，在矿产资源勘查、开采过程中，必然伴随对周围生态环境的改变甚至破坏。为实现社会经济的可持续发展，保护矿山自身及周边的生态环境，法院在解决相关经济纠纷的同时应注意兼顾生态环境的保护，并将其作为利益衡量的重要因素予以考虑。

（二）*矿业权民事纠纷案件的审理原则*

我们认为，结合矿业权的法律属性以及矿业权民事纠纷案件的特点、裁判理念等，审理该类案件应遵循以下原则：

1. 依法确认和保护矿业权

对矿业权物权效力的依法确认与有力保障，是宪法及物权法中平等保护私人财产权基本原则的体现，也是矿产资源合理开发利用的基础，更是矿业权有序流转的前提。我国《矿产资源法》强调对矿业权的公法管制，通过限制矿业权的取得、行使以及追究违法者公法责任来达到保护国家矿产资源所有权的目的，忽略了对矿业权人财产利益的私法保护。在审理相关纠纷时，应注意到《物权法》已明确将矿业权界定为用益物权，并且明确规定“受法律保护”，系对《矿产资源法》立法理念的革新，应在此基础上对其物权效力进行确认和保障。第一，明确矿业权的用益物权属性。国家对矿产资源享有所有权，但主要是通过设定矿业权这种他物权的方式来实现所有权的利益，虽然在现行制度框架内矿业权仍是财产权和特许权的混合体，但应明确占主导地位的仍是物权属性，只有在赋予和确认物权的基础上才能进一步通过行政许可的方式使矿业权人获得实际勘查、开采的权利。第二，在明确矿业权物权属性的基础上，国家作为平等主体与受让人签订的矿业权出让合同就应主要定性为民事合同，本质上属于矿业权设立行为，这种定性有利于防止国家利用公权力随意限制甚至剥夺矿业权人的财产权利。第三，矿业权适用于不动产法律法规的调整原则，理论上应遵循不动产物权登记的公示公信原则，但矿业权两权结合的特殊性，决定了确认权属时应主要以勘查许可证、采矿许可证的记载为依据，当然也有学者呼吁将现行的矿业权审批登记改为单纯的确权登记，以与普通不动产物权登记接轨，[①] 这种观点似与现行矿产资源法的明确规定相悖，是立法论中两权分离的必然结果，现在还不宜在解释论中采纳。第四，矿业权作为特许权的一面决定了确权时应注意协调司法权和行政权的关系，如果司法裁判确认矿业权的归属但得不得行政机关的认可，可能会发生冲突，因为司法机关无权直接“特许”勘查权和开采权，所以应建立双方的沟通机制，在确权判决前征询行政机关意见。第五，《矿产资源法》主要通过追究违法开采者行政责任或刑事责任来保护国家矿产资源，忽视对矿业权人的私法保护。司法机关则应通过民事案件的审理，支持矿业权人运用返还原物、排除妨碍、消除危险等物权请求权保护自身权利，给矿业权人造成损害的，还应使其侵权损害赔偿责任。此外，《矿产资源法》规定的行政责任包括没收矿产品及违法所得、赔偿损失等，这在一定程度上会与民事责任产生冲突，根据民事责任优先的原则，应优先保护矿业权人的财产权益。

2. 鼓励矿业权依法流转

财产权的一项本质特征是可转让性，矿业权的物权属性得以确立后，应允许其作为一种商品尽可能在市场上自由流转，努力消除阻碍其流转的制度障碍，使矿业权在流动中增益财产价值，提高矿业权开发利用效率，并最终实现市场在矿产资源配置中的基础作用。第一，承认矿业权多种流转方式的法律效力。矿业权流转分为一级市场和二级市场，一级市场即矿业权出让，目前出让方式已从无偿申请取得为主发展为招标、拍卖、挂牌为主，协议出让、申请为辅的

---

① 参见李显东等：《〈矿产资源法〉修改关键问题研究报告》，未刊稿。

模式，不同方式虽有不同特点，但均应承认出让合同的效力。二级市场上，除较为典型的矿业权出售外，实践中还出现了矿业权出租、承包、合作、作价出资、重组改制、抵押等多种方式，审判实践中不应轻易否认这些合同的效力，以使当事人在意思自治的基础上作出不同的利益安排。第二，减少矿业权流转合同的无效情形。为对矿业权流转市场进行国家干预，《矿产资源法》中包含很多强制性规范，特别是对矿业权流转的条件、主体、程序以及方式等作出了严格限制，但是应根据规范目的慎重认定这些强制性规范的性质，尽量通过行政手段对非法转让行为进行处罚，而非否定矿业权流转合同私法上的效力，这也是突出矿业权物权属性的题中之意。第三，正确认定行政审批对矿业权流转合同效力的影响。行政审批是国家维护矿业权流转秩序的重要手段，在《矿产资源法》及相关行政法规明确规定审批作为矿业权流转合同生效条件的前提下，仍可通过报批条款及报批义务效力的独立性尽量弱化行政审批对矿业权流转的负面影响，并维护正常的市场秩序。

3. 维护市场秩序和交易安全

如果从权利保护的角度来看，《矿产资源法》自应当注重对物权效力的确认与保障，充分尊重市场主体的意思自治，故公法要尽量予以较少的限制；而如果从秩序维护的角度看，《矿产资源法》则应当加强市场秩序方面的管理，强化行政机关在维护市场秩序方面的主导地位，以通过公法来保障“契约自由、意思自治”商品交易秩序。具体就我国的矿产资源开发管理秩序而言，公法加强对矿业权人的合法权益的维护本身就是私法范畴的题中应有之义。因此，国家作为行政管理者，在矿产资源的勘查、开发过程中，基于对社会公共利益的整体考量，要依法对于矿产资源的勘查、开采行为进行必要的行政监管。这与凸显矿业权物权属性、鼓励矿业权依法流转等价值取向并不矛盾，而是相辅相成的。审判实践中，第一，根据《矿产资源法》通过行政审批控制矿业权转让合同效力的规范目的，明确行政审批是矿业权转让合同的特别生效要件，未经审批的矿业权转让合同应认定为未生效，防止不具有资质条件的主体勘查、开采矿产资源；同时认可报批条款及报批义务效力的独立性，以维护诚信公平的市场秩序。第二，应防止矿业权人通过出租、承包、合作等方式逃避行政监管，名为出租、承包、合作合同但实际目的是变相转让矿业权的合同，不能认定为有效。第三，以行政机关颁发的采矿许可证、勘查许可证作为矿业权人享有权利的依据，并以此为基础确立矿业权变动的公示公信原则，以保护善意第三人的利益和交易安全。第四，审判实践中对于矿业权流转合同的效力存在不同观点，应从鼓励矿业权流转和维护市场秩序、保护交易安全的双重价值取向出发，确立统一的效力认定规则，消除个案裁判中的分歧，以给参与矿业权交易的当事人以明确预期，构建和谐稳定的交易秩序。

4. 促进矿产资源合理开发利用

矿产资源的稀缺性、耗竭性、不可再生性、战略性等特征决定了矿产资源开发利用必须走可持续发展的道路，审判实践中也应该坚持促进矿产资源合理开发利用的原则，具体表现为：第一，没有勘查许可证或采矿许可证而将矿产资源出售、出租、发包给他人勘查、许可的，应认定合同无效，因为这涉及国家在矿产资源领域最根本的许可管理制度，严重侵犯国家矿产资源所有权，并极易造成矿产资源的乱采滥挖，使国家对矿业市场进行调控和监管的目的落空。第二，法院在审理矿业权纠纷案件过程中，如果发现无证勘查、无证开采、破坏性开采、非法转让矿业权等违法情形的，应当及时以司法建议提请有关行政主管机关依法处理，并通报同级检察机关；涉嫌犯罪的，依法移送有关机关处理。通过司法能动实现促进矿产资源合理开发利用的目的。

5. 保护生态环境

矿产资源的勘查、开采难免会对矿区及周边环境造成不利影响，个案审理中既要保障矿业权人的合法利益，促进矿产资源合理开发利用，也要注意对生态环境的保护。第一，落实环境民事公益诉讼制度，因勘探、开采行为导致植被破坏、水体污染、地面塌陷、生物多样性丧失等环境污染、生态破坏的，法律规定的机关和有关组织可以根据民事诉讼法、环境保护法及相关司法解释提起环境民事公益诉讼，请求行为人承担消除危险、排除妨碍、恢复原状、赔偿损失等责任。通过公众参与倒逼行为人在勘查、开采过程中保护生态环境，以及在矿山关闭后及时履行修复区域生态环境的义务。第二，探索环境行政公益诉讼制度。在中央全面深化改革领导小组审议通过《检察机关提起公益诉讼改革试点方案》之后，全国人大常委会于 2015 年 6 月做出了《关于授权最高人民检察院在部分地区开展公益诉讼试点工作的决定》，授权检察机关通过试点处分发挥监察职能，重点对生态环境和资源保护、国有资产保护等领域造成国家和社会公共利益受到侵害的案件提起民事或行政公益诉讼。在试点过程中，应当尽快完善环境行政公益诉讼的各项实体性和程序性制度，鼓励和监督相关行政机关依法对破坏矿区生态环境的行为予以处罚，及时公开相关的环境信息，防止其不作为和乱作为。第三，目前实践中很多地区都要求矿业权人向地质矿产主管部门缴纳一定数额的环境恢复保证金，作为恢复生态环境的强制性手段。该笔款项应专款专用，不能由法院执行扣划用于其他用途。对该笔款项不能用于恢复环境的目的的，亦可通过行政诉讼促使行政机关公开款项用途，并最终督促其将款项用于恢复生态环境。

（责任编辑：冯淑英）

反腐败刑事案件中推定规则的适用问题

李 明[1]

在刑事诉讼价值中，惩罚犯罪与保障人权平衡是动态的，在二者无法得到兼顾时，应当综合考虑国家利益、社会利益和个人利益的平衡，权衡各方的利弊得失，各国刑事诉讼制度就是在不断协调两者的矛盾中得到不断完善和发展的。由于刑事司法领域内的特殊类型的犯罪，特别是贪污贿赂案件、腐败犯罪案件等对于社会危害性极大，如不能迅速予以打击、遏制或消灭，将会从整体上危害国家的政治稳定和经济秩序，而如果按照常规的“谁主张谁举证”证明方式，必然影响打击此类犯罪力度与适用效果，为了追求迅速惩罚此类犯罪与提高诉讼效率，有必要、且必须对犯罪嫌疑人的权利进行一定的限制，适用推定证据规则，转移举证责任，降低证明标准，以解决司法实践中突出的“证明难”的问题。

一、腐败类型犯罪案件中适用推定的原因

（一）从犯罪构成要件上，腐败犯罪的主观要件本身难以证明

刑事推定可以有效地证明被告人主观“心理状态”，在认定行为人的主观罪过上更具有客观性、有效性。例如，如让控方证明被告人主观上的“明知”“故意”，一般无法用直接证据予以证明，只能通过客观方面的间接证据表征来体现。而这种客观行为与主观上的明知具有一定的高度盖然性，从人类的行为与意识上反映规律方面，让相对人提供证据证明更具有合理性和可操作性，而如由按照常规的证明方式由控方进行证明的话，则会造成控方“无证可举”的尴尬境地，使得案件处于“停滞”状态，不利于有效打击此类犯罪。

① 李明，最高人民法院中国应用法学研究所研究员。

（二）刑事政策需要

腐败犯罪是各国刑事司法打击的重点，各国均加强对危害特别严重犯罪的打击力度。德国《反有组织犯罪法》中要求被告人就某些事实进行证明，否则将被认定有罪。比如被告人贩卖1000克的海洛因罪被认定，又在其家中查出上万马克的现金和同其收入不相称的大量财富，就被推定为他是贩毒所得，予以没收；如果想免除罪责，被告人就必须举证说明其钱财来源是合法的。[①]通过推定减少证明对象，有利于解决司法机关举证困难的问题。只有当被告方提出具有积极辩护意义的具体事实主张时，证明责任才转移到被告方，如关于侦查人员或执法人员行为违法性的事实主张，关于被告人行为合法性或正当性的事实主张等等。

（三）有利于合理分配举证责任

被告人的“证据距离”更近，其提供证据更具有合理性。主观的事实、独知的事实等离控方距离较远，控方难以证明。主要是根据诉讼活动中证明的需要和举证的便利进行推进，把部分举证责任从公诉方转移到被告方。对犯罪的某些要素而言，控方无法用直接证据证明，只能通过间接证据证明，这就决定了被告人必须承担这些要素不存在的证明责任。是否发生举证责任的转移，取决于被告人提出的事实主张性质。从举证的距离来看，被告人举证更为适宜。对犯罪的某些要素而言，被告具备证据上的信息优势，由被告承担证明这些要素不存在的证明责任比起由控方来承担证明责任，显得更为合理。如被告人声称自己在案件发生的时候不在犯罪现场时，被告人就应该对此主张的“不在犯罪现场事实”承担证明责任，更符合司法证明规律。

（四）控方无法搜集证据证明

由于腐败犯罪的隐蔽性和封闭性，这类犯罪的证据往往严重依赖口供，对腐败犯罪的证明往往存在较大的难度，控方有时无法证明或证明的成本过高。查证困难存在于：贿赂犯罪一般是对偶犯罪，证明受贿人收受财物的行为与其行使“职务行为”为他人谋利之间的因果关系困难，证明其主观上的故意困难，多次、反复翻供固定证据困难。目前在查处腐败犯罪案件中，就案件中涉及的款、物的去向，获取确实证据的难度较大；而犯罪嫌疑人大多具有一定的领导职务或掌握一定的“社会资源”，对于非法占有或据为已有提出各种“合理”

---

① 周密：《德国刑事诉讼制度的新变化》，载《中外法学》1996年第3期。

的辩解，认定犯罪事实存在着相当的复杂性和困难性。经常会出现因为相对人翻供导致追诉陷入证明困境的状况，降低了打击此类犯罪的力度。联合国《反腐败公约》和《打击跨国有组织犯罪公约》中是把推定的对象限制在无法搜集证据证明的范围之内。而对于腐败犯罪主观方面予以推定，从而可以解决这类犯罪的主观方面的证明难的问题。

（五）经验法则的高盖然性

在正常情况下，社会公职人员所拥有财产是合法所得，如果这些财产确有合法来源，那么让被告人进行证明是合情合理的，也符合一般的公众的经验法则。原因是既然是合法来源，收入与家庭财产的比例是适当的，那么证明这些财产的合法性就不成任何问题；反之，你如果不能说明财产的合法来源或是收入与家庭财产的比例悬殊，依社会常识、经验法则来看，只能说明这些财产是非法取得的，是不正当的。

（六）提高诉讼效率和便利，降低诉讼成本

由于刑事推定降低了证明标准，便于司法人员及时解决案件。被告人提供反证的成本要远远低于控方严格证明的成本。减少不必要的证明和避免难以完成的证明，免除或转移举证责任，通过减少诉讼周期，节约司法资源，提高诉讼效率，发挥维护社会法律关系的稳定等作用。

二、腐败犯罪中的推定法则的应用

（一）主观方面的推定

在腐败犯罪的犯罪构成的四个要件中，一般来说，犯罪的主观要件，如“意图”“明知”“目的”“过失”等较难以用直接证据予以证明，因为人们难以通过外在表征上探知看不见摸不着的思维思想，不能直接感知“内心世界”。但作为犯罪构成的四要件之一，是刑法规定成立犯罪必须具备的犯罪主体对其实施的危害行为及其危害后果所持的心理态度，是法定的犯罪构成要件，是必须予以证明和认定的。因此，在案件办理过程中，必须如实查明行为人的心理态度，以合理的判断该心理态度是否符合犯罪主观要件。在各国的司法实践中，对于这种主观世界的认知认定基本上是通过推定规则来解决的。但这种推定并不是主观的随意臆断，是根据经验法则的要求从被告人的客观行为推断出来的。联合国《反腐败公约》第 28 条规定：“作为犯罪要素的明知、故意或者目的，根据本公约确立的犯罪所需具备的明知、故意或者目的等要素，可以根据客观实际情况予以推定。”有些国家和地区的法律对某些犯罪的主观方面明文规定适用推定，赋予被告人证明责任。如香港《危险药物条例》中就规定：（1）任何人被证明实质藏有下列物品的，除非能提出相反的证据，否则应能推定为持有毒品；（2）任何装载毒品；（3）任何装有毒品的袋子、公文包、盒子、箱子、壁橱、抽屉、保险储藏柜、保险柜及其他类似容器的钥匙。该条中还规定，如果一个人被证明或推定持有毒品，除非能提出相反证据，否则将被推定为已经知道该毒品的性质。我国的刑法分则也在多个罪名中涉及“明知”，我国有关司法解释中也有关于明知的推定，如1998年我国的“二高一部”和国家工商局《关于依法查处盗窃抢劫机动车案件的规定》第17条规定：“本法所称的‘明知’是指知道或者应当知道。有下列情形之一的，可视为应当知道，但有证据证明确属被蒙骗的除外：（1）在非法的机动车交易场所和销售单位购买的；（2）机动车证件手续不全或者明显违反规定的；（3）机动车发动机号或者车驾号有更改痕迹的，没有合法证明的；（4）以明显低于市场销售价格购买机动车的。”在上述诸种情况下的事实行为，均可以推定其主观存在犯罪的故意，除非另有反证证明相反事实的存在。

对腐败犯罪故意的推定，罪刑法定原则要求法律必须具有明确性和可预测性。在司法实践中，腐败犯罪故意的认定往往由于缺乏明确具体的判定标准难以裁判。适用推定须坚持主客观相一致的原则，既不仅凭口供定罪，也不能仅仅以损失结果客观归罪。根据人类一般的生活经验和统计结果，如果待证事实发生的盖然性较高，那么主张该事实发生的当事人不承担证明责任，而相对人应该就事实之不存在承担证明责任。因为在事实真伪不明时，法院认定盖然性较高的事实发生，远比认定盖然性较低的事实发生，更可能接近真实而避免误判。即如果相对人出现一定的行为，那么就可以当然认定相对人是故意作为。其原理是基于这样的一种经验法则和司法认知，每个人都是精神正常的人，他本人理应知道其行为本身及其所带来的法律后果。如对受贿故意的推定，如以“合法形式”受贿，如“名为借贷”“象征性购买”“礼尚往来”“转手买卖”、亲友的“合法收入”等等，众多的间接证据可以证实以下事实：（1）家庭所拥有的多部轿车、房屋、各类财产等与其家庭收入不匹配，家庭成员没有其他额外经济来源；（2）没有受贿的帮助，行贿人将无法完成相当交易并获取利润；（3）受贿人的职务和位置较普通员工拥有更大的批准权、审核权；（4）受贿人多次翻供、前后表述不一、提供虚假陈述、不做合理辩护等；（5）行贿人与本单位达成的交易价格过高；或行贿人的资格并不具备交易的条件，却顺利完成了交易等等，通过这些行为，可以推定相对人有受贿的故意。从经验法则的角度看，行为人对拥有与其收入不匹配的财产这一事实具有较高的盖然性，是一种常态，并非偶然现象，不知道或意外是一种极其罕见的例外，在这种高度盖然性基础上的推定，更能够符合客观真实，做出的判断更为准确。

当然在对犯罪的主观方面适用推定时，应当注意的是基础事实必须是客观真实的，且控方举证证明的推定所依据的前提事实是“查证属实”的；被告的提供证据达到的证明标准达到“优势证据”即可，不必达到控方的举证证明标准。当然，在修改刑事诉讼法时，我们应当借鉴《反腐败公约》中的相关规定，适度扩大刑事推定的适用范围，强化打击腐败犯罪的力度。应当明确规定：腐败犯罪中的明知、故意或者目的等主观要素，除非本人提供反证，推定其具有明知、故意或者为他人谋利的目的。同时，对于刑事推定适用时的证明责任及其证明标准应当予以明确规定，防止适用推定过度、过限，侵犯犯罪嫌疑人、被告人的诉讼权利，妨碍正常的诉讼证明，形成错误的认定。

（二）亲属共同受贿中的推定问题

亲属共同受贿犯罪故意的推定，是指国家工作人员或者其亲属拒绝承认共同受贿故意时，检察机关根据请托人的证言、亲属收受请托人财物的事实、请托人与国家工作人员的公务关系，推定国家工作人员与其亲属共谋受贿的故意，但犯罪嫌疑人或被告人提出具有相当证明力的证据反证的除外。① 在当前的司法实践中，这类的家庭式的“窝案”腐败比较突出，查办案件中，经常出现的情况有以下几种：（1）夫妻“合伙”进行共同受贿；（2）妻子收钱，丈夫办事的“一条龙”服务；（3）配偶子女以合法的公司的名义“经营”，一方利用职务职权来“配合”；（4）一方收到贿款后，另一方既不反对也不表态的“默许”的；（5）一方收受贿赂后，未向另一方表明来源的；（6）贿款打入家庭名义经营的“公司”“企业”的，等等不一而足。我国目前虽然没有《财产申报法》，但根据《关于党政机关县（处）级以上领导干部收入申报的规定》的要求，一定级别的官员应申报个人及家庭的财产。职务的纯洁性要求其不得滥用权力谋取私利，并且对配偶负有教育和防范其利用自己职权谋利的义务。从主体上看，“亲属”与受贿人一般具有财产共有关系，最常见的是国家工作人

① 李伟迪：《受贿犯罪的新态势与推定对策》，载《中国刑事法杂志》2003年第3期。

员的配偶介入受贿活动，也存在其他亲属，如子女介入受贿的情况，即“家庭式”的“集体”受贿。国家工作人员利用职务为他人谋利，其亲属收受他人财物，事发后，双方均称没有犯罪的预谋，互不知情，以规避法律的制裁。

在此类共同受贿的故意中，存在以下推定的基本事实：

1. 该财物超出了家庭的正常收入；或者家庭收入与其家庭财产之间存在巨大的“悬殊比例”，按照常理没法获得合理解释的；

2. 请托人的“请托事项”属于受贿人的公务范围之下，且受贿人具有公务决定权，请托人欲达成交易离开受贿人是无法完成的；

3. 请托人的有证据的证词；证词所涉物品与受贿人家中存放的物品、存放的时间、送达方式、物品型号等相吻合；

4. 受贿人或其亲属不能解释财产合法来源，或者是解释前后矛盾、互相矛盾、互不一致、多次反复、无法形成相同的意见的；

5. 共同受贿人在一起正常的共同生活的事实等。除其提供具有足够的反证证明外，可以推定亲属具有共同受贿的故意。

（三）在巨额财产来源不明罪中的应用

联合国1990年第8届《预防犯罪和罪犯待遇大会》通过的决议认为：“当明知他有贪污舞弊行为，从而产生非法收入或资产，但拿不到确凿证据时，这也可以作为公诉的根据。”[①]联合国《反腐败公约》第20条规定：“资产非法增加，即公职人员的资产显著增加，而本人无法以其合法收入作出合理解释”。例如，《反腐败公约》第31条第八款规定：“缔约国可以考虑要求由罪犯证明这类所指称的犯罪所得或者其他应当予以没收的财产的合法来源。”行为人的财产或者支出明显超过合法收入，差额巨大，不能说明财产的来源合法的，可以推定巨额财产来源不明罪成立。我国的巨额财产来源不明罪属于立法推定，在该罪名中，包含四个因素：（1）持有；（2）明显超过合法收入；（3）差额巨大；（4）本人不能说明来源是合法的。规定由被告人证明自己的财产来源，是符合统计学和概率论的，因为一个人对于自己财产的来源最清楚，其他人，包括控方不可能比他自己更了解这一情况。这一前提是符合经验法则的。如在司法实践经常会查获的，某犯罪嫌疑人拥有别墅、房产几套，高档的名烟名酒、

① 最高人民检察院反贪污贿赂法研究起草小组：《惩腐反贪各国政府关注的焦点——中外反贪法分解比较》，经济科学出版社1995年版，第166页。

金银首饰、名人字画、多台数字高清电视机、摄像机、多部高档轿车等等，以经验法则不难得出，普通的公职人员以微薄的工薪收入难以拥有如此巨额财产。

因此，法律规定由财产拥有者本人承担说明或证明的义务或责任。之所以采取举证责任倒置法则，有充分的理由相信被告最有条件也最为便利举证，因此，法律确定举证责任由他来承担。将控方应当证明巨额财产的来源起始状态转化为证明巨额财产的现状，减轻了控方的证明责任，节约了诉讼成本，增大了打击此类的犯罪的力度。

（四）贿赂推定

贿赂推定是适用于贿赂犯罪的一项特有证据制度，指在刑事诉讼中，如果控方能够证明被告人收受或者给付了对方财物，除非被告人提供反证，否则，推定该财物为贿赂财物的一项证据制度。在行贿人与受贿人单独“一对一”贿赂的情况下，由于没有其他间接证据，案发后污点证人肯定行贿事实的存在，而受贿者坚决予以否认时，就可以适用贿赂推定。联合国及几十个国家都有此制度的规定，联合国1990年第8届《预防犯罪和罪犯待遇大会》通过的决议认为：“当明知他有贪污舞弊行为，从而产生非法收入或资产，但拿不到确凿证据时，这也可以作为公诉的根据。”[①]英国1916年《防止贿赂法》第2条规定：“依照《1906年防止贿赂法》或者《1889年公共机构贿赂法》所规定之罪被起诉的人，当其被证明在王室或者任何政府部门或者公共机构供职中的任何现金、礼品或者其他报酬，是自于寻求与王室或者任何政府部门或者公共机构签订合同的人员或者其代理人所支付或者给予或者接受时，该现金、礼品或者其他报酬，应当被认为是上述法律所说的作为诱导或者回报而贿赂地支付、给予或者接收，但反证被证实的除外。”[②]例如，文莱1982年《防止贿赂法》规定：“在涉及本条所确定罪行的诉讼中，如能证明被告曾酬谢别人或受到别人酬谢，并且此情形在起诉书中受到控告，即应推定此种行为即为贿赂，除非相反的情况得到证明。”[③]根据1973年联邦最高法院对“巴恩斯诉合众国”一案的判决意见，确立一个举证责任倒置和事实上有罪推定的原则：最近明知且排他地拥有某犯

① 最高人民检察院反贪污贿赂法研究起草小组：《惩腐反贪各国政府关注的焦点——中外反贪法分解比较》，经济科学出版社1995年版，第166页。

② 宋军、徐鹤喃、王洪宇：《反贪污贿赂的特殊证据规则》，载《外国法译评》1995年第3期。

③ 巩富文：《高举肃贪惩腐司法之剑——外国及香港廉政司法措施述要》，载《高教发展研究》1997年第2期。

罪赃物——无法解释或解释很无力——的事实可以作为有罪的推断。[①] 当然适用该制度，首先，必须保证推定中基础事实的真实性；其次，应当赋予被告人及其代理人对事实推定被告知和反驳的权利；再次，基础事实与推定事实之间的盖然性程度符合经验法则的要求。同时必须要有一定数量的间接证据作为支撑，形成证据链。

三、完善我国腐败犯罪程序中的推定制度

我国《刑法》主要是从贪污罪、受贿罪、行贿罪、介绍行贿罪、挪用公款罪、洗钱罪等几方面对腐败犯罪予以打击制裁，而我国《刑事诉讼法》及两高的司法解释主要是从立案管辖、立案标准以及诉讼程序等方面实施刑罚制裁。

（一）明确犯罪主观状态的推定

我国《刑法》对贪污贿赂犯罪规定了严格的主观条件，犯罪嫌疑人和被告人必须在主观上具有“占有”“谋取利益”等犯罪意图；《刑事诉讼法》规定对腐败犯罪的起诉判决必须达到“犯罪事实清楚，证据确实充分”的标准，要求对主观要件的证明达到“客观真实”的程度，没有采取使用推定规则适用“优势证明”标准，一律将举证责任归于控方和过高的证明标准不能满足有效打击腐败犯罪的作用，不利于严厉惩治腐败犯罪。在今后的刑事司法完善时，应当明确犯罪主观状态的推定。其一，要明确具体的腐败犯罪案件中哪类罪名下适用该法则；其二，明确主观上的“明知”“故意”“谋取”等犯罪意图；其三，明确这种罪名下证明责任的负担；其四，允许当事人提供证据予以反驳该推定，并规定达到的优势证明标准。

（二）立法上采用贿赂推定制度

由于我国尚无此制度规定，因此需要借鉴成熟国家的先进经验，适时的在立法中予以明确。贿赂推定的适用无疑为司法机关审查认定案件事实和证据提供了必要的发展空间，由于适用贿赂推定有着严格的适用条件和限制，因此，这种制度有利于最大限度的打击腐败犯罪，实现最大限度的司法公正。特别是对于解决当前腐败犯罪案件中突出的“一对一”案件具有很强的操作性，根据其所具有的巨额犯罪财物，在其没有合适的解释理由时，直接适用刑法的规定，

① 龙宗智、梅岭：《“赃款去向与诉讼证明”对一起贪污案的分析》，载《刑事法判解》1999 年 1 卷，法律出版社 1999 年版，第 426 页。

便于解决目前腐败案件中的认定难的问题。当然，应当给予被告人提供证据予以反驳的机会，如果存在确实充分的理由那么自然会否定这种推定事实；反之则有利于实现刑事诉讼的打击犯罪的诉讼效果，也体现了刑事诉讼价值取向的理性倾斜。

（三）明确证明责任分配

刑事诉讼中，证明责任的分配遵循着这样的一条基本准则：即基于无罪推定原则，证明被告人有罪的责任始终由控诉方承担，被告人不承担证明自己无罪的义务。本着“有原则，必有例外”，这一原则下并不排斥例外情况的存在。推定的实质是证据裁判主义的例外，并不是用证据予以证明，在不存在直接证据或仅凭直接证据不足以证明待证事实时，基于刑事政策的需要，通过证明责任分配方式的调整，由间接事实与待定事实之间的常态联系进行推理，得出待定事实为真的结论。对于刑事政策必须予以控制的犯罪类型，出现事实真伪不明、难以证明、证明起来成本过大时，司法技术上应当减轻主张推定事实存在一方当事人的举证责任，基于扎实的基础事实，适用推定规则的方法，转换证明对象，推导后推定事实，便于及时做出判决，减轻证明困难，避免证明僵局；再者，通过推定得出的事实，由于以查明的基础事实为前提，基础事实在无反证推翻下，推定另一事实的存在，符合证明标准的要求，基础事实与推定事实的常态性因果关系与现实生活中的事物间关联关系在原则上是一致的，作出推定事实的判定有利于提高诉讼效率与程序公正。

（四）明确推翻推定的证明标准

根据证明标准的“分层理论”，应当区分控方与辩方的证明标准的层次，区分控方举证证明被告人有罪和被告人推翻刑事推定的证明标准；我国2012年修订的《刑事诉讼法》第53条规定：“对一切案件的判处都要重证据，重调查研究，不轻信口供。只有被告人供述，没有其他证据的，不能认定被告人有罪和处以刑罚；没有被告人供述，证据确实、充分的，可以认定被告人有罪和处以刑罚。证据确实、充分，应当符合以下条件：（一）定罪量刑的事实都有证据证明；（二）据以定案的证据均经法定程序查证属实；（三）综合全案证据，对所认定事实已排除合理怀疑。”在腐败犯罪案件中，被追诉人只要提供反证或反驳证据，证明标准不需要达到排除合理怀疑程度，只需要达到高度盖然性或优势证明的标准，使推定的事实处于真伪不明状态，法官对被告人是否有罪仍存在合理的怀疑时，法官就应根据疑罪从无和证明责任原理，让控方承担证明被告人有罪的证明责任，2012 年修订的《刑事诉讼法》第 49 条规定："公诉案件中被告人有罪的举证责任由人民检察院承担，自诉案件中被告人有罪的举证责任由自诉人承担"，避免因为采取"同一化"的证明标准，让被告人承担过高的证明标准而导致出入人罪，形成错案。

（五）完善亲属共同受贿的推定

在工作人员与亲属共同受贿犯罪中，共同受贿故意是最主要的待证事实。当犯罪嫌疑人拒绝承认共同受贿的故意时，司法机关可以根据请托人的证言，亲属收受财物的客观事实，犯罪嫌疑人的公务关系和职权范围，推定国家工作人员与其亲属共谋受贿的故意。当然，家属与国家工作人员是否构成受贿罪的共犯主要取决于双方相互勾结的状况。当然，并不是所有的家庭接受财物，都必然推定其为共犯，如果仅是收受财物没有其他行为的，不能推定其构成受贿罪的共犯。当然还要看收受贿赂的亲属是否将所收的财物纳入到家庭所有或家庭消费的范围。另外一个考察的因素在于审查国家工作人员在为行贿人谋取利益的态度是否在亲属收受财物前后相一致。否则，不能推定国家工作人员主观上具有受贿的共同故意。在此类腐败犯罪中，应该由检察机关承担基础事实存在的举证责任，即要查明国家工作人员实施了利用职务之便为行贿人谋取利益的行为，而其亲属实施了从中索取或收受贿赂的行为。被告人承担推定事实不存在的举证责任，并保证被告方拥有提供证据予以说明的机会。只有控方以确定的证据证明国家工作人员知道亲属收受了他人财物，才能构成犯罪。反之，推定是无效的。

（责任编辑：邢晓娟）

新《行政诉讼法》中变更判决适用问题研究

山　莹[①]

变更判决适用范围扩大是新《行政诉讼法》的一处重要修改，旨在贯彻新《行政诉讼法》第1条关于“公正、及时审理行政案件，解决行政争议”所确立的立法目的和裁判宗旨。变更判决背后是司法权与行政权的界限问题。新《行政诉讼法》施行后，人民法院应当对变更判决在行政诉讼中的定位和适用原则予以厘清，以便为在行政审判中正确适用判决种类提供参考。

一、行政诉讼变更判决适用范围的扩大

所谓变更判决，是指人民法院对被诉行政行为所确定的内容直接予以改变的判决。一方面，变更判决是行政诉讼判决中最能体现司法的权利保障和纠纷解决功能的判决形式；另一方面，由于变更判决涉及行政权与司法权的分工，一般理解，人民法院应当通过行政诉讼监督而非代替行政机关依法行使职权。但根据行政便宜原则，特定情况下也应当允许人民法院径行作出变更。因此，立法机关在我国《行政诉讼法》上建立了有限的司法变更原则。

原《行政诉讼法》第54条规定：“人民法院经过审理，根据不同情况，分别作出以下判决：……（四）行政处罚显失公正的，可以判决变更。”虽然行政诉讼法对行政处罚领域的变更判决予以规定，但司法实践中引用上述规定作出判决的情况并不多。“尽管现代社会中的立法机关仍然主张依法行政，坚持控制行政权力原则，但它们不得不迫于客观需要的压力而授予行政机关一定的甚至是‘尽可能广泛’的自由裁量权。”[②]而法官遇到涉及行政机关滥用自

① 山莹，山东省高级人民法院行政庭法官。

② 孙笑侠：《论司法对行政的合理性审查》，载胡建淼主编：《公法研究》第一辑，上海商务印书馆2002年版，第52页。

由裁量权问题时，往往采用以下规避策略[①]：一是高度尊重自由裁量权。只强调合法性审查，主张行政自由裁量的合理性属于行政自主领域，或坚持裁量不审理原则，或直接援引《最高人民法院关于执行〈中华人民共和国行政诉讼法〉若干问题的解释》（以下简称《若干解释》）第56条规定的“被诉具体行政行为合法但存在合理性问题的，人民法院应当判决驳回原告的诉讼请求”来处理。二是积极进行协调。即与行政机关进行沟通，促使其作出让步以满足原告的诉讼请求，促使原告以撤诉方式结案。经过20余年行政法理论的发展，主观方面，学界和立法司法界已形成共识，认识到对行政自由裁量权亦有必要进行适当控制和规范；客观方面，行政审判司法环境有所改善，法官素质不断提高，案例指导制度的建立也为行政机关自由裁量权的适当审查提供了条件。在这样的修法背景下，变更判决适用范围实现了有限扩大。新《行政诉讼法》第77条规定：“行政处罚明显不当，或者其他行政行为涉及对款额的确定、认定确有错误的，人民法院可以判决变更。人民法院判决变更，不得加重原告的义务或者减损原告的权益。但利害关系人同为原告，且诉讼请求相反的除外。”所谓“有限”是指该扩大仅及于行政行为中涉及款额确认、认定的内容；理由主要是出于行政便宜和为行政相对人经济的考虑。

二、新《行政诉讼法》中变更判决的定位

行政诉讼变更判决，在原《行政诉讼法》中早已有之，但由于变更判决的适用范围太小，这一判决形式几乎处于弃置状态。由于行政处罚具有惩罚性和制裁性，会对行政相对人人身权、财产权产生减损的实际影响，行政诉讼法立法伊始，将行政处罚中的行政自由裁量权纳入了司法审查范围，处罚如果“显失公正”则法院可以判决变更。而司法实践中适用变更判决的案件并不多。据统计，全国每年一审行政案件虽然十余万件，但是适用变更判决的不过数十件或者至多数百件。比如，2007年变更判决为360件，2008年为312件，2009年为245件，2010年为137件，2011年为123件，2012年为114件，2013年为59件[②]。因此，行政诉讼法制定之初，行政机关所担心的法院滥用司法变更权的现象并未出现。从国外立法和实践情况来看，“越来越多的国家承认法

① 江必新：《行政程序正当性的司法审查》，载法治政府网，2013年4月9日访问。原载《中国社会科学》。

② 梁凤云：《新行政诉讼法讲义》，人民法院出版社2015年版，第435页。

院对一定范围内的行政决定拥有司法变更权，那种认为法院不能代替行政机关作出决定的信条逐步被打破，各国越来越倾向于用变更方式解决既有错误因素又有正确因素的行政决定”[①②]。

《行政诉讼法》此次修改，扩大了变更判决的适用范围，突破了行政处罚的行为类型限制，要求我们对其在行政诉讼中的定位以及该种裁判方式与其他方式之间的相互关系，应当进行准确理解和界定。

（一）合法性审查内涵的扩大

笔者认为，变更判决本质上是对行政行为进行合理性审查；在不突破行政诉讼合法性审查原则的前提下，也可视为行政行为合法性审查涵义的延伸。

传统理论上认为司法权不应过多介入行政权处分范围，对行政机关的自由裁量权应当予以尊重，因此《行政诉讼法》制定之初，对是否规定变更判决争议较大，争议背后即是司法权与行政权之间的界限问题。最终《行政诉讼法》确立了合法性审查的基本原则，以“显失公正”为前提的变更判决则严格限定在行政处罚领域内。此次修法根据“公正、及时”的原则，为达到“解决行政争议”的目的，将变更判决延伸到所有涉及款额认定的行政行为。合法性审查的涵义也出现了延伸，扩大到行政行为的适当性。

合法性原则与适当性原则同为行政法治的重要原则，适当性是指行政活动内容必须适当，符合客观规律，适度而合乎情理。合法性审查内涵及于行政行为的适当性，具有重大意义。一是有利于体现行政审判“公正”的价值

① 孔繁华：《行政变更判决——以比较法为视角》，载《当代法学》2006年9月第5期。

② 参见张玉英:《论行政诉讼变更判决的适用》，载 http://www.low-lib.com/lw/ 。该文写道:“1970年《美国各州标准行政程序法》第15条第7款规定，‘法院可以确认行政机关的裁决或要求行政机构对案件重新进行裁决，法院可以取消或者变更行政机构的裁决。’美国通过地方立法赋予了法院一定的司法变更权。在英国，公法上的救济手段中‘提审令’以及‘执行令’就包含有法院要求行政机关作出何种行政行为的内容。法院可以用提审令命令被诉行政机关按照法院的指示加以改正，该指示不仅规定了行政机关应该如何行为，而且具有强制约束力。在法国，行政诉讼分为四类：完全管辖权诉讼、撤销诉讼、解释及审查行政决定的意义和合法性诉讼、处罚诉讼。除了第三种诉讼外，其余三种均涉及司法变更权的行使。在完全管辖权诉讼中，法官可以撤销、变更、重新决定行政机关的决定等；在撤销诉讼中，‘法官不能直接变更’的观念不可以过分强调，尤其是关于薪俸、津贴以及以外的金钱诉讼，当事人可以选择；在处罚诉讼中，法院可以直接动用司法权实现行政目标，即行政法官拥有直接的处罚权力。根据《德国行政法院法》第130条第2项的规定，法院可以直接变更原行政行为。台湾地区《行政诉讼法》第197条规定，撤销诉讼，其诉讼标的之行政处分涉及金钱或其他代替物之给付或者确认者，行政法院得以确定不同金额之给付或以不同之确认代替之。”

取向。行政诉讼法将原法的“正确”审理行政案件改为“公正”，强调行政审判要符合公平正义的价值取向，适当性审查有利于保障公民、法人和其他组织合法权益，维护公平正义。二是有利于克服合法性审查容易带来的“机械办案”问题，促进裁判说理，有效化解行政争议。仅合法性审查容易流于在合法性评价上“兜圈子、倒着玩”，而忽视解决行政相对人的实际问题。适当性审查可以防止出现审判程序的空转。由于修法中对于合法性审查是否还是唯一原则存在争议，目前一般把适当性审查作为“行政行为合法性”的内涵扩大来予以定位。

新《行政诉讼法》对合法性审查涵义的延伸不仅表现在第 77 条变更判决的规定，也体现在第 70 条，行政行为存在合理性问题的可以判决撤销，与原法《若干解释》中驳回诉讼请求的条件基本相同。

（二）“撤销”判决方式的补充

新《行政诉讼法》第 70 条规定：“行政行为有下列情形之一的，人民法院判决撤销或者部分撤销，并可以判决被告重新作出行政行为：……（六）明显不当的”。第 77 条规定：“行政处罚明显不当，或者其他行政行为涉及对款额的确定、认定确有错误的，人民法院可以判决变更……”原《行政诉讼法》中，只有“显失公正”的行政处罚可以判决变更，行政行为合法但存在合理性问题的，即使“明显不当”也应当判决驳回原告的诉讼请求。因此，将行政行为“明显不当”纳入撤销判决的范围，是新《行政诉讼法》的一大突破。而从这两条的相互关系来看，法条出现了竞合。

即行政行为出现“明显不当”的情形，一般意义上构成撤销判决的成立要件，而其中涉及行政处罚，或者其他行政行为涉及对款额的确定、认定确有错误的，人民法院却“可以”选择判决变更。这里包含两层含义：

一是变更判决的适用情形要大大少于撤销判决，且能包含在撤销判决的适用情形中，是一种包含与被包含的关系。可以作出变更判决的，也可以作出撤销判决。

二是个案中如何裁判取决于具体情况。行政行为“明显不当”的，原则上可以判决撤销，涉及款额的可以判决撤销也可以直接变更，新《行政诉讼法》将判决方式的选择适用权赋予了法院。

三、适用变更判决涉及的若干问题

由于新《行政诉讼法》施行时间尚短，笔者通过中国裁判文书网，未能查询到除行政处罚以外，行政行为涉及款额的确定、认定确有错误，适用变更判决的案例，但获取的案例仍然具有典型意义。

案例 1 原告李某不服济南市公安局某区分局某派出所作出的行政处罚决定书，提起行政诉讼，法院追加万某某等3人作为第三人参加诉讼。经审理查明，万某某因维修冰箱的问题与维修店的服务员李某发生口角，双方发生厮打，万某某离开现场后与其母亲段某、姐姐万某再次到店找李某厮打，被告作出对原告李某罚款500元的被诉行政处罚。法院认为，《治安管理处罚法》第5条规定："治安管理处罚必须以事实为依据，与违反治安管理行为的性质、情节以及社会危害程度相当。"因此，行政处罚行为除应具备行政行为合法性的一般要件外，在自由裁量权的处分上应当体现责罚相当的原则。原告与第三人的厮打特别是第二次厮打行为，第三人的过错明显大于原告，被告对原告和第三人作出同等的行政处罚，显失公正，依法应予变更。依照《行政诉讼法》（1989）第54条第（四）项之规定，判决变更济南市公安局某区分局某派出所作出的行政处罚决定，对原告李某处以罚款200元的处罚。

案例 2[①] 原告刘某不服郴州市森林公安局某分局林业行政处罚决定，提起行政诉讼。经审理查明，刘某为履行竹跳板供应合同，从谭某等人处收购竹跳板出售给某烟草公司，总价款986744.30元。郴州市森林公安局立案侦查并起诉后，检察院作出不起诉决定书，认为刘某非法收购无证采伐的楠竹（立木蓄积69立方米）构成非法收购盗伐、滥伐林木罪，鉴于其犯罪情节轻微，认罪态度好，故决定不起诉。随后，郴州市森林公安局作出林业行政处罚决定书，认定刘某非法收购明知是盗伐、滥伐的林木937.36立方米并出售，得款928969.30元，责令刘某停止违法行为，没收变卖所得款928969.30元。人民法院以处罚决定将不起诉决定书认定的69立方米之外不认为是非法收购盗伐、滥伐林木的部分仍然按照盗伐、滥伐进行处罚为由，判决撤销。后郴州市森林公安局某分局作出被诉行政处罚决定，没收刘某变卖所得款68310元，并处3

---

① 载中国裁判文书网 http://www.court.gov.cn/zgcpwsw/，2015年7月15日访问。

倍罚款204930元。一审法院判决维持被诉处罚决定，二审法院法院则认为，根据《行政处罚法》第5条“实施行政处罚，纠正违法行为，应当坚持处罚与教育相结合，教育公民、法人或者其他组织自觉守法”的原则，以及《国家林业局关于进一步改革和完善集体林采伐管理的意见》关于进一步放宽竹林经营利用的监督管理政策精神，郴州市森林公安局某分局对刘某处以没收违法所得、且并处3倍的最高罚款，显然不当。依据《行政诉讼法》第77条、第89条第一款第（二）项之规定，判决撤销一审法院判决；变更被诉处罚决定关于“给予刘某没收违法收购滥伐林木变卖所得款68310元，并处违法收购林木价款3倍罚款计人民币204930元，两项合计人民币273240元”的处罚为：没收刘某违法变卖所得款68310元。

案例一发生在修法之前，属于典型的因行政处罚“显失公正”而判决变更的情形。

案例二发生于新老《行政诉讼法》衔接之际，对行政诉讼中变更判决的适用，具有非常典型的意义。其中，一审法院裁判作出于新《行政诉讼法》作出之前，以被诉行政处罚决定“证据确凿，适用法律、法规正确，符合法定程序”为由，判决维持该决定。而二审法院判决作出于新法施行之后，以对刘某处以3倍的顶格处罚“明显不当”为由，依据新法第77条之规定，判决予以变更。

下面，笔者将结合上述两个修法前后司法实践典型案例，对新《行政诉讼法》语境下，行政诉讼适用变更判决的几方面问题进行探讨。

（一）适用范围问题

新《行政诉讼法》施行后，变更判决的适用范围主要包括第77条明确规定的，以及该条与行政诉讼其他规定相结合所指向的延伸领域。

一是行政处罚“明显不当”的。所谓明显不当，是指行政处罚虽然在表面上没有违反法律法规的强行性规定，但是因为与法律的目的和精神相违背，损害了社会或他人的利益而表现出明显的不当[①]。判断“明显不当”，可以从该种程度的合理性问题是否妨害行政行为的合法性入手进行判断。具体可以参考以下标准：行政处罚表面上具备合法性，至少不违反法律明确的禁止性或义务

① 江必新主编：《中华人民共和国行政诉讼法理解适用与实务指南》，中国法制出版社2015年版，第347页。

性规定；行政处罚存在明显的不合理或不适当；这种不合理和不适当严重违背了法律目的和精神，从而使合理性问题变为合法性问题；这种“不当”是明显的，以至于具有一般理智的人便可以发现这种不公正。如案例一，行政机关对李某和万某某等人，不区分过错程度而给予相同的处罚，即属于此种“显失公正”的情形。另外，具有“不当”的表现形式，在行政处罚领域突出表现为畸轻畸重，即行政机关实际作出的处罚决定与行政相对人的违法行为应当受到的惩戒相差悬殊，轻错重罚或重错轻罚。如案例二，检察机关认定刘某情节轻微，认罪态度好，行政机关仍然给予违法所得 3 倍的顶格处罚，即属于处罚“明显不当”。

二是行政处罚以外的其他行政行为涉及对款额的确定或认定确有错误的。这里的“其他行政行为”包括行政给付、行政裁决、行政协议、行政奖励、行政补偿等行政行为。“确定”主要指由行政机关作出决定，如支付抚恤金、最低生活保障待遇、社会保险待遇案件中，对抚恤金、最低生活保障费、社会保险金的确定。“认定”主要是对客观存在事实的肯定，如拖欠税金的案件中，税务机关对企业营业额的认定。“确有错误”是指人民法院经过审查以后，已经对案件的事实认定，尤其是对款额的确定和认定形成确信。由于这个问题是技术性而不是原则性问题，无论由法院来承担还是行政机关来承担，最终的处理结果应当是相近的。为了节约各方面的成本和时间，新《行政诉讼法》将所有行政行为中涉及数额的部分纳入变更判决的适用范围。

由于新《行政诉讼法》第 77 条界定了所有涉及款额的确定和认定确有错误的行政行为均属于变更判决的适用范围，那么理论上，行政诉讼中的变更判决也及于一并解决民事争议案件中涉及款额确定、认定的行政裁决，以及对行政协议的审查。行政协议案件中涉及协议标的数额等，人民法院可以直接判决变更。

（二）适用条件问题

对被诉行政行为适用变更判决需要具备几个成熟要件：一是被诉行政行为应当是有效的。被审查的行政行为应当已经行政机关作出并有效，未被撤销或确认无效。行政行为尚未作出的，人民法院不能先行直接做出行政行为，同样地也不能判决变更。二是被诉行政行为具有非专属行政机关的裁量性，原告的权益属于主观上的公权利。即行政相对人的权益不是法律所明确赋予的，而是属于行政机关自由裁量权的范围，是行政机关基于自由裁量权可以决定给予或剥夺的。而该权利的获得也不会影响公共利益，不会影响公民、法人或其他组织的合法权益。三是法律法规规定法院可以判决变更。该条件主要看是否满足新《新行政诉讼法》第 77 条的规定。

（三）裁判方式的选择问题

如前所述，新《行政诉讼法》第 77 条变更判决与第 70 条第（六）项撤销判决之间构成法条竞合，实际形成被包含与包含的关系，对于第 77 条规定的变更判决情形，人民法院可以选择判决变更，也可以选择不判决变更而是判决撤销。

案例一和案例二中，根据提供案情材料，人民法院都可以不选择变更判决。案例一发生在修法之前，对于行政行为合法而具有合理性问题的，法院可以判决驳回李某的诉讼请求。案例二在一审时，根据原《行政诉讼法》的规定，在行政行为事实清楚、证据确凿，适用法律正确，程序合法的情况下，仍然判决维持被诉行为。修法前判决维持的情形在修法之后应当判决驳回诉讼请求，同时法院经审查认为行政行为“明显不当”的，可以判决撤销，而不是直接判决变更。如果忽略新老诉讼法衔接中的法律适用是否恰当问题，案例二中的二审法院判决，则是在三种可能的裁判方式中，选择了最能够解决行政争议的裁判方式。

某种意义上，上述法条竞合既赋予了法院的选择权利，也可能弱化变更判决的规制意义[①]。法院仍然可能会基于种种考虑，不直接判决变更而是判决撤销，从而使第 77 条的规制目的落空。从实质性解决行政争议角度，笔者认为，行政诉讼法没有规定的可以参照民事诉讼法，一些行政案件的审理可以适用民法以及民事诉讼法上的相关规定，对行政协议、行政承诺、公法上的无因管理、行政赔偿和补偿案件，都有适用民事诉讼法之余地。民事诉讼法赋予了法院对于民事争议事项予以变更的权利，行政诉讼中可以借助行政诉讼一并解决民事争议等规定的落实，扩大对变更判决的适用。

（四）适用限制问题

变更判决的适用限制主要表现为诉讼禁止不利变更原则。第 77 条第三款明确了变更判决的适用限制，即不得加重或扩大处罚，不得对行政相对人的权利义务产生更加不利的影响。诉讼禁止不利变更是行政诉讼、行政复议的一项

① 梁凤云：《新行政诉讼法讲义》，人民法院出版社 2015 年版，第 438 页。

原则，是指法院依法判决变更行政行为，不能增加原告的义务或者减损原告的权益，使原告处于更为不利的境地。其法理依据是行政诉讼、行政复议都是公民权利救济机制，而不是针对公民的违法责任追究机制。如果允许不利变更，当事人在行使诉权时就会缩手缩脚，不利于行政诉讼制度整体作用的发挥。诉讼禁止不利变更虽是本次修法增加的内容，但在相关司法解释以及《行政复议法实施条例》都有规定，类似于上诉不加刑原则。

仅从“变更”的字面意义来看，其涵义应当既包括“减轻”，也包括“加重”。但按照第三款的规定，人民法院判决变更，不得加重原告的义务或者减少原告的利益。从法律精神和司法实践的情况来看，在适用变更判决时，原则上不对原告适用“加重”变更。人民法院经审理查明原告确有违法行为，被诉行政处罚过轻、过少，则可以根据实际情况，判决驳回原告诉讼请求，至多可以判决撤销被诉行政处罚行为，而不能直接判决变更。

作为禁止不利变更的例外情况，如果利害关系人同为原告，而且诉讼请求相反，则法院可以在变更判决中加重原告的义务或减少原告的利益。此规定是出于这样一种认识，即作为利害关系人的原告与作为被处罚人的原告之间可能存在相反的利益。比如在治安处罚案件中，加害人与受害人对治安行政处罚均不服，加害人认为处罚太重，受害人认为处罚太轻。此时变更不加重处罚原则所体现的价值已经不能满足法律公平的需要了，则可以例外地允许加重对原告的处罚。由于行政处罚有明确的相对人，原告方是基本确定的，其他利害关系人多是作为第三人参与诉讼，这种情况在行政处罚中实际比较少。如案例一如果发生在新法施行之后，万某某等人仍然只能作为第三人而非原告参加本案诉讼。在其他涉及数额确定、认定的行政行为中，其他相对的利害关系人同为原告的情形则有可能出现。

此外，适用变更判决，不得对行政机关未予处罚的人给予行政处罚。这主要是考虑到法院与行政机关的权力分工，审判权与行政权彼此不应出现僭越。如果行政机关还没有做出行政行为，则法院无权代替行政机关作出行政行为，否则就构成权力僭越。同理，在行政机关尚未对与行政案件有关的公民、法人或其他组织作出应有的行政处罚时，法院则不能直接追加处罚，而只能向有关行政机关提出司法建议。

（五）适用的效力问题

法院作出变更判决后，关于行政机关是否需要依据变更判决的内容重新作出行政行为，存在两种意见。

第一种观点认为判决变更后，行政机关不需要重新作出行政行为。理由是：变更判决确定后，法院已经裁决的行政行为即已确定，只能依判决执行，除具备法定条件外不容再起争执。就人民法院而言，当事人如以重新形成的行政法律关系为标的提起诉讼，人民法院应根据一事不再理的原则，裁定不予受理或驳回起诉；其他诉讼如涉及本判决所形成的行政法律关系时，法院亦不得作出与该判决相反的判决。人民法院的变更判决一经宣告和送达，原告不得申请撤诉，被告不得改变和撤销已经司法裁判的行政行为，原告也不得因同意这种改变而申请撤诉。作出判决的人民法院不得随意撤销、变更和废弃已经作出的判决，也不能对已经作出的判决置之不理。变更判决确定之后，一方当事人不履行义务时，他方以判决为根据可以申请人民法院强制执行，或者由具有强制执行权的行政机关强制执行。

第二种观点认为，法院作出变更判决后，行政机关须依照判决重新作出行政行为。理由是：法院的变更判决，直接改变了被诉行政行为内容，如案例一中涉及的，500 元的处罚决定变更为 200 元，这原本应由行政机关根据实际情况作出的判断，在变更判决中由法院作出，行政机关则必须依照判决重新作出行政处罚决定。如果法院代替行政机关作出处罚决定，则属于司法权的越界。虽然从有利于尽快解决行政争议，防止因行政机关成见产生重复争议的角度，法院可以判决变更，但还是应当遵循司法权与行政权的分工原则，在法院作出判决后，由行政机关重新作出行政处罚决定。

笔者同意第一种意见，除前文所述依据外，补充理由如下：

一是从司法裁判的效力角度。司法变更判决的题中应有之义，即是变更法律关系，在变更之后判决的效力直接产生。[①] 因此，变更判决亦是形成判决的种类之一。在法院作出变更的生效裁判后，行政法律关系相应地发生变更，应当受到法院变更判决内容的羁束。

二是从行政行为效力角度。变更判决与撤销判决不同，撤销判决作出后，被撤销的行政行为自判决作出之日起无效。变更判决作出后，被变更的行政行为仍然是存在的，也是有效的，行政机关重新作出行政行为，则应当先撤销被诉行政行为，并不符合行政便宜原则，也可能带来消极履行，怠于履行的问题，

① 梁凤云：《新行政诉讼法讲义》，人民法院出版社 2015 年版，第 434 页。

使得法院的变更判决无法发生法律效力。比如案例二，在行政机关第一次行政处罚决定被法院判决撤销后，行政机关作出被诉处罚决定的情况下，法院此次作出变更判决，如果仍需行政机关以相应的处罚决定来予以确定，则有可能带来变更判决难以履行的问题。

（责任编辑：钱昕）

从效率、公正和既判力角度论民事再审改判的标准

曹林灿①

民事再审是人民法院针对已经发生法律效力的民事判决、裁定以及调解书，依据法定事由对案件进行重新审理的程序。其宗旨是确保法院裁判的公正性、合法性，从而维护司法权威和社会正义。其功能是纠正生效的错误裁判、控制与约束法官的随意和偏私及救济被侵害的民事权利。纠正错误是再审核心功能，也是第一要务，要在符合法定条件的情形下才能够进行，不是所有的民事案件均可通过再审纠正，而是在通常的裁判程序已经终结后的一种事后补救性纠错。综上，再审程序是一种非通常性、非普适性、事后性的特殊救济渠道。民事再审改判是实现再审纠错及救济功能的重要途径。民事再审改判是指人民法院按照审判监督程序对民事案件进行重新审理以后，对于确有错误的原裁判予以变更的审判形式，即纠正生效的错误裁判。再审改判直接对裁判确定性、程序安定性、司法终局性、程序高效性有所损害。因此，确定再审改判标准，要以改判价值与原判决确定性、效率、社会效果等之间平衡为前提。

一、司法权威是判决公正性、效率、确定性和社会效果的统一

再审改判的最高目标是追求效益及既判力下的司法公正，树立司法权威。这也是一审、二审及整个司法活动追求的终极目标。再审制度的设立本身即是对司法终局性价值、程序安定性价值的直接挑战，使得其处于既判力维护与纠错需求的两难境遇之中。因此，再审制度的构建，必须以科学权衡和协调司法公正、司法效率、司法终局性、程序安定性等价值间的关系为根本前提。依据既判力的基本精神，法院作出的终局判决一旦生效，即对当事人和法院产生拘

---

① 曹林灿，山东省高级人民法院审判监督第二庭法官。

束力，这种拘束力在形式上表现为判决的不可撤销性，在实质上则要求当事人不得在以后的诉讼中主张与该判决相反的内容，法院亦不得在以后的诉讼中作出与该判决冲突的判断。既判力制度体现了程序的止争原则和正当程序保障下的自我责任原理，其最主要的功能在于通过判决终局性的达成，来帮助在观念上确立一种规范的秩序并使其相对的固定下来，进而诱导社会空间内的秩序形成，这也是民事诉讼作为公力救济机制的应有之义和内在要求：倘若人们求助法律程序来解决争执，那么争执需在某一阶段上最终解决，否则求助法律程序就毫无意义；倘若允许同一项纠纷可以反复作多次裁判的话，则公权性、强制性救济纠纷的制度将不复存在。然而，司法认知能力的有限性等诸多因素，决定了司法裁判错误的难以避免，此时矛盾的是，倘若绝对化、一概地维护既判力而对任何情形下的裁判错误均不予理会，势必有违公正价值的基本要求，从作出正确、公正的裁判的理想来说，不管有什么样的瑕疵一律不准撤销已确定的判决，也是不合理的。再审制度的出现正是为了在合理限度内调和公正性与终局性之间的紧张关系，只有当生效的裁判出现严重错误，以致公力救济的功能出现问题时，才会实施再审这种特殊的救济方式。开启再审程序，纠正显著违法或错误的裁判，是既判力的例外。价值抉择方面的基本要求，勾勒出了再审制度的本质属性，同时奠定了再审程序在构建和适用过程中应当遵循的一些基本原则。

首先，再审应当遵循比例原则和利益权衡原则。再审制度的设计必须符合必要性、适度性、合目的性的要求，不具有纠错的可能性或必要性，或是未达到相当的重要性程度，不应适用再审。在划定适用范围和法定事由时，应当综合权衡纠正生效裁判之缺陷后可获得的救济利益与打破生效裁判之既判力所带来的救济成本之间的比率关系，以确保开启非通常救济渠道后所产生的积极影响远大于其所带来的消极影响。换言之，诉讼行为严重不当时，可以推定其结果所造成的现实司法秩序已经严重背离了实体法的预设，打破这种现实秩序所付出的成本要低于社会让这种现实秩序存在下去所付出的代价。这也与经济学中的“费用相当性原理”相契合。

其次，再审应当遵循有限纠错原则。与现代法治理念的基本精神相契合，司法并不以绝对真实或客观真实为目标，而是在正当程序的保障下最大限度地实现司法真实。“有错必纠”“消除申诉难”等提法的偏误之处，恰在于其未能认识到再审作为特殊救济机制所应有的严格性、有限性和例外性。有限纠错与再审的随意性、通常性、“低门槛”相对立，法律规定在判决有特别重大并且对当事人也有严重的瑕疵时，才应当准许再审。这也是确定再审事由时的重要原则。

再次，司法公正不是追求绝对的客观事实和绝对公正的裁判结果，也不是纯粹的程序公正，应是实体公正和程序公正的有机结合，其核心是司法权力的正当行使和诉讼权利的充分保障。法谚“迟来的正义非正义”要求司法公正应当在合理的期限内实现，故建立在效率基础上的司法公正才是真正法律意义上的公正。

最后，在目前的大背景下，法院不仅作为承担居中裁判责任的司法机关，也是一个负责维护社会稳定和谐的机构。一些大要案，尤其是社会影响巨大、媒体关注度高、判决结果直接影响社会道德水平的案件，虽然原审判决从法律事实和程序上来看并无不妥，但为了实现更好的社会效果，让各方面的利益都能得以协调，法院会根据法的社会性和适应性原则，以再审的方式对案件进行调整。

因此，民事再审改判原则与标准的确立要充分考虑到维护生效裁判的既判力、讲究司法效率、追求社会效果等因素。因为，法院的权威是诉讼这种公力救济方式得以存在和发展的前提和基础。司法具有权威性才能增强法律对社会的感召，增加人们对法院解决纠纷的信任程度，才会使司法成为解决法律争端最权威、最有约束力的方式。从再审程序看，其与确保司法的权威性是相协调的，即通过再审程序保障司法公正的实现，从而达到维护司法的权威。

二、民事再审改判的原则

我国立法未明确规定民事再审改判原则，直接导致司法实务中再审改判的不统一。因再审改判不仅导致当事人之间权利义务承担的变更，对当事人的利益影响巨大，更否定了生效裁判的既判力，使确定的法律关系处于不稳定状态，破坏了稳定的社会秩序。因此，立法应明确再审改判原则，使裁判者改判案件时有据可循，有效防止改判的随意性；也有利于增强当事人对裁判结果的预判力，减少再审。笔者认为，从实现既判力、诉讼经济下的司法公正出发，借鉴国外的再审改判标准，我国民事再审改判应遵循依法、从严、效益及稳定原则。

（一）依法纠错原则

如前所述，裁判错误是客观存在的，纠正错误也就成为司法活动的必然。“实

事求是，有错必纠”的司法指导思想将一般错误标准等同于司法错误标准，不分错误的性质、大小，而一律予以纠正，使再审改判与司法认识规律、现代民事诉讼理念不符，也不利于维护生效裁判的稳定性。但若是生效裁决存在重大错误时，法官却不改判，则与司法公正理念不符。再审案件纠正与否，均承载法院诉讼活动公正与否的最终社会评价。因此，再审改判应坚持依法纠错原则。为了维护司法公正和兼顾既判力的实现，依法纠错应从严定位，即生效裁判非重大瑕疵不改判。

（二）属于法官自由裁量权范围内的裁判不可改原则

1. 不得仅以对原审认定证据的不同判断而作出与原裁判不同的再审结果。证据的判断属法官自由裁量之权限，它不应被列为司法纠错的对象，若允许再审案件仅以对原生效裁判认定证据的不同判断而改变原裁判，则等于以后来的法官自由裁量权否定先前的法官自由裁量权，等于承认后来的法官自由裁量权要优于先前的法官自由裁量权，这于司法体制的基本原则相冲突，与再审程序用于救济司法错误的基本目的相违背，因此对这样的再审改判必须限定。

2. 不得仅以对所适用法律的不同理解而改判。与前者证据判断的性质相同，对法规的理解与适用同样被视为法官自由权的范畴。由于法律具有模糊性、滞后性、不周延性等属性，为了提高诉讼效率，顺利及时地解决社会纠纷，客观上需要允许法官享有一定程度的自由裁量权。法官行使自由裁量权而形成的裁判结果往往不是合法性问题，而是合理性问题，如法律无明确规定，属于法官认识上有分歧的案件；涉及责任分担的案件，除主次责任确定不当外，对其他具体责任的分担比例存有争议且对处理结果影响不大的案件等。否则，法官依法享有的自由裁量权就可能落空，司法的权威性更无从谈起。对某些确实显失公平而损害当事人合法利益的裁判，也可以根据实际情况酌情予以改判，但一定要慎重，改判要从严控制。

（三）依法纠错与追求司法效益、维护既判力相统一原则

首先，现代民事诉讼理念认为，效益同样是司法追求的目标，缺乏效益的公正是司法不公的表现，是对司法整体价值体系的损害。不顾程序效益、片面追求实体公正的纠错，结果造成了社会资源特别是司法资源的浪费，也耗费了当事人大量的财力、时间与精力。故再审改判在坚持依法纠错的同时，也应兼顾程序效益的实现。其次，民事诉讼活动追求程序公正的同时、也追求程序安定。与整个民事诉讼活动价值趋向相一致，而且民事再审程序与其他程序相比

在注重程序公正的同时，更是注重程序安定。而确保生效裁决的既判力，则十分有利于程序安定价值的实现。既判力是指：在民事诉讼中，法院的确定裁决作出后，无论此判决有无错误，当事人必须受该判决约束，不得就判决的内容进行争执；同时，享有审判权的法院也必须尊重其以国家名义所作出的裁判，不得随意改动或者撤销判决；即使把同一事项再次作为问题在诉讼中提出时，也应以该判断为评断标准斟酌当事人之间的关系。因此，从既判力内在属性看，承认既判力有助于维护生效判决的终局性和稳定性。一味强调纠正错案，忽略再审程序对正确裁决既判力的维护，则势必影响法院生效裁决的稳定性，损害法院的司法权威。因此，要克服这种局面，就应当着力寻求纠正错误裁决与维护生效裁决既判力的平衡。对于正确的生效裁决，应坚持维护既判力，不能因当事人的无理纠缠，轻易启动再审；对于确有错误的生效裁决，则不能以维护既判力为借口拒绝纠错。

（四）法律效果与社会效果相统一原则

我国正处于从计划经济向市场经济转型的过渡时期，很多社会矛盾需要政府从中协调。在诸如企业破产、工人下岗等问题上特别需要考虑社会效果，绝不能因为法院对一个具体案件的改判而引发或激化社会的矛盾，产生不安定因素。并且改判以一定程度上牺牲或损害生效裁判的稳定性为代价，在此情况下，我们对改判的效果如何或可能如何应予以高度重视和反复的权衡：如果改判有利于当事人息诉，有利于社会稳定，则在以事实为依据、以法律为准绳的前提下可以改判；反之，如改判还不如不改，则只能在原有基础上做息诉服判的工作或执行中的和解工作或其他外围工作，总之再审改判应做到法律效果和社会效果的统一。

三、民事再审改判的标准

再审改判标准是指人民法院按照再审程序对案件进行重新审理，对确有错误的原裁判予以改判时所应遵循的准则和尺度。目前再审改判是主观意志大于客观标准，再审改判标准应当从严。严格规定再审改判的标准，使之具体化、具有可操作性，能有效遏制法官自由裁量权的滥用，进一步规范再审活动，也有利于当事人接受再审结果。本文设置再审改判标准时从正反两方面考虑，多方位思索。

（一）出于精品、铁案目的，下列案件不得改判：对于原判决、裁定单纯存在事实认定及程序方面的错误，但不影响实体公正裁判的，一般不予改判；属于法官自由裁量范围的案件；对于确无改判必要或者确无改判可能的再审案件，不应当改判；当事人在原审案件中存在故意规避法律行为的，再审时不得改判；经最高人民法院处理的案件不得再审改判。

（二）就实体标准而言，原裁判存在下列错误的应当改判：确定民事案由错误、认定合同效力错误、认定责任错误导致错判的，或民事案件错判承担民事责任形式、错划承担民事责任导致显失公正的，应当提起再审予以改判。

（三）从案件改判事由的角度划分再审改判标准，大致可分事实认定错误、法律适用错误、程序违法的改判标准

案件事实认定错误的改判标准为：

1. 原裁判认定事实明显错误，主要指下列认定事实错误：（1）有新的证据证明原裁判认定的事实错误；（2）据以认定案件主要事实的证据达不到证明标准的或者已过证明时效的；（3）据以认定案件主要事实的证据之间以及证据与案件主要事实之间存在矛盾且无法排除矛盾的；（4）以证人、鉴定人、翻译人或者当事人的虚假陈述作为判决的主要证据的；（5）作为裁判依据的书证或者物证系伪造或者变造的；（6）作为裁判依据的另一裁判或者行政机关的决定被依法撤销或者变更的；（7）对能影响裁判的主要案件事实遗漏审查判断的；（8）原裁判认定案件主要事实的间接证据不能形成完整的证据链的；（9）原裁判认定的证据与案件事实之间没有内在关联性，却以该证据作为原裁判的依据的；（10）作为原裁判依据的鉴定结论被否定的；（11）原裁判与已生效的其他相关裁判相矛盾的。

2. 且上述事实错误导致原裁判结果对当事人在利益获得上存在明显不公或有失公正的。

法律适用错误的改判标准：

1. 法律适用错误的具体类型：（1）适用法律、行政法规、地方性法规及其解释错误的；（2）适用了失效的法律；（3）违反法律关于溯及力的规定；（4）应适用特别法而适用了普通法的；（5）因案件事实没有实体法规范，类推法律不当或适用法律原则不当的错误。

2. 上述适用法律错误导致原裁判结果损害国家利益、社会公共利益、当事人的合法权益的。

程序违法的改判标准：

1. 程序违法的具体情形：（1）审判组织组成不合法的；（2）严重违反法定程序搜集证据的；（3）据以认定案件主要事实的主要证据未经当庭举证、质证、认证的；（4）严重违反回避制度的；（5）依法应当公开开庭审理而没有公开开庭审理的；（6）法院违反专属管辖规定受理诉讼的；（7）违反受理案件管辖规定的；（8）就同一法律事实或同一法律关系出现了两个以上生效裁判的；（9）无民事行为能力或限制民事行为能力的当事人的监护人未出庭代理诉讼而由该当事人直接进行诉讼的；（10）一般授权的诉讼代理人未经特别授权处分了当事人的实体权利。

2. 上述违反法定程序的情形，只有达到确已严重影响到案件正确裁判，且使原裁判结果不公正的，才能进行再审改判。

另外，审判人员在审理该案件时有贪污受贿，徇私舞弊，枉法裁判行为的再审改判标准：有充分证据证明原判决、裁定存在审判人员在审理该案件时有贪污受贿，徇私舞弊，枉法裁判的行为，且该行为并导致该案件不公正裁判的，才能改判。调解协议再审改判标准：当事人提供证据证明调解协议明显或严重违反自愿原则、内容违反法律或损害国家利益、社会公共利益和他人利益，才能加以改判。

总之，应严格掌握再审改判标准，只有在原裁判确有错误，且导致裁判结果不公，损害了当事人的利益或权利的情况才改判，即生效裁判非重大瑕疵不改判。

（责任编辑：陈维飞）

关于企业破产重整案件审理中几个问题的思考与应对

——以淄博钜创纺织品有限公司重整案为视角

赵玉忠　张德忠[①]

重整制度被世界各国公认为是防范破产、挽救企业最为有效的法律制度。破产重整程序是对陷入困境的债务人企业进行拯救的法定程序，可以最大程度地维护债务人企业、债权人、企业投资人以及第三人的利益。自新《破产法》生效实施后，各地法院已经审理了很多重整案件，重整制度对困境企业的挽救发挥了积极的示范效应，引起人们的广泛重视。但是，在企业破产重整的司法实践中，出现了一些新的理论与实务问题迫切需要研究解决，以保障法律的顺利实施。例如，淄博法院在审理淄博钜创纺织品有限公司破产重整案件过程中就遇到了几个问题，如，选择何种重整模式以取得预期的重整效果；如何有效管理债务人的资产以实现资产保值的最大化；如何处置金融不良债权以控制金融风险；如何制定普通债权清偿方案以确保重整方案有效通过；如何发挥政府职能作用以保障重整进程的顺利进行；如何推进重整过程司法公开以提升司法公信力；如何保障职工权益以提升案件社会效果等问题。本文试就这几个问题的思考和应对进行探讨，以求抛砖引玉。

基本案情　淄博钜创纺织品有限公司（以下简称“钜创公司”）重整案是淄博中院受理交由高青县人民法院审理的淄博市首起外商独资企业破产案件。该案从立案到出售式重整计划草案在第二次债权人会议上通过，历时十个月，保持了破产企业财产的运营价值和职工就业，实现了各方利益最大化，收到了

① 赵玉忠，山东省淄博市中级法院民二庭庭长 。
张德忠，山东省淄博市中级法院民二庭法官。

良好的法律效果和社会效果。

钜创公司是一家生产并销售高档花式弹力牛仔布、服装，从事棉花、棉纱、坯布的进出口和批发业务的外商独资企业，公司注册资本8680万美元，职工1012名。自2013年以来，受经济大环境及企业自身因素制约，企业流动资金严重匮乏，生产经营出现困难。截至2013年10月份，企业债务总额近5.8亿元，资产总额不到3亿元，已严重资不抵债，濒临破产。2013年12月30日，淄博中院裁定受理钜创公司破产重整一案，并指定了管理人。2014年4月15日，高青县人民法院组织召开了钜创公司第一次债权人会议，会议授权管理人将钜创公司资产托管给第三方进行经营；2014年4月18日，战略投资人如意公司接管钜创公司的运营资产和职工，恢复企业生产；2014年9月29日，管理人向法院提交出售式重整计划草案；2014年10月29日，该重整计划草案在第二次债权人会议高票通过；2014年11月5日，高青法院在管理人申请下，裁定批准该重整计划草案，钜创公司重整计划进入执行阶段。

一、重整模式：探索适用“出售式重整”，最大限度挽救企业运营价值

（一）思考：立法上的存续型重整与学理上的出售式重整，如何适用

企业存续型重整是我国现行破产法规定的重整模式，司法实践中被普遍采用。这种模式以保持原企业的法人资格存续为前提，在原企业的外壳之内进行重整，通过债务减免、延期清偿以及债转股等方式解决债务负担，并辅之以企业法人治理结构、经营管理的改善，注册资本的核减或增加，乃至营业的转变或资产的置换等措施，达到企业重建再生之目的；其标志性的特点是保持原有法人资格存续，在原企业外壳之内进行重整。

这一模式在钜创公司重整中遭遇三大障碍：一是企业严重资不抵债，股权价值为零，战略投资人不同意以购买股权方式参与重整；二是企业原股东及管理人出境后拒不履行职责，企业法人治理结构和经营管理无法改善；三是企业还存在诸多隐性债务，若保留原企业法人资格，重整后的企业面临债务增加的风险。因此，现行的存续型重整模式在钜创公司重整案中面临现实障碍，迫使淄博法院寻找、探索新的重整模式。

淄博法院在2012年《法律适用》中找到了王欣新教授撰写的《重整制度理论与实务新论》一文，该文认为，《企业破产法》设置重整制度，其立法本

意是挽救企业的经济与社会价值，避免其因破产清算造成的各种不良社会影响，同时使债权人得到较之清算更多的清偿。因此，挽救企业不能仅仅局限于使债务人企业继续存续一种方式，更不是一定要保留其外壳。重整的实质，是要挽救债务人所经营的事业，而不是形式主义地维持债务人企业本身的存续。王教授提出了“出售式重整”的新模式。这种模式主要是将债务人具有活力的营业资产之全部或主要部分出售让与他人，使之在新的企业中得以继续经营存续，债务人以转让的对价及未转让资产清偿债权人；其标志性特点，是不保留原债务人企业的存续，在企业转让之后将债务人企业清算注销，企业重整是在原企业之外继续经营的方式进行。

同时，淄博法院研究了美国历史上的第四大破产案件——通用公司破产重整一案。其重整计划规定设立一家新的通用汽车公司，老通用公司将其优质资产出售给新通用公司，所得价款用于还债，老通用公司则进行破产清算。这一重整模式完成后，新通用公司在成立后发展良好，不到一年半的时间就发行股票，成为上市公司。

（二）探索：以出售式重整模式搭建运作框架

基于上述思考，法院着手探索对钜创公司适用出售式重整模式：高青如意公司作为战略投资人参与重整、重组钜创公司，高青如意公司以评估价全盘承接钜创公司主营业务相关的担保资产以对应债务、职工，并以溢价收购钜创公司的未担保财产，管理人再以出售的价款清偿债权人，对出售有效营运资产后的债务人企业则进行破产清算，予以注销。

根据正在执行的重整计划测算，银行担保债权大部分得以实现，职工债权和税务债权100%得到清偿，普通债权在第一阶段清偿中，债权额不足5万元（含5万元债权）部分，按100%比例清偿；超过5万元的，5万元以内部分全额清偿；超出5万元部分按6%比例得以清偿；未清偿部分视追偿情况列入第二阶段清偿计划。

（三）评价：挽救企业运营价值是出售式重整的意义所在

从重整效果看，通过采用出售式重整模式，一方面，钜创公司在投资人如意公司接收后，企业资产得到盘活，职工利益和就业得到保障，银行债权得到较大维护，普通债权人得到相应比例受偿，实现了各方利益的最大化。另一方面，通过对债务人企业营业资产的出售，隔断了收购者与破产企业未申报债权、行政罚款、抵押优先权、供水供电供气等原有债务的联系，保障其不受到在重整程序中未处置债权的继续追讨，避免重整的失败。债务人企业则可以在清算之后予以注销，摆脱未能清偿的债务负担，重整债权人在清算中得到合理的清偿。而重整和重组的阶段性成功，可以实现顺利转段，为继续追讨债务、争取二次清偿创造了条件。

二、资产管理：创设“公司资产整体托管”机制，引进投资人经营债务人资产

（一）问题：如何让战略投资人依法合规地管理债务人企业

关于此问题，存在“两难处境”与“一个机遇”。《企业破产法》规定，重整期间债务人企业继续营业的管理方式分为债务人自行管理和管理人管理。作为启动重整程序的钜创公司，面临“两难处境”：一方面，公司原股东及管理人出境后拒不履行职责，企业法人治理结构和经营管理无法改善，债务人自行管理方式不具可操作性；另一方面，管理人并不具备纺织行业的经营管理经验，难以有效管理公司经营事务并实现对公司财产的维护和保值。“一个机遇”是指战略投资人高青如意公司存在接管公司的主观意愿。如何让战略投资人依法合规的管理债务人企业，成为急需解决的问题。

（二）探索：设计“公司资产整体托管”方案

经多次研究、探讨，设计了“公司资产整体托管”方案：第一步，由管理人接管公司管理权；第二步，管理人与战略投资人达成《托管协议》，将公司资产整体托管给战略投资人。这样一来，一方面，投资人具有同类业务经营管理经验，在管理人的委托和监督下，负责钜创公司在重整期间生产销售业务的具体经营管理、资产的维护；另一方面，钜创公司的全体职工继续上岗，由投资人为其发放工资并缴纳社会保险，化解了职工上访风险，减轻了管理人的压力。

（三）评价：实现了三大预期效果，即生产不停、队伍不散、市场不丢

从个案角度看，钜创公司整体托管给投资人经营，在整个重整期间，钜创公司达到了三大预期效果：即生产不停、队伍不散、市场不丢，为重整工作的顺利推进奠定了坚实基础。从宏观层面看，本案的上述“两难处境”在当前的破产重整案件中具有普遍性，钜创公司重整案的“公司资产整体托管”机制提供了一种可借鉴的思路。

三、债权承接：创设“金融不良债权立体承接”机制，着力化解地方金融风险

（一）问题：债务人、战略投资者、担保物权人三方如何理顺债务承担、抵押物权属和抵押权设定

《企业破产法》第 75 条规定：“重整期间，对债务人的特定财产享有的担保权暂停行使。但是，担保物有损坏和价值明显减少的可能，足以危害担保权人权利的，担保权利人可以向人民法院请求恢复行使担保权。”该条意在防止因处置主营业务资产而影响重整，但该规定制约了债务人和担保物权人通过处置抵押优先权引进战略投资人参与重整的路径。钜创公司重整案中，五家银行在钜创公司的担保金融债权近 3.8 亿元，而抵押资产评估值为 2.6 亿元。一方面银行不良贷款额剧增，形成潜在的地方金融风险；另一方面重整程序中资金严重短缺，制约出售式重整计划的实施。

（二）探索：设计“金融不良债权立体承接”方案

立足《企业破产法》立法宗旨，结合《物权法》《担保法》相关规定，经多次研究、探讨，设计“金融不良债权立体承接”方案：（1）银行向战略投资人贷款；（2）战略投资人代债务人偿还银行贷款；（3）抵押物上的抵押权因债务清偿而消灭；（4）抵押物转让给战略投资人；（5）战略投资人将抵原抵押物抵押给银行，银行再次向战略投资人发放贷款。这一方案的第二步是战略投资人向债务人支付对价，第四步是战略投资人取得抵押物的所有权。整个方案包含债务置换、债务承担和抵押资产转让三个层面，以债务人、战略投资者、担保物权人三方合作意向为基础，以一系列规范的银行、会计、产权手续为表现，以理顺债务承担、抵押物权属和抵押权设定为目标。战略投资者高青如意公司承接主要债权银行有固定资产抵押的相应债务，同时通过产权变更获得该银行在钜创公司的全部抵押物的所有权。该方案作为出售式重整模式的核心内容，已获得五家银行的同意，并在债权人会议担保债权组表决中获得全票通过，目前已进入实施阶段。

（三）评价：实现了多方共赢的格局

该方案实现了多方共赢的格局，即：投资人获得了金融信贷支持，金融机构化解了不良贷款风险，职工和债权人的利益得到保障，债务人企业的经营事业得以延续。实践证明，没有投资人如意公司对主要债权银行的协议承债，如

意公司则不能获得银行重组信贷支持；没有银行的重组信贷支持，如意公司则不能溢价收购未抵押资产，亦不能实现职工债权的保障和普通债权的比例受偿。可以这样说，没有金融不良债权多维立体承接这一创新方式，则没有重整计划的拟定，更没有钜创公司出售式重整的成功。

四、受偿方案：创设“普通债权差额累进受偿”机制，确保重整计划草案通过率

（一）问题：如何在清偿率较低的情况下获得债权人的支持

钜创公司重整案债权人数众多，担保债权优先受偿后的未抵押财产价值不高，如何在清偿率较低的情况下获得债权人的支持，成为重整计划设计的重中之重。经测算，不足5万元（含5万元债权）普通债权人数为59名，总债权额113万余元，且这些小额债权人多为当地小商小贩，处理不当，将影响重整计划草案的通过。根据《企业破产法》第82条的规定，单独设立小额债权组进行表决，其立法本意是通过对小额债权人进行适当的利益倾斜，提高重整计划草案通过率。但在司法实践中，设立小额债权组因违反了公平对待同一性质债权人的原则，引发其他债权人的不满，反而影响了重整计划通过的目标。

（二）探索：创设普通债权差额累进受偿新方式

借鉴诉讼费收费办法、管理人报酬收取办法中分段收费方式的前提下，创设普通债权差额累进受偿新方式：普通债权中5万元以内（含5万元）部分按100%比例受偿，超出5万元部分按6%比例清偿。

（三）评价：重整计划“低清偿率、高通过率”的重要保证

首先，“普通债权差额累进受偿”方式坚持了普通债权同一标准受偿的原则，符合企业破产法立法本意，经法院、管理人与大额普通债权人提前沟通、说明，取得了债权人的理解和支持。其次，该方式客观上保证了小额债权人的利益，使得偿债方案获得了全部小额债权人的表决同意，保证了表决中债权人“人数过半”的法定条件。重整计划在普通债权组表决中，到会表决的占债权总额的89.14%的104名普通债权人同意，偿债方案上演了“低清偿率”“高通过率”的奇迹。这得益于该方案所蕴含的“均衡、公平、共赢、和谐”理念。

五、院府联动：探索建立“破产联系人制度”，充分发挥政府对企业破产工作的重要推动作用

（一）问题：现行的清算组和中介机构两种管理人模式各有利弊

清算组担任管理人模式下，因其成员多来自政府各部门工作人员，缺乏必要的专业知识，缺乏依法工作的意识，缺乏与其他相关工作协调的法律思维，缺乏对以后工作合法推进的预见能力，难以完成管理人的专业工作。中介机构担任管理人模式下，因破产工作政策性强，涉及面广，事关债务人、金融机构、职工、税收、土地、房产等各方利益和环节，离开地方党委政府的支持，在战略投资人引进、破产企业职工稳控、土地和金融政策的落实等环节，整体工作很难推进。具体到钜创公司破产重整案，这两种模式的弊端都足以影响重整程序的依法、有序、高效、稳妥推进，迫切需要在管理人组成和运作模式上有所探索、有所创新。

（二）探索：建立“破产联系人制度”

首先，坚持法院主导的司法理念，确保破产重整依法有序推进。一是在法院主导的标准上，把法律原则、法律规定作为首要标准和第一尺度，在破产重整的程序性事项，严格依据法律标准和尺度作出决定或裁定。二是在法院主导的原则上，把个案的妥善解决与社会的整体利益相协调，力争实现法律效果和社会效果的统一；坚持到位而不越位的原则，保证管理人依法履行管理职责，慎重指定、依法监督、严格管理、精心指导，破除管理人依赖法院的心理，充分发挥管理人的积极作用。三是在法院主导的范围上，始终强化对管理人工作的指导监督，在债权申报和确认、资产清查和评估、企业的委托经营、职工的安置、重整计划的制订、债权人会议的组织和召开、破产财产的分配等关键节点，督促管理人依法、高效工作。

同时，在分析中介机构和清算组两种管理人模式的特点后，提出建立“破产联系人制度”。根据法院的司法建议，由政府发文，在破产工作中全面推行破产工作联系人制度：由专业的中介机构担任破产管理人，由政府相关部门的成员作为联系人参与破产工作；由企业所在地的基层政府主要领导作为项目负责人，负责联系管理人、有关部门联系人和法院，向管理人提供必要的人、财、物等方面的支持和服务，重点负责处理维稳、投资人的引进、金融政策的落实等工作；由一名县级领导作为项目分管领导进行协调和推进，定期召开“院府联席会议”，共同解决重整工作中的难题。

（三）评价：以行政权的积极作为保障司法权依法行使

从钜创公司重整案的实践看，该制度不但能调动中介机构的积极性，充分发挥中介机构的职业优势，又能充分发挥政府职能部门的协助作用，在战略投资人引进、维稳、金融、政策支持等方面发挥了不可替代的作用，为钜创公司破产重整的有序推进创造了良好的外部环境。这一模式实际上已经涉及司法权与行政权在破产程序中的协调联动机制即“府院联动机制”问题。在现阶段的破产案件审理过程中，迫切需要建立以行政权的积极作为保障司法权依法行使的有序运行机制。本案的“破产联系人制度”作为一种探索，值得挖掘、提炼和借鉴。

六、理念引领：坚持“司法公开”“维护职工权益”，确保破产工作稳妥、有序推进

（一）问题一：如何坚持阳光化审理的司法理念，用公开提升公信，确保破产重整依法公正推进

在第一次债权人会议上，法院将所有会议文件汇编成册，印发给每名参会人员，并郑重承诺，破产案件会在阳光下审理，以公开促公正，以公正促规范。在法院主导下，设立“释法答疑办公室”“债权人委员会”和“听证会”三大公开平台，确保企业破产工作依法规范、公开透明、稳妥有序推进，确保债权人、投资人对破产进程全面了解，为破产工作有条不紊并迅速推进营造良好氛围。

一是设立“释法答疑办公室”沟通平台。管理人在破产企业办公地设立“释法答疑办公室”，每天安排至少两名管理人律师负责接待出资人、债务人的管理人员和职工、债权人及利害关系人，现场提供法律咨询和破产工作答疑。同时，将法院分管院长和合议庭法官、管理人律师、工作联系人的办公电话、个人手机电话和债务人破产的相关法律文书以及法律规定摘录进行汇编后，放置于释法答疑办公室，便于来访人员查阅，并张贴于办公室、车间、厂区门口，便于相关人员联系并知悉破产情况；要求上述工作人员的电话保持 24 小时开机，随时释法答疑。实践证明，该沟通平台的建立，使出资人、债务人的管理人员和职工、债权人及利害关系人能够及时明确自己的权利和义务，解除破产中的疑虑、困惑和抵触情绪，消除信访不信法的错误导向，避免了职工和债权人因沟通不畅造成的群体性事件发生。据统计，自 2013 年 12 月 31 日钜创公司破

产重整立案以来，咨询电话由每天有数十个缩减到现在一个月只有 1 到 2 个电话咨询。

二是构筑“债权人委员会”参与平台。以“能代表、善沟通”为标准，组建债权人委员会。在第一债权人会议召开前，由管理人与法院沟通后在债权人中慎重选择一到两名担保债权人、六到七名普通债权人和一到两名职工代表作为债权人委员会成员候选人，保证候选人能够代表不同债权类型、不同地域，并具有较强的沟通能力。经法院审核后，将上述候选人提交第一次债权人会议表决确定委员人选。以“债权额、住所地”为标准，划分债权人小组。债权人委员会成立后，为保证其能够行使《破产法》规定的权利并真正代表全体债权人行使权力，将所有债权人按照债权类别和地域分成 9 个小组，分组安排一名委员负责联系一个债权人小组，并将委员分工情况和小组中各债权人的联系方式和电话打印成册予以印发。以“知情权、参与权”的充分保障为标准，完善债权人委员会参与路径。要求管理人在破产企业设立“债权人委员会”办公室，建议委员轮流值班、监督管理人工作，甚至参与债权追收等诉讼。管理人在重大事项决策、债权债务处理、投资人引进谈判等重大事项前，均向债权人委员会通报，并听取债权人委员会的意见，在涉及债权人的重大利益时均在债权人委员会表决、授权后实施。为保证监督到位，要求管理人在会前都要求管理人在会前将会议议程、参会人员名单、联系方式、会议报告文件等装订成册，提前发放给每位委员，便于委员研究并征求其所代表的债权人意见。从钜创案件实践看，充分发挥债权人委员会参与平台的作用，畅通了法院、管理人和债权人之间的沟通渠道，使破产工作最大限度地得到了债权人和职工的理解和支持。

三是创设“听证会”博弈平台。针对破产案件常常表现出法律关系多维化、利益指向广泛化、矛盾纠纷复杂化、企业管理复合化的特点，这决定了破产工作是一个统筹兼顾、多方协调的系统工程。法院为利益相关方提供博弈平台，在借鉴民事审判、执行中对争议问题进行专项听证做法的基础上，对涉及债权人、职工切身利益的审计、评估工作、委托经营事项、追收债权工作、敏感债权争议事项等所有重要事项，召集债务人、投资人、债权人委员会或分组召集债权人，通过召开听证会的方式，为利益相关方提供博弈平台。听证会一般由管理人召集，法院派员参加，或由债权人委员会主席主持、或由管理人主持，并做好笔录。通过听证，确保利益相关方的参与权、知情权、决策权，使利益相关方知悉自己的意见是否合法合理，能否得到管理人和法院的采纳，化解了债权人对管理人和法院解决措施和方案的误解，达到了平衡各方利益的目的。

（二）问题二：如何坚持职工合法权益充分保障的司法理念，提升案件审理的社会效果，确保破产重整依法平稳推进

对此，一是法院在审查企业破产申请之初，把职工的妥善安置和职工债权的保护作为申请破产的前提条件。企业申请破产时必须提交完善可行的破产工作预案，其中有关职工安置的预案必须详细具体。职工安置工作的前移，一方面可以为破产提供可行性研究，有利于法院站在全局的高度，对是否受理破产案件作出正确的决策；另一方面，可以使法院对决定破产的企业职工安置工作提前规划，既可以节约成本，提高效率，又可以防止企业破产案件因职工安置问题引发不稳定因素。二是在审理过程中，管理人将企业资产全部委托给战略投资人经营的条件之一，就是要求投资人保证公司原有职工全部上岗，使职工的工资和社会保险得到保障。三是在制订重整计划时，要求职工债权以100%比例受偿作为重整计划是否合理的首要标准。法院在审理钜创公司重整一案中，由于重视职工合法权益，企业职工从开始上访，到理解和支持重整计划顺利通过，保证了钜创公司重整的顺利进行。

（责任编辑：黄英）

征收决定做出前确定评估机构程序是否违法

——从最高人民法院十大案例说起

尹鹏亮[①]

《国有土地上房屋征收与补偿条例》（以下简称《条例》）对征收和补偿的基本程序作了要求。但有的规定不明确，易产生歧义，这给政府依法行政及法院依法裁判带来了困惑。本文提出的问题就很有代表性，即，政府在房屋征收时先选评估机构后作出征收决定，就是程序违法吗？此后作出的补偿决定就必然被撤销吗？实践中，许多地方的政府都是先组织选定评估机构的，许多地方的法院也并未以该理由撤销被诉的补偿决定。但 2014 年 8 月 29 日最高法院公布的征收拆迁十大案例之五却给出了不同的说法，称该案的“典型意义”之一就是：“依据有关规定突出强调了征收决定做出后才能正式确定评估机构的基本程序要求……故判决撤销补偿决定。”那么，究竟依据什么“有关规定”得出这个结论呢？这种情形必然是程序违法吗？补偿决定一律被撤销吗？这成为各地政府和各级法院都必须弄清的重大问题，笔者也借此机会求教于各位同仁。

一、最高法院案例

案例五：文白安诉商城县人民政府房屋征收补偿决定案（以下均为最高法院公布的内容）

（一）基本案情。2012 年 12 月 8 日，商城县房屋征收部门发布《关于迎春台棚户区房屋征收评估机构选择公告》，提供三家具有资质的评估机构，由被征收人选择。后因征收人与被征收人未能协商一致，商城县房屋征收部门于 12 月 14 日组织被征收人和群众代表抽签，确定某公司为价格评估机构。2012 年 12 月 24 日，商城县人民政府作出商政〔2012〕24 号《关于迎春台安置区

① 尹鹏亮，山东省烟台市中级人民法院行政庭法官。

改造建设房屋征收的决定》。原告文白安长期居住的房屋在征收范围内。2013年5月10日，房地产价格评估机构出具了房屋初评报告。被告于2013年7月15日作出商政补决字〔2013〕3号《商城县人民政府房屋征收补偿决定书》。原告不服该征收补偿决定，向人民法院提起诉讼。

（二）裁判结果。信阳市中级人民法院认为，本案被诉征收补偿决定的合法性存在以下问题：（1）评估机构选择程序不合法。商城县房屋征收部门于2012年12月8日发布《关于迎春台棚户区房屋征收评估机构选择公告》，但商城县人民政府直到2012年12月24日才作出《关于迎春台安置区改造建设房屋征收的决定》，即先发布房屋征收评估机构选择公告，后作出房屋征收决定，这不符合《国有土地上房屋征收与补偿条例》第20条第一款有关"房地产价格评估机构由被征收人协商选定；协商不成的，通过多数决定、随机选定等方式确定，具体办法由省、自治区、直辖市制定"的规定与《河南省实施〈国有土地上房屋征收与补偿条例〉的规定》第6条的规定，违反法定程序。（2）对原告文白安的房屋权属认定错误。……据此，一审法院判决撤销被诉房屋征收补偿决定。宣判后，各方当事人均未提出上诉。

（三）典型意义。本案典型意义在于：从程序合法性、实体合法性两个角度鲜明地指出补偿决定存在的硬伤。在程序合法性方面，依据有关规定突出强调了征收决定做出后才能正式确定评估机构的基本程序要求；在实体合法性方面，强调补偿决定认定的被征收人必须适格。本案因存在征收决定做出前已确定了评估机构，且补偿决定核定的被征收人不是合法权属登记人的问题，故判决撤销补偿决定，彰显了程序公正和实体公正价值的双重意义。

二、问题提出

在最高法院公布的这个案例中，信阳中院认为：先发布房屋征收评估机构选择公告，后作出房屋征收决定，这不符合《国有土地上房屋征收与补偿条例》（以下简称《条例》）第20条第一款规定。最高法院认为：依据有关规定，征收决定做出后才能正式确定评估机构，这是基本程序要求，违反了这一要求，补偿决定在程序合法性方面就存在硬伤，就应被判决撤销，这彰显了程序公正的意义。

在各地征收拆迁的进程中，许多地方的政府都是在作出征收决定前选定的评估机构，然后作出补偿决定，因为他们认为这是符合《条例》有关要求的。

在司法实践中，许多地方的法院也并未以该理由撤销被诉的补偿决定。那么，最高法院究竟依据哪个有关规定得出这个结论呢？这种情形必然是程序违法吗？补偿决定一律被撤销吗？这成为各地政府和各级法院都必须弄清的重大问题，不然，原本为推进社会发展的征收拆迁工作都可能变成违法的了。

三、法理分析

先看看信阳中院的判决理由。其认为，评估机构选择程序不合法，即先发布房屋征收评估机构选择公告，后作出房屋征收决定，这不符合《条例》第20条第一款的规定与《河南省实施〈国有土地上房屋征收与补偿条例〉的规定》第6条的规定，违反法定程序。

让我们来细读《条例》第20条第一款的规定。该条款规定："房地产价格评估机构由被征收人协商选定；协商不成的，通过多数决定、随机选定等方式确定，具体办法由省、自治区、直辖市制定。"从规定内容看，笔者怎么也读不出其中包含着"先发布房屋征收评估机构选择公告，后作出房屋征收决定"、或者"征收决定做出后才能正式确定评估机构"的意思来。通篇学习《条例》，也没看到有这一规定。对此，该院没做详细解释，最高法院也没予以释明。

笔者妄加猜测一下，可能信阳中院及最高法院所讲的关键点在"被征收人"这个词涵义上吧。究竟"被征收人"是什么涵义呢？《条例》第2条是这样规定的："为了公共利益的需要，征收国有土地上单位、个人的房屋，应当对被征收房屋所有权人（以下称被征收人）给予公平补偿。"也许信阳中院认为，依据这一规定，只有先作出征收决定后，有关的房屋所有权人才能被称为被征收房屋所有权人（被征收人），而在未作出征收决定前，是不能称为被征收人的。也只有这样理解，才能从《条例》第20条第一款的规定中得出"征收决定做出后才能正式确定评估机构"的程序要求来。这样听起来似乎有道理，没作出征收决定时，怎么能称为被征收人呢？好像起诉人与原告，犯罪嫌疑人与刑事被告一样，都是在特定阶段的称呼。但是，"被征收人"果真是有这个特定的含义吗？

不妨试试逆推理，按照信阳中院的这一理解和思路，运用到《条例》的其他规定中，看看"只有作出征收决定后，才能被称为被征收人"的说法是否说得通。

《条例》第11条第二款规定"因旧城区改建需要征收房屋，多数被征收人认为征收补偿方案不符合本条例规定的，市、县级人民政府应当组织由被征收人和公众代表参加的听证会，并根据听证会情况修改方案”。按照信阳中院的理解和思路，补偿方案的修改确定应当是在征收决定公布之后的，否则程序违法。这说得通吗？因为我们知道，这里所讲的阶段，应当是在征收方案确定前，即是在征收决定公布前的阶段。

同理，看《条例》第 12 条“市、县级人民政府作出房屋征收决定前，应当按照有关规定进行社会稳定风险评估；房屋征收决定涉及被征收人数量较多的，应当经政府常务会议讨论决定”。按照信阳中院的理解和思路，应当是在征收决定公布后再进行政府常务会议讨论决定，否则程序违法。这说得通吗？因为我们知道，应该是在政府常务会议讨论决定后，才作出房屋征收决定的。

再看《条例》第 15 条“房屋征收部门应当对房屋征收范围内房屋的权属、区位、用途、建筑面积等情况组织调查登记，被征收人应当予以配合。调查结果应当在房屋征收范围内向被征收人公布”。按照信阳中院的理解和思路，应当是在征收决定公布后再向被征收人公布调查结果的，否则程序违法。这说得通吗？因为我们知道，对房屋征收范围内房屋的权属、区位、用途、建筑面积等情况组织调查登记不是应当在征收决定做出前吗？

从以上分析看，《条例》中的“被征收人”的涵义，绝不可能是“只有作出征收决定后，才能被称为被征收人，没作出征收决定前不能称为被征收人”，而应当是一个相对宽泛的统称，即在征收决定做出前，属于被征收范围内的房屋所有权人都被称为“被征收人”。如果不作这样的理解，《条例》就会通篇矛盾，体系混乱，让人无所适从。

在对“被征收人”的涵义有了正确理解后，我们再回头看《条例》第 20 条第一款的规定：“房地产价格评估机构由被征收人协商选定……”从中是肯定得不出“先发布房屋征收评估机构选择公告，后作出房屋征收决定”的结论来的，也得不出“征收决定做出后才能正式确定评估机构”的结论来的。因此笔者认为信阳中院的结论有失偏颇，最高法院的结论有失偏颇。

四、裁判思路

在审判实务中，与最高法院这个案例类似的案件很多，即：选定评估机构在先，作出征收决定在后，原告起诉撤销补偿决定。此类案件应如何裁判？

笔者认为，《条例》中并未规定“征收决定做出后才能正式确定评估机构”

的程序要求。因此，不论是在征收决定做出前还是做出后确定评估机构，都不违反程序规定。这是笔者的基本观点。

退一步讲，即使从《条例》中确实能得出“征收决定做出后才能正式确定评估机构”的程序要求来，而如果违反时，是否就严重到必须撤销补偿决定呢？是否必须通过撤销补偿决定才能彰显程序公正的意义呢？

笔者认为，第一，该种程序违法，不足以撤销补偿决定。因为它并未损害被征收人的实体权益，不论是在征收决定做出前或者作出后确定的评估机构，都是被征收人的真实意思表示，没有必要必须撤销此后所作的补偿决定。

第二，该种程序违法，撤销补偿决定于事无补。如果因程序违法而撤销了被诉的补偿决定，那么政府怎么补救？再做个补偿决定就能程序合法了吗？永远不能，永远是程序违法，这会陷入撤了再做，做了再撤的怪圈。因为只有政府在征收范围内全部重新组织相关人员选定评估机构，全部重新调查测量，全部重新作出评估报告，这样才能符合程序，然后做出的补偿决定才会程序合法。而这样的程序公正是劳民伤财的，会极大地延缓相关建设发展进度的。为这样的程序正义，而牺牲了广大被征收人的实体利益和公共发展利益，是不符合法院司法为民服务大局的基本工作要求的。

因此，笔者认为，即使是程序违法，也不足以撤销补偿决定，也没必要撤销，撤销了也解决不了程序合法的问题，而要解决程序合法问题，必然极大地影响到社会发展的整体利益。所以说，如果案件其他方面没问题，只在这方面有争议，可采用判决驳回原告的诉讼请求这一裁判方式。

以上分析是在退一步的前提下进行的。笔者仍然更倾向于认为，不论是在征收决定做出前还是作出后确定评估机构，都不违反程序规定。

（责任编辑：马玮玮）

家事审判中未成年人权益保护的司法困境与制度构建

梁　伟[①]

如果说对未成年人刑事司法权益的保护是对位未成年人最基本的保护，那么民事权益则是关乎未成年人生存、发展的利益最大化保护。目前，我国关于未成年人刑事司法权益的保护制度已经建立并不断完善，但民事权益的保护制度却在理论和实务中姗姗来迟。近年来，涉及未成年人民事权益的案件日益增多，新情况、新问题不断出现，现行的民事司法制度难以适应新的形势要求。因此，建立一套全面、系统的未成年人民事权益保护的法律制度显得尤为重要。司法实践中，涉及未成年人的民事案件相对集中，多为离婚、抚养、继承、探视等家事案件。本文着重以未成年人在家事审判中所享有的民事权利为视角，根据家事审判中未成年人合法权益保护的实然状况，提出司法实践中存在未成年人诉讼能力相对较弱、未成年人诉讼地位得不到应有的重视、涉少家事审判缺乏专门的涉少审判组织、未成年人在家事审判中的民事权益难以完全保护等问题，并据此从案件管辖、审判方式、裁判文书等方面重构涉未成年人家事审判（以下简称涉少家事审判）的司法制度，并提出建立由法官主导的诉讼模式、指定诉讼代理人制度、推行庭下对话机制等配套措施，以期对司法实践有所裨益。

一、理性描述：涉少家事审判司法实践之实然状况

法律的目的是对受法律支配的一切人公正地运用法律，借以保护和救济无辜者。

——洛克《政府论》

（一）涉少家事审判的基本特点

近年来，随着人们法律意识的增强、物价上涨、教育成本增加以及《婚姻

① 梁伟，山东省威海市环翠区人民法院院长。

法》明确规定了探望权等新情况的出现，有关未成年人抚养权、监护权、变更抚养费、变更抚养关系、探望权纠纷等家事案件逐年递增，并呈现出所占民事案件收案比例逐年攀升、案件类型相对集中、案件调撤率相对较小等特点。现以笔者所在的基层法院为例[①]，制作图表如下：

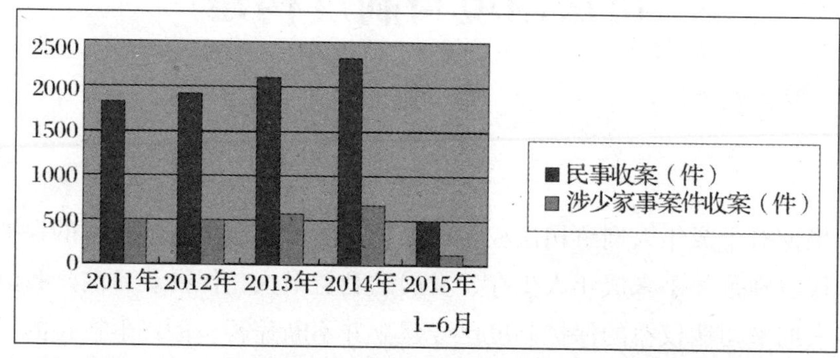

图表一 2011 年以来受理涉少家事案件占民事案件的比例情况

从图表一可以看出，涉少家事案件在整个民事案件中所占的比例约为20%[②]，这类案件如果能够得到妥善的处理，必然对未成年人的身心发展以及社会的和谐稳定起到积极地促进作用。然而从目前的司法审判实践看，涉少家事案件的审判仍然是我国未成年人司法工作中的薄弱环节，随着加大未成年人民事权益保护的呼声高涨，涉少家事案件在审理中的实体和程序问题日益突出。

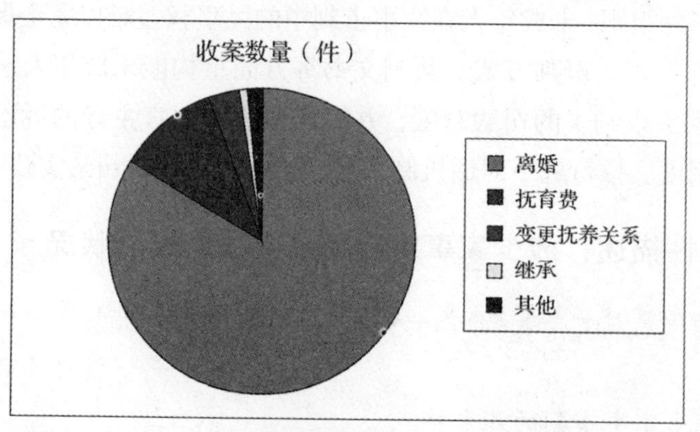

图表二 2011 年以来全院受理涉少家事案件的类型情况

① 图表中引用的数字均出自威海市环翠区人民法院的司法统计报表。

② 图表中引用的数字均出自威海市环翠区人民法院的司法统计报表。

从图表二可以看出，涉少家事案件中，案件类型相对集中，大多为离婚、抚育费、变更抚养关系、继承、探望权等纠纷。其中，离婚案件占到整类案件的 89%。而面对夫妻的个人利益和子女利益的冲突时，司法中通常把调整夫妻间的利益放在首位，对子女利益的考虑只是作为附随的问题来处理，他们的权益很容易受到损害。

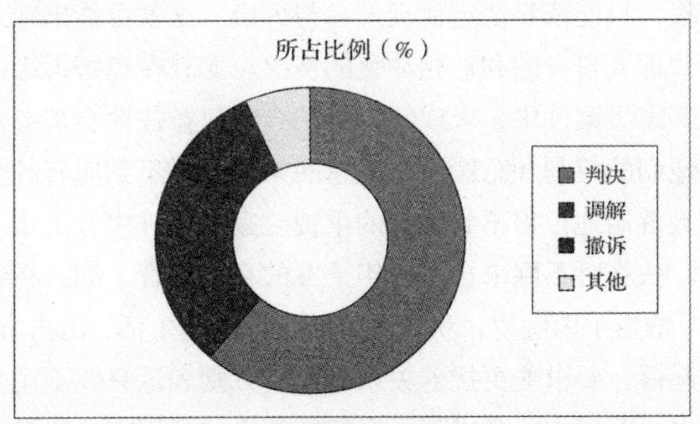

图表三　2011 年以来审理涉少家事案件的结案方式情况

从图表三可以看出，在涉少家事案件的结案方式中，判决所占的比例达到 65% 以上，调解仅占 25%。司法过程中，法官将此类案件的审理等同于其他普通民事案件，过于追求结案率，而没有加大调解力度，将调解贯穿于审判全过程，积极探索适合未成年人案件的调解方法。

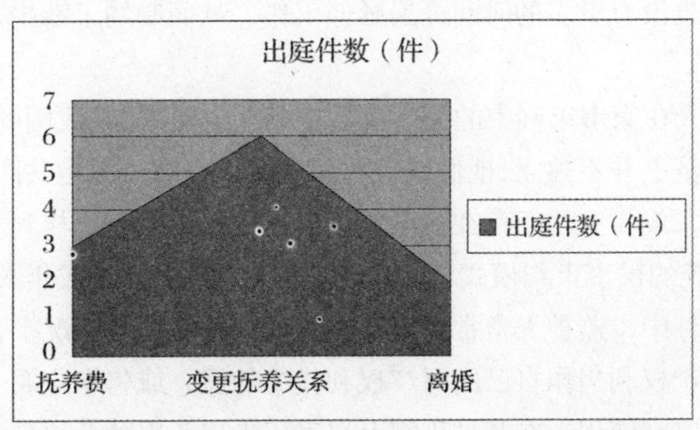

图表四　2011 年以来未成年人出庭情况统计表

从图表四可以看出，涉少家事审判中未成年人出庭的案件很少，2011 年以来共有 11 件，约占此类案件的 0.25%。大多数涉少家事案件均由其法定代理人代未成年人参加诉讼和出庭，未成年人作为特殊主体，相对成年诉讼参与人而言处于弱势地位，其合法利益是否得到全方位的保护，更多的是取决于法定代理人或近亲属的责任态度，而不取决于未成年人本身的意志和要求。

（二）涉少家事审判在司法实践中的现实缺憾

1. 未成年人诉讼能力相对较弱。基于未成年人的年龄和认知能力，他们没有独立的请求权，只能依靠法定代理人参与诉讼。这就可能出现未成年人本人的利益与法定代理人自身的利益相冲突的情况。尤其在离婚诉讼、探望权、抚养权、监护权等家事案件中，未成年子女的合法权益往往会被忽视，或者被父母随意处置，他们的权利和意愿没有表达的渠道，得不到应有的关注。①

2. 未成年人诉讼地位得不到应有的重视。家事案件中，由于未成年人大多没有诉讼地位，法官听不到来自未成年子女的真实声音。如：在甲男与乙女的离婚案件中，②婚生子丙两岁，双方协商随女方一起生活，由男方支付抚养费。两年后，男方起诉，要求变更抚养关系，而女方则表示只要不用其交纳抚养费便同意男方请求。此案中，未成年子女年龄太小，且现有法律没有设置专门程序来帮助法官全面了解最有利于未成年人成长的情况，只能在审判实践中尽量主持调解结案。

3. 涉少家事审判缺乏专门的涉少审判组织。目前，很多法院虽然成立了涉未成年人民事案件合议庭，但多未指定专人审理，完全混同于普通民事案件，审判中也没有对未成年人采取有针对性的保护措施。同时在案件多、人员少的压力下，法官也没有更多的时间开展延伸工作，从而制约了涉少家事案件审判向专业化发展。

4. 未成年人在家事审判中的民事权益难以完全保护。在我国的家庭结构中，未成年人在经济上并不独立，他们通常与其监护人在财产上是共同所有的关系。由于监护人与未成年人之间存在血亲关系，未成年人的财产权利多掌握在监护人手里。在传统的民事审判模式下，很容易混淆监护人和未成年人的权益关系。比如在继承案件中，监护人常常在不征求未成年人同意的情况下，将本应属于未成年人的财产权利当作自己的财产权利代为处置，或将本应属于未成年人继承的财产据为家庭使用，在某种程度上损害了未成年人的合法权益。

---

① 杨飞雪：《民事审判中未成年人权益保护的问题及对策——以家事案件为视角》，载《天府新论》2009 年第 4 期。

② 山东省威海市环翠区人民法院（2007）威环民初字第 264 号民事调解书。

二、困境审视：涉少家事审判运行缺憾之缘由探析

理解法律，特别是要理解法律的缺陷。

——边沁

（一）涉少家事审判存在问题之成因分析

1. 思想上对涉少家事审判重视不够。当前社会上普遍关注的是未成年人的犯罪问题，以至于整个涉及未成年人的司法制度都在向未成年人犯罪的惩罚与预防倾斜，对未成年人民事权益的保护缺少应有的重视，而这种现象直接影响了司法活动。虽然我国法律规定了未成年人享有广泛的民事权益，但这些法律制度大多是一些缺乏可操作性的原则性规定；一些地方法院根据涉少家事审判实践探索出的具体做法，因各地标准不一样，尤其是缺乏相应的法律依据，很难形成统一的操作规程。尤其重要的是，法院内部“重刑轻民”现象突出，以致涉少审判的制度设计和审判活动的进行主要是围绕涉未成年人刑事审判展开。如少年法庭或少年合议庭仅受理和审理未成年人刑事案件，而且其专业化水平不是很高，在人员配备、经费保障上都还不够。目前很少有专门的涉少民事法庭或合议庭。

2. 立法上没有形成一套系统的未成年人保护制度。我国的未成年人保护，虽然有宪法层面的原则性规定，有民法通则层面、刑法层面的原则性规定，也有专门的《未成年人保护法》的具体规定，还有分散于其他具体法律如婚姻法、继承法等的具体规定，但这些原则、规范还存在一些缺陷和不足：第一，原则性规定过多，偏于形式缺乏实质内容；第二，具体规定分布零散，缺乏有效整合；第三，具体制度规定有些不合理或已经滞后，需要适当修改；第四，规定操作性差，缺乏配套的具体细则；第五，缺乏对应的司法救济、保护程序规定，对未成年人权益保护没有明确形成一套特殊的诉讼制度。

3. 庭审方式不适合未成年人出庭诉讼。传统民事案件的庭审方式体现地往往是法律的权威性和严肃性，没有过多地考虑未成年人的心理特点。由于未成年人和成年人在年龄、性格、文化程度、社会阅历等方面的差异，导致未成年人的心理承受能力相对较弱，对其适用普通的庭审方式，容易给未成年人造成一定的心理压力，不利于未成年人的身心健康。在离婚、变更抚养关系类型的案件中，父母对簿公堂，相互指责的场面对未成年子女来说也是一种伤害，甚至会影响其性格的转变和人格取向，以及未来的学习和生活。法官和法定代理

人为减轻法庭给未成年人带来的心理压力，出于保护未成年人的角度，往往选择不让未成年人参加庭审。[①]

4. 程序上未能体现优先保护未成年人。主要表现在：（1）立案上不能优先立案。如：采用普通民事案件立案程序，过程繁琐复杂，既未设立专门立案窗口，提供立案方面的指导和咨询，也未简化立案过程；管辖上，采用原告依被告原则，未考虑未成年人的生活学习情况，不便于其参与诉讼。在诉讼费的缴纳上，比照成年人民事案件的缴费标准和缴纳办法，在减缓免上未予以特殊照顾等。（2）审理上未考虑未成年人特点，没有采用特殊的审判方式，而是按照普通民事案件的审理程序和方式进行。尤其是举证上，未考虑未成年人取证、质证能力差于成年人的特点，法院很少依职权主动调取有利于未成年人的证据。（3）执行上不主动积极，力度不大，不能及时实现判决确定的实体权利。

（二）域外涉少家事审判之立法现状及启示借鉴

从 1959 年联合国《儿童权利宣言》最早提出“应以儿童最大利益为首要考虑”的国际性指导原则以来，这种儿童最大利益原则（best interests of the child）已经被各国立法所接受，很多国家的民事诉讼中，都出于对未成年人权益的保护，就家事案件作了特殊规定。

1. 国外及台湾地区的相关立法现状

我国台湾地区《民事诉讼法》规定，法院为酌审子女之最佳利益，得征询主管机关或社会福利机构之意见或请其进行访视，就相关事项为事实之调查，提出调查报告及建议。子女已满 7 岁以上未成年人者，法院进行裁决前，应听取其意见。[②] 一般情况下，父和母离婚时，对子女权利义务的行使及负担由什么人行使，都会要求政府社会局指派社工人员，前去探访父母和未成年子女，参考其探访报告来确定谁对未成年子女更有利。[③] 而在英美法系国家则分别要求法院，在决定有关儿童的问题时，要考虑儿童的最大利益原则。[④] 按照大陆

---

① 卢伟艳：《科学探索未成年人民事审判制度的实践及构想》，载《佳木斯大学社会科学学报》2009 年第 2 期。

② 姜世波：《论探视权的强制执行》，载《山东理工大学学报》（社会科学版）2003 年第 19 卷第 1 期。

③ 宋豫、陈苇：《中国大陆与港、澳、台婚姻家庭法比较研究》，重庆出版社 2002 年版，第 382 页。

④ 谢京杰：《中英儿童权利保护立法与司法实践之比较研究——以家庭法的相关规定为视角》，发表于《家事法研究》2005 年卷，第 290 页。

法系民事诉讼理论，有关身份关系的“人事诉讼”与普通的民事诉讼具有不同的原则。普通民事诉讼中最基本的原则是处分原则和辩论原则，其民事诉讼在体制上的特征是当事人主导；而在人事诉讼中不再适用处分原则和辩论原则。[①]《法国民法典》规定：“亲权由父母双方共同行使。当双方不能协商一致时，法官得指定由子女在其惯常居住的父、母单方行使亲权。”《德国民法典》关于“父母照顾权”的行使、日常事务“决定权”的限制等规定，都体现了优先考虑子女最大利益原则。[②]

2. 国外立法对我国涉少家事审判的启示及借鉴

通过以上国外立法及司法的相关规定，我们可以看出：（1）将“未成年人最大利益优先原则”以立法的形式予以确立。（2）对涉及未成年人权益的民事案件设置特别程序，其目的在于促使法官全面、客观地了解未成年人的真实意愿，能够了解到来自于为未成年人健康成长考虑的诉求，以实现未成年人最大利益。（3）充分听取未成年人的意见，该意见既可以是未成年人本人的，也可以是相关维权机构为其代言的，但都应该从未成年人自身的利益考虑。（4）凡涉及未成年人权益的诉讼，均有社会维权机构的参与。（5）法官具有完全的自由裁量权。在涉及未成年人利益的家事案件中，父母以及其他利害关系人的协议不能对抗法官的自由裁量；对社会维权机构的意见，法官可以不予采纳。（6）适度司法干预。在这类案件的审理中，无论大陆法系还是英美法系，法官的职权主义色彩浓厚，都不同程度地依职权进行干预。

三、解决路径：涉少家事审判制度建构之应然模式

在理论转变为实践的时候，于每一个转折点都会出现棘手的问题。

——安德鲁·卡门

针对涉少家事审判在司法实践中存在的问题，笔者认为，应当在域外借鉴的基础上建构起适合于未成年人的民事司法制度。当然，笔者也深知，提出解决问题的办法是有限的，一个天衣无缝的解决办法显然是不可能的。因此，笔者建议从以下几方面予以完善和建构。

---

① 郑冲、贾红梅译：《德国民法典》（修订本），法律出版社 2001 年出版，第 389-403 页。

② 杨飞雪：《民事审判中未成年人权益保护的问题及对策——以家事案件为视角》，载《天府新论》2009 年第 4 期。

（一）司法理念之确立

既然涉及未成年人的司法制度是区别于普通司法制度的“特殊司法制度”，其司法理念自然也有其特殊之处，即在普通民事诉讼程序中，强调赋予当事人充分的程序权利，最终通过程序运行达到查明事实、解决纠纷的目的。而涉及未成年人的家事审判则更应强调通过程序的有效运行和法官司法权的适当干预，最大限度地实现和保障未成年人的权利，涉少家事审判更多的应当强调保护而不是对抗，所以在此类案件的审理中首先要确立未成年人利益最大化的理念。具体包括以下四个方面：第一，在处理涉少家事案件时，应以未成年人为本位，从其根本利益、长远利益出发分析和解决问题。第二，应当将未成年人作为一个独立的法律个体理解，而不是作为家庭的附属部分，要在强调其独立性的基础上，对涉及未成年人的权益、利益给以特别关注。第三，未成年人利益与其他个体利益甚至局部社会利益发生冲突时，应当优先考虑未成年人的生存、学习需要。第四，关注未成年人本身的愿望或要求，保障其参与家庭和社会生活的权利，具备表达其权利诉求的渠道。

（二）程序模式之选择

“没有救济，即没有权利”，再好的保护愿望，如果缺乏相应的程序保障，最终也无法落实到现实的权利保障上。我国现行的民事诉讼法对于涉少家事案件没有设立专门的诉讼程序，法官在审理此类案件时，完全按照传统普通民事案件的诉讼理念推进程序的运行，没有充分地考虑到这类案件的特殊性。现行民事诉讼具有强烈的“成人化色彩”，即制度设计大多从成年人的角度出发，根据成年人的思维模式及行为特点进行构建，而涉少家事审判是需要立足心智发育尚未成熟的未成年人，解决与其切身利益息息相关的争议和纠纷，现行制度中缺乏符合未成年人特点、方便未成年人诉讼、保护未成年人权益的程序运行机制。

通过对国外民事诉讼法的考察，我们会发现很多对未成年人民事案件设置特别程序的情况。从大陆法系代表性国家的立法看，德国民事诉讼法典第六编为“家事审判程序”，其中第五、六章分别为“亲子事件程序”和“抚养的程序”。法国新民事诉讼法典第三卷“某些案件的特别规定”中，设有对亲子关系案件、收养关系案件、监护案件等的特别规定。日本早在1898年即制定了《人事诉讼程序法》，其中有单列的关于收养案件程序及亲子关系程序的特别规定。1947年，日本又制定了《家事审判法》。从英美法系代表性国家的立法看，英国《1989年儿童法案》的第二部分为“关于儿童在家庭诉讼中的指令”，其中规定了居住令、探视令、特定问题令等不同于一般民事诉讼程序的法庭指令。美国的《统一婚姻及离婚法》第四部分以及《统一儿童监护司法法》中，也有与普通民事诉讼程序不尽相同的关于儿童监护案件的特别程序。这些国外相关领域的立法经验也从比较法的角度提示我们，对于未成年人家事案件应当设置特别诉讼程序。

（三）具体制度之设计

1. 适用案件的范围。根据最高人民法院制定的《民事案件案由规定》中，第二部分“婚姻家庭、继承纠纷案由”中的抚养费纠纷、变更抚养关系纠纷、监护权纠纷、探望权纠纷、赡养纠纷、收养关系纠纷等二十四种民事案件，① 基本上都是涉及未成年人身份权益的民事案件；而这部分有关婚姻家庭的几种家事案件即离婚纠纷、同居关系析产、子女抚养纠纷、婚姻无效纠纷、撤销婚姻纠纷等，都涉及未成年人身份权益的保护问题。涉及这些纠纷的家事诉讼，都可以考虑适用特别程序。

2. 案件的管辖。按照我国现行民事诉讼法的规定，管辖分为级别管辖与地域管辖。（1）级别管辖。笔者认为应在确定级别管辖时充分考虑到未成年人的特点，并参照现行民事诉讼法关于级别管辖中四个级别法院的管辖范畴。但现行《民事诉讼法》及相关司法解释中关于级别管辖的规定都没有充分考虑未成年当事人的特殊情况。有鉴于此，笔者认为应在基层人民法院、中级人民法院、高级人民法院中设置未成年人家事案件的专门审判组织。（2）地域管辖。依据《未成年人保护法》和最高人民法院《关于适用〈民事诉讼法〉若干问题的意见》的规定，以下四种案件可考虑由未成年人住所地（或经常居住地）人民法院管辖：第一，父母离婚后，未成年人向居在异地、负有抚养给付义务的父或母一方提起有关抚养费诉讼的；第二，未成年人在异地遭受人身伤害而提起赔偿诉讼的；第三，未成年人的肖像权、名誉权、隐私权等受到侵害而提起诉讼的；第四，行为人虐待、暴力殴打、遗弃未成年人或有其他严重侵犯未成年人合法权益的行为而引起诉讼的。

3. 审判机构。笔者认为应设立专门的审判机构对涉少家事案件进行集中审

① 丁兆增、吴国平：《构建我国未成年人民事案件适用特别程序初探》，载《西华师范大学学报》（哲学社会科学版）2010年第4期。

理。在美国，家庭法院通常由受理案件的工作人员、调查官等担任和解工作，部分家庭法院设置有婚姻协调人员，且他们并不是专业法官，通常是由具有专门技术的职员担任。日本的家庭法院由法官、书记官、调查官构成，还设有处理事件的辅助机构，比如医务室、参与员、调解委员及家庭裁判所委员会（由民间有识人士组成）等，协助家庭法院的日常工作。同时，家庭法院还配备具有心理学、医学或社会学等方面知识的专家，他们从事的专门工作有助于家庭法院的正确调停和判决。[①]

在我国，对于未成年人家事诉讼虽然还没有完全普遍地设立专门的审判机构，但也已经有了这方面的一些探索。2006 年，最高院指定上海市第一中级人民法院试点设立未成年人案件综合审判庭，受理未成年人刑事案件和涉及未成年人权益保护的民、行等案件。“为贯彻落实最高法院的要求，高院决定由一中、长宁法院开展未成年人案件综合审判庭试点工作”[②]。笔者认为，设立专门的审判机构，能够使审判机构组成人员更加专业化，更加有利于合理、合法地审理涉少家事案件。其中，审判组成人员应包括：法官、书记员和调查员。调查员可以从人民陪审员、社会关护员以及基层调解组织中选任。

涉少家事审判中的诉讼代理人作用流程

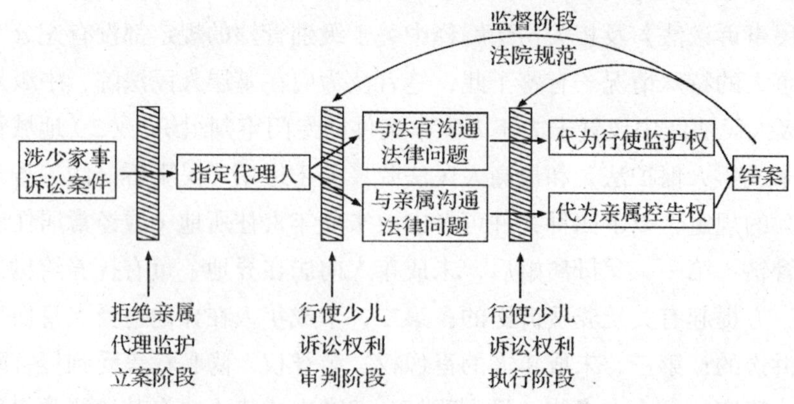

（四）配套制度之设置

1. 指定未成年人的诉讼代理人。涉少家事案件中，由于案件涉父母子女利

① 张晓茹：《发达国家的家事裁判制度》，载《人民法院报》2006 年 3 月 3 日。

② 滕一龙：《上海市高级人民法院关于市十二届人大五次会议代表书面意见办理情况的报告》，2007 年 6 月 29 日在上海市第十二届人民代表大会常务委员会第三十六次会议上。

益，任何一方亲属作为子女的代理人都会造成子女权益的倾斜，因此任何一方亲属——无论父母还是祖辈一方均丧失对所涉子女或孙子女的代理权。一定意义上说，涉少家事审判中家庭成员分为敌对双方，未成年子女亦应于庭上以双方为敌对者。这时维护其民事权利的唯一途径，只能是设定一个案外人参与诉讼程序。有学者认为应当设立“诉讼代言人”制度，笔者对此不能苟同。代言者，代为发言也，与代理非为同一概念，应当设定代理人制度并赋予其与法定代理人的同等权利，才能真正维护未成年子女的诉讼权利。（1）未成年子女的诉讼地位。将其列为有独立请求权的第三人。诉讼代理人在诉讼中不受父母意愿的影响，法律地位独立于子女的父母。（2）诉讼代理人的主体。应当优先考虑将其列入律师法律援助业务之中，亦可在儿童权益维护机构当中进行选择，让妇联、共青团等组织的相关人员参与到诉讼中来。（3）诉讼代理的方式。以出庭参与诉讼并直至案件执结为必要，庭上依法维护未成年子女利益，判决生效后得行使监护权和亲属控告权，直至执结方代理完毕。

2. 构建由法官主导的诉讼模式。由于未成年人家事案件在审判对象、审判内容、审理方式等方面的特殊性，它允许法官以积极主动的姿态参与案件审判，并担负起对未成年人的调查、教育、帮教、回访等职责。因此，笔者建议法官在审理涉少家事案件时，应充分发挥法官的司法能动性，构建由法官主导、当事人合力推进的符合未成年人特点的诉讼模式。[①] 第一，在诉讼推进过程中，法官始终具有主导权，占据主动地位；第二，法官在诉讼程序运行过程中有释明权。比如，提前告知当事人存在诉讼风险、引导当事人正确行使诉讼权利、合理预期诉讼结果、慎重选择维权途径。第三，当事实处于真伪不明的情况时，法官对分配证明责任具有主动性。第四，对未成年当事人无力获取，但又对未成年人权利主张起到关键作用的证据，法官应当主动进行查证。第五，法官主动审查涉及未成年人意愿、生活环境及其监护人意愿、品行等方面内容，并征询相关部门的意见和建议。

3. 推行法官与未成年当事人庭下对话机制。在目前的司法实践中，我们在整个涉少家事案件诉讼中充满的都是成年代理人的“事实”和“主张”，而不是未成年人的“声音”，使这种类型的诉讼混同于普通的民事案件。对此，有

① 朱福勇：《发挥法官能动性保护未成年人权益》，载《理论探索》2010 年第 2 期。

关实务部门指出应进一步强化未成年人当事人出庭制度。[①] 当然，这有其积极的一面，但由于未成年人的智力发展和心理素质还不够成熟、稳定，正式的法庭审判活动往往会给其造成过分的心理压力，所以要求未成年当事人出庭的建议忽视了对未成年人的特殊保护。因此，笔者建议，应在允许未成年人自由选择是否出庭的同时，推行法官与未成年当事人庭下对话机制。该机制即使未成年当事人不必遭受普通庭审活动中的激烈对抗，同时又兼顾了直接言词原则下法官的审查职能。（1）年龄范围。对于7岁以下的儿童，笔者认为除非确有必要对其亲身感知的部分争议事实加以核实之外，可以不必直接对话。对于7至12岁的儿童，法官可以根据案件具体情况看是否直接询问未成年人。至于12岁以上的未成年人，由于其已经具备了部分法律知识和独立意识，因此法官原则上必须亲自与未成年人对话，了解其对案件的独立认识和主张。（2）适用阶段。笔者认为，推行法官与未成年当事人的庭下对话机制主要应适用于一审阶段，具体时间可在一审当事人证据交换之后和正式开庭日期之间。至于在二审阶段，法官可根据上诉理由来决定是否与未成年当事人对话，原则是只有在案件事实不清的情况下才有必要进行对话。[②]

4. 做出彰显人文关怀的特殊裁判。针对普通民事案件做出的判决，往往以逻辑的严密、法律适用的准确以及措辞的精准作为衡量标准。但在涉少家事案件中，如果仅仅是一味地强调这些，就不能够反映涉及未成年当事人案件的特殊性。因此，笔者建议，在遵循法定裁判书写模式的基础上，采用更具有未成年人特色、彰显人文关怀理念、有利于体现未成年人权益的裁判模式。一是在裁判文书后附上与该案相关的法律法规，向当事人明示法官的裁判思路，某种意义上起到警示作用，同时督促其按照法律的规定履行相关义务。比如，在监护权案件中，法官可以在法律文书后附上相关的法律条文，警示监护人应当按照法律规定履行监护义务，并列明不履行义务或不当履行可能导致的法律后果。二是在裁判文书之后附上法官心语。案件承办人在了解发案原因和当事人性格特点的基础上，找准双方的感情共鸣点，对当事人进行帮教和劝导，把不方便写进裁判文书中的话语以心语的方式附加到文书后面，提高法律文书的说服力。

---

① 袁定波：《民事纠纷案件凸显少年审判难点，如何实现特殊保护》，载《法制日报》2008年7月4日。

② 俞亮、张驰：《民事少年审判中法官与适龄当事人庭下对话机制的构建》，载《中国青年研究》2010年第8期。

通过这种方式，使法、情、理有机融合，更容易使双方当事人认同法院的判决，把实现正义的成本降到最低点，从而更有利于社会的和谐稳定。

综上所述，笔者就是想通过以上制度构想，形成一套区别与普通民事司法制度的特殊司法制度，从而最大限度地保障未成年人的合法权益（见图表五）。

图表五　普通民事案件与涉少家事案件审判流程对比

“故今日之责任，不在他人，而全在我少年。少年智则中国智，少年富则国富，少年强则国强……”“今天的儿童就是明日世界的公民，因而他们的生存、保护和发展是人类未来发展的先决条件。”[①]可见，未成年人作为祖国的未来，他们能否健康成长，他们的各项权益能否切实得到法律的保护，不仅关系到青少年自身及其家庭的幸福，也关系着国家和民族的兴衰以及人类未来的发展。可以说，未成年人民事权益的司法保护是一项特殊的“希望工程”，笔者当然无法奢望文章中所提到的制度构想能够完全保障未成年人在家事案件中的所有合法权益，但至少希望，制度的改革和完善能更大限度地实现未成年子女的权益，帮助未成年人在维权的道路上走得更远、更踏实……

（责任编辑：常淑静）

① 1990年9月30日在纽约召开的世界儿童问题首脑会议关于《执行九十年代儿童生存、保护和发展世界宣言行动计划》中提到：今天的儿童就是明日世界的公民，因而他们的生存、保护与发展是人类未来发展的先决条件……

拔除司法毒瘤：论民事伪证的现状与规制

——基于一种实证的立场

王　群①

一、引言：由 4 则典型伪证案谈起

案例 1　“从天而降的 40 万欠条”案

张某、李某在结婚 15 年后因张某“有外遇”准备离婚，在分割财产时，案外人王某“突然”拿出一份欠条，声称张某欠其 40 万货款。如此，没有过错的李某在离婚后基本要“净身出户”，后李某主张 40 万买卖合同为虚假证据，法院在查实后未予采信。

案例 2　“真假证人作证”案

桑某与王某因一张 17.6 万元的欠条引起纠纷并诉至法院，开庭时，桑某申请作证的两名证人在听到法官宣读证人作虚假证明需承担民事甚至刑事责任时竟纷纷表示“家里有事”后陆续离开。王某开庭时出具了证人刘某的证人证言，该证言明显不利于桑某，庭审后桑某竟携带农药到刘某家中大闹，后刘某又出具了对该案不知情的证人证言，桑某将该证言提交后，指出不但要否认庭审时刘某证人证言的效力，更要求法院对刘某“前后不一”的证人证言行为进行处理，缘由是开庭时法院已将承担伪证的责任予以释明。

案例 3　“说变就变的 9 万元定金”案

石某与孟某买卖合同纠纷中，一审时，石某主张向孟某支付了 9 万元定金，孟某一审答辩称这是石某还我的借款，还完后欠条已撕掉，后二审时孟某又主张该 9 万元是公司通知他用自己账户接收的货款，是一种职务行为，且货物已经发出，法官问他为何要说谎时，孟某说是“对方先冤枉我，所以我才

① 王群，山东省菏泽市中级人民法院商二庭法官。

冤枉石某”。

案例 4　“一审没有二审有”逾期罚息条款

在牛某与某信用社借款合同纠纷中，一审时信用社提交的借款合同中并没有罚息条款，只有借款数额和约定贷款利率，然而一审判决后，牛某不服提起上诉，二审时信用社提交的借款合同中居然加入了“逾期不还，另加收30%罚息”条款。二审法院及时查明了这一事项，并对信用社此行为处以30000元罚款。

四则案例只是不可计数伪证案中的“缩影”，究竟是什么让伪证者们如此“肆无忌惮”甚至“乐此不疲”呢？是立法的缺位、法官的“宽容”、律师的引导、利益的驱动抑或是其他呢？带着这些问题，我们以山东省H市的5个法院近四年来的伪证发展态势以及抽取的150起伪证案为例，将伪证现象频发之表现、之原因、之困境、之出路一一展示，以最大限度地展示民事伪证制度在我国的运行现状，并期冀对其改革与完善产生一定的推动力。

二、现状检讨：关于民事伪证制度运行现状的考察

此次调研，我们选出5个代表性法院为调查样本，并分别以其民二庭为样本对2010—2013年的收案总数与伪证总数进行了统计。经汇总，2010年抽样伪证率为21.15%，然后连续上升，2011年为21.97%，2012年骤升至28.53%，2013年出现拐点，下降为27.34%，但是我们认为，这与2013年收案数激增有关，分母变大，使得占比似乎有所下降，但伪证率依旧高位运行（图一、图二）。

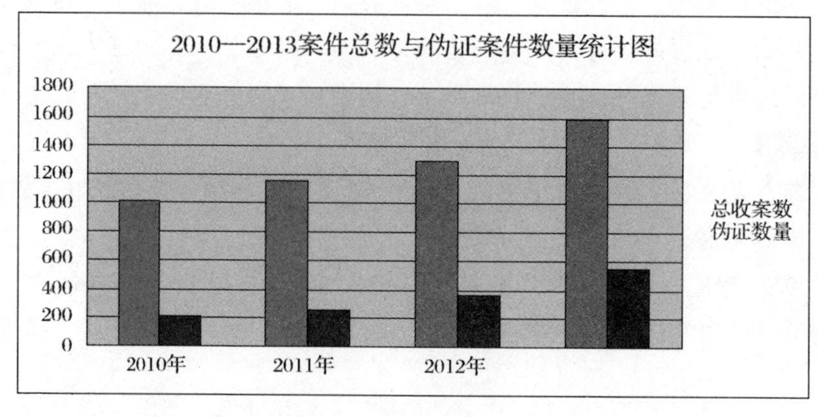

图一

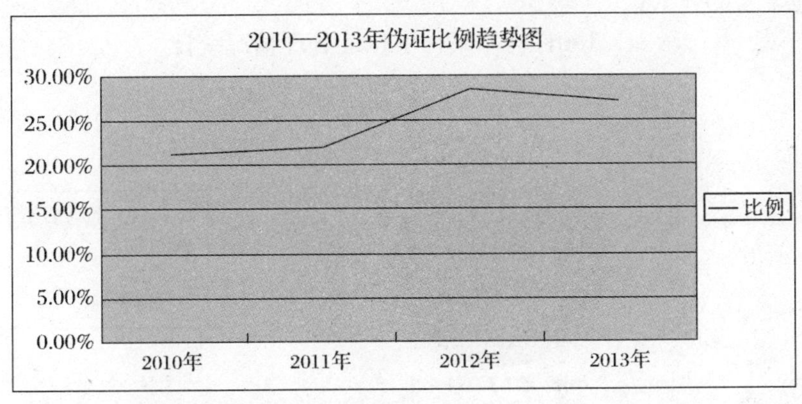

图二

另外，我们以2013年度受理的民事案件为考察对象，从五个法院民庭法官备注的伪证案件总量中各抽取30起案件，共150起案件作为调查研究的样本。以下是笔者就150起伪证案进行考察与统计的具体情况：

经汇总，150起案件中，当事人陈述伪证率为49%，证人证言为34%，书证为28.53%，其他证据类型都较少或不存在伪证情况（图三）。

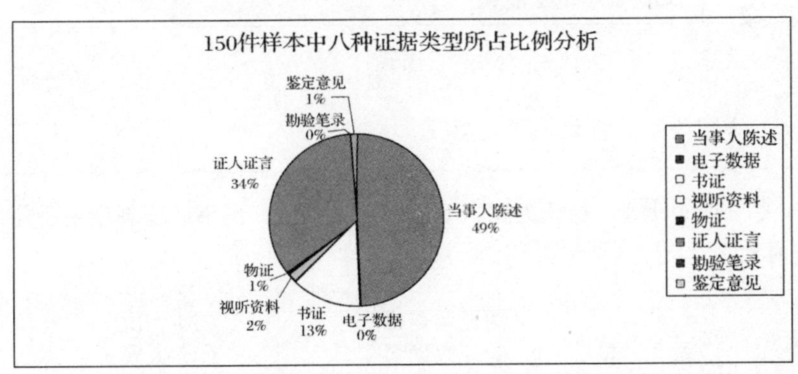

图三

令人“不可想象”的是，尽管150起案件中均有不同程度的伪证，但受到处理的仅有2件，而且仅仅是被处以罚款，至于拘留和刑事犯罪处理均未见踪迹（图四）。

而且，除了上述调研形式之外，我们还通过与办案法官、律师以及筛选的部分当事人①的交流，得出了诉讼参与群体的“心声”（图五）。

① 法官、律师、当事人的样本数量也为30。由于部分卷宗中有当事人或其家属或其律师的联系方式，我们根据这一线索，直接或间接地与被调查样本取得了联系。

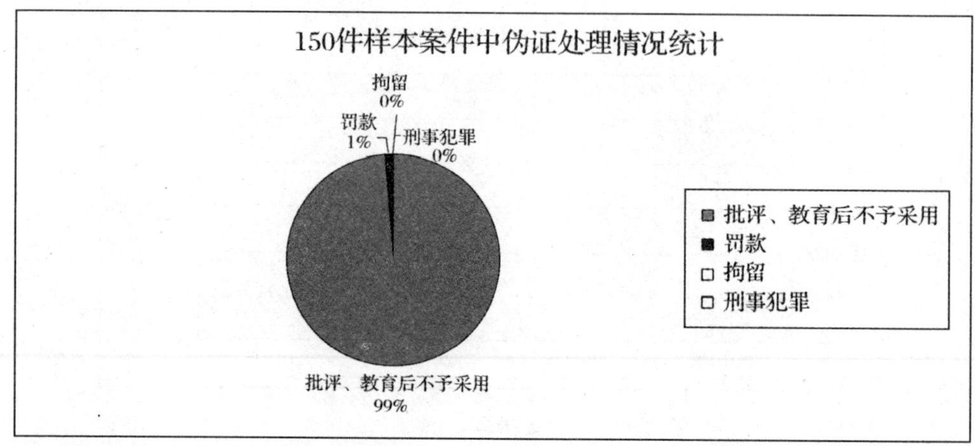

图四

被调查样本反映主要情况统计

被调查主体	法官	律师	受伪证的当事人
反映的问题	1. 伪证调查难 2. 伪证数量多 3. 伪证与刑法脱钩	伪证成本低而收益高	额外支出费用不应由自己“买单”

图五

（一）法官[①]：“想说治理不容易”

询问问题 / 被调查对象	您认为在当下在审判实务中，民事伪证制度主要存在何种问题呢？
法官（30人）	伪证调查难（25人次） 伪证数量多（19人次） 伪证与刑法脱钩（16人次）[②] 其　他（3人次）

图六　法官群体反映主要情况统计

在调查中，我们与一批“奋斗”在法院商事审判一线上的法官进行了座谈，

① 包括25个基层法官和5个中院法官，从事民事审判最短的为3年（从刑庭转到民庭），最长的为18年。

② 一个法官、律师或伪证受害人可能提出多个问题，所以我们均记为“人次”。

并以提问题、说感悟的方式进行了“面对面”的交流。通过调查，法官认为在当下审判实务中主要存在以下问题：

一是当下伪证数量[①]“多如牛毛”，作伪证几乎到了“肆无忌惮”的地步，但是如何进行打击和治理却非常棘手。如某证人起初出具了一份证人证言，后来又出具了一份内容相反的证人证言，此时，法官该如何处理？按照程序，此时法官应将该份证言交到北京、上海或重庆的鉴定机构进行比对，如果真到这一地步，鉴定费由谁承担？鉴定延误的诉讼时效如何计算？因此，法官一般只能在作出不予采信后便“草草完事”了。

另外，民诉法对伪证案件的处罚程度较低，而且《刑法》第305条规定的伪证罪适用范围仅限于刑事诉讼中的伪证行为，不包括民事伪证，这是当下伪证数量居高不下的重要原因。

（二）律师：伪证不是律师“错”，“隔靴搔痒”太“蹉跎”

询问问题 / 被调查对象	您认为当下在审判实务中，民事伪证制度主要存在何种问题呢？
律师（30人）	和律师无关（21人次） 处罚轻，伪证成本低（17人次） 其　他（2人次）

图七　律师群体反映主要情况统计

通过调查，律师群体反映民事伪证数量高涨的原因在于“违法成本”的“廉价”。某所经常参加学术活动的于律师还采用了“成本—收益”式的方式展开了分析，他指出，当原告作伪证失败时，法官往往会将此举理解为举证不能，即会认为原告证据不足而驳回其诉讼请求；当被告作伪证失败时，一般由于原告胜诉，被告的伪证行为往往在受到教育、口头批评或训诫后便不了了之。除非性质较为恶劣或产生其他后果，其伪证行为才可能会被罚款或拘留，但这是

① 部分文献的数据也证实了本文的结论，如自2005年以来，湖南省衡东县人民法院民事审判庭共审结有证人出庭作证的案件378件，其中存在伪证行为的案件162件，约占案件总数的40%以上，而同期该院民事审判庭对伪证进行制裁的案件仅为3件。另据不完全统计，近年来平山县人民法院审理的民事案件中，存在伪证行为的案件约占案件总数的70%以上，而该院2000年以来对伪证进行制裁的案件仅为五件。

极其极端之情形才会出现。但另一方面，一旦伪证成功，其获得的利益却可能要超越成本的几倍、几十倍甚至几百倍。因此，成本、收益的两极分化就导致了伪证行为的屡禁不止。

（三）伪证受害人："赢了官司输了钱"

询问问题 被调查对象	您好，我们是 ×× 法院的工作人员，很抱歉打扰您了，我们想就您经历过的民事伪证程序对您调查一下，您认为现行的民事伪证程序存在何种问题?①
被害人或其家属（30 人）	额外支出费用不应由自己"买单"（25 人次） 没有制裁伪证行为人（17 人次） 其　他（1 人次）

图八　被害人家属反映主要情况统计

我们通过基层法院民庭同志的帮助，与若干伪证受害人取得了联系——如案例一中的李某、案例三中的石某等，在调查中，较多的受害人反应激烈，甚至达到"义愤填膺"之程度。经调查，伪证受害人群体反映强烈的问题主要在伪证赔偿方面，如某案原告楚某指出，在纠纷中，由于被告张某的伪证行为，使本来案情简单的买卖合同纠纷变得复杂起来，为了应对案情的转变，一万四千元左右的纠纷，其先是花了两千元聘请律师，而后为了否认伪证四处调查证据，仅支出的交通费、伙食费、住宿费等生活开支又接近三千，结果尽管胜诉，但额外支出的成本却都"打了水漂"。最后，楚某"疑惑"问道，他（指张某）拿假条子没有受到任何处理，我的损失非但得到任何赔偿，反而耽误了至少半年才拿到货款，难道法律对这（指作伪证）没有什么"说法"吗?

四、路径架构：我国民事伪证制度完善的可行性探究

（一）并驾齐驱：实现宣誓制度与测谎仪的"混搭"

追根溯源，宣誓制度最早"诞生"在宗教仪式中，后来随着宗教与法律的融合，宣誓制度也正式进入了审判。鉴于宣誓的目的"在于涤净证人之良知，

① 对该群体调研主要通过电话形式进行，当然，鉴于理解等原因，我们的询问并非如此书面化，这只是一种书面化的"转化"。

加深其义务的观念，用以获致其证言之纯洁与真实”[①]，为此，较多国家在法条中予以明确规定。

图三中显示当下伪证案件中当事人陈述和证人证言等类型伪证数量较多，通过庄严、规范、肃穆的庭审宣誓，让诉讼参与人知悉作伪证带来的惩罚性后果，无疑能对其心理带来“恐惧效应”，从而唤醒其良知，达到预防伪证发生之预期。当然，鉴于我国民众法律信仰缺失、作证观念淡薄等现状，我们主张在借鉴国外宣誓制度成功经验的基础上，构建契合适用我国现状的宣誓制度。

首先，宣誓的主体和时间。宣誓主体容易确定，相关诉讼参与人如当事人、证人、翻译人、勘验人、鉴定人等均属适格主体。宣誓时间设置较为复杂，因为参与诉讼程序中的时间因素不同，如当事人庭审开始前即可宣誓，而其他类型诉讼参与人应在法庭程序中履行自身职责前进行宣誓。

其次，宣誓的形式和内容。由于诉讼参与人身份不同，所以宣誓形式不能千篇一律，如针对宗教信仰群体，应使用宗教类型的宣誓形式，加入其所属宗教因素的宣誓内容；针对政党群体，应以其党性在政党标志性物品前宣誓；对于其他群体，应以重点突出伪证责任的形式进行宣誓。

再次，宣誓的检测。鉴于当下测谎仪已“走入”部分法院，建议有条件的法院在宣誓进行时可以设置测谎仪，尽管测谎结论不能直接作为证据使用，但使用测谎仪，“一方面可以瓦解说谎人的斗志，另一方面还可以增强法官的心证，强化我们的判断”[②]。

（二）釜底抽薪：建构“牵一发而动全身”的伪证败诉制度

“乒乓球”的游戏规则是“你击我回”，一方接球失利后失败，在民事诉讼中，举证责任运行也是一个类似的过程，双方当事人为了胜诉，竭尽所能将“致对方于死地”的证据向对方抛出，对方则提出抗辩后再次向对方“发难”，直至一方穷尽证据。而伪证的出现打破了这一游戏规则，其是用一种“出其不意”甚至“下三滥”的手段企图赢得博弈。对待这种行为，乒乓球比赛中一般判定为此次进攻无效，而我们认为，在诉讼程序中，应更进一步，直接由伪证行为人承担因其伪证行为带来的败诉后果。

---

① 徐昕著译：《英国民事诉讼规则》，中国法律出版社 2001 版，第 172 页。

② 曾任薄熙来案主审法官的王旭光在某次讲座时讲述了一起测谎仪的使用案例，即在一起民间借贷案子中，两位当事人一个说还了一个说没还，都说自己没有说谎。后来王法官建议试试测谎，业务庭一试，说谎的那一方临上战场的时候，经不住那个阵势，招了。

（三）零和博弈：建立伪证赔偿制度

民事伪证制度的另一重大“遗憾”是伪证赔偿制度的缺失。当下尽管有“宽宥”的民事和刑事处罚规定，但这仍只是制裁性而非补偿性制度。民事案件由于本质上属于一种利益的博弈，因此如何给予利益上的弥补是受害人尤其是民事受害人的“最大夙愿”。然而，赔偿制度的“离席”让较多伪证受害人感到“莫名其妙”甚至“充满怨恨”——如上文所述的楚某与张某的买卖合同纠纷案。为此，实现伪证受害人的损失补偿，伪证赔偿制度的建立亦是势在必行。

伪证的使用，将会在诉讼程序中引发两种可能性后果；或者是法官在接纳伪证后，确信其为真实、合法后予以采纳，产生误判；或者是法官经甄别、对照后发现伪证，拒绝采信。但是，无论产生何种后果，伪证受害人均会因为伪证的出现而采取应对措施，这势必会增加当事人的诉讼成本。因此，民事伪证赔偿制度应当赔偿伪证受害人因对方的伪证行为而支付的不合理支出——如交通费、律师费[①]、误工费、伙食费等，并且，“如果损害结果是二人以上的伪证者或伪证者与贿买人、胁迫人共同造成的，则所有侵权行为人应当共同承担连带赔偿责任”[②]。

（四）查缺补漏：妨碍民事诉讼强制措施的完善

当下我国妨害民事诉讼的强制措施主要为《民事诉讼法》第111条，即“诉讼参与人或者其他人有下列行为之一的，人民法院可以根据情节轻重予以罚款、拘留；构成犯罪的，依法追究刑事责任：（一）伪造、毁灭重要证据，妨碍人民法院审理案件的；（二）以暴力、威胁、贿买方法阻止证人作证或者指使、贿买、胁迫他人作伪证的”。但是，我们认为，该条规定过于原则，导致实务中可操作性偏低。

首先，“重要证据”的界定较为模糊。不同于刑事案件要求的绝对证明标准，民事案件适用优势性证据规则，其任何证据——由于可形成证据链——均可能成为重要证据，为此，司法解释应当对“轻”“重”出台标准——而且，

---

① 目前，上海地区法院系统在判决书中已经开始判决赔偿律师费，我们认为，律师费的产生正是履行义务不当当事人引起，由其承担律师费用无疑具有合理性，另一方面也因为高昂律师费的存在，使义务人产生顾忌，而保障其义务的履行。

② 李涛：《从原则到制度：诚信原则对民事诉讼伪证行为的规范》，载《河北法学》2012年第4期。

标准认定的缺失也使法官在认定是否构成伪证方面无所适从，本着“多一事不如少一事”的心态，更多的伪证行为可能会被得以“放纵”。

其次，罚款和拘留条款的选择性适用不当。尽管新民诉法对妨害民事诉讼的处罚进行了“升级”——即对个人可进行十万元以下、对单位可进行五万元至一百万元的罚款；拘留的期限仍为十五日以下——但伪证数量的不减反增映射出此条在实务中的“失效”。由于伪证的预期利益巨大，即使行为人如证人等被处以罚款后也很快便能得到当事人的“弥补”，为此罚款的威慑作用“大打折扣”。但是，如果能在处以罚款的同时也让其失去自由，则性质将发生“根本”转变，因为拘留无法代替，此时行为人在作证之前便多了不少“顾忌”——毕竟国人很重视“名声”，曾被拘留的“名片”估计得不到太多人的“青睐”。

再次，“改革”后关于伪证行为相关责任的排序问题。按照本文理论建构，我们设想的三种责任——民事诉讼法责任（妨碍民事诉讼强制措施）、民事赔偿责任与刑事责任，由于轻重不同，在适用问题上可参照图九，如普通伪证时，可适用 B1、B2；严重伪证时，可适用 B1、B2、C1、C2；恶性伪证时，可适用 B1、B2、C1、C2、D1，当然，C1 与 D1 一般不予并用。

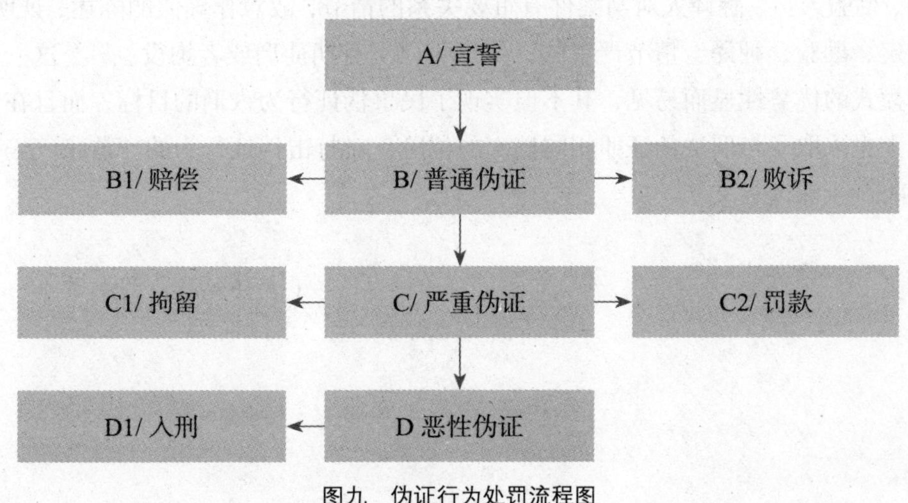

图九　伪证行为处罚流程图

（五）道高一丈：增设民事伪证罪

尽管我国民诉法第 111 条规定伪证行为若“构成犯罪的依法追究刑事责任”，但与该条相“冲突”，我国刑法第 305 条却将伪证罪严格限定在“刑事诉讼”范围内，这种刑事与民事立法的严重脱节引起了实务界的质疑，大家纷纷以威慑力欠缺等原因要求民事伪证行为入刑。然而，反对入刑的声音也不可小觑，尤其是学界，如有学者认为“把伪证罪扩展到民事诉讼中来，不利于促使证人出庭。如果把解决好证人出庭作证视作搞好民事审判方式改革的重要一环，那么就有必要放弃对民事诉讼中伪证行为的刑事处罚”[①]。但是，在此，我们认为，证人出庭率偏低并非一定以牺牲伪证入刑为筹码，从深层次根源来说，这仍与法律制度对证人保障不健全紧密相关——如人身、误工费、交通费等损失，但我们“欣喜”地看到，新民诉法出台后，鉴于其在证人保障制度方面的健全，证人出庭已经有了一定程度的改善。唯有进一步健全制度，消除证人作证在物质与安全上的顾虑，才能真正使证人勇于、善于、敢于出庭作证成为常态。另外，民事伪证入刑不应单单针对证人的伪证行为，还应当让当事人陈述、书证等均成为民事伪证罪的约束对象，因为根据上文统计，除证人外的其他伪证类型数量并非少数。

消除“作证顾虑”后，就应当探讨民事伪证如何入刑，鉴于当下当事人及证人、鉴定人、记录人、翻译人等向法庭提供伪证行为尚缺乏规定，我们建议增设民事伪证罪，规定“在民事诉讼中，当事人及其诉讼代理人、证人、鉴定人、勘验人员、翻译人对与案件有重要关系的情节，故意作虚假的陈述、证明、鉴定、勘验、翻译，情节严重的，处三年以下有期徒刑或者拘役。”[②]这一立法模式的优势性显而易见，其不但实现了民事伪证行为入刑的目标，而且在量刑上也采取了与刑法伪证罪相同档次的位阶，对打击伪证行为的“嚣张气焰”必将产生深远意义[③]。

（责任编辑：刘鹏举）

---

① 转引自肖建华主编：《民事诉讼立法研讨与理论探索》，法律出版社2008年版，第151页。

② 许兆谦：《如何遏制民事诉讼伪证现象》，载《江苏法制报》，2012年4月12日。

③ 当然，囿于篇幅，还有较多可行性措施本文未予以探讨，如在法院设立伪证调查制裁庭以加强对伪证案件的深追究、向伪证行为人所在单位发出司法建议、将行为人伪证情况纳入国家征信系统，等等。

论行政强制执行比例原则

崔文俊[①]

我国现行《行政强制法》在行政强制执行方法这一制度的设计上有不尽符合，甚至明显有违比例原则之处，实有进行修正、完善的必要。

一、行政法上的比例原则的意义

比例原则又称禁止过当原则，是行政法的基本原则之一。比例原则主要在于要求行政行为的目的与手段之间均衡，不得为达目的而不择手段。比例原则有三项子原则，即适当性原则、必要性原则和均衡性原则。适当性原则，是指行政机关采取的方法，必须有助于行政目的的达成。必要性原则，是指行政机关有多种同样能达成行政目的的方法时，应当选择对行政相对人权益损害的方法为之。均衡性原则，是指行政机关为达成目的采取的方法所造成之损害，不得与欲达成的目的之利益显失均衡。

在我国，现行法律虽未对比例原则的内涵作出比较全面、系统的规定，但比例原则的重要性已经获得普遍认同。2004 年 3 月 22 日发布的《全面推进依法行政实施纲要》中明确提出，行政机关实施行政管理“所采取的措施和手段应当必要、适当”；“可以采用多种方式实现行政目的的，应当避免采用损害当事人权益的方式”。2010 年 10 月 10 日发布的《国务院关于加强法治政府建设的意见》中进一步指出，“行政执法机关处理违法行为的手段和措施要适当适度，尽力避免或者减少对当事人权益的损害”。以上这些政策性文件的规定表明，我国对比例原则内涵的认识已经比较深入。

---

① 崔文俊，天津商业大学法学院教师，法学博士。

本文为 2014 年度黑龙江省哲学社会科学研究规划重点项目《全面推进依法行政研究》（批准号：14A001）的阶段性成果。

二、比例原则在行政强制执行法领域的运用

比例原则作为行政法的基本原则，当然也适用于行政强制执行领域。我国虽未像德国、奥地利等国那样制定有专门的行政强制执行法，但我国事实上存在相对独立的行政强制执行法。可以说，《行政强制法》实际上包括行政强制措施法和行政强制执行法两个部分。行政强制措施与行政强制执行尽管都属于行政强制的范畴，但两者其实存在着较大的差别。《行政强制法》第5条第1句规定："行政强制的设定和实施，应当适当。"这一规定，其实就是要求行政强制措施或者行政强制执行的设定和实施遵循比例原则。不过，《行政强制法》关于比例原则的规定过于原则、抽象，实有进一步细化的必要。根据前述比例原则的内涵界定，比例原则在行政强制执行领域的运用可以具体化为以下几个原则：

（一）行政强制执行适当性原则

行政强制执行适当性原则，是指执行机关采取的强制执行方法必须有助于执行目的的达成。行政强制执行旨在实现当事人依行政决定负有的金钱给付义务、行为或者不行为义务，执行机关采取的行政强制执行方法只要有助于这一执行目的的达成，即应当认为其具有适当性。行政强制执行方法的适当性，仅以部分执行目的可能获得实现已足，并不需全部执行目的可能获得实现，才认为该强制执行方法具有适当性。

当然，行政强制执行的适当性，必须以执行机关选择的执行方法具有合法性为前提。执行机关采取的强制执行方法若不具合法性，即便其在事实上确实有助于执行目的的达成，亦不能认为其具有适当性。例如，对于逾期不履行罚款缴纳义务的当事人，行政机关通过在大众传播媒或者网站上公布其姓名、职业以及违法事实等相关资料的方法促使其履行义务，显然已经违反行政强制法定原则，自不能认为该方法具有适当性。不过，执行机关采取的强制执行方法有法律依据，并不必然意味着该强制执行方法即具有适当性。执行机关采取的强制执行方法是否适当，仍然需要根据个案情况而定。例如，当事人逾期不履行罚款缴纳义务，经催告仍不履行的，根据《行政强制法》第46条第三款的规定，行政机关可以将先行查封、扣押的财物依法拍卖抵缴罚款。然而，在先行查封、扣押的财物产价值极低，以致拍卖的价格不足以支付拍卖的费用时，执行机关若采用拍卖查封、扣押的财物的强制执行方法，则显然无助于执行目的的达成。

（二）行政强制执行必要性原则

行政强制执行必要性原则，是指在有多种同样能达成执行目的的方法可供选择时，执行机关应当选择对当事人权益影响最小的方法为之。根据这一原则，执行机关在有多种强制执行方法可供选择时，应当优先考虑较为缓和的强制执行方法。具体而言，行政强制执行必要性原则又可以细化为以下两个原则：

1. 间接强制优先于直接强制原则

行政强制执行方法有间接强制和直接强制之分。所谓间接强制，是指执行机关以间接手段促使义务人履行义务，或者达到与履行义务同一状态的执行方法。在我国，《行政强制法》所规定的“加处罚款或者滞纳金”和“代履行”即属间接强制。所谓直接强制，是指执行机关以实力加诸于义务人的身体或者财产，直接实现与履行义务同一内容状态的方法。在我国，《行政强制法》所规定的“拍卖或者依法处理查封、扣押的场所、设施或者财物”“排除妨碍、恢复原状”以及“其他强制执行方式”即属直接强制。

相对于间接强制，直接强制采取的方法较为激烈，对当事人权益的不利影响也较大。在间接强制和直接强制方法均能达成执行目的时，根据行政强制执行必要性原则，执行机关自应优先考虑采用间接强制方法。德国、我国台湾地区的行政强制执行法中即明文规定，只有在经间接强制不能达成执行目的，或因情况急迫，如不及时执行，显难达成执行目的时，执行机关才可以依直接强制方法执行[①]。在我国，虽然《行政强制法》并未明文确立间接强制优先的原则，但基于比例原则的要求，执行机关在行政强制执行实践中亦应遵守这一原则。

2. 代履行优于执行罚的原则

代履行和执行罚虽然均为间接强制执行方法，但它们对当事人权益的影响大小不尽相同。执行罚是一种通过加处罚款或者滞纳金来强制当事人履行义务的行政强制执行方式，其无疑具有一定的惩罚性。代履行是由执行机关或者执行机关委托的第三人代义务人履行义务，然后向义务人收取代履行费用的行政强制执行方式，其并不具有惩罚性。显然，与执行罚相比，代履行是一种较为缓和的之强制执行方式。在代履行和执行罚这两种间接强制执行方法同样能达成执行目的时，根据行政强制执行必要性原则，执行机关应当优先考虑采用代

---

① 参见《联邦德国行政强制执行法》第12条，我国台湾地区《行政执行法》第32条。

履行的执行方法。德国和我国台湾地区的行政强制执行立法中即明文规定，在行为义务的强制执行方法上，执行机关应当优先考虑代履行；只有在该行为不能由他人代为履行的，执行机关才可采用执行罚的强制执行方法[①]。不过，由于我国的执行罚仅适用于金钱给付义务的强制执行，而金钱给付义务的强制执行又不适用代履行的强制执行方法，故代履行优于执行罚的原则在我国难有适用余地。

（三）行政强制执行均衡性原则

行政强制执行均衡性原则，是指执行机关采取的强制执行方法对被执行人所造成的损害，不得与欲达成执行目的实现的公共利益显失均衡。行政强制执行均衡性原则，旨在要求行政强制执行权力的行使兼顾公共利益和个人利益，其主要体现为对行政强制执行客体、方法以及时间的限制。

1. 对行政强制执行客体的限制。行政强制执行旨在强制当事人履行义务，若执行机关所为的强制执行危及到被执行人及其家属的基本生活需要，即有过度执行之嫌。为了保障被执行人及其家属基本生存权，就有必要对强制执行的客体予以限制。根据行政强制执行均衡性原则，执行机关不得不得对被执行人及其所扶养家属家庭生活所必需的物品、被执行人及其所扶养家属所必需的生活费用、被执行人及其所扶养家属完成义务教育所必需的物品、被执行人及其所扶养家属用于身体缺陷所必需的辅助工具、医疗物品等财产为强制执行[②]。

2. 对行政强制执行方法的限制。为了照顾被执行人及其家属基本生活需要，还有必要对强制执行的方法予以限制。《行政强制法》第 43 条第二款规定："行政机关不得对居民生活采取停止供水、供电、供热、供燃气等方式迫使当事人履行相关行政决定。"这一规定的基本精神，其实就是要求强制执行方法的采取不能危及到被执行人及其所抚养家属的基本生活。有时，基于保障被执行人及其家属基本生存权的需要，执行机关在强制执行时还必须为一定的救助行为。例如，在违章建筑拆除强制执行案件中，当事人家庭确有特殊困难，当事人以无处安置为由拒绝强制执行的，执行机关应当商请有关机关予以安置，给予必要的救助。

3. 对行政强制执行时间的限制。虽然《行政强制法》未对行政强制执行时

① 参见《联邦德国行政强制执行法》第 11–12 条，我国台湾地区《行政执行法》第 29–30 条。

② 参见《最高人民法院关于人民法院民事执行中查封、扣押、冻结财产的规定》（法释〔2004〕15 号）。

效作明文规定但行政强制执行对行政相对人权益影响甚大，为免义务人的义务陷于永悬不决的状态，自应设有执行时效的规定。执行机关为强制执行，必须在规定的行政强制执行时效期间内为之。过了规定的行政强制执行时效期间，执行机关即不得再为强制执行。此外，为了避免行政强制执行的实施给行政相对人带来过度的不利影响，还应当对行政强制执行实施的时间作出限制。夜间或者法定节假日为公民休息时间。执行机关若在夜间或者法定节假日为强制执行，势必会影响到被执行人以及相关人员（包括同被执行人共同生活的人、执行地点周围的人、协助执行的工作人员等）的正常休息，因此，执行机关为强制执行时，应当避开夜间或者法定节假日。对此，《行政强制法》第 43 条第一款也作了明文规定。

三、基于比例原则对行政强制执行具体法律制度的检讨

比例原则是行政强制执行法的基本原则。行政强制执行具体法律制度的设计应当以行政强制执行法的基本原则为指导，以确保整个行政强制执行法的统一性。对行政强制执行具体制度是否符合行政强制执行法的基本原则进行检讨，对于完善行政强制执行法律制度具有重要意义。鉴于行政强制执行分为金钱给付义务的强制执行和行为或者不行为义务的强制执行，本文亦分别对《行政强制法》关于这两类义务的强制执行方法是否符合比例原则进行检讨。

（一）金钱给付义务的执行方法与比例原则

根据《行政强制法》第 45 条第一款的规定，对行政相对人依行政决定所负的金钱给付义务，行政机关可以采用“加处罚款或者滞纳金”的强制执行方法。为了防止行政机关加处罚款或者滞纳金的数额过大[①]，该条第二款紧接着明确规定，“加处罚款或者滞纳金的数额不得超出金钱给付义务的数额”。毫无疑问，《行政强制法》对加处罚款或者滞纳金的数额予以限制，具有积极意义。但是，这并不意味着其已经符合比例原则的要求。下面，本文以罚款的行政强制执行为例予以说明。《中华人民共和国行政处罚法》（2009 修正）第 51 条第一款规定，当事人到期不缴纳罚款的，行政机关可以采取每日按罚款数额的

① 参见全国人民代表大会法律委员会 2007 年 10 月 24 日所作的《全国人民代表大会法律委员会关于〈中华人民共和国行政强制法（草案）〉修改情况的汇报》。

百分之三加处罚款的执行措施。依据这一规定，当事人逾期33天不缴纳罚款的，行政机关即可加处同原来的罚款数额基本相同的罚款。显然，在这种情况下，加处罚款的执行手段有过于严苛之嫌[①]。此外，在当事人逾期不缴纳的金钱给付义务数额较小的情况下，若一律要求加处罚款或者滞纳金不得超出金钱给付义务的数额，则加处罚款或者滞纳金这种间接强制手段的威慑功能就会大打折扣，难以实现执行之目的。从域外的行政强制执行立法来看看，执行罚的数额并不与所要执行的金钱给付义务的数额挂钩，而是有相对比较确定的数额。例如，《德国联邦行政强制执行法》第11条中规定，"强制金之数额在三马克以上，二千马克以下"；《奥地利行政强制执行法法》第4条中规定，执行罚的数额不得超过三千先令；我国台湾地区的立法规定，执行罚的数额为新台币五千元以上三十万元以下。比较而言，《行政强制法》对执行罚的数额仅作"不得超出金钱给付义务的数额"的限定，恐难谓已符合比例原则的要求。

（二）行为或者不行为义务的执行方法与比例原则

《行政强制法》未就行为或者不行为义务的执行方法作系统的规定，而是专门对代履行这一执行方式作了规定。根据《行政强制法》第50条的规定，当事人依行政决定负有的可替代的行为义务，只有在其逾期不履行的"后果已经或者将危害交通安全、造成环境污染或者破坏自然资源的"情况下，行政机关才可以代履行的方法执行之。以逾期不履行义务会造成严重后果作为代履行的适用条件，是独具中国特色的立法例[②]。孤立地从该规定来看，对代履行的适用条件作严格限制，有利于规范行政强制执行权，更好地保护行政相对人的合法权益。但是，若置身于整个行政强制法的秩序，这种观点其实根本无法成立。因为这一限制条件的存在，势必导致大量的可替代的行为义务，执行机关将无法采用代履行的方法执行之。根据《行政强制法》的规定，可替代的行为

---

① 《民事诉讼法》（2012修正）第253条第一款规定："被执行人未按判决、裁定和其他法律文书指定的期间履行给付金钱义务的，应当加倍支付迟延履行期间的债务利息。"根据这一规定，被执行人对私法上金钱给付义务的逾期不履行，只需要加倍支付迟延履行期间的债务利息。

② 需要说明的是，在《行政强制法（草案三次审议稿）》中，逾期不履行义务会造成严重后果，并未作为代履行的限制适用条件加以规定。现行《行政强制法》第50条的规定，是根据个别全国人大常委会委员提出的意见专门增加的。参见全国人民代表大会法律委员会2011年4月20日所作的《全国人民代表大会法律委员会关于〈中华人民共和国行政强制法（草案）〉修改情况的汇报》。

义务亦不能采用执行罚这一间接强制方法执行之。然而，可替代的行为义务不能采用代履行或者执行罚这样的间接强制执行方法，并不意味着该义务可以“豁免”强制执行，而是意味着执行机关只能采取直接强制的方法予以执行。在我国，对行政相对人负有的可替代的行为义务，执行机关本来可以采用代履行的执行方法，但由于《行政强制法》第50条的存在，导致执行机关只能采取较为严厉的直接强制手段予以执行，这不仅不符合比例原则，恰恰有违比例原则。从域外的行政强制执行立法来看，对行政相对人负有的可替代的行为义务，首选的强制执行方法就是代履行，并无特别的条件限制。《行政强制法》对代履行的适用条件做特别严格的限制，动机是好的，效果却是糟糕的。

依据行政强制执行比例原则，行政相对人依行政决定负有行为义务而不为，其行为不能由他人代为履行的，执行机关应当以间接强制方法执行之。唯在经间接强制不能达成执行目的，或因情况急迫，如不及时执行，显难达成执行目的时，执行机关才可依直接强制方法执行之。同样，行政相对人依行政决定负有不为一定行为义务而为之的，执行机关亦应优先考虑以间接强制方法执行之。对行政相对人所负有的不行为义务或者不能由他人代为履行的行为义务，要求执行机关优先考虑以间接强制方法执行之，正是为了更好地贯彻和落实比例原则的要求。从德国、日本、奥地利和我国台湾地区的行政强制执行立法来看，莫不如是规定。然而，在我国，对行政相对人依行政决定所负的不行为义务或者不能由他人代为履行的行为义务，《行政强制法》并未规定相应的间接强制执行方法。这实际上意味着，在我国，对不行为义务或者不能由他人代为履行的行为义务，执行机关只能以较为严厉的直接强制方法执行。《行政强制法》如是规定，同样也难谓符合比例原则的要求。

（责任编辑：殷志文）

民事诉讼证明标准适用问题研究

贾慧芳　吕曰东[①]

《最高人民法院关于适用中华人民共和国民事诉讼法的解释》（以下简称《民诉法司法解释》）第一次明确了民事诉讼的证明标准。这一规定不仅便利了当事人的诉讼行为，减轻了当事人的诉累，而且为法官心证的形成提供了依据和标准，同时也明确了裁判的事实依据是法律真实而非客观真实，这是经过长期的理论探索和实践验证总结的符合诉讼规律的科学结论。

一、证明标准的含义

证明标准的含义是研究证明标准的起点，何谓“证明标准”？首先要了解“标准”的含义。日常生活中，我们经常接触到标准，如“质量标准”“考核标准”“技术标准”等。正如国际标准化组织（ISO）定义：“标准是由一个公认的机构制定和批准的文件。它对活动或活动的结果规定了规则、导则或特殊值，供共同和反复使用，以实现在预定领域内最佳秩序的效果。”相应地，“证明标准”是由有权制定司法解释的最高人民法院制定和批准的，对事实认定规定的规则、导则或特殊值，供我国民事审判共同、反复使用，以实现民事审判领域内认定事实中最佳秩序之法律效果。

这样定义难免抽象，我们进一步分析，证明标准是：最高人民法院规定的，法官掌握使用的，用以衡量通过证据和事实实现心证的程度，或曰用以待证事实认定的证明尺度。

《民诉法司法解释》对民事诉讼证明标准的规定，体现了我国民事诉讼证

① 贾慧芳，山东法官培训学院教师。
吕曰东，山东法官培训学院教授。

明标准的层次性与多元化。《民诉法司法解释》第 108 条规定："对负有举证证明责任的当事人提供的证据，人民法院经审查并结合相关事实，确信待证事实的存在具有高度可能性的，应当认定该事实存在。对一方当事人为反驳负有举证证明责任的当事人所主张事实而提供的证据，人民法院经审查并结合相关事实，认为待证事实真伪不明的，应当认定该事实不存在。法律对于待证事实所应达到的证明标准另有规定的，从其规定。"其中第一款和第二款规定了民事诉讼一般的证明标准——高度可能性，也即原则性的证明标准，它适用于通常的实体事实的证明。第三款则表明，我国民事诉讼证明标准除原则性的证明标准外，还有提高的证明标准和降低的证明标准。

《民诉法司法解释》第 109 条规定："当事人对欺诈、胁迫、恶意串通事实的证明，以及对口头遗嘱或者赠与事实的证明，人民法院确信该待证事实存在的可能性能够排除合理怀疑的，应当认定该事实存在。"该条规定就是提高的证明标准——排除合理怀疑（需要注意的是第 109 条规定的待证事实并不全面，如亲子关系事实的证明也应适用提高的证明标准）。

降低的证明标准多用于对民事程序事实的证明，如《中华人民共和国民事诉讼法》（以下简称《民事诉讼法》）第 81 条有关证据保全的规定，"在证据可能灭失或者以后难以取得的情况下，当事人可以在诉讼过程中向人民法院申请保全证据，人民法院也可以主动采取保全措施"，其中"可能"一词则意味着证明标准的降低。

二、证明标准使用的主观性

证明标准是供民事审判共同、反复使用，这一点与其他标准没有不同，但应注意到，相比其他标准，证明标准的使用具有主观性。

多数标准的使用具有客观性，即不同的人使用同一标准会得到同一结果。如质量标准，不同的人通过仪器检验、工具测量等手段，会得到同样合格或不合格的结论，这是因为，这些标准的使用是通过客观的手段进行度量的。

证明标准是法定的，其具有客观性，但证明标准的使用却是主观的。同样的标准，不同的法官使用，甚至同一法官在不同时期使用，都可能得到不同的结论。这是因为：

1. 证明标准本身具有不准确性

德国学者以 0%—100% 的刻度盘描述证明标准："1%—24% ＝非常不可

能；26%—49% =不太可能；51%—74% =大致可能；75%—99% =非常可能；0% =绝对不可能；50% =完全不清楚；100% 绝对肯定。”[①] 我国有学者主张“初级盖然性，心证程度为 51%—74%，表明事实大致如此；中级盖然性，心证程度为 75%—84%，表明事实一般情况下如此；高级盖然性，心证程度为 85%—99%，表明事实几乎如此”[②]。

《民诉法司法解释》第 108 条规定了“高度可能性”的一般证明标准，第 109 条规定了“排除合理怀疑”，即提高了的证明标准。但无论是前者还是后者，都非确定的标准。“高度可能性”本身就是模糊的、不准确的，是 75% 达到高度可能性还是 80%；排除合理怀疑是达到 99% 还是 99.9%。上述对证明标准所做的具体形象的描述，对理解证明标准起到了有益的作用，但并没有、也难以被立法所引用，因为事实判断是法官自由心证的结果。

2. 事实判断是法官自由心证的结果

法官要依赖证据和相关事实来判断待证事实，证据的证明和事实的推定都是主观推理过程的结果，受法官知识、阅历、经验和能力等因素的影响。不同法官会对证据的证明力、事实推定的可能性做出不同的主观判断（合议制会减少判断的偏差，但不能消灭这种偏差），是否达到证明标准也就有不同的结果。“‘认识主体’认识一种事物时自觉能摒绝自我，秉持无私无我之原则，客观平正……固足曰认识主体具有客观性，然欲臻此境界，非透过深湛的道德修养，成就其高度的理性不为功……惟在实际上则根本无此可能。”[③]

证明标准使用的主观性会导致法官使用上的难度增加，也常常会使法官自觉不自觉地提高这个标准——自定一个更高的证明标准。这是因为：（1）提高证明标准可以弥补法官判断能力的不足。法官的能力、水平是有差异的，如果一个法官对事实的判断有 95% 的自信，他把证明标准提高到 80% 才能保证待证事实存在 95×80 = 76% 的可能性；如果有 90% 的自信，就需要把证明标准提高到 76÷90 = 85%。（2）现行诉讼制度、责任制度激励法官提高证明标准。一般情况下，法官不希望办出错案而被追究责任。不参与审理的裁判者出于责任，要检验承办法官的裁判，甚至事实认定。同样，他也不希望办错

① ［德］汉斯·普维庭：《现代证明责任问题》，吴越译，法律出版社 1999 年版，第 108 页。

② 沈德咏主编：《最高人民法院民事诉讼法司法解释理解与使用》，人民法院出版社 2015 年版，第 360 页。

③ 杨仁寿：《法学方法论》，中国政法大学出版社 1999 年版，第 24 页。

案被追究责任，因此，也就会不自觉地提高证明标准。再加上认识、阅历、能力的差异，且未亲历审理，会降低自信，希望有一个更可靠的证明，这些都会倒逼承办法官提高证明标准。对于二审法官而言，虽然其进行审理，正如《民事诉讼法》第 170 条所要求的“事实清楚”，认识的差异会导致其与一审有一个误差，二审法官很有可能以“自己的”标准否定一审的认定而改判。

擅自提高证明标准违背法律的精神，但现实中难以追责。“证据不足，事实不清”是其免责的充分理由，即使当事人也难以证明标准过高来上诉、申诉。

解决上述问题，需落实“由审理者裁判，让裁判者负责”，改革法官考核机制，提高法官水平，提倡非亲历者、二审法官及再审法官在一定程度上尊重一审对待证事实的判断，更进一步讲，要让法官在判决中追求“正义”“公平”，而非“正确”“无过”。

三、证明标准的作用

当事人是否尽到举证证明义务，待证事实是否存在，这都是证明标准要解决的问题，因此，笔者认为，证明标准的作用主要有两方面：

1. 认定待证事实存在与否的标准和尺度

正如《民诉法司法解释》第 108 条第一款所言，当事人一方主张了一个需承担举证证明责任的待证事实，其相应的证据称之为本证，本款即要求本证加总的证明力需使法官确信待证事实的存在具有高度可能性。否则，另一方当事人无需提供反证，法官也不能形成待证事实存在的心证。

如果同时另一方当事人已提供了反证，这时法官就要综合双方提供的所有证据及事实的证明力——不单要对本证做加法，还要对反证做减法，判断待证事实的存在是否具有高度可能性。如果具有高度可能性，则适用第 108 条第一款；如果不具有高度可能性，则适用第 108 条第二款。

2. 行为意义上举证证明责任转移的标准和尺度

近年来，举证责任双重含义说已得到认可，即举证责任包含行为意义上的举证责任和结果意义上的举证责任，《民诉法司法解释》第 90 条正是该学说的完整体现。行为意义上的举证证明责任指当事人对所主张的事实负有提供证据加以证明的责任，“行为意义上的举证责任也是一种动态的举证责任，它随双方当事人证据证明力的强弱变化在同一当事人身上可能发生多次，围绕法官对待证事实的心证程度的变化而在当事人之间发生转移”[①]。

结果意义上的举证责任是法定的，行为意义上的举证责任是会发生转移的，即可能在争议双方之间多次转换，转换的依据是“法官对待证事实的心证程度”。那么对法官来讲，这个心证程度的标准是什么，即心证达到什么程度举证责任转移呢？其衡量的依据就是证明标准。

“民事诉讼是一个本证与反证相互较量的‘战场’，一方欲使自己的主张成立，便需以证据支持，另一方则提出反证，使对方主张的事实不能成立。”[②]通常情况下，负有举证证明责任的当事人首先提供本证，证明其主张的待证事实存在。这时法官需要心证或曰判断事实是否存在，判断的结果有二：一是认定该事实存在，一是该待证事实真伪不明。在后一种情况下，需负有举证证明责任的当事人继续举证；在前一种情况下，行为意义上的举证责任转移，相对方当事人需提供作为反证的证据，以动摇法官业已形成的心证。如果相对方提供了反证，法官同样要以证明标准衡量双方的证据及相关事实对待证事实的证明程度：本证、反证之证明力抵消后，能否确信待证事实存在达到了证明标准。如果依然达到证明标准，即反证未能动摇法官已形成的心证，相对方为避免不利后果需进一步举证；如果没有达到证明标准，即反证已动摇了法官原已形成的心证，则待证事实真伪不明，这时行为意义的举证责任又转移到负有举证证明责任的当事人，这个过程理论上可能会持续多次。

可见，证明标准也是决定行为意义举证责任是否转移以及何时转移的尺度和标准。

（责任编辑：蒋爱荣）

---

① 沈德咏主编：《最高人民法院民事诉讼法司法解释理解与使用》，人民法院出版社2015年版，第310页。

② 张卫平：《诉讼框架与程式》，清华大学出版社2000年版，第273页。

精品案例

如何认定国家出资企业中工作人员的主体身份

——王海洋非国家工作人员受贿、挪用资金案

张威力　李洪川[①]

【裁判要旨】　认定在公司、企业中负有一定职责的行为人的主体身份是否属于国家工作人员，应对以下问题作出分析判断：一是行为人所在公司、企业是否属于刑法意义上的国有公司、企业；二是如果其单位不属于国有公司、企业，还要看行为人是否属于经国家出资企业中负有管理、监督国有资产职责的组织批准或者研究决定任命，代表其在国有控股、参股公司及其分支机构中从事组织、领导、监督、经营、管理工作的人员。在上述情形均予以排除的情况下，即不能认定行为人具有国家工作人员的主体身份。

【关键词】　国家出资公司；国有公司；受贿；挪用资金；国家工作人员

【相关法条】　《中华人民共和国刑事诉讼法》第225条第一款第（二）项、《中华人民共和国刑法》第163条第一款、第272条第一款

案　情

公诉机关：山东省济南市历下区人民检察院。

被告人：王海洋。

山东省济南市中级人民法院经公开审理查明：

被告人王海洋在任中建八局第一建设有限公司（以下简称中建八局一公司）西客站交通枢纽项目部商务经理期间，利用负责项目工程预、决算签发、审核的职务便利，为分包施工队谋取利益，分别于2011年9月、2012年4月、

① 张威力，山东省济南市中级人民法院刑二庭庭长。
李洪川，山东省济南市中级人民法院刑二庭法官。

2013 年 2 月三次收受施工队负责人李忠阳、郭峰好处费共计 27.6 万元，据为己有。

2011 年 9 月 14 日，中建八局一公司会计张娜将公款 22 万元转入被告人王海洋个人农业银行账户，由王海洋保管。同年 11 月 10 日，被告人王海洋利用保管该部分账外资金的职务便利，将其中 147850.65 元用于个人购买农业银行理财产品，进行营利活动，同年 12 月 12 日归还，获利约 700 元。

另查明，2007 年 12 月，经国务院国资委同意，中国建筑工程总公司（以下简称中建总公司）联合中国石油天然气集团公司、宝钢集团有限公司、中国中化集团公司作为发起人（以上均为国有股东，其中中建总公司持股 94%），发起设立中国建筑股份有限公司（以下简称中建股份公司）。随后，中建总公司决定将中国建筑第八工程局有限公司（以下简称中建八局公司）100% 国有法人股权作为其出资的一部分投入中建股份公司，并与中建股份公司签订了股权转让协议，中建八局公司由此成为中建股份公司独家持股的一人有限公司。2009 年 7 月，中建股份公司在上海证券交易所上市，从 2009 年至 2013 年，该公司国有股东持股比例均保持在 60% 以上。2010 年 12 月，经中建股份公司同意，中建八局公司收购上诉人王海洋所在单位中建八局一公司 49% 的社会法人股及自然人股股权（另 51% 股权继续由中建八局公司持有），2011 年 3 月 10 日，中建八局一公司工商登记注册变更为中建八局的一人有限公司。

审　判

济南市历下区人民检察院以被告人王海洋犯受贿罪、挪用公款罪向济南市历下区人民法院提起公诉。

济南市历下区人民法院认为，被告人王海洋身为国有企业工作人员，利用职务便利，为他人谋取利益，收受他人财物；利用职务便利，挪用公款进行营利活动，数额较大，其行为分别构成受贿罪和挪用公款罪。王海洋到案后如实供述了挪用公款的犯罪事实，依法可予以从轻处罚。王海洋家属为其积极退缴全部受贿赃款，依法可酌情从轻处罚。依照《中华人民共和国刑法》相关规定，被告人王海洋犯受贿罪，判处有期徒刑十年六个月；犯挪用公款罪，判处有期徒刑二年，决定执行有期徒刑十一年。扣押在案的赃款人民币二十七万六千元予以没收，上缴国库。

一审宣判后，被告人王海洋提出上诉，其主要上诉理由是：中建八局一公司是中建八局公司的全资子公司，中建八局公司又是中建股份公司的全资子公司，而中建股份公司 2009 年 7 月上市，从国有公司演变为国有资本控股公司，中建八局公司和中建八局一公司也随之转变为非国有公司，因此，其身份不属于国家工作人员，不具备受贿罪、挪用公款罪的主体要件。

济南市中级人民法院认为，上诉人王海洋身为非国有公司的工作人员，利用职务上的便利，非法收受他人财物，为他人谋取利益，数额巨大；利用职务上的便利，挪用本单位资金归个人使用，进行营利活动，数额较大，其行为构成非国家工作人员受贿罪和挪用资金罪，依法应数罪并罚，原审认定王海洋的行为构成受贿罪和挪用公款罪有误，应予以纠正。鉴于王海洋受贿赃款已全部追回，归案后如实供述其挪用资金的事实，对其依法予以从轻处罚。依照《中华人民共和国刑事诉讼法》《中华人民共和国刑法》相关规定，改判如下：

上诉人王海洋犯非国家工作人员受贿罪，判处有期徒刑六年；犯挪用资金罪，判处有期徒刑一年，决定执行有期徒刑六年六个月。

评 析

本案认定被告人王海洋的主体身份是否属于国家工作人员，应对以下两个问题作出分析判断：一是王海洋所在单位是否属于刑法意义上的国有公司；二是如果其单位不属于国有公司，王海洋是否属于《最高人民法院、最高人民检察院〈关于办理国家出资企业中职务犯罪具体应用法律若干问题的意见〉》（以下简称《意见》）第 6 条第二款所规定的国家工作人员类型。二审法院在查明有关事实的基础上，遵循上述判断思路，得出了王海洋不具有国家工作人员主体身份的判断结论，并据此改判。具体理由如下：

（一）被告人所属公司出资股东的性质决定了该公司的性质是非国有公司，由此被告人不是国有公司中从事公务的人员

刑法意义上的国有公司仅指国家出资的国有独资公司，不包含国有资本控股公司、国有资本参股公司等其他类型的国家出资企业。刑法第 93 条条文包含了国有公司、非国有公司的概念，但刑法条文并没有对国有公司、非国有公司的内涵和外延作出明确规定，但从最高司法机关出台的系列相关司法解释以及其他规范性文件，如 2001 年《最高人民法院关于在国有资本控股、参股的

股份有限公司中从事管理工作的人员利用职务便利非法占有本公司财物如何定罪问题的批复》、2003 年《全国法院审理经济犯罪案件工作座谈会纪要》、2005 年《最高人民法院关于如何认定国有控股、参股股份有限公司中的国有公司、企业人员的解释》等，完全可以说明刑法意义上的国有公司仅限于国有独资公司，这也是长期刑事司法实践中一贯掌握的标准。2010 年最高人民法院、最高人民检察院联合出台的上述《意见》与上述规定一脉相承，在坚持国有公司、企业既定外延的基础上，仅是对国家出资企业中“以国家工作人员论”的范围有所突破和扩大。

本案一审之所以认定被告人所在的中建八局一公司是国有公司，从而被告人的主体身份是国家工作人员，主要是基于该公司在诉讼阶段出具了一份证明：2010 年前公司的国有法人股占 51%，社会法人股占 10%，职工股占 39%，2010 年经上级同意改为国有企业，社会股和职工股资金全部退出。这里的关键问题是，仅凭该证明能否认定中建八局一公司即属于国有公司？我们认为，认定公司是否属于国有，不能单凭公司的工商注册登记或者公司自身所做的说明，而应依据《意见》第七条规定，遵循“谁投资，谁拥有产权”的原则，实事求是地考察公司的出资情况后进行判断界定。2011 年 3 月，中建八局一公司变更为中建八局公司的全资子公司，中建八局公司作为一公司的唯一股东，其性质决定了一公司的性质。而界定中建八局公司自身的性质，应考察其股东即出资人的演变情况：中建八局公司原是国有公司中建总公司的全资子公司，2007 年 12 月，该公司的股东即出资人变更为中建股份公司，此时，中建股份公司仍是国有公司，故中建八局公司也是国有公司；2009 年 7 月，中建股份公司在上海证券交易所上市，转变为国有控股公司，由此，中建八局公司因其股东不再是国有独资公司，其在性质上也就不再属于国有公司，而是转变为国有控股公司。相应的，中建八局一公司的性质也应属于国有控股公司。据此，可以得出王海洋不是国有公司中从事公务的人员这一结论。

（二）从被告人的任职程序和其实际履行的职责看，其也不属于《意见》第六条所规定的国家工作人员类型

《意见》第 6 条将非国有独资的国家出资企业中的国家工作人员分为两种类型，其中，第一款规定的是与刑法第 93 条第二款相一致的典型的“委派型”国家工作人员，本案中，被告人所在公司及上级公司均为国有控股公司，显然不属于该款规定的从国有公司委派到非国有公司任职的情形；第二款规定：“经

国家出资企业中负有管理、监督国有资产职责的组织批准或者研究决定，代表其在国有控股、参股公司及其分支机构中从事组织、领导、监督、经营、管理工作的人员，应当认定为国家工作人员。”此种类型的国家工作人员对刑法规定作了适度的扩张解释，有的称之为“间接委派”型国家工作人员，有的称之为“代表”型国家工作人员。依照《意见》规定，对于国家出资企业中的工作人员是否属于该类型的国家工作人员，应从以下两个方面进行判断：一是形式要件：经国家出资企业中负有管理、监督国有资产职责的组织批准或者研究决定，这里的“组织”主要是指上级或者本级国家出资企业内部的党委、党政联席会；二是实质要件：代表负有管理、监督国有资产职责的组织在国有控股、参股公司及其分支机构中从事组织、领导、监督、经营、管理工作，实质要件具有“代表性”和“公务性”两个特征。对于形势要件和实质要件在认定行为人身份问题上的作用和关系，我们认为，具有根本性作用的是实质要件，实质要件起着决定作用，只有具备实质要件，才能最终确认行为人的主体身份；在判断层次上，对于形势要件、实质要件的判断分别属于形势判断和实质判断，首先要进行形势判断，形势判断是进一步进行实质判断的重要前提和依据，但实质判断又不完全依赖于形势判断。具体而言，对于经党政联席会等形势批准、任命的人员，只要从事的是具备一定职权内容的公务，而不是那些不具备职权内容的劳务活动、技术服务工作，一般应以国家工作人员从事公务论，因为在这种情况下，国家性的公务与公司性的公务是融合在一起的，无法也无需再区分行为人所从事的公务性质；如果行为人不具备形式要件，并不能据此即认定行为人是非国家工作人员，还要进行实质判断，看其所从事的公务是公司性的公务还是代表国有资产管理、监督部门从事公务，对于那些代表国有资产管理、监督部门从事组织、领导、监督、经营、管理工作即同时具备“代表性”和“公务性”这两个特征的人员，应当据实认定为国家工作人员，这是对于犯罪的追究注重实质原则的体现，有利于防止规避法律，有利于国有资产保护。不过，对于行为人不具备形式要件的情形，应本着严格、审慎把握证据、事实的原则，对其在实质上究竟是属于从事国家性公务，还是属于从事公司性公务做出判断。我们认为，一般而言，此类人员的范围应限制在国家出资企业的中层以上，理由是如果既不具备上述形式要件，又不属于中层以上人员，难以说行为人具备了在国家出资企业中从事国家性公务的基本资格；在此基础上，还要有确实、充分的证据足以证明行为人所从事的工作确系代表国有投资主体行使监督、管理国有资产的职权，对此，应当严格坚持存疑从无的判断原则，即只要相关证据、事实存有疑问，就不应拔高认定行为人从事的是国家性公务。以上是行为人不具备形势要件的情况下，进行实质判断的基本思路和原则。

本案中，被告人任职本公司西客站交通枢纽项目部商务经理是经本公司总经理办公会研究决定任命，并非经国家出资企业中负有管理、监督国有资产职责的组织批准或者研究决定任命；而且，从实质上看，被告人是本单位某项目部商务经理，是该项目部经理下属的管理人员，虽然负责项目工程预、决算签发、审核以及部分资金保管，但从职务层次上看，是属于中层以下的管理人员，从职务内容上看，不具有管理事项的决定权，故其岗位虽具有管理属性，但系代表本单位利益从事相关活动，属于公司性的公务活动，不属于代表管理、监督国有资产职责的组织从事公务，即不属于国家性的公务；从事实证据的角度讲，对于不具备上述形式要件的国家出资企业的工作人员能否在实质上认定为国家工作人员，我们认为，必须有确实充分的证据证实其确系代表管理、监督国有资产职责的组织从事公务，否则就应当排除国家工作人员的认定，从本案的证据情况看，难以认定被告人所从事的是国家性公务活动。

综上，被告人王海洋不是国家工作人员，其利用职务之便，为他人谋取利益，收受他人贿赂的行为以及挪用本单位资金的行为，不构成受贿罪和挪用公款罪，应当以非国家工作人员受贿罪和挪用资金罪论处。

（责任编辑：牟华）

行政许可监督不作为案件的司法审查

——齐来发诉山东省交通运输厅道路运输局案

钱　昕[①]

【裁判要旨】 当有关对被许可人从事行政许可事项活动进行监督检查的职权被法律、法规或规章部分授予了作出许可决定机关之外的行政主体时，若公民、法人或其他组织再向作出行政许可决定的行政机关举报涉及此部分管理内容的问题时，许可机关不必依其申请对被许可人从事许可事项的活动实施具体的监督检查工作，但仍需承担《行政许可法》规定的属于该机关职权范围内的法定监督责任，即针对举报采取一定的处理措施以确保被许可人从事许可事项的活动处于有效的行政监督之下。

案　情

原告：齐来发。

被告：山东省交通运输厅道路运输局（以下简称道路运输局）。

2011 年 9 月 27 日原告齐来发与济南长途汽车运输有限责任公司签订协议书，由其承包经营济南长途汽车运输有限责任公司的鲁 A48307 号（机动车行驶证记载所有权人为济南长途汽车运输有限责任公司，营运路线为济南至角峪）客车。2012 年 11 月 9 日原告向被告道路运输局邮寄了书面申请。在申请书中原告认为莱芜交运集团长途客运有限公司（以下简称莱芜交运公司）鲁 S30886 号客车超范围不按批准线路经营，侵犯了自己的合法权益并造成了一定的经济损失。原告要求被告：（1）依法履行职责查处莱芜交运公司鲁 S30886 客车超范围线路经营；（2）禁止该车辆侵占原告的路线营运；（3）吊销其道路运输

① 钱昕，山东法官培训学院副教授。

经营许可证。被告于2012年11月12日收到上述书面申请，至原告提起诉讼之日未作出答复。原告认为被告应当履行法定职责而未履行，遂向济南市市中区人民法院提起诉讼。

审 判

济南市市中区人民法院经审理认为，原告向被告邮寄送达书面申请，该申请有具体要求被告履行职责的请求事项，而且该事项与交通运输主管部门的相关职责有关，被告对该申请未予答复，原告对此提起行政诉讼符合法律规定的形式要件，原告具备主体资格。《中华人民共和国道路运输条例》第69条规定："违反本条例的规定，客运经营者、货运经营者有下列情形之一的，由县级以上道路运输管理机构责令改正，处1000元以上3000元以下的罚款；情节严重的，由原许可机关吊销道路运输经营许可证：（一）不按批准的客运站点停靠或者不按规定的线路、公布的班次行驶的……"原告向被告提出书面申请主要认为鲁S30886客车存在违反上述规定的情形。如果原告认为鲁S30886客车存在违反上述规定的情形，应当向县级道路运输管理机构投诉举报，由该机关根据认定的事实，作出处理。县级道路运输管理机构首先对投诉人资格进行认定，而后核查被举报车辆是否存在违法问题。如发现被举报车辆违法情节严重，该机关可将问题转交违法车辆的原发证机关处理或告知投诉人向原发证机关申请处理。原发证机关在认定违法车辆情节严重的情况下依法处理。上述处理方式符合《中华人民共和国道路运输管理条例》第69条规定的逻辑顺序。另，对违法行为人是否构成违法行为或者违法行为情节是否严重系行政主管部门的职责，原告以自我认定的方式认定鲁S30886客车违法情节严重，要求省级道路运输主管部门处理，无论该车辆是否存在违法或者违法情节严重与否，客观上已经剥夺了鲁S30886客车经营者改正违法行为及被处以较轻处罚的权利。基于以上理由，原告要求被告履行其书面申请载明的法定职责，不符合《中华人民共和国道路运输管理条例》第69条规定的级别管辖规定，应予驳回。据此，原告要求被告赔偿经济损失60万元的诉讼请求，无法律和事实依据，同样应予驳回。

济南市市中区人民法院依照《最高人民法院关于执行〈中华人民共和国行政诉讼法〉若干问题的解释》第56条第（一）项的规定，判决驳回原告齐来发的诉讼请求。

原告齐来发不服，向济南市中级人民法院提起上诉。上诉人齐来发称：（1）被上诉人道路运输局给莱芜交运公司颁发了经营许可证就有义务监督许可证的实行，现该公司超范围经营情节严重，理所当然应当由被上诉人查处。（2）《中华人民共和国道路运输条例》第 69 条规定，超范围经营的，由县级以上道路管理机构责令改正，进行查处。被上诉人很显然属于县级以上道路运输管理机构又是发证机关，对超范围经营有义务进行查处，一审所谓的逻辑顺序没有法律依据。（3）上诉人一年来多次书面及电话还有亲自去被上诉人信访处，反映超范围经营情节严重的情况，被上诉人一直给答复协调解决，从未提起不属于他们的职责，一审开庭时被上诉人认可属于他们的职责。综上，请求撤销一审判决，依法改判要求被上诉人履行职责。

被上诉人山东省交通运输厅道路运输局辩称，《中华人民共和国道路运输条例》没有上诉人提出的关于超范围经营问题的法律规定，其他答辩意见与一审答辩一致。

被上诉人山东莱芜交运集团长途客运有限公司答辩称：（1）上诉人运营的车辆属于济南长途汽车运输责任有限公司所有，该车辆的实际运营主体是上述公司，个人不允许经营客运，因此该车辆与我方车辆存在纠纷，应由济南长途汽车运输责任有限公司起诉或要求交通部门查处，一审原告主体不适格。（2）我方车辆严格按照审批线路和班次经营，不存在超范围经营问题，也不存在不按规定线路经营问题，我方已向交通部门作出说明，因此我方不应受到行政查处，上诉人的诉讼请求不应得到支持。相反，济南长途汽车运输责任有限公司鲁 A48307 客运车辆存在不按审批行驶的问题，应当受到查处。

济南市中级人民法院对本案事实的认定与一审判决一致，另查明以下事实：2009 年，道路运输局向莱芜交运公司作出鲁交运客班（延）（2009）S020 号道路客运班线经营行政许可决定，准予该公司从水北至济南的道路客运班线经营行政许可。

二审法院经审理认为，《中华人民共和国行政许可法》第 10 条第二款规定："行政机关应当对公民、法人或者其他组织从事行政许可事项的活动实施有效监督。"第 61 条第一款规定："行政机关应当建立健全监督制度，通过核查反映被许可人从事行政许可活动情况的有关材料，履行监督责任。"第 62 条第一款规定："行政机关可以对被许可人生产经营的产品依法进行抽样检查、检验、检测，对其生产经营场所依法进行实地检查。……”由上述规定可以看出，行政机关具有对被许可人从事行政许可事项活动情况进行监督检查的职责。

《山东省道路运输条例》第6条规定：“县级以上人民政府交通运输行政主管部门负责组织领导本行政区域内的道路运输管理工作；其所属的道路运输管理机构、交通运输监察机构按照规定的职责具体实施道路运输管理工作。”2004年11月山东省交通厅作出鲁交体法〔2004〕36号《关于印发〈道路运输路检路查有关规定汇编〉的通知》，《道路运输路检路查有关规定汇编》第1条第（四）项、第2条第（一）项内容为：“一、《中华人民共和国道路运输条例》规定的检查项目：……（四）不按批准的客运站点停靠或者不按规定的线路、公布的班次行驶的，依照《中华人民共和国道路运输条例》第70条（该条在2013年1月已被修改为第69条）规定，责令改正，处1000—1500元罚款；情节严重的，由原许可机关吊销道路运输经营许可证。……二、其他事项（一）执法主体。根据《中华人民共和国道路运输条例》、省政府鲁政发〔1994〕91号、鲁政发〔106〕号、鲁政发〔1999〕34号文件以及交通部门‘三定’方案确定的职责分工，我省各级交通稽查机构，包括交通稽查支队、大队（站）作为道路运政职能的路检路查执法机构，是法规授权的主体，应当以自己的名义实施道路运输行政处罚和行政强制措施。”由上述规定可知，对客运经营者不按规定线路行驶的行为进行检查的执法主体是省内各级交通稽查机构，在客运经营者存在上述违法行为、且情节严重的情况下，原许可机关才具有吊销道路运输经营许可证的权力。由此可以看出，上述规定属于行政许可法规定的行政许可机关具有对被许可人从事行政许可事项活动情况进行监督检查职责的特殊规定。具体到本案，齐来发向山东省交通运输厅道路运输局提出申请，要求该局依法履行职责查处山东莱芜交运集团长途客运有限公司S30886号客车超范围线路经营，禁止该车辆侵占齐来发的路线营运，吊销其道路运输经营许可证，根据上述规定，山东省交通运输厅道路运输局虽然是山东莱芜交运集团长途客运有限公司道路客运班线经营许可证的颁证机关，但不具有对该公司鲁S30886客车是否存在不按规定线路行驶的行为进行路检路查的执法权限，其执法主体属于省内各级交通稽查机构，只有在客运经营者存在不按规定线路行驶的行为、且情节严重的情况下，山东省交通运输厅道路运输局才具有吊销道路运输经营许可证的权力。但鉴于上述规定属于行政许可法规定的行政许可机关具有对被许可人从事许可事项活动进行监督检查职责的一项特殊规定，因此山东省交通运输厅道路运输局收到齐来发的上述申请后，应当根据其职权范围的规定对其申请作出相应处理，该局对其申请未作任何处理的行为确有不当。一审判决驳回齐来发的诉讼请求确有错误，本院应予纠正。

山东省济南市中级人民法院依照《中华人民共和国行政诉讼法》第54条第（三）项、第61条第（三）项之规定，判决：一、撤销济南市市中区人民法院（2013）市行初字第4号行政判决；二、责令被上诉人山东省交通运输厅道路运输局自接到本判决之日起60日内按照其职权范围的规定对上诉人齐来发的申请作出处理。

评　析

行政管理实践中，当事人如认为被许可人在从事许可事项活动中存在违法问题并需行政机关予以处理，通常向作出许可决定的行政机关进行举报。但考虑管理效率等因素，我国某些行政许可的部分具体的监督检查权被法律、法规或者规章授予了行政许可机关之外的其他行政机关或机构。在此情形下，行政许可机关的具体监督检查权受到了一定程度的限制。当举报人不了解相关职权划分情况、仍向作出许可决定的行政机关进行投诉，而许可机关又不作必要处理时，行政纠纷可能产生。

本案涉及问题主要有：一是原告要求行政许可机关履行的对被举报车辆进行路检路查及处理的职责是否归属该行政机关；二是当具体的监督检查职权被法律、法规或规章授予其他机关或机构时，行政许可机关是否仍需对涉及此部分管理内容的举报履行一定监督职责；三是若上述第二个问题的答案是肯定的，如何判断行政许可机关有无履行法定职责。

一、道路运输局是否负有举报人要求的特定职责

对因行政许可机关不处理举报人投诉引发的行政争议，人民法院首先应当审查该机关是否有举报人所要求实施的检查、处理职权。若是，则可以该行政机关未履行检查、处理职责为由直接作出判决，责令其限期履行有关检查、处理职责；不然，还需继续探究行政机关在案中是否还存在其他的法定职责尚未履行。本案，原告要求被告查处莱芜交运公司鲁S30886客车超范围线路

经营、禁止该车辆侵占原告行驶的路线营运并吊销其道路运输经营许可证。此处涉及的管理职权为对客运过程中不按规定线路行驶行为进行检查和处理的权力，既包括道路运输检查权，也含相应的处罚权或强制权。其中，道路运输检查权为首要，因为它的行使是后续行政处罚或行政强制权力赖以实施的基础。故先厘清道路运输检查权的归属为判断问题之必要。

我国《道路运输条例》第 69 条规定："违反本条例的规定，客运经营者、货运经营者有下列情形之一的，由县级以上道路运输管理机构责令改正，处 1000 元以上 3000 元以下的罚款；情节严重的，由原许可机关吊销道路运输经营许可证：（一）不按批准的客运站点停靠或者不按规定的线路、公布的班次行驶的……"《山东省道路运输条例》第 6 条规定："县级以上人民政府交通运输行政主管部门负责组织领导本行政区域内的道路运输管理工作；其所属的道路运输管理机构、交通运输监察机构按照规定的职责具体实施道路运输管理工作。"山东省交通厅则于 2004 年 11 月作出鲁交体法〔2004〕36 号《关于印发〈道路运输路检路查有关规定汇编〉的通知》，规定"根据《中华人民共和国道路运输条例》、省政府鲁政发〔1994〕91 号、鲁政发〔106〕号、鲁政发〔1999〕34 号文件以及交通部门'三定'方案确定的职责分工，我省各级交通稽查机构，包括交通稽查支队、大队（站）作为道路运政职能的路检路查执法机构，是法规授权的主体，应当以自己的名义实施道路运输行政处罚和行政强制措施。"可见，对不按规定线路行驶的道路经营运输行为进行检查的执法主体应为县级以上道路运输管理机构，具体来说就是省内各级交通稽查机构，包括交通稽查支队、大队（站）。这些机构享有本案原告要求行政机关履行的特定职责——道路运输检查权及相应程度的处罚或强制权，而作出行政许可决定的机关——被告（道路运输局）却无此项管理职权。故人民法院不可以被告未依原告申请进行道路运输检查并作相应处罚或强制决定为由认定道路运输局未履行法定职责。

二、道路运输局是否有监督行政许可的法律责任

上述分析表明道路运输局并不具有原告所要求的道路运输检查权，但其是否应当承担一定的许可监督职责仍需进一步讨论。这也是判断行政机关是否履行了法定职责的关键所在。

我国《行政许可法》总则第 10 条第二款规定："行政机关应当对公民、

法人或者其他组织从事行政许可事项的活动实施有效监督。”该条规定对行政许可监督制度的构建起到了统领作用，是立法部门制定具体监督检查措施、监督检查责任等方面法律规范的重要依据。但此条文将对公民、法人或者其他组织从事行政许可事项活动实施有效监督的主体表述为“行政机关”而非“行政许可机关”或“作出行政许可决定的行政机关”，容易引起歧义。因为二者内涵明显不同。相比而言，“行政机关”的含义更为广泛。

法律概念内涵的宽泛性可能导致行政机关或人民法院在处理具体管理事务或行政案件时出现理解上的偏差并终致处理结果迥异。这一点在本案凸显。关于道路运输局是否应履行对被许可人从事许可事项活动进行监督的职责问题方面，被告行政机关和一审法院均持有隐含否定性的观点或态度，二审法院却对此予以肯定。案中行政机关始终未对原告的举报采取任何可以保障被举报人从事许可事项的活动处于有效监督之下的措施；一审法院亦认为“原告应当向县级道路运输管理机构投诉举报、由该机关根据认定的事实作出处理，原告以自我认定的方式认定鲁 S30886 客车违法情节严重要求省级道路运输主管部门处理无论该车辆是否存在违法或者违法情节严重与否在客观上已经剥夺了鲁 S30886 客车经营者改正违法行为及被处以较轻处罚的权利”，显然并不认可道路运输局在案中需要履行对被许可人从事许可事项活动实施有效监督的职责。二审法院则在判决中则引用了《行政许可法》第 10 条第二款和第六章的相关规定，首先明确被告——道路运输局具有对被许可人从事行政许可事项活动实施有效监督责任的观点，继而认定被告未按照法定职权范围的要求对上诉人（齐来发）的申请作出相应处理，最终判决责令道路运输局在一定时间内履行法定职责。

行政机关、一审法院与二审法院在道路运输局应否承担对被举报人从事行政许可事项活动履行有效监督法律责任问题上出现了意见的不一。两种观点各有论据。不过，相比之下，二审法院的观点论据更加充分。理由如下：

第一，尽管我国《道路运输条例》《山东省道路运输条例》及山东省交通厅印发的《道路运输路检路查有关规定汇编》均将省内各级交通稽查机构确定为路检路查的具体执法主体，但这并不意味着道路运输局不需再承担对被许可人从事许可事项活动实施有效监督的职责，或只在各级交通稽查机构发现被许可人从事许可事项活动存在严重违法情形时才负有监督职责。因为根据学界与司法界的通说——“谁许可、谁监督”原则，[①]作出许可决定的行政机关是对被许可人从事许可事项活动进行监督的主体。[②]本案，作为向被举报的客运车辆颁发道路运输许可证的行政机关，道路运输局是当然的行政许可监督机关，应对被许可人从事许可事项的活动负全面、有效的监督责任，而省内各级交通稽查机构只是因行政机关的内部分工和法律、法规的特别授权而享有了部分行政许可监督检查权。它们是实施这部分监督检查措施（路检路查、行政强制、部分行政处罚及将情节严重且应吊销许可证件的违法行为转交道路运输局）的具体执法主体，而非从整体上应对被许可人从事许可事项活动负有效监督责任的行政主体。

第二，除法理分析外，[③]还有一种方法——法律的体系解释可验证《行政许可法》第 10 条第二款中的“行政机关”是指“作出许可决定的行政机关”。该法第 64 条规定“被许可人在作出行政许可决定的行政机关管辖区域外违法从事行政许可事项活动的，违法行为发生地的行政机关应当依法将被许可人的违法事实、处理结果抄告作出行政许可决定的行政机关”。其中值得关注的是

① 参见曾涛：《论行政许可法中的监督检查制度及其完善》（《法制与社会》2009 年 3 月中）文中写道：“这些制度（书面监督制度、实地监督检查制度与属地管辖制度）的建立，使得行政许可机关在颁发行政许可证之后继续对自己先前的许可行为负责，对被许可人进行追踪监督，真正做到‘谁许可，谁监督，谁负责’，彻底摆脱先前行政许可‘重许可，轻监管’‘有许可，无管理’的现象。”又见杨临萍：《行政许可司法解释理解与适用》（中国法制出版社，2010 年版，第 38 页）书中提及：“一般而言，作出行政许可决定的行政机关负有对被许可人从事行政许可事项的活动进行监督检查的责任，即‘谁审批、谁负责、谁监管’。但如果被许可人在作出许可监督的行政机关管辖区域外从事行政许可事项活动，作出许可决定的行政机关就不便对其直接进行监管。”

② 周佑勇先生在《行政许可法理论与实务》（武汉大学出版社，2004 年版，第 52 页）一书中也说道：“在行政许可活动中，行政许可机关既是行使许可职权的主体，也是对被许可人实施许可事项进行监督的主体……”

③ 我国台湾高等法院院长、法官杨仁寿在其《法学方法论》（中国政法大学出版社 2013 年版，第 274 页）一书中写道：“准是以言，法理虽非制定法本身，但其具有法源性不言而喻。不惟宁是，法理既为事物之当然道理，基于吾人之理性所共具之通念，则其除为裁判之基准，具有补充法律的功能外，亦具有衡量法律内容审查是否为‘善法’之作用。无可讳言，法律是吾人营社会生活之产物，要求一切之社会关系皆合乎法理，系一种理想。制定法律，以规律吾人之社会生活，苟能本乎法理，实现此种理想，方属可期。因之，法官阐释法律时，应尽量合乎法理，乃属当然。”故笔者以为，“谁许可、谁监督”原则虽未写入我国《行政许可法》关于对被许可人从事许可事项活动的监督条款之中，但因该理论早已普及且深植学者、法官、乃至普通共众心中，应成为主审者判断被许可人从事许可活动的法定监督主体的依据之一。

"作出行政许可决定的行政机关"一语的使用。该条规定既没有像《行政许可法》中其他有关许可监督条款那样仅以"行政机关"一词表述行政主体，也没有将"实施具体监督检查措施的行政机关"设为接受被许可人违法事实与处理结果的主体，显然意欲表达的是：本应对被许可人从事行政许可事项活动承担有效监督责任的主体为作出行政许可决定的行政机关，但考虑行政管理效率等因素，当被许可人在该机关管辖区域外违法从事许可事项活动时，其不再负责具体的监督检查与处理，而是由违法行为发生地的行政机关予以检查和处理，并将相关违法事实与处理结果抄告该机关。故对《行政许可法》总则第10条第二款中的"行政机关"一词的正确理解应为"作出行政许可决定的行政机关"（即本文简称的"行政许可机关"或"许可机关"），而非该机关之外的某个被法律、法规或规章授权、承担着部分具体监督检查职责的行政机关（或机构），更非泛指所有相关的行政机关。如此解读，方能使上述两条关于对被许可人从事许可事项活动的监督法律规范对应起来，实现"消除各个法律条文之间的矛盾和冲突，维持法律规定之间的和谐统一"①目的。

综上，尽管行政许可具体监督检查职权因分工而被法律、法规或规章部分甚或全部授予其他执法机关（或机构），行政许可机关不需再去实施这部分具体监督检查措施（事实上其已无此具体职权），但这并不意味着行政机关可以对当事人的举报置之不理，因其仍承担着对"公民、法人或者其他组织从事行政许可事项的活动实施有效监督"的法律责任。这种法律责任具有整体性与连贯性特征，不会由于具体管理职权的划分而被分隔开来或转移他处。另外，由于法律赋予了个人或组织在发现违法从事行政许可事项的活动后可以向行政机关举报并得到行政机关及时核实与处理的权利，②行政许可机关仍应在收到当事人举报后及时履行属于其职权范围内的法定监督职责。

三、道路运输局应如何作为才属履行了法定职责

上文论证了行政许可机关在具体监督检查职权被法律、法规或规章授予其他行政机关或机构时，仍需对被许可人从事许可事项活动负有效监督法律责任

① 转引自王利明：《法律解释学》，中国人民大学出版社2011年版，第95页。

② 见《行政许可法》第65条规定。该条也并未明确公民、法人或者其他组织只能向有具体监督检查职权的行政机关进行举报。故笔者以为，举报人既可以向行政许可机关投诉，也可以向有具体监督检查措施实施权的行政机关投诉，只不过二者受理之后的处理方式可能不同。

的观点。不过，当举报人要求行政许可机关履行已不属于其职权范围内的具体监督检查职责（如本案的路检路查等）时，行政机关应如何作为才属履行了相关法定职责是裁判者需要考虑的另一个问题。笔者以为，在此情形下，应以行政许可机关是否采取了一定的处理措施以确保被许可人从事许可事项活动处于有效监督之下为标准进行判断。若是，则属履行了法定职责；不然，便是未能履行法定职责。

本案，为保障对被举报车辆的客运经营实施有效的监督，道路运输局在收到原告举报后，应当及时作出一定的处理，或告知原告有关具体监督检查职权的内部分工情况，使其及时向对被举报人从事许可事项活动有道路检查与处罚职权的交通稽查机构进行举报①；或直接与该交通稽查机构联系，移交相关举报材料以使其能够及时检查被举报车辆的营运状况②。但该局在此两方面均未有所行动，既未通知相关交通稽查机构进行实况检查，也未向原告释明法律在客运班线经营许可监督检查方面的特殊规定，致被举报客运车辆在是否按规定线路行驶问题上长久得不到有效监督。故从法律适用角度看，二审法院认为道路运输局对举报人的申请未作任何处理的做法确有不当是正确的，该行政机关应当履行属于自身职权范围的法律责任。

（责任编辑：马玮玮）

---

① 在济南中院2014年公布的十大行政案件（中国法院网，2014年4月2日）、最高人民法院公布的八起典型行政案例（人民法院报，2014年7月24日）中，均指出该案的典型意义在于推动行政机关履行释明义务，行政机关不能因内部职权划分问题而对申请人要求履责置之不理，应给予必要的说明和指导。

② 虽然法律没有明确规定道路运输局有此职责，但从便民、服务、高效等现代行政理念出发，为保障行政许可监督的有效实施，许可机关将当事人因不知内部职权分工缘故提交的举报信或申请书移送给有具体监督检查职权的行政机关（或机构）不仅不违反法律的规定，而且具有实质意义上的正当性。诚然，为提高行政管理效率，此种举报材料的移交可以不必采取实物送达的方式，如，许可机关可先运用信息技术（拍照、扫描等）将相关材料制成电子版，录入许可监督信息系统，经由网络传送给有具体监督检查职权的主体。至于材料原件，则可由举报人事后于一定时间内送交有具体监督检查职权的行政机关（或机构）。当然，举报人向该机关（或机构）送材料的时间应当科学限定，既不宜过短，也不宜过长。短则可能不便于当事人合理安排时间行使举报权利，致其疲于辗转；长则可能使相关检察机关（或机构）迟迟得不到原始举报材料，影响效率。故笔者以为从当事人向许可机关举报并被通知应到特定机关（或机构）递交材料之日起5日内为宜。

司法调查

谁动了我的“两金”

——新刑诉法司法解释第 155 条的适用考察及反思建议

田 源[①]

党的十八届四中全会通过的《中共中央关于全面推进依法治国若干重大问题的决定》（下称《决定》）把“保证公正司法，提高司法公信力”作为全面推进依法治国的六大任务之一，提出“公正是法治的生命线。司法公正对社会公正具有重要引领作用，司法不公对社会公正具有致命破坏作用”[②]。2012 年修订的刑事诉讼法及其司法解释在尊重和保障人权、杜绝刑讯逼供、防止冤假错案等领域取得了可喜的进步，但部分条文仍有待商榷。譬如，新刑诉法司法解释第 155 条，通过列举式的规定，将以往作为赔偿主体的死亡赔偿金和伤残赔偿金（以下简称“两金”）排除在赔偿范围之外，这在司法界引发巨大争议。[③]本文即以刑事被害人的权益保障为视角，选取 S 省 Q 市法院刑事附带民事案件赔偿情况作为研究样本，尝试对“瘦身”后附带民事赔偿范围的实际适用情况加以探究。

① 田源，2011 计划司法文明协同创新中心博士、山东省菏泽市中级人民法院法官。

② 张保生、施鹏鹏：《司法文明建设进程需要量化》，载《检察日报》，2015 年 4 月 23 日第 3 版。

③ 陈卫东：《附带民事诉讼：强化被害人权益保障是要点》，载《检察日报》，2012 年 4 月 6 日第 3 版。陈卫东教授认为，如何界定死亡赔偿金、死亡补偿费的性质，理论界和实务界长期以来都难以达成一致。有观点认为死亡赔偿金或者死亡补偿费并不完全带有精神抚慰的性质，而且在司法实践中，为保护被害人及其法定代理人、近亲属的合法权益，尽快化解社会矛盾，已有部分人民法院坚持继续判处死亡赔偿金或死亡补偿费，或者采取变通措施，即不在裁判文书中明确写明死亡赔偿金或死亡补偿费，但实际支持附带民事诉讼原告人有关死亡赔偿金、死亡补偿费的诉讼请求，这都说明在附带民事诉讼中判决被告人赔付死亡赔偿金或死亡补偿费有其合理性。

一、司法困局——排除“两金”所引发的负面效应

（一）由几十万到几万，赔偿金额严重缩水

新刑诉法及其司法解释实施后，“两金”被排除出刑事附带民事案件的法定赔偿范围。以致人死亡的案件为例，法院依法所能判处被告方赔偿的仅有丧葬费一项。按照2013年S省丧葬费赔偿标准，只需赔偿2万余元①。实践中，被害方实际遭受的损失远非2万余元所能弥补。法院判决的赔偿金，与被害方期待的“心理价位”之间，往往存在难以弥合的巨大鸿沟。2009—2013年，S省Q市中院年均审结刑事附带民事案件63.25件，年均判处的总赔偿金额高达1072.12万元，平均每起案件判处赔偿金16.95万元。与之呈鲜明对比的是，新刑诉法及其司法解释实施后的2013年，S省Q市中院共审结刑事附带民事诉讼67起，所判处的总赔偿金额149.31万元，平均每起案件仅判处赔偿1.99万元。相较而言，无论是总体赔偿金，还是平均赔偿金均有显著下降，甚至不足新刑诉法实施前的“零头”。

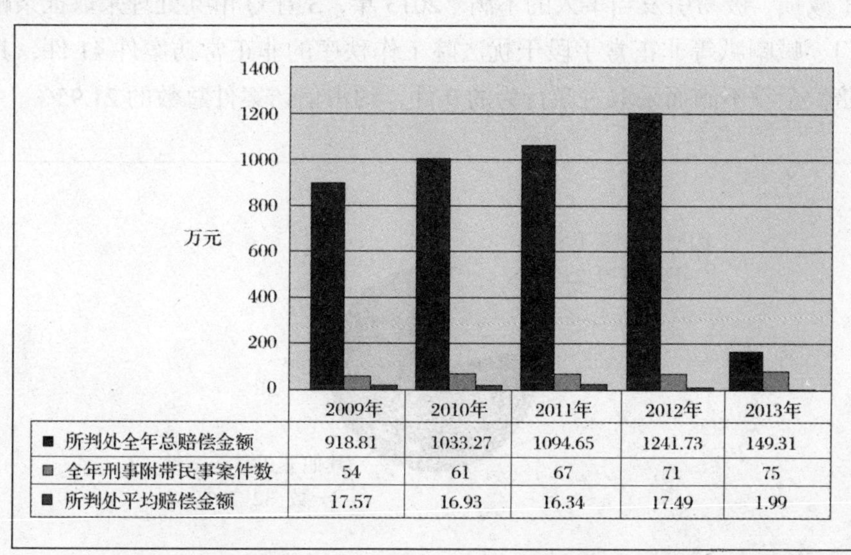

	2009年	2010年	2011年	2012年	2013年
所判处全年总赔偿金额	918.81	1033.27	1094.65	1241.73	149.31
全年刑事附带民事案件数	54	61	67	71	75
所判处平均赔偿金额	17.57	16.93	16.34	17.49	1.99

图一　2009—2013年S省Q市中院刑事附带民事赔偿情况

① 依据最高人民法院《关于审理人身损害赔偿案件适用法律若干问题的解释》第27条之规定：“丧葬费按照受诉法院所在地上一年度职工月平均工资标准，以六个月总额计算。”依据2013年S省统计局发布的全省年度职工月平均工资计算，所适用的丧葬费赔偿标准为21418.5元。

（二）由抚慰精神到不顾感受，民众评价趋于负面

被害方在案件审理过程中，除关注被告人所判处的刑罚之外，更多关注其能获得多少民事赔偿。[①] 随着“两金”被排除出赔偿范围，附带民事案件赔偿金原有的用以安抚被害方负面情绪，解决被害方实际困难的作用被极大削弱。尤其是新刑诉法及其司法解释适用初期前后的案件，在赔偿金额上存在天壤之别。以 S 省 Q 市法院为例，该院 2012 年 12 月审结的一起故意杀人案件，判决赔偿金额 47.24 万，其中死亡赔偿金 41.13 万；2013 年 1 月，该院审结的一起类型相同、案情相似的案件，赔偿金额只有区区 2.12 万元。两起案件间隔不足一个月，但赔偿金额却发生了地覆天翻式的变化，很难让被害方理解接受。某案被害人家属曾集体在法院门前哭诉：“为啥都是伤残，俺庄上的某某赔了恁（那么）多钱？俺咋就才这些（么点）？”与此同时，新刑诉法及其司法解释实施前，如调解不成，法院所判处的赔偿金额，即便被告方限于赔偿能力在短期内不能完全支付，被害方仍将保留对剩余赔偿金额的追偿权。但法律修订后，被害方在所获得的实际赔偿金严重缩水的情况下，可预期的远景收益也受到严重减损，极易引发当事人的不满。2013 年，S 省 Q 市共处理采取扯条幅、堵大门、喊喇叭等非正常手段干扰法院工作秩序的非正常访案件 41 件，其中因对赔偿金额不满而采取过激行为的 9 件，约占信访案件总数的 21.95%。

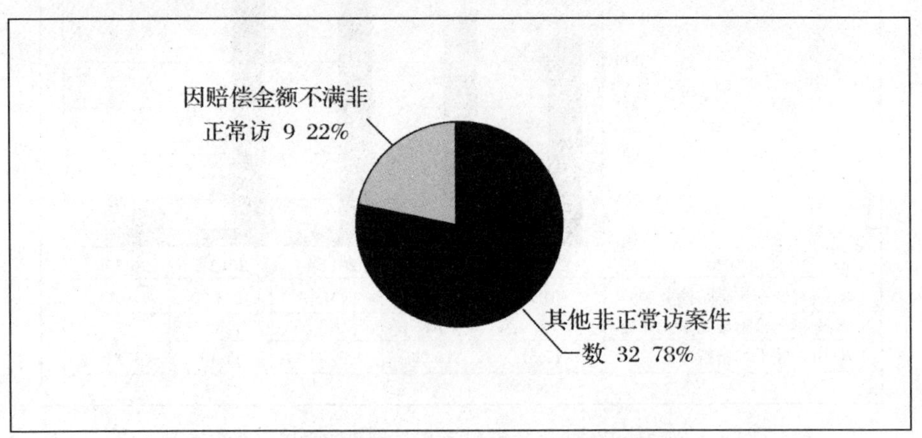

图二　因对赔偿金额不满采取非正常手段情况

① 张步洪：《论刑事附带民事诉讼程序完善——以有效、平等保护民事权利为视角》，载《人民检察》2012 年第 19 期。

（三）由吃不香到睡不着，法官压力陡然递增

排除“两金”后，法官一旦依法做出赔偿判决，极易引发被害方对法官乃至法院的不满，无形中加大了矛盾纠纷的化解难度。譬如，在面对一些被害方家属“俺这一条人命就换这点钱”的质疑时，单凭一句“法律规定变了”，难以打消当事人心中的疑问和胸中的积怨。一旦释法答疑工作不到位，很容易让原本存在与当事人之间的矛盾冲突，指向做出裁判的承办法官及所在法院，进而滋生缠诉闹访等负面事件。长此以往，涉及附带民事赔偿的案件成了人见人躲的“烫手山药”，有能力的法官不愿审，没本事的法官又审不了。部分案件久拖不审、久审不决，双方当事人原本就紧张的关系更加激化，承办法官也容易陷入恶性循环当中难以脱身。恰如一名青年刑事法官的自我解嘲：“以前光是吃不香，现在干脆就睡不着！”

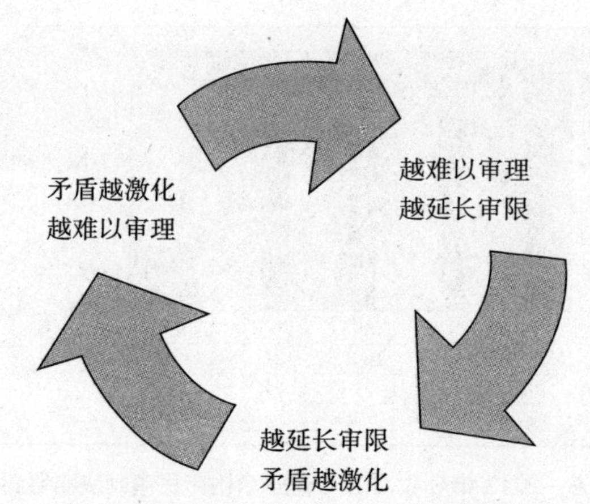

图三　刑事附带民事案件的审判人员容易陷入恶性循环

（四）赔的少未必一定赔，实际赔偿金不增反降

新刑诉法及其司法解释之所以将“两金”排除在赔偿范围之外，其主要目的是通过牺牲部分赔偿额度换取实际赔偿到位率，以此来消除刑事附带民事案件的“空判”现象。[①] 然而，法院所判决赔偿金额的多寡，与被告人的赔偿

① 张军主编：《新刑事诉讼法法官培训教材》，法律出版社 2012 年版，第 243 页。文中提及，因判赔数额虚高，空判现象普遍，导致缠诉闹访问题突出，已严重影响宽严相济刑事政策的贯彻，损害了法律的权威和司法的统一，更损害了被害人的合法权益。

多少之间并不存在必然的因果关系。[①]姑且抛开被告方的实际赔偿能力不谈，影响被告方赔偿积极性的，更多是能否在法院下判前得到被害方的谅解，进而在量刑幅度内得到刑期的减免。[②]以S省Q市中院为例，2013年共判处赔偿金149.31万元，实际交付给被害方的仅9.44万元，赔偿到位率只有6.32%。不可否认，相比于修法前平均每年3.25%左右的赔偿到位率，虽有了较大提升。但鉴于赔偿总额的严重缩水，每起案件中实际交付的赔偿金并没有显著增长，甚至较于以往的个别年份还有所降低。司法实践中，即便被告方承诺依照现行标准及时做出赔偿，被害方往往会拒绝接受已严重缩水的赔偿金，更不会签署谅解书与被告方达成谅解。但倘若被害方不签署谅解书，即便是少得可怜的赔偿金，被告方也会以各种理由拖延或拒绝交付。不难看出，通过排除“两金”降低法定赔偿金来防止“空判”，所起到的实际效果微乎其微。

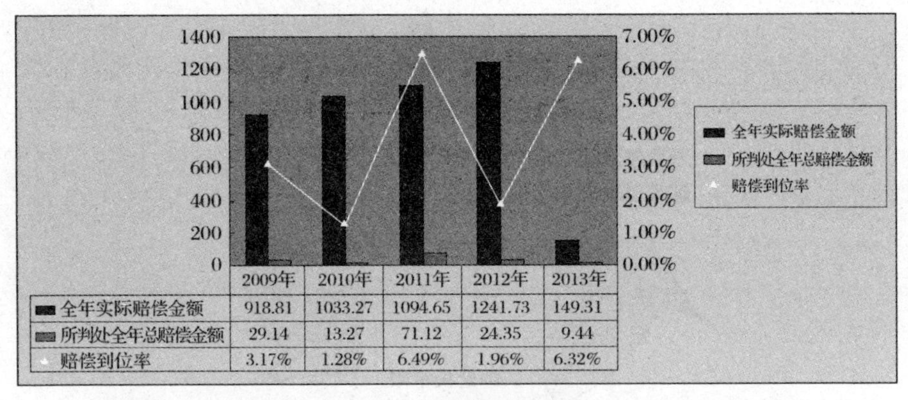

	2009年	2010年	2011年	2012年	2013年
全年实际赔偿金额	918.81	1033.27	1094.65	1241.73	149.31
所判处全年总赔偿金额	29.14	13.27	71.12	24.35	9.44
赔偿到位率	3.17%	1.28%	6.49%	1.96%	6.32%

图四　2009—2013年S省Q市中院刑事附带民事判决赔偿到位情况

（五）由调解难到难调解，案件调解率持续走低

“两金”是过去吸引被害方坐到谈判桌前的重要筹码，是不少法官赖以促成调解的“撒手锏”。[③]而今，“两金”被排除后，案件调解难度显著增大。

---

① 谢丽珍、刘宏武：《附带民事诉讼制度的进一步完善——以我国新刑事诉讼法为视角》，载《法学杂志》2013年第7期。

② 陈学权：《论死亡赔偿金在我国刑事附带民事诉讼中的适用》，载《法学杂志》2013年第8期。

③ 刘为波：《刑事附带民事诉讼制度修改内容的理解与适用》，载《法律适用》2013年第7期。

无论是被害方还是被告方，都会从对己方有利的角度来理解新刑诉法及其司法解释的相关规定。作为被告方，会依据“就算判决也不赔两金”的法定赔偿标准，开出较低的，甚至是在被害方看起来“无异于侮辱”的价码。作为被害方，往往会依据司法解释第155条第四款规定：“达成调解、和解协议的，赔偿范围、金额不受第二款、第三款规定的限制。”以“不受限制”为由，提出包含“两金”在内，在被告方看起来是“狮子大开口”的赔偿金额。由于双方的心理期待存在显著差异，承办法官再单凭诸如“以和为贵、人死不能复生、退一步海宽天空”等传统调解话语来做双方的思想工作，则更显苍白无力，难以促使双方坐下来谈判，更遑论达成共识。2013年，S省Q市中院刑事附带民事案件75件，其中以调解方式结案23件，调解率仅为30.67%。相比于修法前四年平均34.52%的年调解率，下降了3.85个百分点。部分刑事法官对排除“两金”后的附带民事调解工作大发牢骚：“以前调解是挺难，可好歹双方能坐下来谈一谈。现在可倒好，一听说就赔就这么点钱，被害方根本就不同意调……以前是调解难，现在是难调解……”

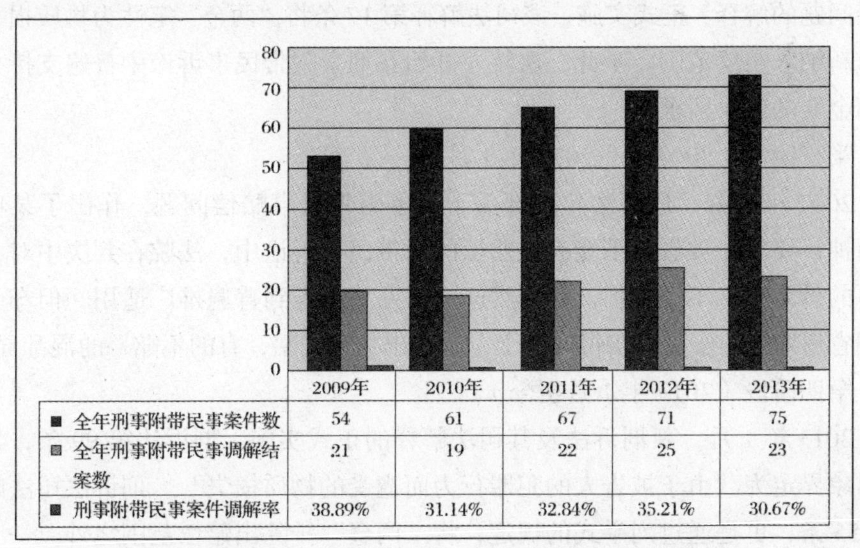

	2009年	2010年	2011年	2012年	2013年
■ 全年刑事附带民事案件数	54	61	67	71	75
■ 全年刑事附带民事调解结案数	21	19	22	25	23
■ 刑事附带民事案件调解率	38.89%	31.14%	32.84%	35.21%	30.67%

图五 2009—2013年S省Q市中院刑事附带民事调解结案情况

二、困局探因：如何理性看待“两金”的适用问题

（一）脉络梳理：“两金”赔偿法律依据的发展沿革

通过对2000年以来最高人民法院与刑事附带民事诉讼赔偿范围相关司法

解释的梳理，不难发现，最高法院对刑事附带民事诉讼的赔偿范围，以及对“两金”的赔偿态度呈现出“波浪形”的发展轨迹。尤其在对“两金”是否赔付问题方面，不同司法解释之间，司法解释与法律之前之间相互冲突的“法律打架”现象时有出现。具体可分为四个阶段：

第一阶段（2001 年 3 月—2004 年 5 月）

2001 年 3 月 10 日，《最高人民法院关于确定民事侵权精神损害赔偿责任若干问题的解释》正式颁行实施，该司法解释第 9 条规定：“精神损害抚慰金包括以下方式：（一）致人残疾的，为残疾赔偿金；（二）致人死亡的，为死亡赔偿金；（三）其他损害情形的精神抚慰金。”据此，“两金”被定性为精神抚慰金。结合 2002 年 7 月 20 日起施行的《最高人民法院关于人民法院是否受理刑事案被害人提出精神损害赔偿民事诉讼问题的批复》，在此后的刑事附带民事诉讼中，法院对涉及“两金”的诉讼请求一律不予支持。

第二阶段（2004 年 5 月—2007 年）

2004 年 5 月 1 日，《最高人民法院关于审理人身损害赔偿案件适用法律若干问题的解释》正式实施，该司法解释第 17 条将“两金”定性为物质损害，并重新纳入赔偿范围。至此，法院才开始在刑事附带民事诉讼中普遍支持关于“两金”的诉讼请求。

第三阶段（2007 年—2013 年 1 月）

2007 年左右，最高法院内部关于刑事附带民事赔偿问题，作出了某项指导精神，要求在被告人不能有效赔偿的附带民事诉讼中，法院在判决中对“两金”的诉讼请求不予支持。[①] 虽然这一意见并未得到普遍推广适用，但却引发不同省市对“两金”的赔付问题上，呈现出“有的赔，有的不赔”的混乱局面。

第四阶段（2013 年 1 月至今）

2013 年 1 月，新刑诉法及其司法解释的正式实施。刑诉法第 99 条，将赔偿对象界定为“由于被告人的犯罪行为而遭受的物质损失”。刑诉法司法解释第 155 条，更是通过列举式的规定，将“两金”排除出赔偿范围之外。

---

① 梁允河：《新刑诉法及最高院解释对附带民事诉讼的赔偿范围缩水》，载 http://www.lalyh.com/display.asp?id=762。文中提及，从 2007 年初开始，虽然最高人民法院没有颁布任何司法解释，但法院内部对此问题有个指导精神，在被告人不能有效赔偿的附带民事诉讼中，法院在判决中对死亡赔偿金、残疾赔偿金的诉讼请求不予支持，但这一观点并没有普遍适用。浏览日期 2014 年 4 月 1 日。

表 1　2000 年以来最高院与刑事附带民事赔偿相关司法解释的发展沿革

司法解释名称	颁行时间	对“两金”的认定	是否赔偿
《最高人民法院关于确定民事侵权精神损害赔偿责任若干问题的解释》第 9 条、《最高人民法院关于人民法院是否受理刑事案被害人提出精神损害赔偿民事诉讼问题的批复》	2001 年 2 月 26 日	精神抚慰金	否
《最高人民法院关于审理人身损害赔偿案件适用法律若干问题的解释》第 17 条	2004 年 5 月 1 日	物质损害	是
最高人民法院内部某指导意见	2007 年左右	有钱则赔，无钱则免	有的赔，有的不赔
《中华人民共和国刑事诉讼法》第 99 条及其司法解释第 155 条	2013 年 1 月 1 日	原则上不纳入赔偿范围	不赔

（二）不同意见：对最高院关于赔偿范围理解适用[①]的理性解读

为保障新刑诉法司法解释的顺利实施，最高法院颁布了《关于适用〈中华人民共和国刑事诉讼法〉解释的理解与适用》。该文第三章第六节，就排除“两金”的理由进行了系统阐述。笔者认为，该文所给出适用原则及理由均无法令人信服，故逐条提出不同意见。

1. 适用原则部分

该文指出，对刑诉法司法解释第 155 条第二款规定中的“等费用”的理解，应作为等内理解。只有对被告人确有赔偿能力，而又无法达成调解协议的案件，才能作等外理解。同时，该文重申，上述规定的主要目的在于防止“空判”。

不同意见：一方面，该原则将“等内理解和等外理解”的选择适用依据，完全建立在直被告方的实际赔偿能力之上，是典型的为“防止空判”而“当判不判”的做法，带有浓重的功利主义色彩。另一方面，单纯以是否具有赔偿能力作为是否判处赔偿的标准，是“因人而判”而非“依法而判”。作为司法机

① 胡云腾、喻加海等：《关于适用〈中华人民共和国刑事诉讼法〉的解释理解与适用》，载《刑事审判参考》总第 88 集，最高院刑事审判第一、二、三、四、五庭编著。文中第 119–124 页，以较大篇幅就为何将“两金”排除出附带民事赔偿范围进行了阐述，相继提出了具体的适用原则及理由。

关，就同一法律的适用过程中对不同对象实行“双重标准”，不仅有“挑软柿子捏”“宰大户”之嫌，更是与“法律面前人人平等”的基本原则不相适应。

2. 适用理由部分

理由一：依照我国的法律传统，刑事附带民事诉讼与单纯的民事诉讼不能适用相同的赔偿标准。判决被告人承担刑事责任，是对被害方抚慰、救助的主要方式，赔偿精神损失有双重处罚之嫌。

不同意见一：依照《最高人民法院关于审理人身损害赔偿案件适用法律若干问题的解释》第 31 条之规定：“人民法院应当按照民法通则第 131 条以及本解释第 2 条的规定，确定第 19 条至第 29 条各项财产损失的实际赔偿金额。前款确定的物质损害赔偿金……原则上应当一次性给付。”该项规定对“两金”的性质进行了界定，“两金”不属于精神损失，而是属于物质损失范畴。“两金”对死者、伤者而言，是对其可预期收入损失的赔偿，且这一损失为犯罪行为所致，与犯罪行为存在因果关系，理应进行赔偿。

理由二：将“两金”纳入刑事附带民事赔偿范围，会导致空判现象，引发缠诉闹访，且“两金”的实际赔偿到位率很低。

不同意见二：该理由从息诉、维稳的社会效果角度出发，偏重于考虑被告人赔偿能力较低的因素。然而，审理案件不仅要考虑被告方的情况，还要考虑到被害方的情况。司法实践中，法院对于被害方赔偿诉求的支持，对其也是一种精神上的抚慰。如果不支持“两金”，即使被告人判刑再重，也难以得到社会民众和被害方的认可，更无助于缠诉、闹访等社会问题的解决。另外，将“两金”纳入赔偿范围令赔偿金额增大，所起到的效应未必一定是消极的。实践中，被告人及其亲属为了获得较轻的处罚往往会尽全力去接近法定的赔偿金额。水涨则船高，被害方实际得到的赔偿金普遍会高于排除“两金”后的标准。同时，参考该赔偿金额进行调解，可供双方讨价还价的回旋余地也会更大，往往也能取得更好的实际调解效果。

理由三：赔偿“两金”则赔偿标准过高，实际不利于维护被害人的合法权益。多数刑事被告人实际赔偿能力很低，套用单纯民事案件的赔偿标准容易使被害方对赔偿金额抱有不切实际的期待，影响民事调解及矛盾化解。

不同意见三：其一，司法实践证明，纵使将“两金”排除出赔偿范围，显著降低法定赔偿金，被告方也未必一定就赔。不可否认，牺牲部分赔偿金，可以换取赔偿实际到位率的部分提升，一定程度上缓解了附带民事判决书的“法律白条”形象。[①]但由于实际赔偿金并没有明显增长，无助于对被害方的精神抚慰和困难解决，可以说治标不治本。其二，修法前，即便被告方的实际赔偿能力有限，被害方不能一次性获得赔偿金，但仍可以保留长期追偿权。而今，修法后，不仅法定赔偿金变得杯水车薪，被害方的后期追偿权也化为泡影。其三，文中提及的赔偿“两金”会影响对被害人的救助效果的观点更是有待商榷。诚然，当前我国整体救助能力与发达国家相比还停留在较低的水平，有限的救助资金未必能达到被害方心理预期。但以当前救助能力差为由，削减理应判处的赔偿金额，这种削足适履的做法显然是不可取的。

理由四：主张对《侵权责任法》第4、5条结合起来理解，指出第5条：“其他法律对侵权责任另有特别规定的，依照其规定”，认为处理相关赔偿问题，应当优先适用刑事诉讼法规定。

不同意见四：其一，新刑诉法并没有明确地将“两金”排除在赔偿范围之外，该法第155条通过“……等费用”这一兜底方式，为“两金”适用预留了可能。其二，真正将“两金”排除出赔偿范围的，并非新刑诉法，而是新刑诉法司法解释第155条。其三，按照《中华人民共和国立法法》第79条规定：“法律的效力高于行政法规、地方性法规、规章……”从法律位阶上看，《侵权责任法》是由全国人大会常委会制定的，属于法律；新刑诉法司法解释是最高人民法院制定的，属于司法解释。二者相比较，法律的位阶明显要高于司法解释。因此，当《侵权责任法》第4条和新刑诉法司法解释第155条相抵触时，应当优先适用前者规定。

三、破局之道：赔偿范围“瘦身”后的现实应对

“两金”被排除出赔偿范围后，被害人通过诉讼手段获得救助的道路变得愈发坎坷。相应的，国家救助、公益救助、被告方自力救助等其他救助手段的重要性则更加凸显。然而，由于缺少一部专门的《刑事被害人救助法》，国内对被害人的救助工作大都处在各自为战的无序状态，“当救而不救”“不当救反救”的情况时有发生，[②]有限的救助资金并没有都用在“刀刃”上。上述救助手段亟待进一步梳理规范。

① 陈瑞华：《刑事附带民事诉讼的三种模式》，载《法学研究》2009年第1期。

② 李科：《刑事被害人国家救助制度在我国的构建——以无锡、宁夏实践模式为视角》，载《法治研究》2013年第5期。

（一）国家救助——实现被害人救助的主体力量

1. 救助途径

建议设立刑事被害人救助专项基金，纳入地方财政预算。管理机构可设在各级民政部门的名下，实现对救助基金监管和发放专业化的同时，又体现救助主体的国家性。同时，建议将审查决定权同时赋予公、检、法部门。案件处于哪个部门管辖办理阶段，就由哪个部门负责审核被害人所提交的拟受救助申请材料，决定是否进行救助并确定相应的救助金额。签署后的同意救助决定书报同级民政部门。民政部门对来自于公、检、法部门的救助决定书，仅具有书面审核义务，在保证形式要件齐备的情况下，及时将救助金发放给被害方。

2. 实现步骤

步骤一：申请人须填写申请书并附相关证明材料，依照案件所处的阶段将申请材料提交给受理机构（公、检、法三家之一），但不得直接向民政部门提出申请。申请时应当特别承诺，做虚假陈述应承担相应的法律责任。

步骤二：公、检、法部门依据各自职能，负责审核被害人所提交申请书及证据材料，决定是否对被害人进行救助，并根据被害方实际损失确定相应的救助金额。签署救助决定书后，连同证明材料一并报同级民政部门。

步骤三：民政部门对来公、检、法部门提交的救助决定书及证明材料进行书面审核，在保证形式要件齐备的情况下，及时将救助款项发放给被害方。

步骤四：如经审核认为公、检、法部门所提交救助申请书及材料存在形式

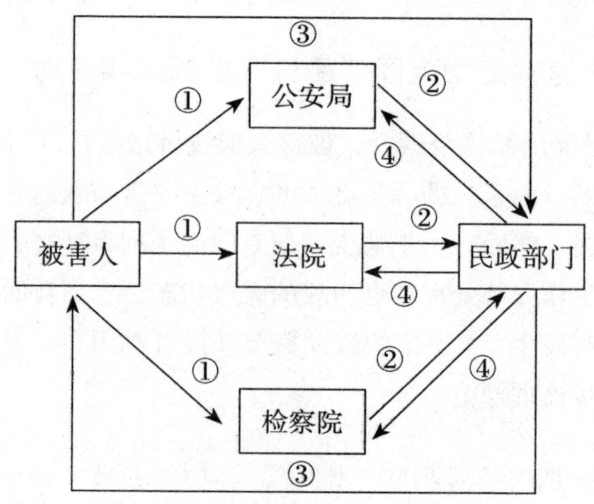

图六　被害人国家救助申请的简要步骤设计

要件缺失或瑕疵，则将相关材料一并退还给提交部门，待补充完善后另行提交。如提交材料形式要件齐备，在完成救助款项发放任务后，及时向公、检、法部门进行信息反馈。

（二）公益救助——实现被害人救助的重要手段

1. 依法明确公益组织及被害人的权利义务

当前，全国法院每年一审刑事案件近百万件[①]，亟待救助的刑事被害人及家属规模更为庞大。单纯依靠国家救助，难免出现“僧多粥少”的现象，导致有限的财政拨款被无限地“稀释化”。公益组织作为社会救助主体之一，具备充裕资金、专业队伍和多样化救助措施，[②]完全有能力参与对被害人的救助。实践中，公益组织参与救助的首要障碍就是法律地位不明确。一方面，要通过完善立法或出台行政规章，将公益组织及被害方的权利义务加以明确。另一方面，要加大相关司法宣传力度，使越来越多的刑事被害人知悉自己有权获得的救助内容和措施。

2. 公益组织对被害人救助的实现步骤

鉴于公益组织本身的机动灵活性，建议实行“双向互动”救助模式，实现申请、发放方式及信息反馈上的快捷便利。所谓“双向”，是当事人既可以直接向公益组织提出救助申请，也可在用尽国家救助权利仍不能有效弥补损害的情况下，向公、检、法提起公益救助申请，经审核后，将救助建议及证明材料报公益组织，由公益组织对所提交材料进行形式和实质的双重审核。所谓“互动”，一方面是公、检、法部门依照当事人申请，将救助建议及证明材料报送至公益组织供其审核批准。另一方面也可由公益组织主动联系司法机关，进而启动社会救助。

步骤一：申请人可填写申请书并附相关证明材料，依照案件所处的阶段将申请材料提交给受理机构（公、检、法三家之一）。申请时应当特别承诺，做虚假陈述应承担相应的法律责任。

步骤二：申请人除向案件受理机构提交救助申请之外，也可直接向公益组织提交申请，但不可通过上述两种方式同时提交。在采取一种方式提交后，在

① 周强：《最高人民法院工作报告》，载《人民法院报》，2013 年 3 月 11 日第 2 版。报告中提及，2013 年，各级法院审结一审刑事案件 95.4 万件，判处罪犯 115.8 万人。

② 高飞：《公益组织参与刑事被害人救济法律制度研究》，载中国知网法律资源数据库硕士论文库。

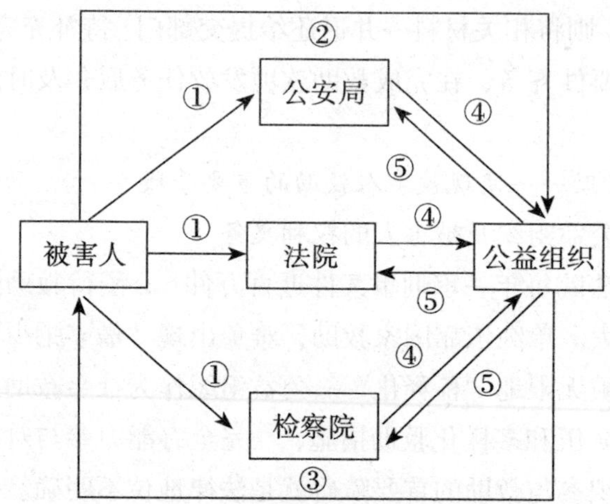

图七　被害人公益救助申请的简要流程设计

规定期间内未获答复或未获批准后，方可以另一方式再行提交，以此来避免有限司法、公益资源的无端浪费。

步骤三：如申请人未通过公、检、法等案件受理部门直接向公益组织提交救助申请，且经审核后符合相关救助标准要求的，可由公益组织直接对被害方给予救助。

步骤四：如申请人通过公、检、法部门向公益组织提交救助申请，则由受理机关先行审核被害人所提交的应受救助的申请书及证据材料，判断是否对被害人进行救助，并根据被害方实际损失提出相应的救助金额。建议签署同意救助建议书，连同证明材料一并报公益组织审核批准。

步骤五：如遇当事人直接提交证据材料不完整或存有瑕疵，可向公、检、法部门进行咨询了解，具体办案机关应当予以配合。如经由公、检、法部门转交的证据材料不完整或存有瑕疵，可将相关材料一并退换提交部门，待补充完善后另行提交。如提交材料形式要件齐备，公益组织在完成救助款项发放任务后，及时向公、检、法部门进行信息反馈。

（三）其他救助——实现被害人救助的必要补充

1. 司法机关救助：扮演好“上传下达”的角色

长期以来，在国家救助失位，公益救助不到位的情况下，司法机关充当了被害人救助的主力军。但受经费保障能力影响，一直处在“小马拉大车”的疲于奔命状态。部分救助金是靠“四处化缘”筹措的，还有一些是依靠系统内部自发甚至“半强制性”捐款得来的[①]。由于缺乏统一的规范标准，各地的救助范围、金额均不尽相同，甚至带有极大的随意性，从几千到几十万不等，往往“孩子会哭才有奶吃”。不同地区之间，或同一地区对不同被害方救助标准的不统一，容易引发被救助群体的相互“攀比”。“一样都是死了人，某某家赔（救助）了十几万，那俺说啥也得申请这些（钱）……”一位被害人家属如是说。作为司法机关要进一步明确定位，发挥好连接被害方与救助机构之间的桥梁纽带作用更为重要，尽到告知权利、审查核准、代为传达等义务。

2. 被告人自力救助：以服刑劳动所得赔偿被害方

可尝试让服刑人员以部分服刑期间的劳动所得，履行附带民事赔偿。一要提高服刑人员的劳动报酬，确保在监狱从事生产劳动的服刑人员都能获得劳动报酬。具体标准方面，应根据从事生产的类型来确定，至少不低于当地最低工资标准，且应接近所从事生产项目的国内平均工资水平。二是建立一定报酬提取比例。被告人劳动所得可交由服刑机关暂时管理，并根据被告方实际情况，设立不同的提取比例。国内部分监狱已进行了有益探索，除保留必要日常开支以及日后重返社会的回归储备金外，其他部分可用作对被害方进行赔偿。[②]三要设立相应激励机制。可将服刑人员是否履行了财产刑和刑事附带民事赔偿，作为判断其是否具有悔改表现的标准之一，由法院在审理减刑、假释案件时将加以核实。对于确有证据证明其有履行能力而拒不履行的，应视为没有悔改表现，不予减刑或假释。

3. 罚没财产救助：抽取一定比例救助特定被害方

除上述救助方式外，被告方因犯罪行为被判处的罚金及没收的财产，在特定情况下也可作为救助资金的辅助来源。除上缴国库外，应当根据被害方的实际受偿情况，留取一定比例进行补偿。譬如，在被告方不具备赔偿能力，且用尽其他救济等手段仍未获得有效赔偿的情况下，可向涉案法院所在地的中级及以上法院提起申请。经法院审核认为确实符合救助标准，且用尽前述救济手段的，可报请所在省的高级法院批准，从罚没财产中抽取一定比例，补偿给被害

---

① 代春波、姚嘉伟：《检察机关刑事被害人救助制度实证研究》，载《中国刑法学杂志》2012 年第 10 期。

② 游春亮、董长文、凯驰：《佛山监狱恢复性行刑调查》，载《法制日报》，2008 年 5 月 12 日。文中提及，广东佛山监狱鼓励服刑人员用劳动所得赔偿被害人以修补受损社会关系，取得显著效果。

方。建议以致人死亡案件的受害方作为主体救助对象，以最大限度减少对上缴国库资金的影响。

在当前全面推进依法治国的大格局之下，刑事附带民事赔偿范围尽管只是局部的一个小问题，但却与刑事被害人及其近亲属权益保障息息相关，属于迫待解决的现实问题。当然，在法律修订前，作为法律实施主体的各级法院仍要严格遵照法律条文及背后的立法原意来指导司法实践。我们也期待最高法院通过出台新的司法解释，或对具体适用问题做出批复等方式，尽快将“两金”重新纳入赔偿范围。在充分保障刑事被害人及其亲属合法权益的同时，进一步推动“让当事人在每一起案件中都能感受到公平正义”目标的早日实现。

（责任编辑：常淑静）

关于农村集体建设用地使用权流转法律适用问题的调研报告

日照市中级人民法院课题组①

当前，我国新型城镇化加快推进，用地需求不断扩张与国有建设用地稀缺矛盾日渐突出，城乡二元用地政策造成大量农村集体建设用地利用率不高、流转受限等突出问题。党的十八届三中全会及2014年中央一号文件均提出“在符合规划和用途管制的前提下，允许农村集体经营性建设用地出让、租赁、入股，实行与国有土地同等入市、同权同价”，推进农村土地入市已经成为业界共识。尽管各地都进行了诸多探索和试点②，但当前公开流转与隐形流转并存，合法流转与非法流转同在，流转制度尚不健全，特别是全国性的集体建设用地使用权流转法律规范尚未形成，存在流转市场失范无序、农民权益受损等诸多问题，部分农村集体建设用地隐形流转不符合法律规定，存在法律风险，一旦发生纠纷，集体建设用地所有者、使用者的权益难以得到有效保护。如何有效引导和规范集体建设用地流转，更好地保护农民权益，一定意义上等同于参与城镇化过程，也是亟待解决的问题。本报告立足日照法院审理农村集体经营性建设用地、宅基地使用权流转纠纷的实际，分析了审理中发现的突出问题，通过对集体建设用地使用权流转法律以及政策现状归纳梳理，对推动集体建设用地使用权规范流转提出了建议。

---

① 课题负责人：卜宪博，主要成员：卜雪雁、张宝华、杨荣国、王林林、张闰婷、刘斌。

② 最早试点的芜湖为例，有统计显示，2008年至2012年，该市累计开发复垦新增耕地6.85万亩，农用地流转106万亩，城镇化率由49.8%提高到58.3%。摘自李文龙：《农村集体建设用地流转路在何方？》，载《金融时报》，2013年12月07日。

▶第一部分◀

农村集体建设用地使用权流转及法律适用问题概述

所谓农村集体建设用地使用权流转，即农村各类集体经济组织及其他权利主体，以集体建设用地使用权为合同标的物，在所有权性质不变的前提下，将集体建设用地的使用权以出售、出租、抵押、作价出资入股、联营等方式，使其在不同经济实体之间流动的行为。[①]根据《中华人民共和国土地管理法》（以下简称“《土地管理法》”），农村集体建设用地包括农村宅基地、乡镇村企业用地（经营性建设用地）、乡镇公益设施及公益事业用地三类。根据我国相关法律规定，对于农村公益事业和公共设施用地，法律法规历来不允许流转，故本文主要探讨农村宅基地和集体经营性建设用地的流转问题。

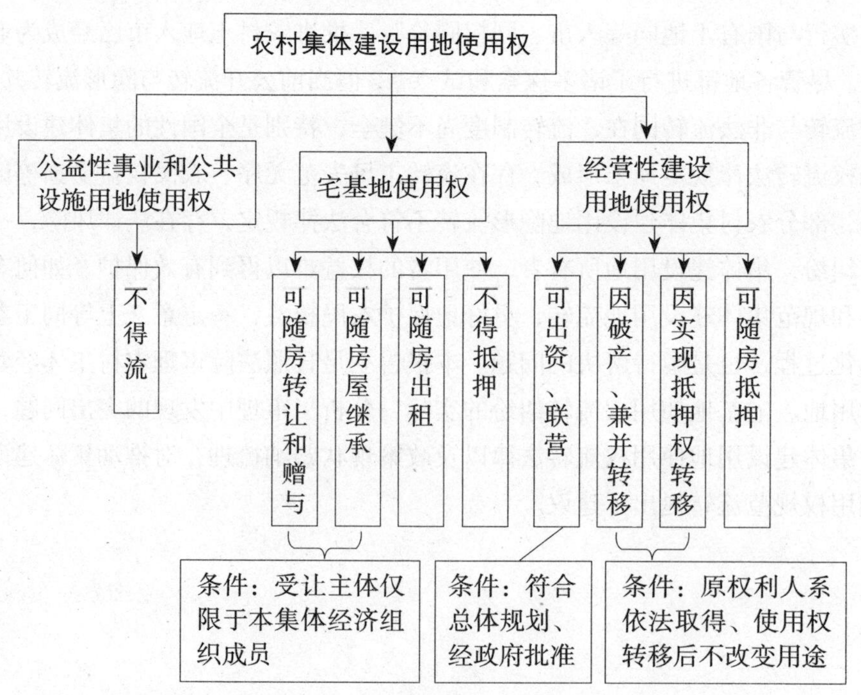

图一　现行法律框架下农村集体建设用地使用权流转有关规定

① 孙佑海：《土地流转制度研究》，中国大地出版社2001年版，第4页。

一、当前农村集体建设用地使用权流转实践

（一）外省市情况

自1999年开始，国土资源部陆续在广东、安徽等地开展了农村集体建设用地使用权流转的试点，广东、湖北、河北、上海等省市陆续出台了关于农村集体建设用地使用权流转的地方性法规或者规章，以地方立法的方式承认了集体建设用地使用权流转的合法性。总的看，农村集体建设用地使用权流转在全国范围内日益普遍，特别是党的十八届三中全会之后，各地土地流转试点进入了“急行军”的阶段，各地农地流转平台渐多，目前《农地入市试点方案》已提交中央改革领导小组。

（二）山东省情况

近年来，山东省就“城乡建设用地增减挂钩”土地流转模式，在潍坊、枣庄、青岛等地进行了试点，将原来农村散居的居住模式改变为集中居住的社区化模式，烟台、威海、临沂、莱芜等地市出台了土地流转的规范性文件。2013年11月18日，山东省政府出台了《关于进一步推进节约集约用地的意见》，推进集体建设用地使用制度改革①。2013年底，潍坊青州探索开展了全省“第一单”农村集体建设用地的土地信托业务。

（三）日照市情况

日照市现有耕地240848公顷，城市建设用地10837公顷，乡镇建设用地10129公顷，农村集体建设用地40783公顷。2011—2013年期间，全市农用地转为集体建设用地面积分别为890公顷、1026公顷、1103公顷。2013年，全市基本完成了农村建设用地使用权、宅基地使用权确权登记发证工作。日照市尚未开展大规模土地流转的相关试点，但莒县较早的在全省开展了“合村并居”

---

① 规定“推进集体建设用地使用权流转试点，探索实行集体建设用地使用权抵押和作价入股。依法鼓励集体建设用地使用权人以土地使用权联营、入股等形式兴办企业。鼓励具备条件的农村集体经济组织，在符合土地利用总体规划和城乡建设规划的前提下，将存量集体建设用地通过自建或作价出资（入股）等方式用于多层标准厂房建设。探索建立农民宅基地自愿有偿退出机制，有效减少农村居民点占地面积”。

试点，农村集体建设用地隐形流转的情况一定程度存在。[①]

（四）流转总体特点

各地流转实践对现行法律制度进行了突破：流转范围逐步扩大，目前主要限于集体经营性建设用地[②]，对于宅基地的流转，各地一般都进行了限制，但温州、广东等地探索可以在本镇范围内流转；流转方式日渐多元，主要有出让、转让（含以土地使用权作价出资、入股、联营和交换、赠与、兼并等）、出租、转租、抵押等；流转主体呈现多元化趋势，流转的活跃程度、规模、形式等与经济发达程度呈正相关；[③]流转用途有了突破，农村集体建设用地自行开发在一些地市开始试点，但对于能否用于商品房开发一般持否定性态度。[④]

二、法院审理案件情况及存在的突出问题

从日照法院审理该类案件的情况看，2009—2013 年全市法院共审结农村集体建设用地流转各类纠纷案件 219 件，审结涉及土地流转的离婚、继承、健康权及征地补偿等案件 599 件。其中，涉及宅基地使用权流转案件 184 件，占 84.02%，经营性建设用地流转案件 35 件，占 15.98%。详见图二：

---

① 以开发区北京路街道小石场村为例，全村耕地 300 亩，果园 200 亩，宅基地 300 亩，养殖用地 200 亩，还有村居规划腾出集体建设用地 10 多亩，在册登记集体经济组织成员 670 多人，外来流动人口 200 多人。家庭作坊式的小企业 20 多家，租用该村房屋、土地搞生产经营，无需履行建设用地的审批手续，实现了宅基地使用权的流转。另外，该村因规划新建以及采石业遭禁后整理节约出的建设用地近 20 多亩，受政策限制不能流转，长期得不到有效利用可开发。有关数据，系日照中院民一庭副庭长杨荣国 2012—2013 年在该村挂职任“第一书记”时取得。

② 中央农村工作领导小组副组长、办公室主任陈锡文 2013 年 12 月接受《人民日报》采访时对市场期待的“农地入市”做出了更清晰的界定：“所谓‘农地入市’或‘农村集体土地入市’是误读，是不准确的。”陈锡文说，决定指的是农村集体经营性建设用地，而不是所有农村集体建设用地。

③ 国务院发展研究中心课题组：《广东省佛山市南海区集体建设用地入市调查》，载《中国经济时报》，2014 年 02 月 13 日。

④ 2014 年 9 月 12 日，广东省佛山市南海区出台了《南海区集体建设用地使用权流转实施办法》，引导集体建设用地通过“出让”实现使用权证的有效转移，凡经过认定的“出让”集体建设用地以商服用途进行开发、竣工验收后，可以申请按规划、住建部门审定的房屋基本单元进行确权分割登记。经住建部门核发现售备案证明的，可以分拆销售，而且购房者可以获得房地产权证。

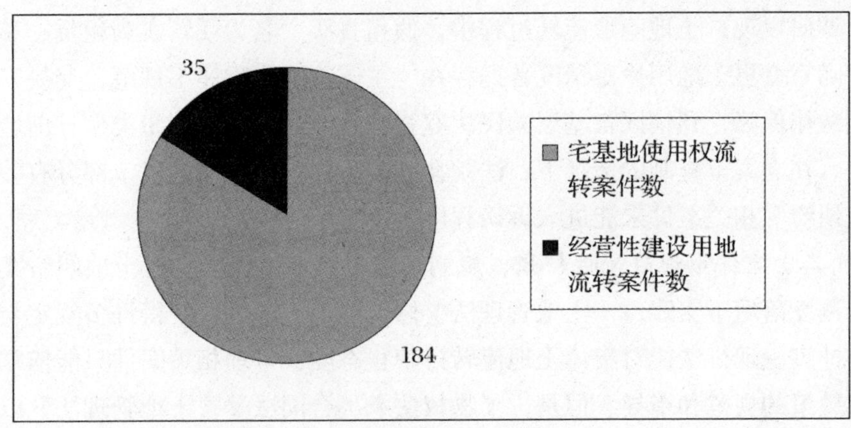

图二　各类农村集体建设用地案件情况表

从2009—2013年案件审结情况看，审结案件数分别为38件、36件、48件、46件、51件。其中2011年较2010年的增幅较大，同比增长33.33%，2013年较2012年的增幅次之，达到10.87%。详见图三：

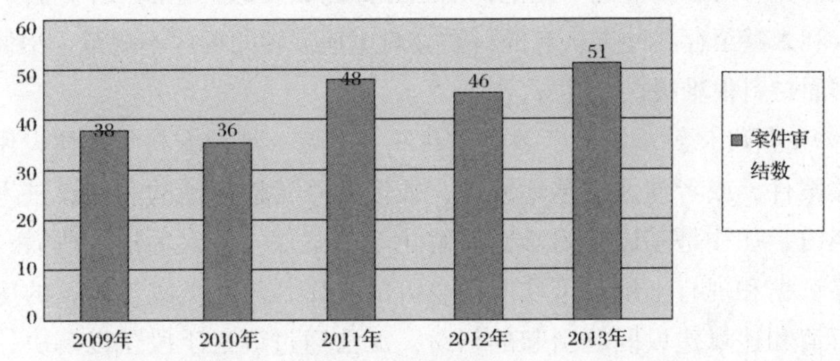

图三　2009—2013年审结农村集体建设用地纠纷案件数量走势图

从司法实践情况看，该类案件的审理存在当事人举证难、证据审查难、事实认定难、法律适用难、调解协调难、生效判决执行难等一系列问题。审理中也发现，农村集体建设用地实际流转过程中，还存在着无程序、无监管、纠纷多发易发等混乱状态。主要问题有：

（一）案件整体数量偏少，但呈现递增趋势。从案件受理和审结的情况看，进入诉讼程序的案件数量相对较少，一定程度上反映了土地流转相对不是特别活跃。另外，农地入市试点还刚刚开始，进入诉讼程序的案件数量相对不是很多。调研发现，土地隐形流转过程中，假租真买、名为联营实为租赁、私搭乱建、随意变更土地用途等情况普遍存在，主体不清、程序不规范，交易安全得不到法律保障，到辖区各基层人民法庭咨询立案的数量和纠纷类型日渐增多。但是，在立案审查制的情况下，法院在立案阶段采取审慎态度，部分有关确权登记纠纷等相关案件未能进入诉讼程序。

（二）案件审理政策性较强，裁判依据不统一。关于农村土地纠纷案件，历来制度落后于实践，《土地管理法》修订迟迟未通过，使得许多规定与现实存在冲突。现行法律对集体土地流转持禁止态度，审理相关案件只能依靠国家土地政策的规范和指导。但是，《物权法》《合同法》《土地管理法》以及相关的部门法规及规章对于土地流转的条件、用途、权益、程序、主体等规定均不明确，对于如何在司法实践中正确的贯彻国家土地政策，各基层法院都存在困惑，普遍反映法律适用难的问题，由此造成了在裁判结果和做法上不一致。

（三）从证据审查上看，存在举证难的问题。涉及农地纠纷的很多案件，有的纠纷形成较早，证据早已丢失，举证存在困难；有的争议土地的四至不清、未经确权；有的证据形式不规范，如国土部门颁发的土地证书不严谨，同一块土地权利人甚至存在冲突；有的村委会对土地流转的程序不规范，集体研究决定的书面材料很难提供，等等。

（四）纠纷化解难度大，涉诉信访压力并存。涉及农村集体建设用地流转的相关案件，或者涉及宅基地使用，或涉及经营性用地的利用，进入诉讼程序的纠纷，往往是基层组织难以调解化解的案件。进入诉讼阶段后，法院又只能靠证据和现有土地政策作服判息诉的工作。与此类案件相关的房屋土地权属不清和违章建设问题引起的纠纷，无法通过诉讼手段予以解决，部分村民只能通过上访寻求救济，如果案件处置不当，容易起到示范作用，引发社会不稳定因素。

（五）审理中发现的其他问题。透过案件审理，调研组发现，农地流转过程中，农村集体建设用地流转的规划管理缺位、市场体系尚不健全，没有完善的农村土地市场价格评估体系。集体建设用地流转收益分配不合理，农民权益得不到保障[①]；此外，农村宅基地管理混乱，“小产权房”建设及“一户多宅”

① 蒋晓玲、李慧英等：《农村土地使用权流转法律问题研究》，法律出版社2011年版，第92页。

等问题也很突出。[①]

三、法律政策衍进及土地流转纠纷案件处理原则

（一）相关法律法规的衍进历程

我国法律对于集体建设用地流转的相关规定比较少，主要体现在以下表格中。总的看，土地使用权的流转得到《宪法》认可，《土地管理法》实现了集体建设用地流转合法性从无到有的过程，《物权法》支持土地流转，但同时规定应参照《土地管理法》办理，体现了政府谨慎的态度。

时间	变动法律	重点摘要	意义
1988 年	《宪法》	土地使用权可以依照法律的规定转让	奠定了集体建设用地流转基本的法律依据
1988 年	《土地管理法》	国有土地和集体所有的土地使用权可以依法转让	允许符合特定条件的集体建设用地使用权依法流转
1998 年	《土地管理法》（修订）	任何单位和个人进行建设，需要使用土地的，必须依法申请使用国有土地；但是，兴办乡镇企业和村民建设住宅经依法批准使用本集体经济组织农民集体所有的土地的，或者乡（镇）村公共设施和公益事业建设经依法批准使用农民集体所有的土地的除外	使集体建设用地流转的空间受到严格限制
		农民集体所有的土地的使用权不得出让、转让或者出租用于非农业建设；但是，符合土地利用总体规划并依法取得建设用地的企业，因破产、兼并等情形致使土地使用权依法发生转移的除外	允许符合特定条件的集体建设用地使用权依法流转

① 夏方舟、严金明：《农村集体建设用地直接入市流转：作用、风险与建议》，载《经济体制改革》2014 年 3 期。

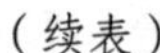

（续表）

时间	变动法律	重点摘要	意义
2007 年	《物权法》	所有权人对自己的动产或者不动产，依法享有占有、使用、收益和处分的权利	允许这部分集体建设用地使用权抵押
		农民集体所有的动产和不动产，属于本集体成员集体所有	
		乡镇、村企业的建设用地使用权不得单独抵押。以乡镇、村企业的厂房等建筑物抵押的，其占用范围内的建设用地使用权一并抵押	

（二）准确理解和贯彻国家土地流转政策规定

近年来，中央逐步放松了对集体建设用地流转的限制，不断通过政策方向的微调来把握集体建设用地流转的管理。总的看，政策经历了从严格限制流转，到试点流转，再到大面积鼓励流转的过程。具体情况见下表：

时间	文件	主要内容
1999 年 8 月	《国务院办公厅关于加强土地转让管理严禁炒卖土地的通知》	农民的住宅不得向城市居民出售，也不得批准城市居民占用农民集体土地建住宅
2003 年	《中共中央国务院关于做好农业和农村工作的意见》	各地要制定鼓励乡镇企业向小城镇集中的政策，通过集体建设用地流转、土地置换、分期缴纳出让金等形式，合理解决企业进镇的用地问题
2004 年	《中共中央国务院关于促进农民增加收入若干政策的意见》	要严格区分公益性用地和经营性用地，明确界定政府土地征用权和征用范围……积极探索集体非农建设用地进入市场的途径和方法
2004 年 10 月	《国务院关于深化改革严格土地管理的决定》	在符合规划的前提下，村庄、集镇、建制镇中的农民集体所有建设用地使用权可以依法流转
2006 年	《关于坚持依法依规管理节约集约用地支持社会主义新农村建设的通知》	要适应新农村建设的要求，稳步推进城镇建设用地增加和农村建设用地减少相挂钩试点、集体非农建设用地使用权流转试点

（续表）

时间	文件	主要内容
2007 年	《关于严格执行有关农村集体建设用地法律和政策的通知》（国办发〔2007〕71 号）	深入研究在依照土地利用总体规划、加强用途管制的前提下，完善对乡镇企业、农民住宅等农村集体建设用地管理流转的政策措施
2008 年 10 月	《中共中央关于推进农村改革发展若干重大问题的决定》	逐步建立城乡统一的建设用地市场，对依法取得的农村集体经营性建设用地必须通过统一有形的土地市场，以公开规范的方式转让土地使用权，在符合规划的前提下与国有土地享有平等权益
2009 年 3 月	《国土资源部关于促进农业稳定发展农民持续增收推动城乡统筹发展的若干意见》	对农村集体建设用地使用权的流转条件、产权管理及收益分配方式作出了详尽的说明
2013 年 11 月	《中共中央关于全面深化改革若干重大问题的决定》	建立城乡统一的建设用地市场。在符合规划和用途管制前提下，允许农村集体经营性建设用地出让、租赁、入股，实行与国有土地同等入市、同权同价
2014 年 1 月	《关于全面深化农村改革加快推进农业现代化的若干意见》	引导和规范农村集体经营性建设用地入市。改革农村宅基地制度，完善农村宅基地分配政策，在保障农户宅基地用益物权前提下，选择若干试点，慎重稳妥推进农民住房财产权抵押、担保、转让
2014 年 8 月	国土资源部、财政部等《关于进一步加快推进宅基地和集体建设用地使用权确权登记发证工作的通知》	规定了宅基地及农村集体建设用地登记确权工作，为集体建设用地使用权流转进行准备

作为司法机关而言，要善于从国家土地政策的变化中，把握如何服务农村改革发展稳定大局的方向，加大相关政策法规的学习力度，确保正确将党和国家政策贯彻到审判实践中。

（三）审理涉农村集体建设用地流转案件坚持的基本原则

2008 年最高人民法院专门出台了《关于为推进农村改革发展提供司法保障和服务的若干意见》，明确要求：依法保障农户宅基地用益物权，促进宅基地制度的严格管理与完善。妥善处理好与集体经营性建设用地相关的案件，促进城乡统一的建设用地市场的形成。要在符合土地利用规划的前提下，依法确认集体经营性建设用地与国有土地享有平等权利，为法院审理相关案件提供了指导。

在具体审理集体建设用地流转案件过程中，不可避免遇到土地权属确认等问题，对此，要按照《土地管理法》的相关规定，由当事人协商解决或人民政府处理，即要正确处理审判权与行政管理权和村民自治权的关系，确保审判到位不越位。另外，审理此类案件，要结合实际情况，尊重历史和公序良俗，兼顾争议双方当事人的利益，从有利于生产、生活的原则出发，积极争取基层党委政府、人民调解委员会、村（居）组织等支持，加大调解工作力度，确保基层社会的和谐稳定。

▶第二部分◀

审判实践中的具体法律适用问题及解决思路

一、农村宅基地使用权流转主要问题及解决思路

农村宅基地使用权，是《物权法》规定的一种独立的用益物权，具有成员性、无偿性、福利性和保障性。通过调研发现，农村宅基地违法取得点多面广，退出机制不健全，超标准占用宅基地，城市居民、外村居村民购买农村宅基地，甚至收购宅基地搞联片开发为商业用房等情况存在。在审理宅基地使用权流转纠纷案件过程中，对于买卖合同效力的认定、宅基地权属争议的处理、宅基地继承及抵押等存在很多争议，如果一味地限制流转，将无法发挥宅基地使用权用益物权的使用、收益权能，会剥夺农民的获益权利；如果无限制地许可流转，则将弱化宅基地使用权的保障性功能，有违国家现行法律和政策规定。

（一）“一户一宅”原则的理解与贯彻

“一户一宅”是指农村居民一户只能申请一处符合规定面积标准的宅基地，不得申请第二宗宅基地使用权。但在实践中，由于土地监管不严格，农村居民未经审批私自建造住宅，或经过审批另行建造，以及通过再次流转方式，获得多处宅基地的情形普遍存在，特别是随着土地价值的攀升，农村居民对宅基地的渴望和需求越来越迫切，“一户多宅”的情形越来越多，对于“一户一宅”以外“多宅”合法性的质疑声也越来越大。

案　例　王某系某村村民，先后通过申请审批方式获得本村两处宅基地使用权，并建造了住宅，后因其中一处宅基地使用问题与本村村民刘某发生争议。刘某以王某违反“一户一宅”原则为由，要求确认王某对争议的宅基地无使用权，王某以手中持有有效的土地使用权证书进行抗辩。法院经审理认为，王某提供的宅基地使用权证书足以证明其对涉案争议宅基地享有合法的使用权，判决驳回了刘某要求确认无效的诉讼请求。①

实践中类似的案例还有很多，根据《土地管理法》第62条第1款之规定，“农村村民一户只能拥有一处宅基地，其宅基地的面积不得超过省、自治区、直辖市规定的标准”，该规定是设立和申请宅基地使用权的直接法律依据与标准，那么，如何在司法实践中准确理解该条文所体现的“一户一宅”原则呢，调研组认为应把握以下几点：

1.“一户一宅”是对宅基地使用权初次流转的限制。国土资源部2008年《关于进一步加快宅基地使用权登记发证工作的通知》明确提出“应当严格落实农村村民一户只能拥有一处宅基地的法律规定。除继承外，农村村民一户申请第二宗宅基地使用权的，不予受理。”，国土资源部2010年《关于进一步完善农村宅基地管理制度切实维护农民权益的通知》指出，“一户一宅”是指农民居民一户只能申请一处符合规定面积标准的宅基地。由此看出，所谓“一户一宅”是针对宅基地使用权的初次流转而言的，并不是对宅基地使用权继受取得的限制，已获得一处宅基地使用权的农村居民，仍然可以通过继承、转让等方式获得宅基地使用权，实现一户多宅。

2.“户”是宅基地使用权主体。“一户一宅”中的“户”，是由本集体经济组织内部的家庭成员构成，它是宅基地使用权的权利主体，在司法实践中，一般以宅基地使用权证上记载的“户”的成员，或者宅基地使用权的申请人作为诉讼当事人参加诉讼。“户”的稳定性决定了宅基地使用权的稳定性，“户”是由若干农民个体组成的，每个农民个体因出生、婚姻、收养等均可以自然成为户的成员，也会因死亡、婚姻、设立替代性社会保障等自然丧失户的成员身份。

国土资源部于2014年10月完成的“农村宅基地制度改革试点方案”规定，农户初次分配的宅基地，继续实行规定面积内无偿取得，超标占用宅基地和一

① 案号为：（2013）岚民一初字第556号、（2013）日民一终字第925号。

户多宅的，超过部分实行有偿使用；集体经济组织成员因有偿流转或退还宅基地后再次申请的，可有偿取得；非集体经济组织成员通过继承房屋或其他合法方式占有和使用宅基地，实行有偿使用；农户可自愿有偿退出宅基地。①

因此，调研组认为，对于该类案件的处理，要在准确把握国家关于“一户一宅”政策基础上，参照诉争宅基地使用权长期演变及现实使用情况，保护农户宅基地使用权。

（二）宅基地使用权权属争议的处理

根据我国现行法律政策规定，农村居民建造住宅必须利用原宅基地或村内空闲地、废弃地，同时必须符合“一户一宅”“本集体经济组织成员”“宅基地面积符合相关规定”三个实质性要件和申请、审批的程序性要件，才能取得宅基地使用权。但实践中，未按上述规定设立宅基地使用权的情况普遍存在，一方面，许多农民不经审批，盲目抢占村内空闲地甚至农用地建造住宅；另一方面，审批部门未严格按照审批程序进行审批，造成发放的宅地基使用权证书效力存在瑕疵，审批的宅基地四至不清，此宅基地与彼宅基地有重合，无审批已建房、有审批却无法建房的情形大量存在，引发宅基地使用权权属纠纷。

案　例　刘某与王某系同村前后院邻居，王某在其屋后堆放柴火等杂物，占用巷子上20余平方土地，双方因该宗相邻土地使用权争议问题诉至法院。法院经审理认为，刘某和王某均未提供有效证据证明其对涉案争议土地享有使用权，村委会亦未分配给任何一方使用，故认定本案属宅基地使用权权属纠纷，不属法院主管范围，裁定驳回起诉。②

根据《土地管理法》第16条的规定，土地所有权和使用权争议，由当事人协商解决；协商不成的，由人民政府处理。因此，初次流转中引发的宅基地使用权权属争议不属于法院主管范围已经是共识，审判实践中，人民法院一般告知当事人不属于法院主管范围，不予立案。但由于涉及当事人切身利益，部分案件通过变更案由、诉讼请求等方式进入案件审理程序，法院在审理过程中要准确把握当事人争议的基础问题，如本质上是宅基地使用权权属争议的，应

① 摘自新华网：《宅基地改革方案初步形成继续实行“一户一宅”》，载 http：//yn.xinhuanet.com/newscenter/2014-10/27/c_133743960.htm，2014年11月15日访问。

② 案号为：（2013）东民一初字第2794号、（2014）日民一终字第616号。

根据《土地管理法》第16条的规定，告知当事人申请当地人民政府予以处理，不属于法院主管的范围。同时，可以建议村委及当地政府作好纠纷化解工作，避免矛盾扩大。

（三）本集体经济组织成员之外的人购买农村宅基地合同效力之认定

在城市化进程较快的地区，不少城里人或者外村人购买农村房屋的情况时有发生。买卖行为发生后，因房屋所在村落面临征地拆迁，房屋所有人可能取得较为优厚的拆迁安置补偿，不少当事人诉至法院，主张买卖合同无效，要求收回房屋或得到原房价及拆迁补偿之差额部分，有的要求继续履行合同，办理权属证书。随着城镇化进程加快推进，此类纠纷数量将继续增加。

案　例　丁某系某医院正式职工，城镇居民，2002年丁某购买了附近农村村民王某房屋一处，双方签订书面买卖合同，村委亦加盖印章，丁某支付价款后实际入住，但未办理产权过户手续。2011年，因涉案房屋所在村居面临拆迁，王某以丁某系城镇居民无权购买农村房屋为由，诉至法院要求确认房屋买卖合同无效。一审法院判决买卖合同无效，丁某不服，以王某违反诚实信用原则为由提起上诉，二审法院以一审程序违法为由发回重审，一审法院以王某的起诉超过诉讼时效为由再次判决驳回王某的起诉。[①]

司法实践中，对此类纠纷的处理主要有以下四种方式：第一种是坚持当事人意思自治和诚实信用原则，认定买卖合同有效；第二种是严格依照现有法律、政策规定，认定买卖合同无效，买受人返还房屋；第三种是以超过诉讼时效为由对买卖合同效力不予认定；第四种是认定买卖合同无效，但判令房屋不予返还。调研组认为，对于第一种处理方式，可能带来的后果是，买受人可能无法凭生效判决向当地主管部门申领宅基地使用权证，财产权利实现存在客观障碍；对于第二种处理方式，可能带来的后果是，招致大批已售房者闻风效仿，均要求收回房屋，而已稳定居住的买受方可能出现无家可归之困境；对于第三种处理方式，存在明显的法律适用瑕疵，因为法律明确规定确认合同无效纠纷不适用诉讼时效之规定。第四种处理方式既符合现行法律、政策对于农村宅基地买

① 案号为：（2012）岚民一初字第131号、（2012）日民一终字第1022号、（2013）岚民一重字第4号、（2013）日民一终字第998号）。

卖的相关规定精神，又避免了引发大规模群体性事件，有利于维护基层稳定和诚实守信一方的合法利益。故调研组倾向于第四种处理方式。

此外，在司法实践中，经常有一些城镇居民购买农村宅基地上房屋后，将自身的户口从城镇迁入购买房屋所在的村居，形成“空挂户”的情况。对于该类买卖争议如何适用法律是司法实践中的一个疑难问题。如：钱某原系城镇居民，2003年购买了付某农村的房屋一处，后将其户口迁至该村，但未实际居住也未办理产权过户手续。2012年，双方因为房屋的产权过户问题发生争议，钱某诉至法院要求付某协助办理过户手续，付某以钱某属于“空挂户”、不享有该村集体经济组织成员资格，双方签订的房屋买卖合同无效为由抗辩，法院对钱某的诉讼请求未予支持。

此类纠纷的处理涉及农村集体经济组织成员资格认定问题，调研组认为，“空挂户”因不具有集体经济组织成员资格，无权购买农村房屋。理由是，对农村集体经济组织成员资格的判断，应从农村集体经济组织所具有的自然共同体特征出发，以成员权理论为基础，以是否形成较为固定的生产、生活为基本条件，并结合是否具有依法登记的集体经济组织所在地常住户口，作为判断是否具有农村集体经济组织成员资格的一般原则。由于“空挂户”仅迁入了户口，根本或长期不在该村居住、生产、生活，且这类人员的生存依赖并非该村集体土地，与其他集体经济组织成员也不会形成较为固定并具有延续性的联系，如果对该类人员按该集体经济组织成员对待，会严重侵害该村真正集体经济组织成员的生存权益，因此应当明确对此类人员的农村集体经济组织成员资格予以排除。

（四）农村宅基地使用权租赁法律问题

1.纯宅基地使用权租赁合同无效。对于农村宅基地使用权是否可以出租问题，我国《物权法》和《土地管理法》等法律、行政法规和政策均未有明确规定。调研组认为，宅基地使用权是一种限定物权，其权能的发挥赖于对其上建造房屋的有效使用，如果允许纯宅基地使用权租赁，假如承租人不具备购买宅基地上房屋主体资格，则实际上是以租赁代买卖，与我国现行法律、政策相悖；即使承租人具备购买宅基地上房屋主体资格，也将面临宅基地使用权人和其上房屋所有权人分离的矛盾，限制了完整房屋所有权权能的发挥，故在未有明确法律或政策允许纯宅基地使用权买卖的情况下，纯宅基地使用权租赁合同应为无效合同。

2. 宅基地上的房屋可以出租，承租人的主体资格不限定。纯宅基地使用权虽不可出租，但根据《土地管理法》第62条第4款"农村村民出卖、出租住房后，再申请宅基地的，不予批准"之规定，可以看出，对于宅基地上的房屋是可以进行租赁的，并且对承租人的主体资格未有限定。因为租赁仅是涉及宅基地使用权中占有、使用、收益权能，并未改变房屋所有权人和宅基地使用权用途，故调研组认为基于宅基地上房屋形成的房屋租赁合同有效。

（五）农村宅基地使用权继承法律问题

在实践中，基于继承引发的宅基地流转行为大量存在，但由于我国目前关于宅基地使用权是否可以继承的规范一直处于缺位和空白状态，宅基地使用权是否是遗产，是否可以继承，其上的房屋是否可以继承，等问题存在争议。

案　例　黄某于1981年以其名义申请了宅基地一处。后黄某病故，大儿子婚后将原房屋拆除，在原宅基地上建设新房，黄某妻子随大儿子居住，小儿子因结婚另行申请宅基地并建房居住。后，大儿子居住房屋面临拆迁，获得了拆迁补偿款10万元和宅基地使用权补偿款36万元。小儿子得知后，诉至法院，要求分割宅基地补偿款，法院驳回了其诉讼请求。[①]

本案件争议的实质是宅基地使用权归属问题，调研组认为，宅基地使用权作为一项特殊的用益物权，与农民个人的集体经济组织成员资格紧密相关，因出生而获得，因死亡而消灭。案件中黄某死亡后自然失去了其集体经济组织成员的资格，不再是宅基地使用权的主体，宅基地补偿款当然也无权享有，当然也不存在遗产继承的问题。

关于宅基地继承问题，调研组认为，遗产是公民死亡时遗留的个人合法财产，纯宅基地使用权作为一项特殊的用益物权，不应作为遗产继承，宅基地上房屋可以作为遗产继承。理由如下：首先，"户"是宅基地使用权的权利主体，"户"的全体成员不分份额的对宅基地使用权拥有共同共有的权利，家庭个别成员死亡，不会导致户的消亡，不产生宅基地使用权继承的问题。其二，宅基地使用权具有极强的人身依附性和社会保障性，财产属性相对较弱，权利人死

---

① 作者不详，《农村宅基地使用权能否继承》，载 http：//china.findlaw.cn/laodongfa/gongshangdaiyu/gongshangdaiyuzhishi/93515.html，2014年11月1日访问。

亡，权利即行消失，不存在被继承的问题。其三，宅基地上建造房屋是宅基地使用权人的私有财产，具有完整的所有权权能，宅基地使用权人死亡后，自然可以作为遗产由继承人继承。继承人是本集体经济组织成员的，同时可继承宅基地使用权；继承人为城镇居民或非本集体经济组织成员的，基于“房地一体”的原则，在合法继承宅基地上的房屋时，自然取得房屋占用的宅基地的使用权。

（六）农村宅基地使用权抵押法律问题

在司法实践中，存在当事人将宅基地上建设的房屋进行“抵押”的情形。

案 例 2012年6月份，李某以办事急需用钱为由，向银行借款10万元，约定还款期限为一年，李某以其在农村宅基地上所建造的房屋为抵押，2013年6月约定还款到期，李某无力偿还10万元债务，现银行欲实现其抵押权，诉至法院。[①] 法院未予支持。

对于农村房屋能否抵押，有两种不同的意见：第一种观点认为抵押合同无效，农村房屋所占用的是宅基地使用权，是《担保法》明文规定不能抵押的财产之一，如可以抵押，则把房屋使用权与宅基地使用权剥离开来，于法不符；第二种观点认为抵押合同有效，农村房屋抵押权支配的是抵押物的交换价值而非抵押物本身，并且《土地管理法》中已规定农村房屋可以出租、出售，那么抵押也应当许可。

上述法院即采纳了第一种意见，调研组认为，农村房屋所占用的农村宅基地是我国《担保法》明文规定的不能抵押的财产之一，《物权法》第184条第（二）项也作出了类似规定，农村房屋虽附着于农村宅基地上，但农村居民仅享有宅基地使用权，抵押房屋不能一同转移宅基地使用权，从根本上否认了房屋这一不动产的抵押特性，最终导致抵押无法进行。从抵押登记能否完成来看，农村房屋的转移登记只能发生于同村村民之间，房管部门无法依据《房屋登记办法》办理抵押登记，也将导致抵押权无法实现。故无论在集体经济组织内部，还是在集体经济组织外部，无论是宅基地本身，还是宅基地上建造的建筑物均不得设定抵押权。实践中出现以农村房屋或者宅基地使用权作为抵押物的，在

① 郑张振、喻文勇：《农村房屋能否抵押？》载http://jxfy.chinacourt.org/public/detail.php?id=94816，2014年10月8日访问。

未出台有效的裁判依据之前，均应认定为无效。

二、农村集体经营性建设用地使用权流转主要问题及解决思路

农村集体经营性建设用地使用权并非我国法律明确规定的物权类型，只能定性为一般性质的民事权利。通过调研发现，农村集体经营性建设用地的所有权人虚置，有的乡镇存在先用土地后补手续的情形甚至不办理审批手续，本集体经济组织之外的单位或者个人积极参与了流转，埋下安全隐患。在审理该类纠纷案件中，对于农村集体经营性建设用地使用权的设立、流转的范围和流转的主体都存在很大的争议，因农村集体经营性建设用地使用权系无偿取得，目的在于兴办乡镇企业，土地使用权人在取得农村集体经营性建设用地使用权后，不得为营利性为目的的处分行为，同时也禁止用于非农建设、转让、出租或者单独抵押，即农村集体经营性建设用地使用权流转系限制性流转。

（一）农村集体经营性建设用地使用权的设立条件

农村集体土地转为非农建设用地，需要相关部门的严格审批，在实践中，有的乡镇存在先用土地后补手续的情形，因在土地审批环节产生问题引发的企业、政府之间的纠纷比较多。对此，调研组认为，农村集体经营性建设用地使用权的设立，应具备以下几个条件：（1）意思表示真实，不论农民集体经济设立独资企业，还是以土地使用权作价入股与其他投资者兴办合资企业，农民集体都应当按照法定程序做出真实的设立企业的意思表示；（2）获得审批，根据《土地管理法》第60条和《土地管理法实施条例》第23条的规定，农民集体组织兴办独资企业或者以土地使用权作价入股举办合资企业应当获得行政主管部门的批准，然后持批准文件向县级以上人民政府土地行政主管部门提出建设用地申请，按照省、自治权、直辖市规定的批准权限，由县级以上人民政府批准；其中涉及农用地的，还应按照《土地管理法》第44条的规定办理农用地转建设用地的审批手续；（3）进行登记，根据《土地管理法》第11条第2款和《土地管理法实施条例》第4条的规定，由依法设立的企业持行政审批文件向县级土地管理行政主管部门提出土地使用权登记申请，然后由县级土地行政管理部门将建设用地使用权登记于企业名下。对于不具备以上条件的，不应认定合法取得农村集体经营性建设用地使用权。

（二）农村集体经营性建设用地使用权流转的范围界定

对于经营性建设用地使用权在本集体经济组织内部进行流转，因不影响集

体经济组织行使土地所有权，也不改变集体建设用地使用权的性质，司法实践中对此一般都是认可的，但是对于经营性建设用地使用权向本集体经济组织之外的单位或者个人流转是否应受到限制，现行法律并无明确规定。

案　例　五莲县潮河村沿潮石公路开发沿街商业楼一排用于商业经营，无相应的证书，其中拐角相邻处由本村村民王某和吴某购买，后王某将其转让给城市居民李某，李某和吴某在经营使用过程中，因楼后空地的使用问题发生相邻权纠纷，诉至法院，在诉讼过程中，吴某以李某系非本村村民无权购买涉案房产且涉案房产尚未确权为由抗辩李某不具有原告主体资格，一审、二审法院在审理过程中均认为涉案沿街楼并非具有社会保障性质的居住用房，李某基于购买对沿街楼享有占有、使用、管理等权能，其作为相邻权享有者提起本案诉讼，并无不当，遂进行了实体处理。[①]

调研组认为，对于集体经营性建设用地使用权流转的范围问题，结合党的十八届三中全会精神，允许经营性建设用地同国有建设用地一样入市流转，就不应该受到农村集体经济组织成员权的限制。在审判实践中，虽我省和我市均未出台该类流转规范，但应联系地方实际，对该类流转合同的效力应做宽松认定。

（三）农村集体经营性建设用地使用权流转的主体认定

虽然法律规定农村集体土地所有权归农村集体经济组织所有，但法律并没有明确谁是农村土地产权的代表和执行主体，造成农村集体土地所有权主体处于虚置状态，很容易导致拥有使用权的农民无法单独完成集体经营性建设用地入市的决策，而其代理者村委会的决议又很难与单个农民独立作出的决策相一致，从而导致纠纷的发生。

例如，我市莒县为响应省、市关于推动城镇化进程的部署，正在大规模的开展撤村设社区工作，依法将原各乡镇行政村的村民委员会撤销，并成立社区村（居）民委员会，简称“撤村设社区”。在“撤村设社区”之前原行政村没有名义上的村集体经济组织，本村集体所有的土地和其他财产由村民委员会经营管理，也就是说原先由村民委员会行使了村集体经济组织的职能。“撤村设

---

① 案号为：（2013）莲民一初字第 1336 号、（2014）日民一终字第 325 号。

社区”之后，不仅成立了社区村（居）民委员会，还成立了相应的集体经济组织。因此，在农村出现了社区村民委员会、社区集体经济组织、村民小组等多个组织并存的现象，农村集体经营性建设用地使用权流转的主体如何界定，成为一大难题。

调研组认为，根据我国《农业法》《村民委员会组织法》和山东省《农村集体资产管理条例》的规定，社区村委会和村集体经济组织是两个相对独立的组织，村集体经济组织应当独立行使经营管理职权，村委会应当予以尊重支持其自主性，不能使其功能虚化、弱化。而村委会承担了很多类似于政府的职能，主要是提供社区公共服务等；村委会的公共性决定了它的组织目标是为村庄社区内的所有成员提供同等的公共服务。故这三个组织能否成为农村集体经营性建设用地使用权流转的适格主体要正确区分他们的权限职能，只有合理界定三者之间的职能范围，才能确定适格的流转主体。

（四）民主议定程序对流转合同效力的影响

根据《物权法》规定，对集体所有的动产或者不动产，由村、村内集体经济组织或者村民委员会村民小组代表集体行使所有权。对涉及村民利益的重大事项，按照民主程序由村民代表讨论决定。那么，对于农村集体经营性建设用地使用权的流转是否须经本集体经济组织成员的村民会议 2/3 以上成员或者 2/3 以上村民代表同意，也成了司法实践中的一个难题。

案　例　苏某所在村委于 1992 年在该村沿 204 国道西侧申请经营性建设用地 7 亩，在上建设了房屋 10 间，1993 年租赁给苏某用于经营饭店，在租赁过程，双方先后签订多份租赁合同，直至 2013 年，双方发生争议。在诉讼过程中，苏某以涉案租赁合同的签订未经民主议定程序为由主张合同无效，法院未予采信。[①]

审理过程中形成了两种不同意见：第一种意见认为，涉案房屋租赁涉及村民重大利益，应当经过农村集体经济组织成员 2/3 以上的多数同意，故涉案租赁合同因双方未经民主议定程序应为无效；第二种意见认为，涉案合同不应因未经民主议定程序而认定无效。调研组同意第二种意见。理由如下，尽管从各

① 案号为：（2014）岚民一初字第 1143 号、（2014）日民一终字第 827 号。

地流转试点实践看，大多都规定了民主议定程序作为流转的前提，但是我国《物权法》第59条和《村民委员会组织法》第24条明确列举了需要按照民主程序由本集体组织成员决定的重要事项，农村集体经营性建设用地使用权的流转未明确包括在内。另外，根据司法解释，地方性法规不得作为认定合同效力的依据，因此，一般不宜认定农村经营性集体建设用地使用权流转因未经民主议定程序而无效。

三、农村公益性建设用地流转中存在的主要问题

农村公益性建设用地使用权设立的目的是为了满足农民集体所有成员的公共利益需要，不具有营利性，并且农村公益性建设用地上的建筑物等财产都是属于农民集体所有的社会公产，具有共有共用的性质，不能成为特定单位或个人的使用权，故一般情况下不存在土地所有权和使用权主体分离的情形。同时，根据我国现行法律规定，农村公益性建设用地使用权属于禁止流通物，故没有因该类土地使用权流转引发的成诉纠纷。

调研发现许多农村中小学校在集中办学被撤并后，对其校舍及占用土地的处理，有的由所在的村委会接收，有的转让给镇政府另作他用，那么对于被撤并学校系多村联合建设的情形，谁应是有权流转的合法主体？流转的收益如何分配？流转之后能否再次流转？教育机构、村委会、乡镇政府在扮演何种角色？各地地方做法不一，效果不同。

第三部分

完善农村集体建设用地使用权流转法律适用的对策建议

由前两部分的论述来看，农村集体建设用地使用权流转法律适用仍存在很多问题，法院的司法裁判认识也有诸多不一致之处，十八届三中全会《决定》又规定了几种全新的流转形式，为更好地贯彻全会精神并有效解决法院审理此类案件的困难，调研组首先立足于法院的角度，深刻研究此类案件从立案到审理的解决路径，并尝试建议从制度层面、行政管理乃至立法建议的角度进行规制，目的即是通过此举更好地解决农村集体建设用地使用权流转法律适用问题。

一、法院针对此类纠纷应把握的“三个维度”

（一）“立案管辖”维度：采取“审慎稳妥”的措施

关于农村集体建设用地使用权的相关矛盾纠纷，法院是否全盘受理等问题，也是法院立案管辖工作面临的难题。《土地管理法》第16条第1款明确规定：“土地所有权和土地使用权争议，由当事人协商解决；协商不成的，由人民政府处理。”第2款又规定：“单位之间的争议，由县级以上人民政府处理，个人之间、个人与单位之间的争议，由乡级人民政府或者县级以上人民政府处理。”此两款规定，均说明法院不是涉及土地纠纷的“直接管理者”。第3款规定“当事人对人民政府的处理决定不服的，可以自接到处理决定通知之日起三十日内，向人民法院起诉”，调研组认为此处应指“民告官”的行政诉讼，而不是民事诉讼。当然依据《民法通则》《物权法》《合同法》等法律，农村集体建设用地使用权纠纷法院具有管辖权，但是由于法律规定之间的不统一，法院在立案管辖方面，应严格采取“审慎稳妥”的措施，恰当解决此类纠纷的受理问题，视具体情况的差异，作出受理、不予受理和驳回起诉等不同处理决定。

（二）“审理思路”维度：正确处理“三种关系”

解决农村集体建设用地法律适用问题的一个关键思路，即是保障农民和集体组织的法律主体地位，确保农村土地完整，确保农民土地权利的完全实现和土地资源的优化配置。在具体案件的审理过程中，要注意处理好以下三种关系：

一是正确处理审判权与行政管理权的关系。农村集体建设用地使用权流转纠纷不仅涉及民事法律关系，还涉及行政管理关系，尤其是经常出现在买卖、租赁合同纠纷中，合同是否有效牵涉到合同能否履行的问题。在审理中有必要向行政主管部门征求意见，询问其对上盖物的处理意见，如果主管部门认定其为违法建设，但同意补办规划、报建手续，允许当事人保留使用，则相关合同的履行不存在障碍，如果主管部门不予补办手续，责令拆除的，则合同履行存在无法克服的障碍，宜按照《最高人民法院关于审理城镇房屋租赁合同纠纷案件具体应用法律若干问题的解释》第一条第二款、第二条的规定，认定合同无效。

二是正确处理审判权与村民自治权的关系。对于涉及村集体自治权利的，如村集体经济组织成员的资格的确定以及相应的集体建设用地使用权的分配和调整，按照相关法律和司法解释的规定，不予受理或者驳回起诉。尤其是针对宅基地使用权纠纷等，还要以充分尊重历史、照顾现实等为原则，注重协调法律效果和社会效果的有机统一。

三是正确处理法律法规政策和体制机制创新之间的关系。即司法如何服务农村改革的问题，《最高人民法院关于为推进农村改革发展提供司法保障和法律服务的若干意见》中明确了“要在符合土地利用规划的前提下，依法确认集体经营性建设用地与国有土地享有平等权利。在审理涉及集体经营性建设用地的纠纷案件过程中，既要严格执行法律、行政法规，又要处理好法律、行政法规与政策和体制机制创新之间的关系。要密切关注相关法律、行政法规和政策措施的完善配套情况，不能因审判工作影响农村土地管理制度改革的规范推进”。在审理此类纠纷时，首先要吃透法律本意，准确领会国家政策，并要充分考虑社情民意和个案不同情况，尽最大努力使裁判结果更好地服务农村经济社会发展大局。

（三）“化解方法”维度：应注重调解等方式的运用

在案件审理中，要注重运用调解的方式化解矛盾纠纷，坚持多做说服教育疏导工作。因为此类纠纷涉及集体成员利益，处理起来牵涉面广，当事人一方（尤其是农村集体经济组织的成员）极易情绪激动，在诉讼过程中往往出现诉求表达的极端化（如围堵有关机关、越级上访、群访等），因此要坚持采用调解的方式，选取有着丰富调解农村工作经验的办案人员，结合当地党委政府、村委会、人民调解组织等，本着“把矛盾消化在基层”的原则，积极主动化解农村集体土地使用权流转纠纷。

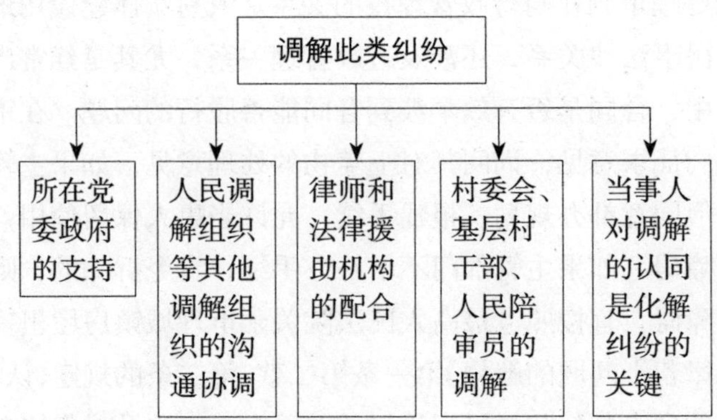

二、完善配套制度，解决法院“事实认定难”等问题

调研组认为，完善确权登记制度、有期限使用制度以及合理的利益分配制

度等配套制度，在实践中能够起到维护农民合法权益、促进农村社会秩序和谐稳定的作用，并为深化农村改革提供强有力支撑；另一方面也能为法院审理类似案件提供有效的证据，在一定程度上缓解当事人举证难、法院认定事实难、统一裁判标准难等问题。

（一）完善“农村集体建设用地的登记制度”

在法院审判实践中，土地流转纠纷案件，作为当事人必须要向法院提供相关的证据证实自己的诉讼主张或者是诉讼主体资格，土地使用权证明无疑是最主要的证据，但在司法实践中，当事人往往无法提供有效的土地使用权证明，给法院审理带来困难。

因此，要明晰产权，完善农村集体建设用地的登记制度，在农村开展土地清查，登记造册，为规范农村建设用地使用权流转提供基础性依据，切实维护农民合法权益，促进农村社会秩序和谐稳定。目前，各地已经陆续完成农村土地确权登记发证工作，建议建立农村集体土地使用权流转动态信息系统，使得流转情况随时可查阅，出现纠纷可及时处理。

（二）明确建立“有期限使用制度”

目前农村集体建设用地中的宅基地使用权制度实行的是无偿、无期限制度，但是弊端已经凸显，如果继续贯彻无偿、无期限制度会影响宅基地资源的合理配置，造成宅基地资源的紧张，建议可采取无偿和有偿相结合的方式，另外可以参照城市住宅用地使用权期限的规定，为宅基地使用规定较长的期限，期限届满后自动延期。对于其他类型的农村集体建设用地的使用应严格遵循确权发证记载的期限，另外建议应确立对农村集体建设用地闲置的管理权，尤其是加强对经营性建设用地的管理，如对取得经营性建设用地使用权后闲置两年的，应该由村集体经济组织予以统一收回或者采取其他处置措施等。

（三）建立合理的利益分配制度

在实践中，往往因为利益分配达不成一致出现纠纷矛盾。合理的利益分配机制是规范农村集体建设用地流转管理的关键，也是集体建设用地使用制度改革的关键所在。[①] 根据我国现行《土地管理法》及相关规定，农用地转用、集体建设用地的再次流转，都由政府进行审批把关，完善收益分配体系，具体可

① 王璐、刘增宏、张俊平、杨远光、陈飞香：《中山市农村集体建设用地流转收益分配的思考》，载《广东农业科学》2009 年第 7 期。

从以下三层面进行规范：

1. 政府不直接参与利益分配。政府可以税费的形式参与利益的分配，不得以其他形式参与利益分配，杜绝违法用地行为。

2. 减少使用权人的收益分配。在过程中适当减少使用权人的经济利益，避免集体土地成为少数人赚钱的工具。

3. 扩大土地所有人的利益分配。在收益分配[①]方面，必须要重视土地所有人权益，与《物权法》基本原则相契合，让所有权人积极参与到土地流转中来，以达到稳定农民收入、遏制无序流转、减少腐败现象等多重目的。

三、行政管理：监管、保障和调处机制的保驾护航

为了进一步规范农村集体建设用地的正常流转，并基于保障农民的基本权益、减少矛盾纠纷的考量，要加强对农村集体建设用地流转的监管，国土部门应负责本行政区域内集体建设用地使用权流转工作的指导、监督和管理工作，财政、农林、劳动保障、审计、民政、监察等部门要按照各自职责，对集体经济组织通过集体建设用地使用权流转取得收益的管理使用等,加强指导和监督。

（一）事前监管：以“规划”和“程序”为准则

——确保流转在规划控制范围内进行。农村集体建设用地的流转应该严格在相关规划控制的框架内进行，结合村镇规划，合理组织农村集体建设用地的布局，杜绝乱占乱建及破坏耕地的行为。任何不以规划为准则的乱占、违建等都不应受法律保护。

——严格集体建设用地使用权流转的程序。虽然前述第二部分提及流转合同不因未经民主议定程序而确认无效，但是调研组认为，实践中初次流转时应充分发挥村民的知情权和发言权，村集体要事先对农民参与表决的方法、表决途径、通过比例等作出详细的规定，如《宿迁市管理办法》规定，出让、出租、抵押集体建设用地使用权，必须经本集体经济组织村民会议 2/3 或 2/3 以上村民代表的同意，并形成书面材料。

（二）事中监管：以“审批”与“用途”为要义

在农村集体建设用地流转过程中，往往会出现“暗箱操作”，村干部避开

① 《宿迁市农村集体建设用地使用权流转管理办法（试行）》（2006）第 28 条规定“集体建设用地使用权因转让、出租等发生增值收益的，增值净收益的 30% 归土地所有者，70% 归集体建设用地使用者”。

集体经济组织与使用人签订私下协议，从而获利；还有的在流转中没有对原土地使用人进行补偿，也没有对补偿和收益提成进行约定，事后因补偿数额产生矛盾纠纷，这些都不利于社会稳定，亦无法保护农民合法权益。由于经营性建设用地的出资、联营，需符合总体规划并且需经政府批准，所以必须规范农村集体建设用地的审批行为，禁止以各种名义违规审批。另外对于特定情形下[①]需要转移经营性土地使用权的，需满足“原权利人系依法取得”，则还需保证“使用权转移后不改变土地的用途”，通过集体建设用地使用权流转取得的集体建设用地不得用于商品住宅开发等。

（三）事后监管：以“责任”和“惩戒”为内容

行政部门应当加强对违规审批、违章建房的执法力度，并作为事后的监督措施。如自 2009 年 6 月 17 日起施行的《土地调查条例实施办法》第五章规定了接受土地调查的单位和个人的法律责任，并规定了承担土地调查任务的单位和人员的法律责任，第 36 条规定了“国土资源行政主管部门工作人员在土地调查工作中玩忽职守、滥用职权、徇私舞弊，构成犯罪的，依法追究刑事责任；尚不构成犯罪的，依法给予行政处分”。另，我国监察部、人力资源和社会保障部、国土资源部规定的《违反土地管理规定行为处分办法》，也针对违反土地管理行为的单位和个人的责任进行了相应规定。

（四）建立健全“保障”与“调处”机制

——建立健全保障机制。目前，在实践中，征地范围逐步扩大、征地程序时有混乱，针对被征地农民的保障机制不健全、不规范，由此应进一步保障农民公平分享土地增值收益，改变对征地农民的补偿办法，一方面要积极补偿农民被征收的集体土地，另一方面要对农民的基本住房、社会保险和就业培训给予合理保障。另外要“因地制宜采取留地安置、补偿等多种方式，确保被征地农民长期受益”。

——健全征地争议调处裁决机制。目的是保障被征地农民的知情权、参与权、申诉权和监督权。在司法实践中，已出现由于政府信息公开不畅通而导致的被征地农民“民告官”的案例，在此尤其要建议相关政府部门要加强政府信

① 经营性建设用地使用权的“转移”是指其使用权人发生变更，原因仅限：（1）依法取得建设用地使用权的企业，因破产致使土地使用权依法发生转移；（2）依法取得建设用地使用权的企业。因被兼并致使土地使用权依法发生转移；（3）乡镇、村企业的厂房等建筑物及其占用土地的抵押权人因实现抵押权取得建设用地的使用权。

息公开，避免因公开渠道不畅而导致被征地农民知情权、参与权等行使受限。

四、更新立法，解决法院“法律适用难”等问题

我国法律法规对农村土地流转规定较为笼统且分散，如《物权法》《担保法》《土地管理法》等，还有许多部门法规、规章均涉及，但内容不够明确具体，而且可操作性不强，条文只是禁止性和原则性规定，并没有相应的责任承担和制裁规定，极易造成法官处理土地流转纠纷的观点混乱，加大了法院的审理难度，因此有必要统一立法尺度，完善法律规定。

（一）修订法律法规等规范性文件

调研组认为，禁止农村集体建设用地出租、转让等条款已经完全滞后于现实，应予重新梳理。在法律上明确集体建设用地使用权的物权属性，尤其是增加“收益”这一权能，对农村集体建设用地使用权的流转适度松绑等，对规范现阶段农村集体建设使用权流转起到积极作用。

1. 修改《物权法》相关内容

《物权法》第 152 条：宅基地使用权人依法对集体所有的土地享有占有和使用的权利，有权依法利用该土地建造住宅及其附属设施。

建议修改为：宅基地使用权人依法对集体所有的土地享有占有、使用和收益的权利，有权依法利用该土地建造住宅及其附属设施。

《物权法》第 153 条：宅基地使用权的取得、行使和转让，适用土地管理法等法律和国家有关规定。

建议修改为：农村集体经济组织成员有权依法取得本集体经济组织内的宅基地使用权，取得宅基地使用权后必须到相关部门办理登记方为有效。宅基地使用权采取集体无偿分配方式；在农村社会保障体系建立的地区，经村民会议三分之二以上多数同意，也可以采取出让等有偿使用方式取得宅基地使用权。国家保护宅基地使用权人依法、自愿、有偿地进行宅基地使用权流转。

2. 修改《担保法》相关内容

《担保法》第 34 条第 3 项：抵押人依法有权处分的国有的土地使用权、房屋和其他地上定着物。

建议修改为：抵押人依法有权处分的国有的土地使用权、农村宅基地使用权、房屋和其他地上定着物。

《担保法》第 37 条第 2 项：（二）耕地、宅基地、自留地、自留山等集

体所有的土地使用权，但本法第 34 条第（五）项、第 36 条第三款规定的除外。

建议修改为：（二）耕地、自留地、自留山等集体所有的土地使用权，但本法第 34 条第（五）项、第 36 条第三款规定的除外。

3. 修改《土地管理法》相关内容

《土地管理法》第 2 条：任何单位和个人不得侵占、买卖或者以其他形式非法转让土地。土地使用权可以依法转让。

建议修改为：任何单位和个人不得侵占、买卖或者以其他形式非法转让土地。国有土地使用权和集体土地使用权可以依法转让。

《土地管理法》第 43 条：任何单位和个人进行建设，需要使用土地的，必须依法申请使用国有土地。

建议修改为：任何单位和个人进行建设，需要使用土地的，可以申请使用国有土地，也可以申请使用集体土地。

《土地管理法》第 63 条：农民集体所有的土地的使用权不得出让、转让或者出租用于非农业建设。

建议修改为：农民集体所有的土地的使用权可以依法转让。集体建设用地使用权在符合规划并依法取得的前提下，可以出让、转让、出租及其他方式进入市场。

（二）创建专项法律法规及条例

2001 年 1 月 21 日，《中华人民共和国国有土地上房屋征收与补偿条例》开始实施，结束了部分商业利益和公共利益而由政府统一组织拆迁的历史，并进一步影响了城市商业用地的开发利用，但是使用集体建设用地却存在诸多问题，操作无序、无章。调研组在此建议应当严防以各种名义在集体土地上的商业开发和非法用地，建立统一的集体建设用地流转法律制度，在整合各地经验的基础上，尽快制定全国性的《农村集体建设用地使用权流转管理办法》，解决目前农村集体建设用地使用权无法可依的现状，具体规定流转主体、流转办法、流转价格、流转期限，以及申请、登记、备案等事宜，切实为当前农村集体建设用地使用权流转提供有效依据。

（责任编辑：徐文晶）

数字司法

浅议信息技术与司法体制改革

李瑞富[①]

社会发展进步的主要动力来源于观念革新和科技进步，司法体制改革也不例外。信息化建设全面推进的过程很多就是司法改革的过程。信息技术不仅仅是推动司法改革的有效手段，更是司法改革的重要保障，是推进司法改革的突破口。要用信息化理念来推进司法体制改革，更新发展理念、转变工作模式、提升工作效能；用信息化战略来落实司法体制改革部署，以信息化深化审判管理、以信息化保障落实办案责任制、以信息化拓展司法公开的广度和深度、以信息化提高工作效率、以信息化提升法官职业素养；用信息化愿景来助力司法体制改革，智能化的工作平台、电子化的信息载体、虚拟化的工作场所、广泛性的信息共享、大数据化的信息服务。在当前我国深化司法体制改革的形势下，人民法院应当乘势而上，走出一条以信息化促进司法规范化、推进管理精细化、深化司法公开化的新路子，逐步形成信息化与司法改革良性互动的新局面。

社会发展进步的主要动力来源于观念革新和科技进步，司法体制改革也不例外。周强院长指出，信息化建设全面推进的过程很多就是司法改革的过程。进行司法改革不仅要优化司法职权配置，提升法官职业素质，改革司法管理体制，而且需要发挥信息技术对司法理念、司法方法、司法手段的启迪、充实、提高和约束作用。信息技术不仅仅是推动司法改革的有效手段，更是司法改革的重要保障，是推进司法改革的突破口。

一、用信息化理念来推进司法体制改革

（一）*更新发展理念*。现代信息技术的发展正在深刻地影响人们的行为方

① 李瑞富：山东省高级人民法院信息中心主任。

式、工作方式、生活方式，互联网思维正在迸发出巨大的能量，改变着传统的商务、政务运作模式。法院信息化不是简单地用计算机代替手工劳动，也不是将传统的管理方式照搬到信息系统中，而是借助现代计算机技术，引进先进的管理理念，对落后的管理模式、僵化的组织结构、低效的业务流程等，进行全面而深刻的革命。因此，法院信息化建设不仅仅是装备的现代化，而且需要理念的现代化。要用信息技术和现代理念相结合不断提升工作的系统性、规范性、可行性和效率性。要明确信息化的发展目标，加强顶层设计、统筹发展规划，科学运转管理，以实现信息化与审判工作的良性互动。

（二）转变工作模式。信息技术与管理理论的融合，能够促使先进的管理理论顺利应用于管理工作中，可以很好地解决管理中随意性强规范性差、柔性有余刚性不足、执行中存在人为因素干扰和偏差等普遍存在的问题；能够客观地反映管理方式中存在的问题和不足，促进管理方式的改进和优化，提升管理的效果和质量。现代化的案件管理系统正在由程序管理向实体管理发展，可以对案件进行“全业务、全流程、全覆盖、全留痕”式管理，为审判监督、绩效考核、质效评估等工作提供全面、实时、动态和全面的数据支持。

（三）提升工作效能。法院信息化建设将资源整合、规范性约束、动态监督、司法公开作为提升司法效能的具体目标。办公系统集事务处理、信息发布、信息服务等各种功能为一体，审判流程管理具备自动计算审限、自动分案、自动排期、法律文书自动处理等功能，都为提高办案办公效率提供了有力的技术支持。审判管理的流程化、审判监督的网络化、庭审管理的规范化、质效评估的自动化，为提升审判质量提供了有效的监控手段。网上立案、网上信访等网上诉讼服务功能，进一步提升了当事人办理诉讼事务的效率，减少了当事人奔波之苦，减轻了群众讼累，进一步提升了司法便民利民的效果。

二、用信息化战略来落实司法体制改革部署

（一）以信息化深化审判管理。审判权运行机制改革的一个重要方面就是深化审判管理。案件管理系统将立案、审判、执行、申请再审、信访申诉等各个环节全部纳入流程管理，实行自动分案，时限自动提醒，统一结案出口，实现了案件的有序运转。所有案件卷宗信息扫描录入电子卷宗系统，所有案件开庭、听证均进行录音录像，院长、庭长可以随时查阅电子卷宗、观看庭审直播、进行庭审点播，对案件办理情况进行监督。实时生成反映审判质量、效率和效

果的各项指标，并积极参与审判质效评估、审判执行工作态势分析等工作，为领导决策和审判部门开展工作提供了科学的参考依据。

（二）以信息化保障落实办案责任制。信息技术为落实办案责任制提供了先进的技术手段和载体。首先办案过程更加完整。案件管理系统实现了案件的立案、分案、庭审记录到上诉案件电子卷宗移送等全部在网上进行，让每一个案件的基本情况，案件进展到哪个环节，都能在网上查询、网上监控、网上调阅，让所有案件的所有信息一目了然。其次办案过程更加透明。在信息化条件下，案件办理的过程，也是各类案件信息电子化的过程，电子化的案件信息可以充分共享、公开，为落实办案责任制提供了便利的渠道。再次审判监督更加高效。信息化手段具有预警、分析、监测等功能，为审判监督提供了智能、高效、科学的手段，可以显著提高审判监督的效率、效果。

（三）以信息化拓展司法公开的广度和深度。周强院长指出，“公开是最好的防腐剂，公开是树立公信的前提，公开是打消当事人疑虑的最好办法”。阳光司法已经成为司法改革的必由之路。利用现代信息技术建设司法公开三大平台是保障当事人知情权、表达权、参与权和监督权的有力手段，是促进法院工作更加规范文明，提高司法权威和公信力的有效方式，是打消群众疑虑、提升司法公信力的重要保证。人民法院要以公正司法一心为民为宗旨，大力推进审判、执行执行、庭审、听证、文书、审务等各方面的信息公开，发挥微信、微博等新媒体即时互动、实时参与功能，不断拓展司法公开的广度和深度，将法院的司法活动将被置于人民群众广泛监督之下，接受公众评判。

（四）以信息化提高工作效率。立案登记制度扩大了案件的受理范围，新的案件类型也必将增加，一旦实施必然会使众多的案件涌入法院，在目前法院尤其是一些基层法院的法官人手普遍不足的情况下，法院的正常工作将面临着巨大的压力。远程立案、取证、质证、甚至审判，电子印章，网上文件审批和信息传播等系统，可以通过缩短相应的空间和时间，提高工作效率；案件立、审、执、监等审判工作环节的动态管理和动态监督，促进业务、审判管理、纪检监察等部门的协调互动，可以提高管理效率；案例数据库等信息资源，可以为法官提供各类审判支持，提供分享审判经验、开展学术研究的环境和手段，增强法官对自由裁量权的把握能力；信息化可以为量刑规范化、小额速裁制度、执行联动机制和司法评估拍卖制度等各项改革成果的提供科技支撑，能够直接提高法官的办案效率。

（五）以信息化提升法官职业素养。信息系统可以提高工作效率，使法官从繁琐的事务中解脱出来、将精力集中于研究案件和学习提高。内部网络、法官辅助系统提供了教育培训、交流沟通的平台，实现从“如何做”转到“知道如何做”转变，从而提高了业务能力和创造能力。司法公开三大平台、12368诉讼服务热线、诉讼服务网、律师服务平台的开通，使审判工作更加透明，方便接受群众监督，确保司法公正廉洁。

三、用信息化愿景来助力司法体制改革

（一）智能化的工作平台。现代化法院应建设智能化的工作平台，为广大干警提供集成化、智能化的办公环境。智能化的事物处理系统可以自动进行事务提醒，事务办理，工作交流，信息通信等工作，把广大干警从繁琐的事物处理工作中解脱出来；智能化的司法辅助系统可以为法官自动提供相关法律条文、相关案例等案件相关最新知识，为广大法官打造一个学习、提高的知识环境。智能化的文书处理系统集法律文书生成、校对、纠错、上网处理等功能与一体，为法官办案提供智能化的助手。智能化的量刑系统利用相关法规、法条等法律依据和相关数据、分值量化，为法官定罪、量刑、判决提供参考依据，避免或减少法官因知识、情感等方面的缺陷而造成错误。智能化的信息系统还可以分析庭审录像等音像资料，发现庭审过程中存在的问题，为法官提高庭审驾驭能力提供技术支持等等。

（二）电子化的信息载体。现代化的法院审判管理信息系统能够实现案件的立案登记、分案排期、审限管理、庭审录像、文书制作、文书签批、结案、归档、上诉案件电子卷宗移送等全部在网上进行，实现案件所有信息的电子化，确保审判权运行全程留痕。电子化案件信息是案件卷宗的高级形式，将案件办理各环节信息汇集在一起，是案件完整的、集成的信息，可以提供超越纸质卷宗的服务功能。法官可以随时随地提取有关信息，可以快速全面的了解案件全貌。通过案件信息电子化，将职责落实到具体个人，提高对案件信息的管理能力，通过案件预警、统计分析等事前控制手段，有效的提醒和督催办案人员，按时按质按量完成案件审理工作。案件信息电子化也是进行信息传输、司法公开、检索查询、大数据分析的基础性工作。

（三）虚拟化的工作场所。虚拟化的工作场所就是软件定义工作场所，网络延伸到哪里，应用系统部署到哪里，法官的工作场所就延伸到哪里，司法服

务就开展到哪里。传统意义上法院就是法院大院，法官的工作场所就是办公室、法庭，司法服务就在法院（包括流动司法服务）。信息化时代，只要手边有一台设备，无论是笔记本电脑、平板电脑还是智能手机，就可以搭建一个完美的工作空间，家里可以是办公室，汽车可以成为会议室，所要做的就是登录到法院后台，打开熟悉的桌面。软件正在重新定义我们的工作场所和现实世界，它能够超越限制，不再受物理位置或硬件的绑定，让整体架构变得更加灵活与便捷，并且更加高效，通过层层虚拟轻松将物理场所转化为虚拟场所。在软件定义一切的大趋势下，法院信息化部门已经演变成桌面、应用、数据等服务的提供者，帮助人们重塑工作方式，让他们能够在任何地点、通过任何设备、无缝地沟通、开展协作，并利用情境化的安全手段无边界地获取相关数据。通过软件定义工作场所，社会公众还能够随时随地获得法院提供的司法服务。

（四）广泛性的信息共享。电子化信息载体和信息技术相对于传统的信息载体和传播手段的最大优势是，信息的复制、传播和利用具有无限性、快捷性和便利性，即信息化的显著特征是信息传递、获取方式的便捷性和信息资源的共享性。当前信息的共享远远没有发挥出来，国家、最高法院目前正在大力推进信息系统互联互通和信息共享共用。信息的充分共享将给法院工作带来巨大变化。在法院内部，可以方便地了解审判工作全貌，获取类似案件的审判信息，掌握案件当事人的涉案情况等。在法院外部，可以方便的掌握案件当事人的社会、经济活动情况，资信情况，财产状况；可以通过司法查控系统、社会联动机制方便地查控当事人的财产，这必将为法院各项工作带来极大的便利。

（五）大数据化的信息服务。随着法院信息化建设的大力推进，法院将积累大量司法信息，形成齐全的司法资源数据库。云计算、大数据等新技术在司法审判信息资源生产、加工、利用等环节将广泛应用，逐步实现高质量、低成本的信息资源服务。微观层面，通过对不同层级、不同地区法院各项工作的动态专题分析，为领导决策提供准确、及时的数据支持，为科学调度审判工作、理顺部门职能关系、调配司法资源提供依据和思路。宏观层面，利用司法信息资源，分析一定时期内社会生活中的各种矛盾纠纷发生的概率和趋势，分析我国立法、执法和司法实践中存在的问题，为国家立法、执法和司法提供依据。以保障社会经济发展为重点，分析一定时期内哪类经济活动需要国家在经济政策方面进行调整，哪些经济主体参与市场经济的行为需要规范，为净化市场环境，开展宏观经济调控提供司法信息支持。社会层面，通过司法信息公开、司法信息查询，不但可以面向社会提供法律、经济、社会等方面信息服务，而且拓宽了监督渠道，自觉接受社会各界的监督，提高人民法院的社会公信力。

在当前我国深化司法体制改革的形势下，人民法院应当乘势而上，坚持科技强院的工作方针，大力推进信息化技术与先进司法理念和司法改革举措相结合，以“努力让人民群众在每一个司法案件中都感受到公平正义”为目标，坚持服务人民群众，坚持服务审判执行，坚持服务司法管理，我们一定能够走出一条以信息化促进司法规范化、推进管理精细化、深化司法公开化的新路子，逐步形成信息化与司法改革良性互动的新局面。

（责任编辑：徐文晶）

“互联网+”与我国法官培训模式的创新

常淑静①

随着以云计算、物联网、移动互联网、大数据和智慧城市等信息技术的飞速发展和广泛运用，人类正在进入信息化和“互联网+”的伟大时代。正如习近平总书记所指出的：“没有信息化就没有现代化。”信息化和“互联网+”作为全面深化改革的技术引领，被纳入国家经济社会发展战略的顶层设计，必将深刻变革经济社会结构和社会生活方式，同时也给法官教育培训事业带来新的机遇和挑战。充分利用“互联网+”推进法官培训模式的创新，是法官培训工作的一个全新领域，是深化教学改革的一个新探索。

一、检视：传统法官培训中存在的问题

（一）不能有针对性地配置参训法官

针对性配置参训法官是法官培训工作的基础。不能有针对性配置参训法官就无从实现培训的针对性、实用性和有效性；在我国，法官培训机构无“招生权”，自身难以实现针对性配置参训法官。由于多种原因，法院负责教育培训的部门多数采用指标调训。指标调训直接导致法官培训机构出现以下两个方面问题：一是重复培训，部分法官培训次数较多，个别地区还出现了培训“专业户”；二是无缘培训，真正想参加培训的法官因工作繁重，脱产培训机会较少，许多基层法院的法官一年甚至几年未能参加一次培训的现象仍然存在。

（二）培训内容和培训方式跟不上时代的变化，无法满足大规模的、不同类别、不同地区、不同级别法院法官的培训需求

我国法官队伍庞大，所具有的知识结构、能力素质等都具有一定的差距，

① 常淑静，山东法官培训学院副教授。

因而不同类别、不同地区、不同级别法院法官的培训需求也各不相同。同时，根据最高人民法院《2015—2019 年全国法院教育培训规划》（以下简称《培训规划》）的要求，法官培训内容除了包括各种新法律法规、司法解释、审判执行各业务领域的审判执行实务外，还应涉及思想政治教育、司法良知和职业道德教育以及公共安全、社会管理、舆情应对、心理调适、人文情怀等知识领域的内容。但是，目前法官培训的重点依然是围绕新法律法规、司法解释及审判执行实务，极少结合法官职业的特征开展政治思想、职业道德、人文素养等方面的课程。使得法官的司法能力只停留在实务层面，这与实现“培养造就一支政治素质过硬、司法作风优良、执法办案水平高、群众工作能力强的高素质法官队伍”的目标尚有一定差距。

此外，培训方式仍以教师单方面灌输知识，法官被动接受的形式为主。教师与学员之间缺乏良性互动，忽视了学习者个性的需求，极大的抑制了法官学习的积极性。由于参训者大都是理论基础较好、具有一定法院工作经历的法官，大多希望以课堂讲授与互动答疑、研讨交流相结合的方式进行学习。许多法官认为以专题讲座为主的教学形式无法达到预期效果，很难转化为审判岗位需要的能力。

（三）培训主体和培训师资不能满足法官培训的要求

如前所述，法官培训的对象都是在职法官。在职法官学习是一种以问题为导向，基于法官职业化可持续发展的需要，自主的学习，体现为一个互动、交流、启发、研讨的过程，目的在于精进审判技能，提高司法能力。这就需要培训者兼具管理者、设计者和教师等多种角色，具有很高的综合素质，能够策划、管理培训项目，开发、主持培训课程等。然而，我国目前法官培训机构的培训者管理能力和业务素质参差不齐。有的培训者缺乏管理能力训练；有的虽然有一定的法学基础但欠缺审判实务经历。在组织协调能力、分析判断能力及创新能力等方面无法满足现代法官培训的需求。

此外，基于法官职业特质的考量，法官培训对于师资的要求不仅不同于一般的法律学科教育，而且要求更高。从事法官职业教育的教师既要有深厚的法学理论功底，还要有良好的司法实践经验以及将实践上升为理论、具体抽象为一般的能力。[①] 目前我国大多培训机构虽然建立了“以兼为主、专兼结合”

① 吕忠梅：《职业化视野下的法官特质研究》，载 2003 年 6 月 8 日《杰出中国法学家论坛》（综述）。

的师资队伍，但是，“现在的问题是，法学院有大量的精通法学教育规律的教师但缺乏司法实践经验，而法院有大量经验丰富的法官却不懂教学规律与方法”[①]。加之，法官培训师资队伍建设制度匮乏，且“以兼为主、专兼结合”的融合性较差。这种局面给法官培训工作带来诸多困难，很难满足法官职业化可持续发展的要求。

（四）培训结果分析利用机制相对薄弱

法官培训机制是一个系统工程，它包括培训需求分析、培训设计、培训实施、培训评估的等相互连接的环节。但在传统的培训机制的构建中缺乏对法官自身知识、能力需求分析和岗位需求分析，这样必然导致培训目标没有针对性。整个培训系统没有将参训法官、培训内容、培训方式、培训师资等结合起来，对所有的参与培训的法官“一视同仁”。培训机构安排什么，就培训什么，法官本身没有参与到培训分析、设计和课程开发的过程中来。即使通过个别调研进行需求分析，也往往强调需求的统一性、总体性，而忽略不同地区、不同级别法官的个体差异，使整个培训需求分析都是按照一个模式在进行。其结果是开发出来的培训课程具有一定的片面性，无法满足法官的培训需求。

（五）培训评价体系不健全，缺乏有效反馈

目前，我国还没有一整套公认的法官培训质量评价体系，对培训质量进行科学的评价。短期培训班次通常采用问卷调查的形式来征询学员的意见，有些长期班次培训质量的考核方法通常是在结业时采用考试或论文答辩的方式来进行，分数由培训机构组织师资进行评判，难免存在主观随意性。由于某些培训教师把关不严，放松了培训成效，受训法官中就出现“培训成绩好坏一个样”的现象，而且对培训教师的水平和培训项目的优劣缺乏有效的信息反馈。

二、借鉴：国内运用“互联网＋”创新培训模式的经验

（一）国家行政学院高度重视信息化建设，推进互联网＋与干部培训模式的深度融合

国家行政学院异常重视干部培训的信息化工作，早在2007年就已全面启动干部教育培训的信息化建设，设有专门负责信息化职能部门——信息技术综

① 吕忠梅：《论法律的实践理性与法官培训模式选择》，载《探索与争鸣．理论月刊》2006年第11期。

合处，另有专门制作、推广和发行视频网络课程的机构——国家行政学院出版社旗下的网络出版中心，建有在线学习的门户网站——中国公务员培训网。其主要特点有：

1. 重视实时课堂建设，承接定制视频服务。国家行政学院已实现对课堂教学即时录播，学员可在校园内网上实时观看每一课堂的教学现场，并从中精选部分课程推送到门户网站——中国公务员培训网。同时，国家行政学院建有先进的专业录播大厅，可以专门录制高质量的视频课程，可承接定制教学视频的服务。

2. 精品课程资源非常丰富，采取市场化运作模式。国家行政学院拥有分门别类、内容丰富的网络课程资源，并且每天都会有所更新，以保证课程的实时性和新颖性。这些课程资源的主体是由国家行政学院教师授课制作完成的，还有来自中央党校、中央社会主义学院、国家部委以及高等院校等单位的培训讲座视频。截止到目前，国家行政学院已经出版了 178 个专题、4000 多个课时的网络视频课程资源，2015 年计划出版 1000 个课时的网络视频资源。

3. 视频课程技术手段先进，学习平台内容丰富实用。国家行政学院的网络课程已经到达了一个较高的层次。他们不再是单纯地以录像直播画面的形式展现给学员学习，而是采取了真正意义上的网络课程教学。对于一次网络课程教学而言，学员在视频中不仅可以收看收听到授课老师的现场授课，而且可以看到授课大纲、课程重点、难点提示等相关信息，可帮助学员全面、高效地掌握教学内容，有效提高学习效率。

4. 微课开展活跃，形式灵活多样。国家行政学院非常重视微课建设，每天根据实时新闻和教学动态需要，编制 5—10 分钟的微课内容向学员推送，微课不仅数量多，而且新颖，形式也非常灵活，学员可以利用空闲时间通过电脑或手机随时学习这些内容，并参加讨论和交流。

5. 培训管理广泛采用信息化手段，提高了培训管理现代化水平。国家行政学院专门开发了一款名为“学习秘书”的管理系统，学员通过下载或扫描手机二维码，可以实现电子签到、在线评估、在线学习、在线交流等功能。实时掌握包括培训通知、教学日程、教学资料、学员名单、分组研讨、食宿安排等全方位信息，还可以开展交流活动，避免了时间和空间等因素的限制；在每门课程结束之后，学员可以在网上对包括授课选题、授课内容、授课方式、授课师资等情况进行评价，这就为全面准确地评估教育培训情况提供了准确可靠的依

据，提高了学员管理及培训评估的现代化水平。由于全程记录培训活动，在学员结业时，将录像视频整理刻制光盘，成为一份真实、珍贵的结业留念。

（二）成都行政学院以大数据为基础，顶层设计干部培训工作[①]

2008 年开始，成都市开始运用互联网思维，顶层设计干部培训工作。目前基本实现了调训、师资库、培训机构、培训电子档案、培训结果分析数字化。（见图一）

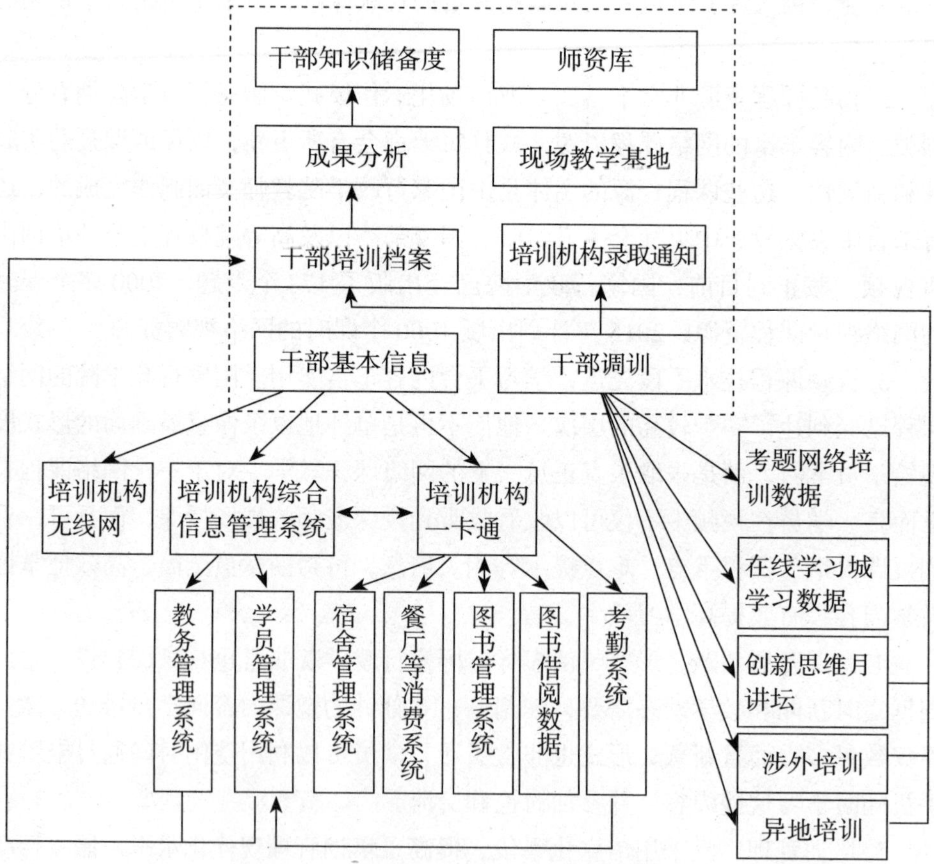

干部知识储备度
师资库
成果分析
现场教学基地
干部培训档案
培训机构录取通知
干部基本信息
干部调训
培训机构无线网
培训机构综合信息管理系统
培训机构一卡通
考题网络培训数据
在线学习城学习数据
创新思维月讲坛
涉外培训
异地培训
教务管理系统
学员管理系统
宿舍管理系统
餐厅等消费系统
图书管理系统
图书借阅数据
考勤系统

图一　成都市干部教育培训管理系统

1. 能激发干部学习的内生动力，从而实现“要我培训”和“我要培训”的统一。成都市在严格按照党委、政府要求设置培训项目的前提下，组织上有选

① 赵刚：《以大数据为基础顶层设计干部培训工作》，载 http：//www.nsa.gov.cn，2015 年 7 月 21 日访问。

培干部的权利，干部也有根据工作需求及工作进度自主选择参训项目的权利，这样切实保障了干部的参训权利，实现组织需求与干部个体需求的结合。

2. 整个系统与组织部的实名调训相结合避免了重复调训，针对性的配置参训者成为了可能，实现了恰当的学习内容和形式对应适当的参训对象；调训功能的信息化，提高了调训管理的效率，为大规模的干部培训提供了基础保障。

3. 搭建了组织部和干部培训机构间的信息化桥梁，实现干部培训机构的数字化与组织部的培训管理直接对接。为干部培训机构的信息化建设打下了良好的数据基础。

4. 建立干部培训电子档案，使培训结果分析成为可能；通过对每个干部培训情况进行质的和量的分析，统计分析出干部通过培训获得的知识储备情况，使得培训结果可视化。

5. 参训率、学时及学分等培训过程记录是信息系统的基础，能够反映和分析干部知识储备情况才是根本，其核心是干部知识储备度与拟使用岗位需求的结合。

三、探索：以“互联网＋”促进法官培训模式的创新

（一）以互联网思维引领法官培训新思路

互联网思维是互联网时代的思考方式，其思维特征表现为无论是产品还是服务都强调以用户为中心，围绕着终端用户需求和用户体验进行设计，聆听用户反馈并且能够实时做出回应，这是建立未来服务和产品生产模式的基础。[①]“互联网＋”时代，任何行业都需要用互联网思维来重新思考行业未来。当前，我国法官培训需要开创面向互联网和移动互联网的新型培训模式。即利用互联网思维，将法院负责调训的教育培训部门、负责实施培训的机构、法官自身及其所在单位形成一体化的网络化管理，通过数据分析，利用培训结果针对性配置参训者，有的放矢地调整培训规划布局，是“互联网＋”为法官培训工作提供的新思路。

“互联网＋”结合法官培训组织性、计划性的特点，将使法官培训呈现以

① 我国最早提出互联网思维的是百度公司创始人李彦宏。2011 年，在百度的一个大型活动中，李彦宏与传统产业的企业家探讨发展问题时，李彦宏首次提出“互联网思维”这个词。此处引用自李彦宏 2011 年的演讲《中国互联网创业的三个新机会》。

下三个特征：

一是针对性配置参训法官，激发法官学习的主动性。借鉴国家行政学院和成都行政学院的经验，运用现代信息技术，建立法官培训信息管理系统，实行调训功能信息化，将避免重复调训，使针对性的配置参训法官成为可能，实现恰当的学习内容和形式对应适当的参训对象，以提高培训的针对性、实用性和有效性。①

二是线上线下多种培训方式的融合。即借助互联网平台、终端优势，多渠道提供培训接口，做到线上线下相结合，形成无缝衔接的学习通道。以民商事审判实务类的培训为例，在短期（2—3 天）面授的同时安排一定时间的线上培训课程。每一位在线学习的法官可以根据自身的实际需求选择自己感兴趣的学习内容和学习方式。

三是培训结果有效利用，实行培训管理无缝衔接。目前，我国法官培训管理机构已经建立了信息管理系统，但大多数法官培训机构提供的也仅仅是培训学时、培训课程及成绩（或学分）的记录，长期培训人次数数据的统计也只能显示培训规模。单单依靠这些数字记录，难以进行培训需求分析、改进培训设计、探索培训规律。运用“互联网＋”可以突破培训管理部门、培训机构和受训法官各个环节之间的“信息孤岛”，实现培训信息共享。首先，搭建法官培训管理部门和培训机构之间的网络化桥梁,利用手机等移动终端连接参训法官,形成法官培训的无缝隙管理；其次，将参训法官的个人信息、参训专题、课程完成时间及完成率、培训方向、培训参与度的差异等个性特征数据，都像动态轨迹一样清晰记录下来，并借助大数据分析技术，将培训结果可视化，为探寻培训规律、改进培训设计、提高管理效率提供基础保障。②

（二）整合资源，优势互补，建立互助协作的培训机制

《中华人民共和国法官培训条例》（2006 年 3 月 30 日修订，以下简称《法官培训条例》）第 4 条规定：“法官培训实行统一管理、统一规划、归口负责、

① 在调训环节，应将集中培训、高端培训、网络培训等统一规划；建立以个人身份信息为基础的网络实名调训督查机制、保障机制包括培训经费和时间；建立将培训结果纳入单位考核的激励机制。唯有如此，才能做到有针对性地配置参训干部，并科学利用培训结果实现培训的无缝隙管理。参见赵刚、王维：《互联网＋助力干部培训新常态》，载 http：//www.nsa.gov.cn，2015 年 7 月 21 日访问。

② 参见赵刚、王维：《互联网＋助力干部培训新常态》，载 http：//www.nsa.gov.cn，2015 年 7 月 21 日访问。

分级实施。”我国现行的法官教育培训机构体系模式是“两级机构、四级管理”。在培训机构设置原则上，要求设立国家法官学院与省级法官培训机构，有条件的可以设立地市级法官培训机构。[1]目前我国共有省级法官培训机构32个。在培训管理体制上实行最高人民法院及地方三级人民法院分别管理的四级管理模式。[2]并且各地区、各培训机构相对独立，形成了各自办学、各自为政的局面，造成资源的浪费。互联网＋法官培训模式可以搭建培训资源共享平台，促进各培训机构之间的互助协作，形成合力，从整体上提升法官培训能力的现代化水平。

“互联网＋”法官培训模式，可以全方位整合各培训机构各种培训资源。第一，紧紧围绕不同审级、不同类别、不同岗位法官的差异性，围绕全面依法治国对法院队伍提出的新要求，深度开发教学内容，提高法官培训的针对性、实用性和有效性。第二，借助大数据、云计算等技术，建立丰富的精品课件库，提供海量教学内容，建立目录，提供按研究方向和学科细化的查询服务功能，使法官培训教学内容在全国范围内资源共享。第三，利用互联网建立全国法官教育培训系统教师资源库，整合全国审判业务专家、全国模范法官及办案能手等优质师资，建立起一支数字化兼职师资队伍，使法官培训师资队伍形成全国性的资源共享。总之，通过数字化、网络化全方位整合资源，各级法官培训机构可实现系统内纵向横向的课程内容、培训方式、师资以及科研等方面的互助协作与改革创新，从而极大地提升法官培训体系与培训能力的现代化水平。

（三）拓展培训平台，丰富培训渠道，实现实时课堂学习

《培训规划》提出：要“坚持改革创新、多元开放。创新教育培训理念、内容和方式，不断拓展教育培训平台，丰富教育培训渠道，提高培训针对性、实用性和有效性”。传统的实体培训受场地、时间、师资以及其他条件的限制，很难满足现代法官培训的新要求。如何让法官培训突破时空限制，让培训更加多元，“互联网＋”给我们提供了新思路。一方面，开放的平台保障了法官随

① 《法官培训条例》第9条规定：“最高人民法院设立国家法官学院及其分院。高级人民法院设立省级法官学院、法官进修学院、法官培训学院等法官培训机构。根据需要和条件，经高级人民法院批准，可设立地（市）级法官培训机构。”

② 《法官培训条例》第8条规定：“最高人民法院、高级人民法院教育培训主管部门负责法官培训的规划、管理和协调工作。中级人民法院和基层人民法院教育培训主管部门负责组织落实上级法院部署的各项培训任务，并根据工作需要组织实施本辖区法官的续职培训。”

时随地学习的愿望，无论你在办公室还是出差途中，都可以使用设备连接网络，从而获取培训内容进行自主学习，缓解了工学矛盾。另一方面，“互联网＋”培训提供多种渠道和平台，用户可以选择最优学习路径：网页浏览、学习App，微信专用账号、QQ交流分享群等，提高了培训的针对性、实用性和有效性。例如中央党校主办的《学习中国》App就是互联网＋干部教育培训的有益探索，一上线就受到了广大用户的喜爱。[①]

“互联网＋”培训模式具有传统培训无法比拟的优势，因为它不仅创造丰富的教学内容，还创新了培训方式。通过建立一体化的网上培训系统，实现终身学习的便捷条件。随着上网方式不断发展变化，上网速度不断提高，上网终端越来越便捷，只要学员想学习，每时每刻都可以获取有效的学习资源，无需局限于时间和空间。这种高技术培训不仅可以更好更快帮助学员更新知识结构，及时地交流学习和探讨，而且可以实现法官教育培训全覆盖，确保法院干警在不同岗位、不同阶段都能接受相应的培训。

（四）根据信息反馈，实行教学内容动态化管理

互联网思维最重要的体现其实就是两个字：迭代。[②] 所谓互联网中的迭代就是重复反馈过程的活动，其目的在于更新换代、快速创新。运用迭代思维快速迭代培训内容，以适应参训法官需求的不断变化，让法官培训跟上审判的需求和科技的发展，与时俱进。

学员的需求是不断变化的，新的法律法规、新类型案件，审判实务中新的热点难点问题每天都可能呈现。通过互联网构建的学习系统需要不断按照“客户反馈”来更新培训内容。所以，“互联网＋”法官培训内容是动态的、开放的，需要实时维护更新。课程设计、案例素材不是固定不变的，而是根据培训对象的需求和审判业务活动需要随时做出调整改进。培训系统的迭代更新，打破了过去法官培训“有什么就提供什么”、教师“会什么就讲什么”的传统做法，而是坚持了干什么学什么、缺什么学什么的基本原则，极大地促进了自主

① 黄巍巍、崔伟：《构建“互联网＋”干部教育培训机制》，载《学习时报》2015年4月27日。

② 迭代最初是源于数学领域的一个专有名词，是数学中的一种算法，是指将初始值经过相应公式进行计算后得到新的值，并通过相同方法对新的值进行计算，经过几次反复计算得到最终结果的一种方法。任何事物经过几次迭代之后都会蜕变成新的事物，这一方法在移动互联网时代被称为迭代思维。

选学、“菜单式”培训等个性化选学方式，满足了互联网时代法官职业素养的养成、司法能力提高以及终身学习的需求，从而推动了审判体系和审判能力现代化水平。

（五）借助现代信息技术完善培训考核评估机制

现行《法官法》并没有规定法官培训考核的效力。《法官培训条例》虽然规定“在职法官经过规定的培训，并考核合格方可晋级、续职”，但这项制度在实践中并未得到真正的落实。借鉴国家行政学院的做法，借助现代信息技术，开发在线评估、在线交流等功能，实时掌握学员对于授课内容、授课方式、授课师资等情况的评价，并通过对评价结果进行有效分析，不断完善课程设计，改进培训管理，探索培训规律。同时，建立法官培训电子档案，借助大数据、云计算等技术，分析出法官通过培训获得的知识储备及接受的能力训练情况，并逐步推进将法官“学习能力”作为逐级遴选、晋级、晋升的重要依据，健全培训与使用相结合的制度。

（责任编辑：王春田）

构建开放、动态、透明、便民的信息化平台推进法院信息化建设转型升级

——转型升级形势下的法院信息化建设

李润海[①]

在2015年7月召开的全国高级法院院长座谈会上，最高人民法院院长周强强调,要大力推进人民法院信息化建设转型升级,力争到2017年底建成全面覆盖、移动互联、跨界融合、深度应用、透明便民、安全可控的人民法院信息化3.0版，把中国法院建设成为“网络法院”“阳光法院”“智能法院”。（1）构建以基础网络为核心的基础设施体系；（2）构建以审判执行管理为核心的业务应用体系；（3）构建以司法公开为核心的便民应用体系；（4）构建以网上办公为核心的政务管理体系；（5）构建以业绩档案为核心的人事管理体系；（6）构建以数据分析为核心的决策支持体系；（7）构建以信息共享为核心的业务协同体系；（8）构建以等分保护为核心的安全保障体系；（9）构建以集中服务为核心的运维发展体系。

最高人民法院院长周强在2015年7月召开的全国高级法院院长座谈会上强调，要大力推进人民法院信息化建设转型升级，力争到2017年底建成全面覆盖、移动互联、跨界融合、深度应用、透明便民、安全可控的人民法院信息化3.0版，把中国法院建设成为“网络法院”“阳光法院”“智能法院”。面临新的形势，我们应客观总结全省法院信息化建设的现状，全面分析存在的问题，明确今后一个时期的工作任务，同心协力，推进信息化建设实现新发展。

一、全省法院信息化建设的现状和存在的问题

近年来，省法院党组高度重视信息化建设，按照“大数据、大格局、大服

① 李润海，山东省高级人民法院信息中心高级工程师。

务”理念，以服务人民群众、服务审判执行、服务司法管理为主线，不断强化互联网思维，积极打造数字化、透明化、可视化、智能化的信息应用平台。初步实现“网络全覆盖、数据全集中、业务全贯通”，为全面推进审判体系和审判能力现代化提供了有力的信息技术保障。

（一）围绕应用夯基础，提升支撑能力

建成了较为完善的基础网络体系，包括上联最高法院下至人民法庭，用于办公、办案等应用的法院专网；联通政法部门，用于协同办案的政法专网；联通人民银行等部门，用于的数据交换和业务联动的共享专网；用于视频会议、视频接访、远程讯问、远程提讯、安防监控、科技法庭等音视频应用的视频专网；用于司法公开、诉讼服务的互联网等。为全面升级、全力提升法院信息化水平奠定了良好基础。

（二）围绕便民抓服务，增强为民实效

初步建成诉讼服务大厅、诉讼服务网、12368 诉讼服务热线“三位一体”便民诉讼体系，诉讼参与人可以自助查询案件信息和电子卷宗，拨打热线即可查询诉讼指南和案件进展等信息。建立律师服务平台，律师可以在平台上申请立案、保全、延期开庭，办理材料收转、提交代理词等诉讼事务。全面建成远程视频接访系统，信访群众可以通过网络与上下级法院进行三方在线交流，减轻了当事人的奔波劳苦。

（三）围绕公开促公正，助力阳光司法

全部建成“一院一网站”和审判流程、裁判文书、执行信息三大公开平台，建设山东法院庭审直播网，所有案件的流程信息、裁判文书全部公开，庭审网上直播实现常态化，省法院审理的案件每个工作日都有庭审直播。全部开通官方微博，大部分法院开通官方微信，利用网络、微博、微信、手机电视等新媒体，实现立体化、交互式信息发布和即时沟通，与 34 家省级银行建立网络对接，实现存款信息网上即时查询。发布失信被执行人信息，使失信行为受到惩戒。

（四）围绕流程助监督，规范司法管理

不断加强司法规范化建设。流程管理可视化，所有案件从立案到归档每一个节点都在网上同步记录，实现了网上管理，实现办案程序即时动态跟踪、自动提醒预警。庭审管理可视化，开发建设科技法庭动态管理平台，整合 1700 余处科技法庭，应用庭审一体调度、实况回放等功能。质效管理可视化，开发应用质效考评、业绩档案系统，自动生成质效评估指标和各业务部门、每名法

官的业绩数据。

（五）围绕数据强管理，服务科学决策

率先启用"法务云"项目，与浪潮集团合作建成"山东法院数据服务云中心"，省法院建成信息集控管理中心，此为基础，实现全省法院信息存储、展示、交换、整理。目前已集中2010年以来全省法院600余万件案件信息，向最高法院报送案件数据350余万件，2015年数据合格率达到100%。建设"山东法院数据分析平台"，初步实现审判动态、审判质效、司法统计、专项分析、即席分析、综合搜索等信息服务。目前，正以山东法院数据分析平台为基础，整理、完善全省法院审判数据，规范数据采集，确保数据完整、准确、及时，开展数据综合分析，为司法研究、司法决策、司法管理提供科学依据。

在各级法院的高度重视和共同努力下，全省法院信息化建设取得突破性进展，得到周强院长等最高法院领导的高度肯定。但我们也清醒地看到，与信息化工作先进法院相比，还存在很大的差距，突出表现在：一是发展水平尚不均衡。受主观因素影响和制约，全省法院信息化发展不平衡的情况比较突出，有的法院在基础设施、业务应用、数据利用、信息安全等方面存在较大差距。二是顶层设计亟须加强。虽然编制了一些年度规划和单项技术规范，但全面性、适应性和时效性均存在不少问题，还没有形成科学完善的体系。缺乏业务熟练、经验丰富、前瞻性强的咨询机构，协助从服务审判执行、司法管理、便民服务、司法改革、辅助决策等方面进行整体规划。三是应用效果有待深化。应用目标不明确，导致部分应用难以深化，整体效能不明显；应用系统对业务的支持能力不强健，办公系统还局限于公文发布和传输，办案系统还不能满足司法改革的要求，存在运行速度慢，功能不完善，信息共享困难，数据利用率不高，使用不方便等方面的问题。五是信息资源开发度低。司法信息资源的价值没有充分体现，还没有广泛用于数据分析等方面，更没有发挥信息资源规模效益和社会效益。

二、全省法院信息化建设的目标和任务

根据全国高级法院院长会议精神，当前和今后一个时期，法院信息化发展的指导思想是：以《人民法院第四个五年改革纲要（2014—2018）》和《人民法院信息化建设五年发展规划（2016—2020）》为指导，以促进审判体系、审判能力和法院管理能力现代化为目标，不断强化需求导向，积极运用新兴技术，

坚持服务人民群众、服务审判执行、服务司法管理，全面推进法院信息化建设转型升级。

主要目标是：形成全省法院固定和移动网络相结合、全面支持广大干警和社会公众随时随地接入的“网络法院”；形成司法公开和诉讼服务全面覆盖各级法院和人民群众，开放、动态、透明、便民的“阳光法院”；形成全省法院主要业务信息化覆盖率100%，司法审判信息资源库案件数据、电子档案、司法解释等覆盖率100%，具有信息共享、业务协同和按需服务能力的“智能法院”。结合全省法院信息化建设实际情况，要抓好以下工作：

（一）构建以天平工程为核心标准规范体系

最高法院将在2015年完成“天平工程”中央本级建设内容初步设计报批、实施方案设计和项目建设，年底前编制下发人民法院信息化建设技术标准即2015法标，编制下发《人民法院信息化建设五年发展规划（2016—2020）》。

1. 制定山东法院“天平工程”实施方案，把全部信息化建设项目纳入“天平工程”统一组织实施。

2. 编制山东法院信息化“十三五”规划，统筹全省法院信息化建设，指导和规范信息化应用和管理，确保思路统一、目标一致。

3. 制定山东法院技术标准，根据最高法院2015法标，形成山东法院标准规范体系。

（二）构建以基础网络为核心的基础设施支撑体系

大力提高现有网络和计算设施性能水平，为信息系统改进升级留有充分空间；积极拓展与国家政务网络和相关政府部门的信息交换能力，为更大范围、更高层次的信息共享创造必要条件。充分利用移动互联技术和公网基础设施，加强对远程提讯、远程庭审等音视频应用以及执行工作的移动网络支持。

4. 电子政务内网。建设涉密的全省法院电子政务内网，并与山东省电子政务内网连接。

5. 电子政务专网。改造目前正在使用的法院内网为法院电子政务专网，同时进行IP地址扩容。

6. 视频专网。建设视频专网，用于开展最高法院及全省各级法院至看守所的远程提讯，以及视频接访等工作。

7. 科技法庭。科技法庭改建或新建均采用高清标准，使用高清科技法庭进行庭审直播。中院和有条件的基层法院建立科技法庭统一管理平台，实现辖区内庭审统一管理和调度。

8. 远程审判、提讯系统。远程审判实现全省各级法院对关押在不同地区犯罪嫌疑人的远程开庭审理；远程提讯实现最高法院对关押在全省各地看守所犯罪嫌疑人的死刑复核；推进在监狱建立与法院联网的科技法庭系统，用于减刑假释等案件的开庭审理。

9. 容灾备份中心。建设全省法院容灾备份中心，建立健全日常数据备份机制，实现全省法院重要数据异地备份和实时复制，为信息系统提供能够应付各种灾难的环境，确保数据安全完整。

（三）构建以审判执行管理为核心的司法审判应用体系

按照最高法院最新业务标准和技术标准即2015法标，重新开发审判执行等业务系统。实现案件审理各个环节均在网上进行，以自动化方式全面取代传统的手工书写和人工传递。依托全省法院专网，实现法院之间审判信息的专网传输、交换、共享，将案件上诉、再审等环节纳入管理，使全省法院的审判工作形成一个规范的、有序的、共享的整体，对全省法院审判情况进行全面掌控。实现与各政法单位及政府部门的数据交换，为检察院、法院之间的公诉、抗诉业务提供技术和数据支撑，为法院、监狱之间提押人犯、办理减刑假释案件提供技术支持，与政府各部门、执行联动单位之间实现数据交换和业务协同。实现全省数据资源的整合应用和审判业务数据的汇总，并对汇总的数据进行加工处理，形成支撑管理决策、绩效考核、业绩档案、司法统计等应用的高质量审判数据。

10. 案件信息管理系统。实行案件从收案登记、立案审批、分案排期、案件送达、案件审理、结案审查到案件归档的流程化管理，实现案件全程留痕和全方位动态管理，并与其他审判辅助系统有效整合，方便法官使用。

11. 掌上法院系统。为广大法官提供方便快捷的移动办案平台，实现工作动态、待办事项提醒，工作事项办理、审批等功能，使各项办公办案动态随时掌握，法院内外工作无缝衔接。

12. 庭审管理系统。开发应用科技法庭动态管理平台，实现全省法院科技法庭技术参数、品牌型号、庭审实况的实时在线显示，并具有检索汇总、实况回放、数据分析等功能。对所有开庭审理的案件进行全程同步录音录像，实现上级法院和法院内、外部对庭审活动的实时监督。

13. 电子卷宗系统。整合全省法院电子卷宗系统，支持异地借卷、网上查阅等功能，全面实现电子卷宗信息的共享共用。

14. 案件移送系统。实现二审、再审案件网上移送、网上调卷，二审、再审结果自动返回功能。

15. 审委会系统。审委会系统要实现案件信息综合应用，与流程信息、庭审录像、证据展示、电子卷宗、法律法规等有效集成，综合展示音、像、文字、采证图片等多种媒体信息，方便审委会委员快速了解案件相关的所有资料及信息。

16. 信访管理系统。建设全省法院视频接访系统，将平台延伸至基层法院，实现上下级法院和信访群众三方沟通交流。开发信访管理系统，实现全省法院三级法院来信、来访、重点交办案件、进京上访案件的登记、流转、统计分析等功能；上级法院可查询下级法院的信访案件、下级法院也可以查询上级法院登记的本辖区或本院的信访案件；可以查询重复上访人员在全省各级法院历次来访详细情况及处理意见；与审判管理系统、电子卷宗系统、科技法庭系统等有效集成，可以直接调取该案件一审、二审、再审的电子卷宗和庭审录像；与短信平台结合，能够及时将信访案件处理结果反馈给上访人。

17. 规范化量刑系统。开发规范化量刑系统，能够根据基本犯罪事实在相应的法定刑幅度内确定量刑起点；根据其他影响犯罪构成的犯罪数额、犯罪次数、犯罪后果等犯罪事实，在量刑起点的基础上增加刑罚量确定基准刑；根据量刑情节调节基准刑，综合考虑全案情况，依法确定宣告刑。避免同案不同判，使量刑更加公正和均衡。

18. 减刑假释管理系统。开发减刑假释系统，有效解决目前司法实践中办案效率较低、文书差错较高及六类减刑假释案件开庭审理后案多人少等突出问题；实现案件审理过程流程化、文书生成自动化，并与刑罚执行机关犯罪管理信息共享共用，提高审判效率，规范办案流程，保证办案质量。

19. 法官辅助办案系统。提供法律法规、审判案例、理论论著等法律资料查询服务，以及刑期、赔偿金、利息计算等数据裁量辅助工具。完善文书校对系统，对裁判文书的格式规范性、信息完整性、逻辑一致性及法条引用准确性等方面进行校验，提示错误或存疑，提供相应的修改意见，自动隐藏上网文书中的敏感信息和隐私信息，有效避免案件当事人个人信息的泄露，尊重当事人的隐私。建设个人资料库，对个人工作学习中形成的有用资料进行管理，方便查询使用，并可与其他人分享。

20. 一体化工作平台。整合办公、审判、执行、信访等系统，实现单点登录、信息高度集成、资源共享共用。按照工作职责，为所有法院工作人员提供具备工作事务处理、待办事项提醒、辅助办公办案、公文文书处理、法律法规查询、分析数据推送、关联案件推送、综合查询搜索等功能的一体化工作平台。根据工作需要、技术发展，不断调整和丰富平台功能。

21. 执行案件管理系统。完善执行案件数据管理，与执行依据对应的案件信息实现互通；执行立案信息、执行过程信息、结案信息等通过法院内网数据接口向最高法院数据库同步传输数据。

22. 司法查控系统。完善司法查控系统，要具备对被执行人身份、工商登记、组织机构代码证、婚姻登记、银行存款、房屋、土地、车辆、股权证券等信息的网络查询功能，对被执行人银行存款、房屋、土地、车辆、股权证券等财产的网络冻结和解冻功能，对被执行人银行存款的网络扣划功能等。

23. 信用惩戒系统。完善信用惩戒系统，能够向公安、住建、土地、车管、工商、银行、民航、保险等协助执行单位推送失信被执行人名单信息、接收信用惩戒措施反馈信息等，通过协助执行单位联合对失信被执行人的信用惩戒，促使其自动履行义务。

24. 执行监督管理系统。实现对执行案件流程的节点控制、对有财产案件和无财产案件的分类管理进行动态监控，以及对大要案和重要执行工作的监督指导。

25. 执行分析决策系统。分析决策系统具有数据统计、动态监控等功能，通过对人、对案、对事的监管，对执行数据的智能分析，为执行工作的科学决策提供数据支持。

26. 外勤单兵系统。建设以执行人员为应用主体的外勤单兵系统，将信息化应用的覆盖面扩展到执行、送达、下访、安保等外勤工作，全面规范法院干警行为，同时对其予以取证保护。

27. 远程指挥系统。对全省法院重大案件执行进行指挥、协调，形成高效、快捷的执行联动机制，应对突发事件。

（四）构建以司法公开为核心的便民诉讼应用体系

将审判流程、裁判文书、执行信息通过便捷、灵活的方式及时公开、发布。通过多渠道、一站式、综合性的“三位一体”诉讼服务中心，提供更便捷、更个性化的诉讼服务，让人民群众切实感受到司法的透明、便利、公正。

28. 政务网站群。不断完善包括 176 个子站点的山东法院政务网站群，及时向社会传送全省各级法院最新、最快、最权威的法律资讯，让社会公众能及时了解和熟悉人民法院工作的有关动态和信息。对群众关注的热点难点问题、重大案件审理情况进行及时全面的宣传报道。通过“院长信箱”等栏目，收集社会公众对法院工作的意见和建议，为司法工作发展进步打牢民意基础。

29. 审判流程公开平台。完善审判流程公开平台，向社会公众公开法院机构、诉讼指南信息等信息；向当事人公开立案、合议庭、送达、管辖权处理、财产保全和先予执行情况、庭审时间、审理期限、审限变更、诉讼程序变更等审判流程节点信息。以手机短信、电话语音系统、微信、微博、手机应用客户端等方式向当事人及诉讼代理人及时推送案件信息。

30. 裁判文书公开平台。全面、及时地向社会公布生效裁判文书，方便社会公众查阅和开展研究，形成倒逼机制，进一步提高文书质量和司法水平。

31. 执行信息公开平台。完善执行信息公开平台，向社会公众公开执行指南信息、执行公告信息，未结执行实施案件被执行人信息、失信被执行人信息、受限制被执行人信息等。

32. 12368 短信平台。充分发挥短信平台及时快捷的优势，向当事人、代理人、代理律师及时发送案件进展信息，向审判法官提供相关提醒与通知服务。

33. 庭审直播点播。完善庭审直播网，扩大庭审直播范围，增加庭审直播数量，让社会公众方便快捷地通过网络观看庭审直播，进行庭审点播，全面推进庭审过程的公开和透明。

34. 官方微信。山东高院官方微信平台设置“法院资讯”“司法公开”和“诉讼服务”三大板块，整合山东法院网、官方微博、法院在线等媒体资源，集成司法公开三大平台等司法公开渠道。社会公众通过官方微信可以及时了解全省法院动态，查询裁判文书、案件进度等各类诉讼服务信息，收看山东各级法院的庭审直播，还可以通过留言的方式与法院实时互动。今后，将根据微信的使用情况和用户反馈意见，不断完善微信公众平台的司法服务功能。

35. 官方微博。山东高院已开通了新浪官方微博、腾讯官方微博、人民网官方微博。全省三级法院全部开通官方微博。社会公众通过全省各级法院微博可以观看案件直播、了解法院动态等信息，还可与法院实时互动。

36. 律师服务平台。律师可以在平台上申请立案、缴纳诉讼费，办理延期开庭、诉讼保全、申请代理案件调查令等与诉讼相关的业务。推送各项申请

业务的受理情况、各类文书的送达信息、合议庭人员组成情况等信息。在立案、庭审、案结各个环节，建立法院与律师间保持通畅的信息交换渠道。根据平台运行情况和律师建议，不断丰富和完善平台功能，为律师提供更多快捷方便的诉讼服务。

37. 诉讼服务大厅。整合诉讼服务大厅功能，提供再审立案、申诉接待、信息查询、卷宗查阅等服务。诉讼参与人可以通过触摸屏、电脑等设备，自助查询案件信息、申诉信访信息和电子卷宗。

38. 诉讼服务网。完善诉讼服务网功能，提供网上立案、案件查询、电子送达、网上阅卷、申诉信访、监督建议等服务；以短信、微信、手机应用客户端等方式，及时向当事人、代理人、辩护人推送案件进展信息。

39. 12368 诉讼服务热线。完善 12368 诉讼服务热线功能，提供案件查询、诉讼咨询、信访投诉、联系法官、意见建议等服务；诉讼参与人可拨打热线自助查询，或由坐席员人工查询诉讼指南等静态信息和案件进展等动态信息。

（五）构建以网上办公为核心的司法政务应用体系

基于司法政务、司法行政等政务管理工作的需要，立足于实现各部门之间办公信息的收集与处理、流动与共享，保证各种内部信息的快速有效安全传递，为工作人员提供一个全面的事务处理、沟通协同、信息共享的网上办公平台，从根本上改变目前传统的办公方式，实现公文处理、办公信息采集与处理工作的数字化和网络化，实现政务管理网络化、移动化、自动化，全面提高工作效率和质量。

40. 网上办公系统。完善网上办公系统，全面实现收发文审批签发管理、公文流转传递、信息采集与发布、内部请示报告管理、会议管理、领导活动管理、政策法规库、内部论坛等应用。

41. 内部网站。设置通知公告、新闻中心、庭室园地、法律法规、资源共享等栏目。采用图文、音频、视频等多种展现形式，充分满足干警了解院内各类信息、查阅学习相关资料等工作学习需要。

42. 电子邮件系统。建设面向全省三级法院的专业电子邮件系统。

43. 即时通讯系统。建设面向全省三级法院的即时通讯系统，实现信息即时发送、文件发送、消息广播、音视频会话，方便不同法院之间人员的沟通与交流。

44. 公文传输系统。实现省法院与下级法院之间公文、明传、信息的发送、接收、统计、下载等功能，以现代电子公文传输模式取代传统纸质公文传输模式。

45. 电子签章系统。建设全省三级法院的电子签章系统，满足审判、执行、远程接访、远程提讯、远程审判等各类事务电子签章需要。

46. 档案管理系统。实现诉讼、文书、会计、声像、司法鉴定、基建、实物等档案的电子化归档和管理。

47. 财务管理系统。开发全省法院财务和案款管理系统，规范中央转移支付资金、执行款、诉讼费等管理。

48. 资产管理系统。对资产增加、变动、减少、清查等进行全面管理，实现资产管理规范化，合理配置资源，提高工作效率。

（六）构建以业绩档案为核心的司法人事应用体系

实现人事管理、法官管理、教育培训管理、人民陪审员管理、纪检监察等工作的规范化和信息化。整合审判、执行、人事、政务、行政等各类业务数据，自动生成干警业绩档案。

49. 干警业绩档案管理系统。以人事信息为基础，整合审判、执行、政务、行政等各类业务数据，高效、快速、公正、科学地形成部门、人员的业绩数据，实现“人中有案、案中有人”，提升干警业绩管理的科学性和客观性。

50. 人事档案管理系统。全院干警的人事信息、晋级晋档、工资调整、请休假等方面的信息管理。

51. 法官管理系统。满足司法体制改革需要，实现对法官选任、考核、评级等方面的科学规范管理。

52. 人民陪审员管理系统。实现人民陪审员档案、办案经历等信息的统一管理，建立规范的人民陪审员管理制度。

53. 教育培训管理系统。实现全省法院干警教育培训情况统一管理和统计分析，为安排干警参加各种培训提供数据支持。

54. 审务督察“三级回访”系统。在立案和结案时自动发送短信，请当事人回复承办法官及合议庭其他成员是否存在司法作风和司法廉洁问题，对“有问题”的，审务督察工作人员进行电话回访。

（七）构建以数据分析为核心的决策支持应用体系

以全省各级法院业务数据库为基础，集中全省法院数据，形成全省法院数据中心，建设山东法院数据分析平台，为执法办案、法院管理、科学决策、司法公开和社会公众提供及时、准确、动态的信息资源服务。继续优化完善以下核心功能：

55. 信息纵览。依据全省法院审判数据，以全省地图作为索引，依据人民法院案件质量评估体系，对全省法院数据进行动态分析。

56. 审判动态。横向对 5 大类 48 小类案件的收结案信息进行分析，对同比升降趋势进行分析。纵向对三级法院各类案由进行分析，提供热点信息。分析展现同比、环比案件数量排名前十的案由。并可根据定制需求自动生成审判动态分析报告。

57. 司法统计。按照 2015 版法标，自动生成全省三级法院 6 大类 59 套法综基础表、汇总表和级别表，所有数字可追溯、可验证。能够将自动生成的司法统计数据与传统司法统计报表自动比对、逐项校核。司法统计报能够自动上传最高法院。

58. 审判质效。支持分析全省法院审判质效分析，根据 31 项指标分析，按照全省、全院、全庭、个人等不同维度，生成各类质效图表。

59. 专项分析。通过平台自定义条件，短时间内可以实现专题分析，为调查研究、司法建议、辅助决策等工作提供科学依据。

60. 即席分析。通过拖拽、编辑等方式从大数据中抽取相关信息快速生成所需图表，形成全省法院各类案件、人员、部门的审判信息。

61. 综合搜索。实现基于海量数据的综合搜索，实现搜索结果的分类统计以及案件详情与文书的关联展示。

62. 数据质量检查。实现对全省法院案件数据质量的检查和分析，便于确定数据质量问题，及时进行整改，为最高法院上报数据和全省法院数据动态分析提供数据基础。

63. 数据管理。包含数据仓库模型组件、ETL 组件、报表分析组件、接口组件等基础应用支撑组件，用于支撑数据动态分析与管理平台应用构建。

64. 数据交换。依托管理平台法标数据库，以符合最高法院法标要求的数据格式，进行上下级法院之间、不同业务系统之间的审判信息交换。

（八）构建以信息共享为核心的业务协同应用体系

建立全省法院统一的对外数据交换平台，实现与相关部门的数据交换、信息共享和业务协同。

65. 电子政务综合服务系统。利用山东省电子政务共享平台，将司法审判信息纳入山东电子政务云平台，实现政务信息资源跨部门、跨地区、跨层级的共享与业务协同，大幅提高社会监管和社会服务水平。

66. 协同办案系统。实现与检察院、监狱之间案件信息的接收、处理，通过设定精细化的案件信息处理规则，提高办案效率，促进跨部门案件处理的规范化。

67. 信息交换系统。建立与公安、工商、民政等部门信息交换平台，实现各类社会管理信息的交换与共享，建立执行等联动工作机制。

（九）构建以等分保护为核心的信息安全体系

将网络安全与信息化统一谋划、部署、推进和实施。加大教育力度，提高全体干警信息安全意识；按照最高法院信息安全总体方案，修订全省法院信息安全体系方案，按时完成信息安全建设；全面落实各级法院信息安全等级保护和分级保护要求，完成信息系统等级和分级保护安全测评。

68. 非涉密信息系统等级保护。健全安全工作机构，划分工作职责，完善信息安全管理制度，对网络和重要信息系统进行定级，并在当地公安机关进行备案。完成测评工作并定期进行自查。

69. 全省法院信息安全。完成网络边界安全建设、系统安全管理建设、安全集中管理平台建设、应用安全检测项目建设，逐步增强信息安全预警能力、安全保障能力、安全监测与评估能力、应急响应能力、灾难恢复能力，形成完整的法院信息安全体系。

70. 安全管理控制。建设安全管控平台，形成完善的安全监控与预警体系，全面感知网络和信息系统运行情况并及时发现安全事件；组建应急队伍、制订应急响应流程，完善应急响应机制，在信息安全事件发生后，做到快速反应，确保关键业务系统及时恢复。

71. 数据安全建设。建设数据库安全审计系统，监视并记录对数据库服务器的各类操作行为，实现对数据库系统用户操作的监控和审计。

（十）构建以集中服务为核心的运维保障体系

随着信息化建设的不断推进，运维保障呈现出越来越重要的支撑作用。要实现信息网络基础设施和业务应用系统动态监控覆盖率100%，实现基于软件工具的网络基础设施、业务应用系统和运维服务体系等质效评估覆盖率100%；要改变以设备完好性为目标的应急式运维管理模式，建立提高运行质效为主要目标，以信息系统动态监控、故障预防和效能评估等为手段的可视化运维保障模式。

一是运维规范化。制定一系列涵盖运维原则、应急响应、技术支持、人员培训、资产管理、经费管理的管理制度和办事规则，涉及运行维护、版本控制、用户权限变更、二次开发、问题提交与反馈等各个方面，做到“责任到人、有章可循”。

二是运维集中化。信息化系统责任风险集中、系统管理集中、核心数据集中，因此运维服务也应集中，对省法院统一实施的项目，采取集中运维的方式。

三是运维流程化。由于运维服务跨越全省范围，涉及众多基础设施和应用系统，传统的运维已不能完全满足新的信息化形势，迫切需要建立分类细致、科学高效的信息系统运行维护流程，实现流程化运维。

四是运维社会化。从国家电子政务建设有关精神，以及一些法院和其他行业多年的实践来看，运维外包是发展趋势。一方面充分利用专业化社会力量，最大程度地保障信息系统的安全稳定运行。另一方面，把技术人员从琐碎的设备维护、保养等事务中解脱出来，把工作重点转移到信息规划、设计上来。

（责任编辑：徐文晶）

法院文化

法苑博大　书画融之

——一位法官的书画情怀

吴道富[①]

近年来，法院文化建设方兴未艾，异彩纷呈，有力地促进了法院工作尤其是队伍建设。本文仅就个人的感受，谈谈法官书画修养与鉴赏，以就教于大家。

一、法院文化建设的重要载体——书画之融合

"法院是法律帝国的首都，而法官是法律帝国的王侯。"西方的这则法谚导出了法院和法官的重要性，在法治国度里，法官是行使司法权的精英人士，是维护法治秩序的掌舵者。法官职业是严肃的，在诉讼中行使予夺生杀的大权，古今中外概莫能外。但法官在工作之余是个普通的人，同样有柴米油盐七情六欲。法官从气质上讲属于文官，有案牍劳形之累。法院文化离不开法官主体的知识、理念及行为文化，以及内在的外化表现即各种制度规范。法院文化建设应当结合司法审判工作的特性，如法官的公正司法理念，独立超脱的人际关系以及对弱势群体的人文关怀，乃至不畏强权盛势，不俯首权贵的对人平等品质。法院文化建设作为法院的软实力逐渐得到重视，最高人民法院倡导的法院文化建设以各种方式得以展开。

法苑博大，书画融之。先进的文化，能于润物无声、潜移默化之中激励人、鼓舞人、塑造人。书画是法院文化的一个重要载体，也是法院文化建设中的一道靓丽风景。优秀的书画作品可以提高思想文化修养，培养高尚的道德情操；可以明是非、辨曲直，弘扬正气，鞭挞丑恶；可以凝聚力量、鼓舞士气。近年来，全国法院系统积极探索加强法院文化建设的有效载体，开展丰富多彩的书画创作活动，活跃文化生活，陶冶思想情操，激发创造力。法律之于书法，两

① 吴道富，浙江法官进修学院常务副院长。高级法官。

者之中都有一个“法”字，“法”即规则也，书画创作应当遵循其自身的规则。创作书画作品，无论是谋篇布局，整体的构思，还是具体到每个字的结构与点划，都要遵循书画传统艺术的法则，只有符合传统法则才会得到人们的认可，只有基础扎实，不断创新，才会带给人们以传统艺术美的视角享受。否则，基础不牢，片面地攀追新招、怪僻，自以为是，那是不会令人产生美感的，只能算是作者个人的孤芳自赏了。

二、书画艺术的独特吸引力——得以如此受到广泛认同

悠悠岁月，沧海桑田；芸芸众生，趣味万殊。书画之艺，源远流长，世之民族，人各有艺，唯书画艺术乃中华民族之特有艺术符号。何以此说？书法艺术首先以中华汉民族的文字为载体，在汉文字书写实用的基础上进行艺术化的构造和学理提升，在数千年的发展和演进史中，约定了书写规范程式，无论篆、隶、楷、行、草诸书体，皆已形成相对规范的学术程式。世之民族，语言文字多矣，但只有中华汉民族的文字作为书法的载体得以如此广泛的认同。中国绘画同样是中华民族特有的艺术奇葩，其使用工具之独特，采用软毛笔；其构图章法之独特，书画同源，具有哲学层面的解说，诸如虚实、远近、大小、浓淡、正斜、黑白等辩证关系；在画面气质或称气韵表达上更是抽象与具象交织在一起，有的表达粗犷与豪放；有的表达细腻与雅致；有的表达生动而富有情趣；有的表达庄重与严谨，各有个性，自有性情面貌。与西画比较，中国画犹如中国人的思维方式具有层面更多的哲学解说，石涛论画就是其中的典型学说。而西画除抽象画之外的画种，在构图上讲究比例的准确，在光线的描述上更接近自然属性，而中国画尤其是写意的中国画，犹如书法中的草书，强调作者性情气质的抒发和艺术风格的展现。

中国书画，博大精深，在人类艺术之林中，犹如一位充满睿智而又长袖善舞的老者，尽管学说纷呈，但自有君子风范。漫漫几千年岁月，它崛起于唐宋鼎盛时期，元明清时代一路走来长盛不衰；即便是在当下的信息化时代，喜爱书画艺术的仍大有人在，书画艺术与中华民族的优秀传统文化是一脉相承的，书画元素已注入中华民族文化的细胞，是中华优秀文化的重要组成部分。书画艺术何以长盛不衰？一是书画与中华民族的主流文化紧密结合在一起，经过历代官民的提倡和发扬，总是起伏跌宕地发展着，书法与文人士大夫的声誉、学识融为一体接受人们的评说。可以设想一下，在当今信息化时代以前那漫长的

封建社会乃至民国时期，如果连字都写得邋遢，那么会影响仕途升迁或日常人际交往层次的。文人如果琴棋书画样样通，那就是一位饱学之士，受人高看一眼了。另一方面，书画之所以广泛普及，受众面广，与它的演习操作成本和场地要求不高有关，娱乐活动诸如打球、下棋、音乐、舞蹈，等等，一般需要两人以上众人在一起方可演练，如果是表演类的艺术更要有众多的人气捧场，需要有适当的场地或设备，需要投入一定的成本，方能达到演练的效果。而书画活动，可以是个体独自进行，也可以诸如搞笔会多人一起活动，不受人数和场地的限制，有时在夜深人静的时候创作反而达到了最佳状态。

三、如何鉴赏书画作品

一幅书法作品该如何鉴赏呢？也常常有人问我，听说你懂一点书法，怎么看这幅字是好还是一般呢？我的理解是，可以分开两个方面来说，一是形式要件；二是实质要件。所谓形式要件，首先是篇幅的整体布局，视觉效果如何，是否符合人们的视觉感受，即便这位看的人不一定懂得书法道理，但他看着这幅作品感觉很舒服，给人以赏心悦目，一种美的享受，这就具备艺术效果了，这也是作为一种艺术种类所应当具备的价值所在。如果说某种东西使人看着很难受，只想避而不看，哪怕某人自称为最艺术，我也觉得它够不上艺术的标准。有一年我在美国，刚好遇到一个美国人称之为“魔鬼节”的日子，美国当地民众塑造了许多造型十分可怕的“魔鬼”，虽然他们觉得好玩有意思，但我觉得令人十分可怕的东西有什么好呢，即使雕琢得很精细，我也觉得谈不上是艺术作品，因为令人很可怕很难受的雕塑人们会喜爱吗？

书法作品整体布局要看它是什么款式，是直幅呢还是横幅？是中堂呢还是对联？是书写榜书呢还是为书名题签，在不同场合使用，就需要不同的款式与之搭配。是要表达大气磅礴呢还是书卷隽永；是要表达对称匀致呢还是要错落有致、参差多变，如果是要题写在大型建筑物或者宏伟险峻的巨石大山上，榜书就要有气势；如果是布置在私家的书房里，就要写得清秀雅致富有书香气息，总不能用几个大字挂在私家墙壁上令人有窒息的感觉。场所是否合适是重要的，就像一位壮汉如果让他穿一件连衣裙能看吗？如果是一位亭亭玉立的美女就像“文化大革命”时期一样让她穿一件中山装，她的美丽就打了折扣了。其次是书体是否规范。书体是长期约定所成的，是人们长期以来达成的共识，不可以个人随意捏造的。隶、篆、魏、楷、行、草诸体，是某个时代的书法家所创设的，获得了人们的普遍认可之后而后代代相承的，为什么王羲之的兰亭序有这么高的书法地位，因为在王羲之之前，人们普遍认可的行书书体还没有固定下来，自从有了王羲之的兰亭序，人们普遍认为这样的行书书体是最美的。就像当下使用电脑键盘打字体，隶书选择刘炳森先生写的，行书选择任政先生写的，瘦长体的行楷选择启功先生写的，因为这些书体已获得了人们的普遍认可，同时又比较统一规范，制作成电脑字体容易操作。各种不同书体写得规范准确，这就是书法艺术的基本功,如果书法基本功不练,不符合书体的规范,那就叫做“自由体”，只是写的人自己写写罢了，稍懂的人是不会承认它的。其三，要看作品是否具有个性。因为艺术作品是要强调个体灵性的，当然是在规范书写的基础上才谈得上个性发挥，在基本功具备的前提下才谈个体的创造性。比如说在以前木刻印刷时代，雕刻木材活字的工匠师傅操作得很熟练，但一般还称不上是书法家，因为他雕刻的文字是千篇一律的，主要是考虑印刷的实用性，不能有雕刻师傅的个性发挥。再比如以实用为主的刻图章师傅，那个精雕细作的功夫还了得，但一般来说也算不上书法家，因为他的雕刻也是不能张扬个性的。

所谓的实质要件，就是要透过现象看本质，首先是这幅书法作品是否具有精神层面上的价值，它要表达作者怎样的一种内在精神状态，如颜真卿的书法大气庄重与肃穆，柳公权书体的筋骨架构挺拔；王羲之行书的秀美与多姿；怀素草体的跌宕起伏和尽情挥洒，毛泽东主席书写的《长征》，等等，无不张扬着作者个性和精神面貌。上乘作品是意境清雅，运笔流畅，线条老辣，通篇气韵生动、节奏感强。其次，书法是通过文字来表达的，其含蕴的内容是否具有文学上的价值与品位，正像对传统文人的评价要求是诗、书、画、印俱臻到一定水平，以传统的视角来说成为一位书法家其本身就是一位学问家，追溯历史上留下声誉的书法家有那一位不是学富五车的学问家呢，这也是中国书法博大精深的内涵所在。

四、为伊消得人憔悴，心平气和总不悔

书画艺术之史是纵深而厚重的，更是严谨和规范的，当我们面对法书范本或名画大作，无不抱着虔诚之心临摹之、学习之，不断反复地探究；知遇师者更是珍惜机会，虚心学习求教，转益多师；当有同道爱好相聚时互相切磋，取长补短，“三人行必有吾师也”。关于学习书法的过程，每个人具有不同的学习经历，说起来我很惭愧，学习的年限不算短了，但还只是一个业余选手，我

既没有科班出身的美院学子的幸运，有专门的几年时间学练书法与理论；也没有家学渊源深厚的家庭熏陶；也不会因为某种特殊的环境，必须通过练书法来适应环境求生存。但我的家庭在温州农村来说还是有点书法印记的，记得我很小的时候，我的爷爷在务农的间隙会写出一手漂亮的小楷，又因为在农业学大寨时期人民公社需要写标语，那时候没有大毛笔和墨汁，我的爷爷把笋壳扎起来，一头敲细绑紧，蘸着黏稠的黄泥水就在墙壁上或者巨大的岩石上写出斗大的标语，这给我幼小的心灵留下了深深的记忆。在我高中没有读毕业的时候，“文化大革命”的后期余毒所谓的“反击右倾翻案风”，学校的老师都要参与写大字报，那些纸张都是整辆拖拉机运到学校里来，每位老师都有写大字报的数量指标，其实老师们都是很不愿意写的，有几个老师就委托我写，让我帮老师抄写大字报，下面落款当然是某某老师的名字，那一段时间我练写了许多毛笔字。后来时来运转，1980 年我考上了大学，读的专业是法学，教我婚嫁法的老师会书法的，写得十分工整，但以现在的眼光看也只是业余选手，因为他的书法缺少个性和灵性，但我的另外一位老师是教授海商法的李志敏老师，是从北京大学邀请过来的，这位老师不仅仅是一位著名法学教授，而且他的书法水平达到相当的高度，他的篆体快写，线条老辣，通篇气韵生动、节奏多变，很富有个性。据说北京大学校训的字是他写的，在一本辞书里看到称李志敏先生是当代一百名最有影响力的书法家之一。李志敏教授告诉我，他说要他题字的地方不少，但他不会轻易地动笔，如果路途距离允许，他会亲自到实地观察现场和环境，那个地方题字以什么样的方式表达才能与那个具体的场景相吻合或者说锦上添花。原来那个写字啊要与具体的场景相适应，看来塑造美的道理都是相通的。记得在读大学的时期，那个时候没有电脑，大学的各个院系经常组织黑板报比赛，我的同班同学孙笑侠即现在的复旦大学法学院院长，他会美工设计的，我是抄写的，通过把粉笔蘸水深浅来把握火候，法律系出的黑板报效果好还几次获得全校的奖励，这也鼓励着我经常练练字。大学毕业之后，我被分配到温州老家县人民检察院工作，在一次全县的书法比赛中我获得了硬笔书法一等奖，因此，单位的同事都知道我会写字的，那个时候的案卷都是手写的，案卷的封面要手写，不像现在是电脑打字，甚至还需要扫描备份，检察院办公室主任就让我经常抄写案卷档案的封面，数量不少，那些档案如今都尘封在检察院的档案室里，虽然我已离开县检察院有 24 年了，如果有机会那一天再看到那些档案的封面，自然会钩沉起历历往事，其实呀会写好字，是给他人看的，对他人也有一点好处，因为后人在翻看的时候不会太难受。

说实在的，我学书法和国画，没有什么明确的目标追求，纯粹出于个人的性情爱好，时间久了似乎已经成为我生活中的一部分，“艺术生活化、生活艺术化”，为伊消得人憔悴，学书学画终不悔，当我情绪低落时，写字使我保持相对平静的心态；当我做好一件事时，如果得意起来时，通过写字也使我心情平静下来；当朋友那个地方需要我写字时，要我写字这是朋友布置给我的作业，我应当认真地完成，这些年下来，写字的任务蛮多的，都是无偿写的，有一位很要好的朋友他在美国纽约联合国总部里高就，是国际会议事务局的资深官员，我把自己写的字赠送给，他把之挂在办公室和家里，虽然外国人看到不一定知道这是写些什么，但我觉得这是一件有意义的事情，因为你写得的东西贵客愿意挂着呢。今年五一长假期间，我在山东省东营市胜利油田科技馆举办书画展，开幕式的时候将近来了 200 人，我从杭州带去的两箱自己创作的书画作品集的书被一拿而光，山东朋友的盛情给我以莫大的鼓励。平时我的主业是法律工作，业余时间的副业是书画练习和创作，法律工作有时是枯燥而又严谨的，以抽象思维为主，而书画创作是形象和生动的，以形象思维为主的，如何把两者结合起来作为自己的生活常态，作为一位法律人我不觉得生活枯燥无味，每天总是忙忙碌碌，有做不完的事。在不远的将来我就会退休的，到了退休那一天，我就可以全日制的、全身心的写写画画了，写写画画不是一杯更加温馨沁人心脾的浓茶吗！

（责任编辑：徐文晶）

从来源与出路揣度法律信仰

李　文[①]

信仰有出世之意，信仰在入世之中。

法律信仰可以是世界观，也可以同时地具有方法论上的意义。

一

这里所说的信仰，与宗教没有直接与密切的关系，是一般的信服、崇敬与跟随——指向信仰，又指向法律，却不是面对宗教，即使这样的信仰又不免与宗教有天然的联系，就如法律与宗教也有某些方面的联系那样。

美国的著名法学家哈罗德·伯尔曼，曾深入研究法律与宗教的学问，说，“法律必须被信仰，否则将形同虚设”。这是一句相当有力也相当著名的话，汉语之下的意思大约是，如果不信仰法律，法律就没有实际的作用——如果不是翻译时的文辞走了样，如果本意就是字面所指的这样，此论断也许就显得有些主观，有些武断了。也许，把“必须”换成“应该”会确切一些。“法律”有宗教性，不是“宗教”。

作为现实世界的合理规则，法律可以信仰，接受信仰，也希望被信仰，甚至像信仰彼岸世界那样信仰它，或者由它来填补宗教欠缺的空间。但是，尽管信仰本身与理想有关，信仰的状况却难以理想化——又有，无论如何，法律不是为信仰而设立的，也不是为信仰而运行的。其实还可以说，法律的设立与运行，不是以信仰为前提的。

时至今日，对法律的信仰也远未“被必须”起来，对法律的不信仰倒是时有绵延之势。或者与某些故事与遭遇有关，起初还信，后来不信了，也可能相

① 李文，山东省枣庄市中级人民法院信息管理处处长。

反，由不信到信，或者不能确信，只能半信半疑。总之情况比较复杂，不是一个是否“形同虚设”就能界定的事情——世界还是这样的世界，法律存在着，可以说无处不在，又可以说是像隐形人那样地无处不在，不管是否被信仰。

不管怎样，法律信仰——对法律的信仰，与，法律的被信仰——非常重要，很有作用，有感同身受的可能。依其重要性、合理性与必要性，也几乎有恳切之理由或是恳切之愿望把那个“必须”加上，期盼地说“法律必须被信仰”。

二

自然就要问一个为什么。信仰还是需要“知道”的——况且法律本就在以自己的方式增加着人的理性。也许主要的问答，是在法律信仰的来源上。说细点，就可以大概地分解出互有联系的几件事——首先，为什么会信仰法律，也许还可以简单地等同于，为什么要信仰法律？其次，差不多的，信仰法律的什么？其间，还应该包含着随后需要知道的：怎样信仰法律，或者说，怎样安妥对法律的信仰？此是法律信仰的方式方法，也不妨说是出路，与之前的来源相应，构成非正式的“来龙去脉”。

是的，也像是——信仰仍需要证明。在被信与信之间，在信与所信之间，都需要理由，需要表现，彼此的理由与表现。

信仰，作为心理领域的一类事物，其涵义已经决定了：法律信仰自然也不会无缘无故地出现，必有它的原因、道理——又，尽管法律与强制有关，但法律信仰的出现是无法强制的，信仰是可以引导的，但还是有赖于自觉。

以常说的“某某不相信眼泪”为例，为什么不相信？不是因为不相信眼泪的真实性，可能又是因为相信苦楚的眼泪是没有用的（而相信更具体的物质或可以变物质的精神却可能有用）。法律及其涉及的不能成为眼泪，却又可能成为眼泪：法律应该被信仰，却有可能不被信仰。

“信则有（不信则无）”也许反映了与宗教意义有关的世俗走向，而“有则信（无则不信）”，又往往是世俗层面上的某种宗教，由世俗通往精神。也许——不信未必是无（又，即使有也未必信），但无则不信却几乎是必然的——即使又说“信则灵”，“宁可信其有不可信其无”，不过信以为真、心领神会，也是需要依据一定的事实的，非空穴来风，无中生有。

信仰不是空的。有用，又是信仰运行的唯一动力与正当前提。关键是，怎么知道怎么证明有用，其实，或者也许，需要回答的只是，有什么用（如化理想为现实），怎样有用（也如化现实为理想）。

其中，是信仰的心理活动本身有用——有价值，还是被信仰的对象有用、有价值？这里的观点是，它们是一样的，也是一个问题的两种说法。贴心与贴身、得体与得意是共同存在的，是互相促成的。

是的，有用，或者狭隘地说法律具有的实际之用，是法律信仰产生、发挥作用的原因，也是主要原因。这样，也与伯尔曼的上述关于“形同虚设”的论断产生了联系，似乎是互相抵触的联系。那么，是有用产生信仰，还是信仰产生有用，也许，这是一个不能分开的同一个问题，即，实际的作用产生信仰，而且，信仰带来实际的作用。它们互为体用，在互相的呈现与传递里，它们彼此包裹，多层地包裹。

怎样有用，也可以先分成“有”与“用”，它们都表达着价值。法律的“有用”，可以恰如其分地、或者是比附地相当于法律的产生与使用，这两者在很大程度上决定了是否信仰法律，与，法律能否被信仰。

法律的有，需要来自生活，来自公众，也要来自人的内心（这有些像对文学的某些表述）。法律的有，还要有规范的程序，符合一定的形式。即内容上，蕴法于民，贴近心服口服的状态（也尽量避免貌合神离），形式上经过认证，超然自立。

为什么有人宁愿相信别的，却不相信或者几乎不相信法律，不相信，不愿相信，不能相信，也许又因为法律软弱了，也因为法律被软弱了。而法律的软弱也因为它的缺失与流失，因为它的没有与没用。

法律的诸多具体的渊源，可以归结到习惯（包括心理的习惯）——简言之，习惯成自然。以这叫做法律（受自然引擎的启发与启动）的东西，固定那些符合生活、符合公众、符合内心的习惯，也去除那些不符合它们的不良的习惯，其中又包括了对某些习惯的引导与预防。

也对应着自然成法律。液态水不是一到100摄氏度就沸腾的，是有人把它（在海平面的一个大气压环境里）沸腾之时的温度（沸点）规定（设定）为100摄氏度，把它固化之时的温度规定（设定）为0摄氏度，且以“1”命名它的、实是我们需要察觉、指认与表述的比重。又如，我们把地球上的一天分为24个小时（十二时辰）……如此之人为概念的设置及运用，被人们广为认可与接受，如日出而作日入而息的形成。对自然法则的移植，“如法炮制”，人类必需的必然的自说自话，不外乎此。

至于法不责众的问题，善的摇摆、确定及其向法的演变等，都林林总总地对应了习惯，一般的、普遍状态下的习惯，也涉及着以生活、以公众、以内心为准的法律发生机制，更由于此等法律的适应性与实用性（涉及着成文法，也涉及法律思想与法律意识），在某种程度上生成了“不由人不信”的效果。

“有”与“用”，未必有时间的先后，可以说一边产生着，一边使用着，也会叠加着，或者像潮水那样一层层翻卷，覆盖与传承。这样的出自习惯的法律，自然是“可有”的，也是“可用”的，是人们事先认可的，也是人们事后追认的。于是，久而久之，就接近信仰，就与信仰有关，不单是某一个条款，某一个章节，某一部法律，而是扩展至整个法律，公法，私法，已有的、用过的、不曾见过的甚至还没产生的等，都因法律之名被信仰。

民主的过程，民本的内容，民生的运行，民意的表达，这一切，会使法律具有普遍的长远的正义性，具有使人信服的威望，以及使人信仰的魅力——其实，法律也会为人提供理想，提供使理想降临的平台，当然，也是理想起飞的平台。有了理由的人们，把身心寄托于法律，把现实交付于法律，以至于把憧憬朝向法律，这也使物质的法律，与想象的法律，成为人所信仰的一部分。

是的，法律期待着公众的信仰，没有理由自视甚高，存有某种“信不信由你”与“爱信不信”的倨傲。公众是法律的创设者，也是法律的使用者、接受者、服从者，当然要也当然会考虑法律是不是可信、能信、值得信这样的“信不信得过”的问题。所以，先要有法律对公众的信用（也许此处还可把哈罗德·伯尔曼的话改为——“法律必须有信用，否则将形同虚设”），然后有公众对法律的信任，以信用换信任，然后上升为对它的信仰。

理想与憧憬不等同于信仰，有志者事竟成，志向也不意味着信仰，它们多少与信仰有关。与信仰密不可分的是“信”。言而有信之信，确实之信，甚至是表里如一之信，有此信方有敬仰及服从之可能，无此无以置信。

三

那么，如上，怎样对待在某些前提下已被信仰起来的法律？法律信仰去向何处？何以行之？

还要说到信与行。不信则不行，或者不全力行之；不行则不信，或者不全心信之。

也因此，明显之处是，信仰归于实行——法律的权威及信仰，来自它的制

定与实行，也去往此处。其间，也落在内心的苏醒与召唤上。

公众在先，法律在后，要使公众了解法律，认可法律，然后在了解且认可了法律的内容、本质、优势甚至局限的前提下，做出有真实依据的判断，成为益发自觉的信仰者（可以说知识是信仰的来源之一；公开是信仰的催生剂，不是神秘）。

发挥法律的作用，或者是，法律发挥作用。使之像一串钥匙，可以解决一系列的问题。法律或可谓社会的突出者，与社会整体连在一起，它的标志是有人要触及它，有人要避开它。法律以自身的言行，分开一部分的善恶，以法制（规定入手）与法治（理念着眼）引导社会风气，同时也保障与促进道德的适当运行。在此过程中，社会与个人对法的信任就会逐渐增长，以至于巩固信仰，也影响着信仰者的善恶观。

宽泛地说，法律包括立法者与司法者，他们是法律的代表者，法律的尊严与他们的尊严联系在一起，法律得到什么样（如程度与纯度上的）的信仰，也与此二者共同的表现有关。是的，法律信仰很重要地关系着、也取决于法律人的信仰。

要处理细则与总则的关系，总则是统筹细则的，细则是表现或者说是表达总则的。都关系着信仰，不过在很多时候，在文字与书本之外，也许具体的事物更关切着人的内心取向。

要处理具体的法治与整体的法治的关系，对待个体事务时，又难免需要某种放弃，如退却会使更广阔的空间显现出来，但如此“从权”也须有度，如果不是以保障具体事物的整体利益为目的，如果不知道在什么情况下采取这样的态度与行动，如果不能保持平衡与适度，就很有可能失去原本的所有，包括信仰。

要处理多数与少数的关系，规则出自多数，也出自少数，及于少数，应该少数服从多数，也要留意“避重就轻”，少数也是整体的一部分，且是规则的归宿之一，有许多时候，恰恰不可忽略少数的提醒，因为它经常比似已睡着的“沉默的大多数”要清醒。

还要处理连续性的问题，要保持法律的活力，就应该在不断调整它的同时顾及它的连续性，不宜轻易地、频繁地改观法律，使信仰无所适从。

要处理的事情还很多，比如很具体的，逻辑是法律的外衣，但是这件外衣并不时时处处合于法律的身体，有些时候甚至有抵触，因为法律是不能完全符合逻辑的评价的，因为对法律的信仰总是出自那么丰富、生动且隐秘的事体，甚至连信仰者本人也未必能够说得出来……还有实体与程序，都同样地构成信仰的因果，在此且没有远近高低之分……

也许比较关键的，还是处理不同位置的人的关系。中世纪的意大利人阿奎那这样说：无论何人，如为他人制定法律，应将同一法律应用于自己身上。这个说法不难让人想到咱们的思想者们：以其人之道、还治其人之身。也都有一视同仁、己所不欲、勿施于人的意思。有的说得具体一些，有的说得概括一些。无论如何，此间都关系着信仰的理由与理性。

与此同时，要让众多的法律使用者、法律旁观者、评论者普遍地、持续地、深入地关注法律，折服于法律，被法律所打动，还要重视法理的力量。其实，在更多的时候，人们一谈及具体的法律事务，就总要涉及全面的理念，就绕不开全局的安排，就需从千头万绪中看到成型于感性的理性之塔，高看一眼，也许更直接。这是法理应该得到倚重的原因，信仰也容易如此展开。

立法，用法，守法，以及畏法，都可算是美德，美德不是单向的付出，也不只带来外界的回报，美德也提供自我，自我的心灵的愉悦、美满，这也应该是法律追求的——良法（所信仰之法应为良法，已然的与追求的良法）近于美德，也因此配得上信仰。

自我设置，自我认可，自我美誉，是值得向往的目标，是法律与社会公众和谐共生的远景。但是，不应以任何非法律的目的从事法律的宣传与使用，比如说背诵法律条文,进行法律竞赛,却不真正依法行事,只是使用了法律的外表。法律需要形式，但是不需要深陷所谓的形式主义里却不能自拔，这样又会破坏法律形象与法律信仰。至于对法的研究与表达，也如立法用法，以实在为上。

法律信仰的出路，在于“法律与人”，这两端应在自信、自新的同时，坚持自主又贴近生活，呼应社会且不失自重，渊博与纯粹同在，严肃与慈爱共存，也许——这亦是安妥法律信仰之道。

回到来源，信仰法律是理性的行为，法律信仰也是理性的产物。信仰的一部分或者是大部分来自利益，但也表现为自愿的、主动的甚至是奉献式的相伴——外部燃料注入内心引擎，就这样一路驱动法律信仰的行程。

四

遵从，未必信仰；信仰，必然或更可能遵从。于实在话语与精神话语甚至是象征世界之间（也在不确定与确定之间），做双向的、有益且有效的转化，这似乎也是法律信仰的作用。

大概又是这样，天下原本没有法律，出的事多了，就有了法律。法律，作为一个办法，是没有办法的产物，在没有其他的更省事、更有效的办法的情况下的办法。法律自然不是万全之策，不过，法律也异常重要地关系着世界万象、生灵万物。

法律就是要从生分到相熟，加深理解，由此及彼，不断改变着第一印象，一代又一代，传递着，循环着，信仰着。也以其消逝与重复，回忆与展望，使人相信其所信赖者，也获得良知，具备荣辱心，对具有法律意义的成文之规与不成文之规，经过实证与心证，守之不移，形成自发，塑造社会的人造基因（不是转基因），接近着本能。

法律，不知是否为天道的替代者，人类自我生产，也在某种“理想国”里游弋。又不知要过多少年，多少世纪，多少时间，才能把累累的法律彻底归到人类博物馆的库房深处，届时会有怎样的不可能立刻消散的百感交集，又会怎样回味对它难以不作保留的信仰。

……信仰，相信在先，然后敬仰。也许一切皆出于相信，与敬仰，似乎没有什么是比信仰更主要的了——无论如何，无论何时，无论何地，无论是信仰什么。

五

一辆车，一列车，一架飞机，在不被信任的情况下运行，尤其是高速运行，显然是不妥不智的。车组，机组，人与人，人与机器，都面临着信任的问题。也许可以说，信任缺失，沦陷，近于倾覆。信仰与信任有关，也近于此。

依靠与信任，有时候也像是如今拓展训练时的“背摔”，把自己交给一个虽然是看不见的不熟悉的甚至陌生的、又被统一而稳定的系统所支持与维系出的集体之中。

当然的，要把自己托付于这样的系统及集体，不能也不会出于直觉与下意识，还要首先把握住这样的系统与集体。只是，在这样的把握之中，不仅会有对实力的理性预测，也有对愿望的感性寄托……是的，在观点与事实之间，会有区别与距离，又有原因与理由。

齐秦《狂流》歌中所表：“没有人能了解聚散之间的定义”。聚与散，其中的原因与理由，结果与评价——又都是错综复杂着的。比如，制度是社会运行的成本，勇气与信任等心理存在，是制度运行的成本，似乎是应有的成本，不过它的投入是难以保证的，回报也没有任何承诺，也因此，这样的成本似乎又是不能成立的。所以，还是需要返回到制度，由制度建立信任与信仰，而不是相反。

是的，信仰无法超越制度，或者说不能脱离制度的基础。其实，更准确的表述应该是，信仰是制度下的信仰，是制度成全着信仰，甚至确定着信仰的合理性，正当性。法的信仰尤其如此。

信仰不是空对空，信仰不能存身于虚泛的意义里。信仰是具体的、经验的、提炼的；信仰是意图的、方法的、结果的。实实在在做好信仰之事，即认识信仰的出发点，也认识它的落脚点。整体观之，信仰法律，是信仰法律的具体制度，信仰法律的改善与造就。

人的世界的状态，更可能出于制度的力量，然后，又可能被概括为、上升为心理的力量。

汪洋大海似已打开，需要仔细考察与思量，也许不能轻易地、预设地置身于概念定位与逻辑推演。需要遵守的、需要理解的、需要接受的权威，几乎都是经过证实的，有效果，才有效应。除此之外，所谓权威的事物，是很难长久地独立于所谓的善与美之中，它们的名字也无法强求与享有信仰。

至于自信，也与信仰有关，但不是一味自信就可以付诸信仰。需要想象，更需要有依据的想象——也如仁人志士从来不是凭空降落的，着实需要有依据的造就。或者也要说，单向的理论，如劝导，不能根本地带来确定的信念。是的，人贵有志，人各有志。像良心发现那样的信心发现，不会一无所依地产生，需要实际的可据的良好信息——信仰必然也必须地又与信息有关。

信仰不是一个虚词，它就在那里，尽量密切地关注它，以适当的方式探知它，书写它，现实地得到它。法的信仰也是如此。

六

是的，法律上的信仰是很重要的，即使它不是所谓的终极信仰。在现实世界与未来世界，它也不是最终目的，甚至不是能够完全实现的目的，它仍然是非常重要的目的。

是的，如不提信仰之事，法律职业也可以是谋生的方式，但就谋世来说，信仰几乎又有必要成为一种愿望。

信仰与平视同步。人心不可信而可用，不可尽信而可广为所用。

是的，法律的出现几乎也是不信人心的结果，人心却需要尽力去信法律。信任，信守，信奉，像入脑入心，口服心服。像一个法律的信徒。

信有效，也由此产生效率与效益，带来信服与信誉，伴生愿望与主动。常言道：药补不如食补，食补不如气补。信也可谓这个“气”，需要找到、建立、运用它。有时候，“信的气”又会通过“制度的药”与“道德的食”而降临。

信不信由你也由法（相应地——是不是，由法也由你），取信于，失信于，皆于此。

信与信仰是有区别。退一步说，对法律的信，自我的与公共的信，以及，俯与仰，来与去，过程与效应，也近于此。

七

信仰是外在环境与内心思考的产物，自然也被情绪、性格等情感因素影响着。法律信仰如职业，如自信，都与此有关。如果说信仰也像是激情，即与朴素的童心有关。

儿童的天真是天然的，成人无非也是人的世界里的自然产物。总有这样的情形发生，童年的东西是最好的，法的观念与制度的养成也要从小做起。从少年做起，从初始的、基础的事情开启。

天真天赋，天意天理，天职天平，这些说法不就是相通的吗？

人心之难以掌控，难于上青天。“神十”上天了，法治呢，建在哪里。

……

待到集中时间整理这部分关于“法律与信仰”的文字片段时，才更深切地发觉这应该是一个颇为宏大的题目，但是我没有写大题目的初衷，仍是于零星与陆续之间做小文章。也有从常理揣度、以文字推演为主的倾向，也许是由于我对于可引证的具体史料与已有观点，向无多少实际的掌握，无法以此论证。甚至感觉大于判断。就近借一句著名的“高铁体”言之：至于你信不信……我反正信了。

（责任编辑：范岱岳）

山东法官培训学院

《法官与法治》征稿启事

《法官与法治》是司法实务和法学前沿理论类综合出版物，由山东法官培训学院主办，山东人民出版社公开出版发行。该书立足我国司法实践，突出法学理论与司法实践紧密结合的特点，着重对新型、疑难、特殊法律问题进行研究，全面展示应用法学研究的最新学术成果和广大司法工作者的风采与情感。根据组稿情况，设置“司法讲坛”“法学论坛”“法律适用”“司法调查”“精品案例”“裁判文书”“学术交流”“司法改革”“法官情怀”“法院文化”“司法随笔”“书香学院”等栏目。

《法官与法治》是面向广大法官、检察官、律师、法律院校、科研机构等司法工作者和相关研究人员的理想读物。稿件面向全国征集，真诚期望不吝赐稿。来稿应选题新颖、内容原创、文风朴实、注释规范，字数在10000字以内为宜。来稿应附内容提要和关键词，精品案例应包括裁判要旨、关键词、案情、审判、评析、相关法律规范（可选）。必须未在任何报刊、书籍或者其他出版物上公开发表。该书所载文章并不必然反映编辑部或者主办机构的立场，且编辑部有权对文章进行文字性删改。

投稿三个月内未被通知采用的，作者可对稿件另作处理。来稿请务必注明姓名、单位、职务及详细通讯地址。来稿应提供word文档格式电子版。稿件注释体例见附件。

邮寄地址：山东法官培训学院（山东省济南市山大南路5号）

邮政编码：250013

联 系 人：姜燕　0531-86323009　王文斌 0531-86323169

E-mail：fgyfz123@163.com

附件：稿件注释体例。

山东法官培训学院

2015年7月

附件

稿件注释体例

（一）文中注释采用脚注，全文每页单独注码，注码放在标点之后，注码号格式为“①②③”等。

（二）非引用原文者，注释前加“参见”；引用资料非来自原始出处者，注明“转引自”。

（三）引用自己的作品时，请直接标出作者姓名。

（四）请规范数字用法，法条号、日期、数量等采用阿拉伯数字（包括正文）。

（五）注释范例：

1.著作类：

①《马克思恩格斯选集》第3卷上册，人民出版社1972年版，第26页。

②郭道辉：《法的时代精神》，湖南出版社1997年版，第166页。

③何勤华主编：《英国法律发达史》，法律出版社1999年版，第167页。

2.论文类：

①陈兴良：《论行政处罚与刑罚处罚的关系》，载《中国法学》1992年第4期。

3.文集类：

①陈瑞华：《通过法律实现程序正义》，载《北大法律评论》（第1卷第1辑），法律出版社1998年版，第96页。

4.译作类：

①［英］梅因：《古代法》，沈景一译，商务印书馆1984年版，第69页。

5.报纸类：

①张志铭：《现代化与中国律师制度的发展》，载《光明日报》2003年9月23日。

6.古籍类：①［清］沈家本：《沈寄簃先生遗书》甲编，第43卷。

7.辞书类：①《辞海》，上海辞书出版社1979年版，第889页。

8.网络资料类：①郑成思：《“入世”、知识产权保护与民商法的现代化》，载中国法学网 http://www.idlaw.org.cn/showNews.asp?Id=243，2007年4月29日访问。

9.外文类：从该文种注释习惯。